U0887532

类案争点与法律适用丛书

房屋买卖合同纠纷争点整理与法律适用

杨　诚／主编

03

人民法院出版社

图书在版编目（CIP）数据

房屋买卖合同纠纷争点整理与法律适用 / 杨诚主编. 北京 : 人民法院出版社, 2025. 2. -- (类案争点与法律适用丛书). -- ISBN 978-7-5109-4293-8

Ⅰ. D923.65

中国国家版本馆CIP数据核字第2024LU2753号

房屋买卖合同纠纷争点整理与法律适用

杨　诚　主编

策划编辑　韦钦平
责任编辑　刘晓宁
封面设计　尹苗苗
出版发行　人民法院出版社
地　　址　北京市东城区东交民巷27号（100745）
电　　话　（010）67550572（责任编辑）　67550558（发行部查询）
　　　　　　65223677（读者服务部）
客服QQ　2092078039
网　　址　http://www.courtbook.com.cn
E－mail　courtpress@ sohu.com
印　　刷　三河市国英印务有限公司
经　　销　新华书店

开　　本　787毫米×1092毫米　1/16
字　　数　450千字
印　　张　25.25
版　　次　2025年2月第1版　2025年2月第1次印刷
书　　号　ISBN 978-7-5109-4293-8
定　　价　98.00元

版权所有　侵权必究

类案争点与法律适用丛书
编辑委员会

主　任：杨临萍

成　员（按姓氏笔画）：

王　丹　王　灯　尹　波　李玉生

李晓云　李赛敏　杨昌顺　杨　诚

杨晓蓉　肖国耀　张　艳　陈现杰

胡志超　郭修江　唐学兵　谢　勇

编辑部

主　任：韦钦平

副主任：李安尼

成　员（按姓氏笔画）：

王会君　王　怡　石肖然　巩　雪　刘晓宁

祁若冰　阮梦凡　杜玉兰　吴行政　何海燕

沈洁雯　张　艺　张　怡　张雪男　陈丹瑶

周利航　赵芳慧　赵　锋　梅亚琴　梁　帅

蔡　鹏

房屋买卖合同纠纷争点整理与法律适用
编辑委员会

主　编： 杨　诚

副主编： 龚　成　谢立新　曾耀林

成　员： 洪　磊　徐　涛　冯帅军　张　俊　石俊峰
赵　锋　杜玉兰　蒋芝玉　刘　莹　李济良
邱向茜　陈　妮　罗典宜　朱　舸　贺盼慧
杨若愚　蔡奇邑　张楚颀　何春艳　宋　珊
罗润吉　高　月　费思思　寇茜玥　余海洋
唐云国　邱盛林　杨云翔　周小雪　李　科
叶朦朦　李林芳　蔡美燕　杨润莉　邢　超

编写说明

习近平总书记强调，全面依法治国是国家治理的一场深刻革命，关系党执政兴国，关系人民幸福安康，关系党和国家长治久安。[①] 在以习近平同志为核心的党中央坚强领导下，新时代中国特色社会主义法治建设发生历史性变革、取得历史性成就。党的二十届三中全会审议通过《中共中央关于进一步全面深化改革 推进中国式现代化的决定》，对完善中国特色社会主义法治体系作出重大部署，要求健全公正执法司法体制机制，深化和规范司法公开，落实和完善司法责任制，改进法治宣传教育，完善以实践为导

---

① 《高举中国特色社会主义伟大旗帜 为全面建设社会主义现代化国家而团结奋斗——在中国共产党第二十次全国代表大会上的报告（2022 年 10 月 16 日）》，载《人民日报》2022 年 10 月 26 日，第 1 版。

向的法学院校教育培养机制。

人民法院始终坚持以习近平新时代中国特色社会主义思想为指导，深入践行习近平法治思想，全面贯彻落实党的二十大和二十届三中全会精神，深刻领悟“两个确立”的决定性意义，增强“四个意识”、坚定“四个自信”、做到“两个维护”，做深做实为大局服务、为人民司法，推动司法审判工作高质量发展，为中国式现代化提供有力司法服务和保障。人民法院出版社紧紧围绕贯彻落实习近平法治思想，落实最高人民法院工作要求，从服务审判执行工作、服务法治中国建设的实践需求出发，立足新闻出版宣传工作职责，策划组织编写了《类案争点与法律适用丛书》(以下简称《丛书》)，旨在为办理类似案件提供系统方法论和法律适用指引，促进公正司法、定分止争。《丛书》具有以下几个特点：

一是深入践行习近平法治思想，积极回应人民关切。人民法院是党领导下的国家审判机关，始终把维护人民群众合法权益作为司法审判工作的根本出发点和落脚点，着力解决好“为了谁、依靠谁、我是谁”这一根本问题。《丛书》围绕婚姻家庭、劳动争议、房屋买卖、道路交通等民生关注热点重点，梳理归纳司法实践中的难点堵点问题，将习近平法治思想贯穿具体个案释法说理全过程各环节，充分展现司法审判公正、高效化解各类矛盾风险、切实维护人民群众合法权益的生动实践。

二是聚焦类案法律适用，推动法律统一正确实施。公正司法是维护社会公平正义的最后一道防线。通过公正司法维护社会公平正义，是新时代党领导人民推进全面依法治国、建设社会主义法治国家的必然要求，这对全国法院法官司法能力和水平提出新的要求。《丛书》依托法答网、人民法院案例库、多元解纷案例库、“法信”等司法资源，数智法律知识服务平台汇集的大量典型案例、法律适用问题答问，聚焦类案审判实践中的常见争点、疑难复杂问题、新型问题等，以最高人民法院裁判观点为基础标准，系统化梳理类案争点，深入剖析类案法律适用产生分歧的原因，切实为类案法律适用提供统一的裁判尺度和指导参考，以期正确适用法律，规范法官自由裁量权，确保司法裁判的公正性。

三是指导提升审判能力水平，有效服务定分止争工作。定分是依法办案，止争是化解矛盾；定分是解决案件，止争是解决问题；“定分”重在“止争”。人民法院要做实善于从政治上看、精于从法治上办，就需要在案件审理时充分听取当事人诉求，明确争议焦点，明晰请求权基础规范；在此基础上，运用科学有效的审判方法，进一步分析基础规范的构成要件及要件事实，最后准确适用法律。《丛书》梳理归纳了相关案由下各类情形的请求权及其请求权基础规范，为类案裁判提供了相对明晰的法律适用规范指引以及审理重点与方法步骤，为司法审判提质增效提供了方法论支撑。

《丛书》的付梓出版，得益于最高人民法院各有关审判业务庭的精心指导，得益于一线资深法官的默默付出，凝聚着全体编撰人员的心血和智慧。作为类案争点与法律适用方面的创新之作，一方面囿于认识水平、时空条件等因素，另一方面新类型案件层出不穷，《丛书》有关内容或还有不足之处。借此机会，衷心希望《丛书》的编辑出版能够助力提升全国法官的审判能力和水平，积极服务公正司法定分止争、促进矛盾纠纷源头预防实质化解等人民法院中心工作，为做实为大局服务、为人民司法，建设更高水平的社会主义法治国家、推进中国式现代化贡献智慧和力量。

《类案争点与法律适用丛书》编委会

2025 年 1 月

前 言

人民法院出版社组织出版的《类案争点与法律适用丛书》，旨在为法学、法律工作者提供一套体系完备、观点权威、实证丰富、务实管用的业务指导用书。成都中院受邀承担本套丛书《房屋买卖合同纠纷争点整理与法律适用》一册的编写任务，深感责任重大。

在中国式现代化建设中，房地产市场的健康发展不仅是经济繁荣的晴雨表，更是民生福祉的重要基石。随着城市化进程的加速推进，房屋买卖作为社会生活中最为普遍且复杂的交易行为之一，其涉及的法律关系错综复杂、纠纷频发，成为影响社会和谐稳定的重要因素。近年来，中央经济工作会议和政府工作报告都强调，积极稳妥化解房地产风险、促进房地产市场平稳健康发展。党的二十届三中全会指出，“要统筹好发展和安全，落实好防范化解房地产、地方政府债务、中小金融机构等重点领域风险的各项举措”。成都法院作为房屋买卖合同纠纷司法审判的前沿阵地，在审判海量房屋买卖合同纠纷案件中积累了丰富的实践经验，总结了许多具有创新性和实用性的裁判规则。通过此次契机将这些宝贵经验整理汇编，不仅有助于提升成都法院司法审判的规范化、标准化水平，还能为其他地区法院提供有益的参考借鉴，促进全国范围内房屋买卖合同纠纷解决机制的完善，非常有意义。

自本书编写工作开展以来，成都中院党组高度重视，从成都中院及全市

22 家基层法院精心挑选了审判功底扎实、调研能力出众、实务经验丰富的同志组成本书编写组，全面收集理论及实务素材，反复研讨谋定写作思路，多轮修改完善写作提纲，倒排工期、挂图作战、集中力量攻坚写作，并根据人民法院出版社初审、复审指导意见反复打磨、几易其稿，最终形成三十四万余字的书籍终稿。

总体思路上，本书在编写过程中坚持“问题导向、实践引领、理论支撑”基本原则，力求做到理论与实践有机结合。体例结构上，本书下设七个章节，分别为商品房预约合同纠纷、商品房预售合同纠纷、商品房销售合同纠纷、存量房屋买卖合同纠纷、商品房委托代理销售合同纠纷、经济适用房转让买卖合同纠纷、农村房屋买卖合同纠纷，力求覆盖房屋买卖合同纠纷的主要类型。每一章节均遵循“问题引入——案例分析——争点分析——法律适用——裁判思路”的逻辑结构行文，力求做到条理清晰、内容全面、分析深入。其中，每章节项下分为三小节，第一节为纠纷概述，该节主要从纠纷的审理现状、基本特点、审理原则、审查要素等维度对相关类型纠纷审理现状进行整体刻画；第二节为争点整理与认定，该节主要以房屋买卖合同纠纷审判中的常见争点问题为脉络，以裁判结果公正、具有示范引领价值的典型案例、最高人民法院及专家学者的权威观点为相关论据，以“要件审判九步法”为思路指引，在全面梳理现行有效的法律法规及司法解释基础上，有效整合了常见争点的认定及裁判思路，以期为审理房屋买卖合同纠纷提供参考；第三节为法律适用中的疑难问题，该节主要针对房屋买卖合同纠纷法律适用中分歧较大的热点、难点、痛点问题，通过对分歧观点、适用难点、问题症结进行针对性分析，并对房屋买卖合同纠纷审判中可能出现的新问题、新情况、新趋势进行前瞻性研判，从理论和实务的角度对疑难问题予以论证和回应。

在本书即将付梓之际，我们向最高人民法院民事审判第一庭及李赛敏法官表达诚挚的谢意。李法官在繁忙的工作中抽出宝贵时间，细致入微地审阅了书稿，提出了诸多具体的修改建议，使得书稿内容更加精准和完善。此外，本书得以问世，离不开众多领导和法官的宝贵经验与智慧的汇聚，在此，我们一并向他们表示衷心的感谢。

法护安居，稳进无虞。《房屋买卖合同纠纷争点整理与法律适用》一书的编写，贴近司法实践，集理论梳理、实践经验、规范整理和案例指导于一体，具有较强的理论性、实践性、针对性和工具性，期待本书的出版特别是“争点整理与认定”能为法学、法律工作者和法考考生提供有益的帮助和启示。此外，由于笔力和时间有限，书中难免有疏漏和未尽之处，恳请各位同仁批评斧正，共同推动房屋买卖合同纠纷解决机制的完善和发展。

编 者

2024 年 12 月

凡　例

一、本书中法律文件名称一般用简称，例如《中华人民共和国民法典》简称《民法典》。

二、本书中下列司法解释一般也使用简称：

文件名称	简称	相关信息
《最高人民法院关于适用〈中华人民共和国民法典〉合同编通则若干问题的解释》	《民法典合同编通则解释》	发文字号：法释〔2023〕13号 公布日期：2023年12月4日 施行日期：2023年12月5日
《最高人民法院关于适用〈中华人民共和国民法典〉总则编若干问题的解释》	《民法典总则编解释》	发文字号：法释〔2022〕6号 公布日期：2022年2月24日 施行日期：2022年3月1日
《最高人民法院关于适用〈中华人民共和国民法典〉有关担保制度的解释》	《民法典担保制度解释》	发文字号：法释〔2020〕28号 公布日期：2020年12月31日 施行日期：2021年1月1日
《最高人民法院关于适用〈中华人民共和国民法典〉婚姻家庭编的解释（一）》	《民法典婚姻家庭编解释（一）》	发文字号：法释〔2020〕22号 公布日期：2020年12月29日 施行日期：2021年1月1日
《最高人民法院关于适用〈中华人民共和国民法典〉物权编的解释（一）》	《民法典物权编解释（一）》	发文字号：法释〔2020〕24号 公布日期：2020年12月29日 施行日期：2021年1月1日

续表

文件名称	简称	相关信息
《最高人民法院关于人民法院办理执行异议和复议案件若干问题的规定》	《执行异议和复议规定》	发文字号：法释〔2015〕10号 公布日期：2015年5月5日 修正施行日期：2021年1月1日
《最高人民法院关于适用〈中华人民共和国民事诉讼法〉的解释》	《民事诉讼法解释》	发文字号：法释〔2015〕5号 公布日期：2015年1月30日 第一次修正施行日期：2021年1月1日 第二次修正施行日期：2022年4月10日
《最高人民法院关于审理涉及国有土地使用权合同纠纷案件适用法律问题的解释》	《国有土地使用权合同解释》	发文字号：法释〔2005〕5号 公布日期：2005年6月18日 修正施行日期：2021年1月1日
《最高人民法院关于审理建筑物区分所有权纠纷案件适用法律若干问题的解释》①	《建筑物区分所有权解释》	发文字号：法释〔2009〕7号 公布日期：2009年5月14日 修正施行日期：2021年1月1日
《最高人民法院关于审理商品房买卖合同纠纷案件适用法律若干问题的解释》	《商品房买卖合同解释》	发文字号：法释〔2003〕7号 公布日期：2003年4月28日 修正施行日期：2021年1月1日
《最高人民法院关于建设工程价款优先受偿权问题的批复》	《建工价款优先受偿权批复》	发文字号：法释〔2002〕16号 公布日期：2002年6月20日 失效日期：2021年1月1日

① 2009年5月14日发布的文件名称为《最高人民法院关于审理建筑物区分所有权纠纷案件具体应用法律若干问题的解释》。

目 录

第一章　商品房预约合同纠纷

第一节　商品房预约合同纠纷概述

一、商品房预约合同纠纷的审理现状

《民法典》第 495 条吸收了《商品房买卖合同解释》第 2 条规定，从立法层面确立了预约合同制度。预约合同作为约定在将来一定期限订立合同的合同，在商品房买卖领域存在广泛的应用。开发商为顺利推进地产开发项目，往往采取预售方式来回笼资金，但在符合预售条件前，部分开发商也会通过收取意向金、定金、部分购房款并签订预约合同的方式固定交易机会，提前将房源售卖给购房者，商品房预约合同就此应运而生。这类合同多以“认购书”“订购单”“意向书”等形式表现，其内容一般包括：拟买卖房屋的基本信息，房源坐落位置、房屋的预测或实测面积；拟买卖房屋的价格；定金条款；协商签订房屋买卖合同的期限等。

近几年，法院受理的关于商品房预约合同纠纷案件日益增多，因此产生的争议也层出不穷，在面对同一或类似纠纷时，各法院的裁判结果各有不同。总的来看，此类合同审理现状如下。

（一）对预约和本约认定不一致

司法实践中，预约合同所列条款若符合法律规定，可以转化为本约。根据《商品房买卖合同解释》第 5 条规定的是否具备商品房买卖合同的主要内容和出卖人是否收取购房款来判断双方当事人所签订的协议性质。但该司法解释对于商品房买卖合同的“主要内容”的界定没有进一步明确。不同法院对于“主要内容”有着不同的理解，因此司法实践中对于本约和预约的判定存在差异。

（二）对责任性质认定存在差异

对违反商品房买卖预约合同的责任性质的认定。有的法院认为，商品房买卖预约合同具备普通民事合同应有的所有要件，本质上是具有独立存在价值的合同，当事人违反了民事合同应当承担违约责任。也有法院认为，商品房买卖预约合同的签订目的是在约定期限内签订商品房买卖合同，当事人违反预约合同条款，应承担缔约过失责任。

（三）继续履行责任方式不同

关于商品房预约合同是否如一般合同一样适用继续履行这一责任方式，在法律上并未明确，司法实践中存在两种观点：部分法院基于维护诚实守信和交易稳定的角度作出了继续履行的裁判观点；部分法院认为基于预约合同的性质，在不具有缔约的效力，仅具备磋商效力的审判思路下，认为诉请继续履行没有事实依据和法律依据，考虑到未约定的事项双方没有达成一致协议，即使法院强制执行，实际上也无法履行的考量，作出不支持继续履行的裁判观点。

二、商品房预约合同纠纷的基本特点

随着房地产市场交易日趋频繁，合同缔约磋商过程越发复杂，商品房预约合同在我国交易中实践价值不断增加。但商品房预约合同的广泛适用导致商品房预约合同纠纷数量居高不下。其中，前端纠纷产生原因复杂多样，后端纠纷裁判结果认定不一逐渐演变为商品房预约合同纠纷的基本特点。

（一）前端：纠纷产生原因复杂多样

从主体来看，商品房预约合同纠纷产生原因与相关合同主体存在较强关联。一是卖方方面，商品房预约合同纠纷中，因卖方过错导致本约合同无法签订进而引发纠纷的情况较为普遍。其中，卖方在约定期间内未取得预售许可证导致无法继续签订本约合同，卖方逾期不履行义务、逾期无其他理由不签订本约合同（包括卖方在签订过程中存在欺诈行为或隐瞒重要事实行为），卖方将房屋转卖（出租）第三人，在订立合同过程中涉案房屋被查封、抵押，房屋开发项目未启动，房屋规划变动导致与预约合同约定不一致等均为实践中纠纷产生的常见原因。二是买方方面，因征信问题、限购政策导致买方不具备购房资质，买方逾期不履行义务（包括未按约定如期支付房款，未按约定时间前往约定地点签订本约等情形）亦为纠纷高发原因。三是双方方面，本约合同内容协商不一致、预约合同解除退款事宜、双方怠于履行义务等也可能成为矛盾产生原因。此外，不可抗力、情势变更等不能归属于双方的原因也可能导致相关纠纷矛盾发生。由此可见，由于商品房预约合同纠纷产生原因复杂多样，预约合同纠纷层出不穷，实践中商品房预约合同案件审理难度颇大。

（二）后端：纠纷裁判认定存在分歧

实践中，关于如何确定合同性质属于本约还是预约，违反合同的责任性质是违约责任还是缔约过失责任，以及如何确定责任赔偿范围、合同能否继续履行等问题，审判实践中存在不同观点。[①]

1. 合同性质认定标准各异

商品房预约合同广泛存在于商品房买卖市场，其名目各异，又与商品房买卖预售合同及商品房买卖意向书等非合同文件混杂。在商品房预约合同纠纷中，如何认定合同的性质对于案件审理至关重要，直接影响着后续合同履行及违约救济方式、赔偿范围的认定。鉴于预约合同与本约合同的认定存在主观因素介入，实践中，类案不同判的问题时有发生，甚至在同一案件不同审级之间存在认定不一的情形。同时，即便部分案件对商品房预约合同的认定结果一致，但在具体认定标准及理由上亦存在分歧：有观点认为，只要当事人通过磋商订立预约合同且标的明确，无论其他合同条款是否具备，也不管双方当事人如何命名该协议，则视为预约合同成立；有观点认为，对于预约合同的界定主要看双方是否有后续订立本约的意思表示。因此，对于商品房预约问题性质的准确把握是司法实践中亟须解决的问题。

2. 合同效力认定存在争议

本质上，商品房预约合同属预约合同范畴，并不必然产生签订本约的效力，因而预约合同的继续履行并非等同于强制缔结本约。针对预约合同效力问题，一方面，理论界仍未形成一致意见，“强制缔约说”“必须磋商说”“内容决定说”三大观点各行其是：“善意磋商说”认为当事人仅负有善意磋商义务，但磋商未必一定达成本约；“应当缔约说”认为当事人的义务就是依约订

---

① 参见徐萌萌：《无序到有序：裁判商品房买卖预约合同纠纷三定法——以H省基层法院近5年审理的商品房买卖预约纠纷为样本》，载《河南工业大学学报（社会科学版）》2018年第6期。

立合同，即使磋商不成，也需达成本约；“内容决定说”主张区分不同情况，若预约中具备本约的主要条款，产生应当缔约的效力，否则产生善意磋商的效力。另一方面，除部分案件对合同效力予以明确外，实践中存在相关案件裁判文书仅是围绕当事人的诉讼请求进行说理，对于合同效力认定标准并未明确，并且对于商品房预约合同究竟产生何种效力的最终认定结果也存在分歧。①

3. 违约责任承担认定不一

现行立法及司法解释对于预约合同违约救济途径并未完全明确，理论界对继续履行的适用和损害赔偿范围存在较大争议，导致实践中对于商品房预约合同违约责任的归责原则、责任方式、责任范围等问题存在不同判罚标准。有的案件裁判返还已收受的购房款、定金及产生的利息，有的案件裁判双倍返还定金，还有的案件裁判违约方赔偿可得利益等。在具体裁判思路上，部分法官认为商品房涨价或跌价的部分利益应当属于赔偿的内容；部分法官认为房屋的涨价或跌价产生的价值属于不能确定的因素，没有精确的衡量标准，对赔偿此类可得利益的要求不予支持。②

三、商品房预约合同纠纷的审理原则

随着房地产行业的不断发展，商品房预约合同的使用频率日益增高，其使用虽然给商品房交易带来了诸多便利，但由于相关法律法规的完备性尚需加强，其使用在实践中也引发了诸多纠纷。司法审判实务中对于合同性质的判断标准、违约行为的认定、是否适用强制履行以及损害赔偿的范围确定等仍存在一定争议，审理过程中应当遵循自愿原则、诚信原则、公平原则以及区分归责原则等判定预约合同的性质、法律效力及责任承担方式和范围。

（一）自愿原则

商品房预约合同纠纷的主要争点之一即为预约合同的性质认定问题，其性质直接影响着预约合同的效力及违约救济方式、赔偿范围的认定。审理过程中法官应当坚持自愿原则，综合考量客观情况，例如充分观察当事人订立合同所包含的内容等，对合同进行实质内容上的审查，最终探究当事人的真

---

① 参见霍梦童：《商品房“预约合同”纠纷类案研究》，广西大学 2022 年硕士学位论文。

② 参见睢晓鹏：《商品房买卖预约合同中的三个问题辨析》，载《人民法院报》2015 年 8 月 19 日，第 7 版。

实意思表示，[①]从而合理认定商品房预约合同的性质和效力。尊重当事人真实意思表示，以合同内容为基础，有利于更好地促进买卖关系在合同双方之间建立，符合《民法典》鼓励交易的立法价值，也更符合商品房的交易特性，对于实现当事人交易目的的实现具有积极影响。[②]

（二）诚信原则

关于商品房预约合同应该产生何种效力，司法实践中曾经主要存在两种观点分歧，即必须磋商说和强制缔约说。[③]必须磋商说强调预约合同缔结过程中双方磋商过程的诚实信用，强制缔约说侧重当事人双方对于缔约结果目的的达成，无论哪种学说都体现了合同的理论基础之一即诚信原则，以此来约束保障合同双方履行对于订立合同所作出的允诺。故商品房预约合同纠纷的审理应当从诚信原则出发，结合合同内容的完备程度判断其性质和效力，更加客观、准确地寻找合同本身对于当事人双方所产生的约束力，从而划定商品房预约合同的“强制力”，为后续违约责任及赔偿范围认定等提供合理路径。

（三）公平原则

商品房预约合同审理中的另一常见问题即违约责任认定问题，主要体现在违约责任承担是否应当适用继续履行以及赔偿范围的认定。在此认定过程中，必须严格遵守公平原则，即认定责任时以事实为依据，从合同双方合法权益及利益平衡的角度出发，依法公平合理适当地判定违约责任的承担方式及范围。坚持公平原则，一方面可以维护法律威严，增强责任双方及人民群众对法律的信任；另一方面可以减少责任双方对处理结果的疑虑，更大程度平衡双方利益，从而有效提升司法审判的社会效果。

（四）区分归责原则

预约合同具有独立性，从本质上表现为预约合同是订立本约合同的订约

---

① 谢鸿飞：《民法典合同编总则的立法技术与制度安排》，载《河南社会科学》2017年第6期。

② 翟云岭、于靖文：《论商品房认购书的法律性质——以预约合同为视角》，载《政法学刊》2010年第1期。

③ 强制缔约说即双方签订预约合同的最终目的是签订本约合同。王泽鉴：《债法原理（一）》，北京大学出版社2003年版，第186页。

程序。当事人订立预约合同时，签订本约的条件尚未议定，订立预约合同的目的是约定签订本约的相关事宜。故在商品房预约合同纠纷审理过程中，应当根据合同性质、结合具体案情，分情况确定商品房预约合同纠纷的归责原则。对于违反预约合同的违约方应当适用过错责任原则，在区分合同各方当事人过错的基础上，合理确定双方的责任承担方式及责任承担范围；而对于本约合同一般应适用严格责任原则，仅在法律法规等有特别规定的情况下，适用过错责任原则。①

四、商品房预约合同纠纷的审查要素

（一）立案审查

1. 审查案件诉讼标的

审理商品房预约合同纠纷案件，最重要的是要注意与商品房预售合同、商品房买卖合同、附生效条件合同、附生效期限合同、交易意向等法律关系的区分，准确认定当事人之间成立商品房预约合同关系。

（1）商品房预约合同和交易意向的区分。当事人之间的约定是否构成商品房预约合同，不在于当事人的约定在形式上是否为认购书、订购书、预订书还是意向书、备忘录，而是要看当事人约定的内容。如果当事人签订的意向书或者备忘录等仅表达交易的意向，未约定在将来一定期限内订立合同，或者虽然有约定但是难以确定将来所要订立合同的主体、标的，就不能认定预约合同已经成立。如果当事人之间关于在将来一定期限内订立合同的约定在内容上不够具体确定，或者虽然具体确定但并未表明当事人受意思表示的约束，即使采取了认购书、订购书、预订书的形式，也不能认定为预约合同。相反，如果当事人之间关于将来一定期限内订立合同的约定在内容上具体确定且表明当事人受意思表示的约束，则即使采取意向书、备忘录的表现形式，也应认定为预约合同。

（2）商品房预约合同与本约合同的区分。即使当事人约定在将来一定期限内订立合同，但如果当事人已就需要协商并达成一致的内容形成合意且未给当事人将来订立合同保留磋商机会，则不能认定该约定构成预约合同，而

---

① 山东省济南市中级人民法院课题组：《关于审理涉房地产纠纷案件法律适用问题的调研报告》，载《山东法官培训学院学报》2021 年第 4 期。

应认定为构成本约合同。至于当事人之间关于在一定期限内订立合同的约定，则应理解为本约合同成立后当事人的合同义务，仅是当事人为了进一步明确权利义务关系而要求在意思表示达成一致后以特定形式（如书面合同）将合同内容予以重新表达，而非另行订立本约合同。

（3）商品房预约合同与附生效条件合同的区分。预约合同仅存在于当事人对于是否签订本约合同仍享有决策权的场合，如果仅是本约合同订立时客观条件不成熟，且一旦条件成熟就成立并生效，则应将此种情形理解为本约合同附有生效条件，而非当事人之间成立预约合同关系。

在因开发商尚未取得预售许可证而签订预约合同的情况下，当事人一方只能依据该预约合同请求对方在已经取得预售许可证后订立商品房预售合同或者买卖合同，不能直接请求对方履行商品房预售合同或者买卖合同，故该预约合同不应被认定无效。也正因如此，即使事后开发商取得预售许可证，预约合同也不能当然转化为本约合同，而需当事人另行依据预约合同订立商品房预售合同或者买卖合同，也就是说，在预约合同成立并生效后，即使开发商已经取得预售许可证，当事人对于是否签订商品房预售合同或者买卖合同也仍然享有最终的决策权，否则预约合同将会成为规避法律、行政法规关于商品房预售须取得预售许可证的规定。

（4）商品房预约合同与商品房预约合同已经转化为本约合同。根据《商品房买卖合同解释》第5条规定，商品房的认购、订购、预订等协议具备《商品房销售管理办法》第16条规定的商品房买卖合同的主要内容，并且出卖人已经按照约定收受购房款的，该协议应当认定为商品房买卖合同。

【规范指引】

《商品房销售管理办法》第16条；《商品房买卖合同解释》第5条。

2. 审查诉讼主体的合法性

（1）原告是与本案有直接利害关系的公民、法人和其他组织。需要审查原告是否为商品房预约合同关系的签订方或者实际履行方，起诉状是否经过原告签字或者盖章。

（2）被告必须是明确的。审查原告提供被告的姓名或者名称、住所等信息具体明确，足以使被告与他人相区别。

【规范指引】

《民事诉讼法解释》第209条。

3. 审查案件的主管和管辖

（1）主管的审查。

①当事人合同中约定了有效的仲裁条款，或者另行达成书面仲裁协议的，告知原告向仲裁机构申请仲裁，人民法院不予受理。仲裁条款或者仲裁协议不成立、无效、失效、内容不明确无法执行的除外。法院受理后，首次开庭前，被告以有书面仲裁协议为由对受理民事案件提出异议的，仲裁协议有效的，人民法院应当裁定驳回起诉。

【规范指引】

《仲裁法》第 5 条；《民事诉讼法》第 127 条第 1 款第 2 项；《民事诉讼法解释》第 215–216 条。

②单位内部购房、建房引起的房地产纠纷，不属于人民法院的主管范围。

【规范指引】

《仲裁法》第 5 条；《民事诉讼法》第 127 条第 1 款第 2 项；《民事诉讼法解释》第 215–216 条。

（2）管辖的审查。

①级别管辖的审查。当事人住所地均在或者均不在受理法院所处省级行政辖区的，中级人民法院管辖诉讼标的额 5 亿元以上的第一审民事案件。当事人一方住所地不在受理法院所处省级行政辖区的，中级人民法院管辖诉讼标的额 1 亿元以上的第一审民事案件。争议标的额大的涉外民商事案件、案情复杂或者一方当事人人数众多的涉外民商事案件、其他在本辖区有重大影响的涉外民商事案件由中级人民法院管辖。

【规范指引】

《民事诉讼法》第 18 条；《最高人民法院关于调整中级人民法院管辖第一审民事案件标准的通知》第 1–2 条；《最高人民法院关于涉外民商事案件管辖若干问题的规定》第 2 条。

②地域管辖的审查。按照顺序确定管辖法院，首先，如果是标的物为政策性房屋的商品房预约合同纠纷，由不动产所在地人民法院管辖。其次，当事人通过书面协议选择被告住所地、合同履行地、合同签订地、原告住所地、标的物所在地等与争议有实际联系的地点的人民法院管辖，且不违反民事诉讼法对级别管辖和专属管辖的规定，根据书面协议，起诉时能够确定管辖法院的，从其约定。再次，当事人未通过书面形式约定管辖法院的，确定管辖法院分以下情况：其一，合同中明确约定了合同履行地的，由被告住所地或

合同履行地人民法院管辖；其二，合同中未明确约定合同履行地的，争议标的为给付货币的，由被告住所地或者接受货币一方所在地法院管辖，争议标的为交付不动产的，由被告住所地或不动产所在地法院管辖，争议其他标的的，由被告住所地或者履行义务一方所在地法院管辖。最后，合同没有实际履行，双方当事人住所地都不在合同约定的履行地的，仅由被告住所地法院管辖。

【规范指引】

《民事诉讼法》第35条。

4. 审查是否符合起诉条件

原告是与本案有直接利害关系的公民、法人和其他组织；有明确的被告；有具体的诉讼请求和事实、理由；属于人民法院受理民事诉讼的范围和受诉人民法院管辖。

【规范指引】

《民事诉讼法》第122条。

5. 审查起诉材料是否完整

（1）起诉状是否记明下列事项：①原告的姓名、性别、年龄、民族、职业、工作单位、住所、联系方式，法人或者其他组织的名称、住所和法定代表人或者主要负责人的姓名、职务、联系方式；②被告的姓名、性别、工作单位、住所等信息，法人或者其他组织的名称、住所等信息；③诉讼请求和所根据的事实与理由；④证据和证据来源，证人姓名和住所。

（2）是否提交了符合起诉材料的相应的证据。衡量和判断原告在起诉时附带证据的最低限度，应当以能否满足起诉的条件为标准，即主体适格性、争讼事实与诉讼请求的利益相关性、受诉法院受理和管辖的正当性。

【规范指引】

《民事诉讼法》第124条；《最高人民法院关于人民法院登记立案若干问题的规定》第6条；《最高人民法院关于民事诉讼证据的若干规定》第1条。

（二）原告诉请的审查

1. 审查诉讼请求文义的精确性

原告诉请是否具体明确。当事人诉讼请求不明确，即当事人的诉讼主张不明了或有歧义，法官无法理解其本意时，可以直接向当事人发问，让当事人将自己的诉讼主张陈述清楚。但释明应以了解当事人真实意思为限，不能影响当事人对自己实体权利的处理。以诉请解除商品房预约合同为例，需要引导原告将诉讼请求明确为“请求法院确认原告与被告于 × 年 × 月 × 日签订的商品房预约合同于年月日解除”或者“请求法院判令原告与被告于 × 年 × 月 × 日签订的商品房预约合同解除”。

2. 审查诉讼请求的合理性

（1）当事人诉讼请求与相关法律规定的要求不一致时，法官可告知不正确的原因及可能产生的后果。

（2）原告主张的违约损害赔偿明显不具有合理性时，可以向原告释明，引导原告变更诉讼请求。

（3）当事人主张的法律关系性质或民事行为的效力与法院根据案件事实作出的认定不一致的，法官可以引导当事人变更诉讼请求或者提出备位诉讼请求。当事人主张的法律关系性质或效力明显有误的，法官可以视情况即时释明；当事人主张的法律关系性质或效力存有较大争议，法官一时难以认定的，法官在释明时应当贯彻谨慎原则。在告知当事人变更诉讼请求时，应当告知当事人变更诉讼主张或诉讼请求并不意味着其必然胜诉。

（4）原告基于商品房预约合同要求继续履行并订立商品房买卖合同或者商品房预售合同时，应向其释明违反商品房预约合同的救济方式不包括继续履行并订立本约合同，引导其变更诉讼请求。

3. 审查诉讼请求的完整性

当事人诉讼请求不充分，即当事人因对法律理解不够而造成不能充分提出诉讼主张。如诉讼请求应一并提出而只提出部分，且可能产生失权后果的，法官应当进行释明；如可以提出多个诉讼请求而少提或只提一个的，法官可以进行释明。法官的释明，应根据案件具体情况，主动了解当事人的真实意思，告知其法律具体规定。释明后，当事人补充诉讼请求的，应予准许。如果经法官释明当事人在理解法律上并无障碍，当事人仍维持原诉讼请求的，应尊重当事人对自己权利的处分，根据当事人的主张进行裁判。

【规范指引】

《最高人民法院关于民事诉讼证据的若干规定》第 53 条。

4. 权利请求基础规范的审查

（1）确定当事人的诉讼类型，如确认买卖合同无效之诉、请求解除买卖合同形成之诉、请求支付价款之诉等。

（2）依据当事人提出的诉讼类型与权利类型寻找相应法律条文，如原告诉请解除买卖合同的，应适用《民法典》合同编有关合同解除的条款，还应注意适用买卖合同相关条款。

（3）针对检索到的法条表明的法律构成要件，对请求权基础进一步细分，如《民法典》第563条规定的合同解除可进一步区分为不可抗力、预期违约、迟延履行等情形，将买卖合同双方的请求特定化具体化。

（三）被告抗辩的审查

1. 从当事人答辩、质证等主张和异议理由中识别是否存在抗辩

引导被告对原告的诉请请求、事实和理由的要点逐项抗辩。一方当事人的答辩或辩论意见未涵盖对方当事人的全部诉讼主张或辩论意见的，法官应当提示该方当事人对对方当事人所提出的要点是否均予认同，必要时可以将该方当事人遗漏的要点归纳或概括后，逐条进行询问。

2. 将当事人的抗辩权特定化

（1）法院将被告对原告的诉讼主张的回应概括归类为沉默、否认、不知、抗辩及自认5种类型。针对被告的沉默、不知及自认，法院就法律后果向被告予以释明。

（2）针对被告的否认及对事实原因所作的否定性陈述，应要求被告进一步明确否认的事实要点及原因行为，如合同未签订、货物未交付等。

（3）针对被告的程序性抗辩，如双方对买卖合同纠纷约定了仲裁条款、已经发生有既判力的裁判，原被告不适格、非本院管辖等情形依据相关规定予以审查。

（4）针对被告的实体性抗辩，法院归类后分别予以审查。第一，永久性的抗辩，如诉讼时效已过，合同无效、被撤销、已解除、已获履行等情形；第二，暂时性的抗辩，如先付款后发货、卖方丧失履行能力要求提供担保、一般保证的先诉履行抗辩等情形；第三，限制性的抗辩如双务合同不履行等情形。

3. 审查确定支持被告抗辩主张的具体法律规范

被告抗辩主要分为请求权未产生、已消灭或不能实行。

【规范指引】

抗辩请求权未产生的基础规范主要有：《民法典》第144–154条、第171条等；抗辩请求权不能实行的基础规范主要有：《民法典》第192条、第525–527条等；抗辩请求权已经消灭的规范基础主要有：《民法典》第549

条、第557条、第562–563条、第568–569、第571条、第575–576条等。

（四）基础规范构成要件的审查

1. 从支持原告权利请求基础规范中，分析梳理具体的构成要件

（1）确认合同解除诉请的审查。

①预约合同的认定及与其他法律关系的区分。

②预约合同的成立并有效且合同继续存在的事实。根据《城市房地产管理法》第41条规定，应当注意审查书面形式是商品房预约合同的特别成立要件。

③合同解除的类型。法定解除、约定解除与合意解除。还要根据解除的效果看是全部解除还是部分解除。

④法定解除或约定解除要审查解除权是否发生。违反预约合同的情形包括拒绝订立本约合同或者在磋商订立本约合同时违背诚信原则导致未能订立本约合同。拒绝订立本约合同包括明确拒绝订立本约合同和以其行为表明拒绝签订本约合同（如将房屋出售给第三人）。在磋商订立本约合同时违背诚信原则，包括在磋商时提出的条件明显背离预约合同约定的内容和未尽合理努力进行协商。

⑤解除权未因解除权行使期限届满等原因而消灭。

⑥解除权的通知达到对方。合同解除的时间一般为解除通知送达之日，解除通知载明的期限届满之日或者起诉状副本送达之日。

【规范指引】

《民法典》第562–565条；《商品房买卖合同解释》第4条；《民法典合同编通则解释》第6条。

（2）请求继续履行商品房预约合同，并主张订立本约合同的审查。

①预约合同的认定及与其他法律关系的区分。

②预约合同的成立并有效且合同继续存在的事实。

③向原告释明违反预约合同的救济方式不包括继续履行，引导原告变更诉讼请求，原告拒绝变更的，可以驳回其诉讼请求。

【规范指引】

《民法典合同编通则解释》第8条。

（3）请求适用定金罚则的审查。

①预约合同的认定及与其他法律关系的区分。

②预约合同的成立并有效且合同继续存在的事实。

③原告约定以交付定金作为订立合同的担保且实际交付定金。对当事人在合同中未使用“定金”一词的，需要对定金的性质作出明确的约定，若使用了“定金”一词，也应予以严格审查，考察当事人约定的定金是否产生定金的法律效力。根据《民法典》第586条规定，要注意审查定金的金额不能超过主合同标的额的20%，超过部分不产生定金的效力。实际交付的定金数额多于或者少于约定数额的，视为变更约定的定金数额。

④被告不履行预约合同约定的义务，包括拒绝订立本约合同或者在磋商订立本约合同时违背诚信原则导致未能订立本约合同。拒绝订立本约合同包括明确拒绝订立本约合同和以其行为表明拒绝签订本约合同（如将房屋出售给第三人）。在磋商订立本约合同时违背诚信原则包括在磋商时提出的条件明显背离预约合同约定的内容和未尽合理努力进行协商。

⑤需要注意的是，定金罚则的适用不以当事人实际违约造成损害为前提。

（4）原告诉请被告赔偿损失。

①预约合同的认定及与其他法律关系的区分。

②预约合同的成立并有效且合同继续存在的事实。

③被告不履行预约合同约定的义务，包括拒绝订立本约合同或者在磋商订立本约合同时违背诚信原则导致未能订立本约合同。拒绝订立本约合同包括明确拒绝订立本约合同和以其行为表明拒绝签订本约合同（如将房屋出售给第三人）。在磋商订立本约合同时违背诚信原则，包括在磋商时提出的条件明显背离预约合同约定的内容和未尽合理努力进行协商。

④商品房预约合同中对损失赔偿有无约定。有约定的从约定，没有约定的，通过审查预约合同在内容上的完备程度以及订立本约合同的条件成就程度等因素酌定。预约合同在内容上的完备程度以及订立本约合同的条件成就程度构成了判断预约合同所体现的交易成熟度的两个指标。预约合同所体现的交易成熟度越高，赔偿的范围越接近本约合同的履行利益，预约合同所体现的交易成熟度越低，赔偿的范围越接近订立本约合同的信赖利益。预约合同的内容完备程度，是指预约合同就将来所要订立的本约合同的内容是否进行了约定以及约定是否全面细致。还要审查订立本约合同的条件是否成就。例如，开发商尚未取得预售许可证，考虑到开发商是否能够取得预售许可证，存在一定的不确定性，即使预约合同约定的内容非常全面，但如果开发商一直未能取得预售许可证，也不能参照本约合同的履行利益来建立违反预约合

同的赔偿范围，而应当考虑开发商未来取得预售许可证的可能性，在订立本约合同的信赖利益与本约合同的履行利益之间进行酌定。

（5）请求确认商品房预约合同无效。审查是否违反法律、行政法规的强制性规定，是否存在恶意串通的情形。审查商品房预约合同是否为虚假的。

【规范指引】

《民法典》第 144 条、第 153–154 条。

（6）原告请求撤销商品房预约合同。审查是否存在《民法典》规定的"重大误解""被告或第三人欺诈""被告或者第三人胁迫""乘人之危导致的显失公平"等情形。

【规范指引】

《民法典》第 147–151 条。

2. 从支持被告抗辩主张的基础规范中，分析梳理具体的构成要件

（1）主张原告也有违约行为从而不应适用定金罚则。

①审查原告是否具有违约行为。

②原告的违约行为是否致使不能实现合同目的。若原告的违约行为属于根本违约，则不适用定金罚则；若原告仅为轻微违约，原告仍有权主张适用定金罚则。

（2）原告的解除权已经消灭。首先审查商品房预约合同中对解除权的行使期限有无约定，有约定的从约定，没有约定的，按照《民法典》第 564 条第 2 款的规定进行审查。

【规范指引】

《民法典》第 564 条。

（3）预约合同因不可抗力而无法订立本约合同。应当审查被告主张的事由是否同时满足不能预见、不能避免、不能克服三个条件。比如，因疫情防控无法按照预约合同的时间签订本约合同。此外还要审查被告是否及时将不可抗力情形向原告进行了通知。

【规范指引】

《民法典》第 180 条、第 590 条；《民法典合同编通则解释》第 68 条。

（4）被告抗辩预约合同不成立。需要审查双方之间对于订立商品房预约合同是否达成合意，是否采用书面形式缔约。如果未采取书面形式缔约，则商品房预约合同不成立。应予注意的是，《商品房买卖合同解释》第 5 条规定的出卖人已经按照约定收受房款，自应属于一方已经履行主要义务，对方接

受所指的情形。此种情况下，则可以直接认定商品房预售合同或者商品房买卖合同已经成立。另外，需要着重审查当事人之间达成的是商品房预约合同还是仅达成了交易意向，如果当事人签订的意向书或者备忘录等仅表达交易的意向，未约定在将来一定期限内订立合同，或者虽然有约定但是难以确定将来所要订立合同的主体、标的，就不能认定预约合同已经成立。

（5）被告主张诉讼时效已经届满。需要审查权利人知道或者应当知道权利受到损害以及义务人之日，审查是否存在时效中止、中断事由。

【规范指引】

《民法典》第 192 条、第 194–195 条。

（6）被告抗辩因不可归责于双方当事人的事由导致本约合同未订立。主要看该条件是否明显背离预约合同的内容和被告是否已尽合理努力进行协商。如果当事人所提条件明显违背预约合同的约定，或者根据合同解释、合同漏洞填补规则获得的内容明显不一致，即可认定当事人未尽合理努力促进本约的订立有违诚信磋商义务。

第二节　争点整理与认定

在商品房预约合同纠纷中，争点问题主要涉及认购书的性质认定、效力认定、定金罚则适用与预约合同的效力及违反预约合同能否强制履行等问题。

争点 1：商品房买卖认购书的性质为预约还是本约？

【案例】某实业公司与某通讯公司房屋买卖纠纷案[①]

2006 年 9 月 20 日，某实业公司与某通讯公司签订《购房协议书》，载

① 参见最高人民法院（2013）民提字第 90 号民事判决书。

明：某通讯公司购买某实业公司所拥有的某大厦北一楼及中庭建筑；协议签订之日，某实业公司收到某通讯公司预计购房定金 1000 万元，待购房合同签订时该定金自动转为购房款；双方应就购房合同及付款方式等问题在本协议原则下进行具体磋商；双方均应遵守本协议所确定的原则，违反则违约方向守约方支付违约金 1000 万元；双方就该宗房屋买卖合同签订时，本协议自动失效。2006 年 9 月，某通讯公司向某实业公司指定第三人转款共计 1000 万元，款项用途均为预付购房定金。2007 年 1 月 4 日，某实业公司将案涉房屋交付给某通讯公司使用。2009 年 9 月 28 日至 2009 年 11 月 4 日期间，某通讯公司与某实业公司就《购房协议书》约定的商品房交易价格、新拟定的《房屋买卖合同》文本内容及相关问题进行多次致函商洽，最终双方商洽失败，某实业公司于 2010 年 3 月 3 日向某通讯公司致函单方通知某通讯公司解除《购房协议书》，并要求其在规定时间内腾退案涉房屋，并支付 3 年场地占有使用费。某通讯公司诉至一审法院，主张双方的《购房协议书》已经实际履行，请求确认《购房协议书》合法有效，某实业公司发出的《解除函》无效，同时请求某实业公司向某通讯公司履行过户登记义务，在过户登记后 5 日内，某通讯公司向某实业公司支付剩余购房款 5750 万元；某实业公司则主张双方就案涉房屋所形成的法律关系的性质为预约合同关系。一审法院认为，《购房协议书》中买卖双方名称、标的、价款、违约责任等主要条款具体明确，具备合同成立的基本条款，《购房协议书》虽然约定就合同欠缺的其他内容进行进一步协商并签订《房屋买卖合同》，但不能据此否认合同成立或者据此认定该协议属于预约合同或者定金合同性质，且某实业公司向某通讯公司交付房屋系基于买卖合同关系，某通讯公司主张双方构成房屋买卖合同关系成立。二审法院认为，一审法院对《购房协议书》的性质及效力问题的认定具备事实基础和法律基础。再审法院认为，案涉《购房协议书》的性质为预约，一、二审判决认定该《购房协议书》的性质为本约系错误的，但《购房协议书》的预约性质并不影响当事人之间就已达成房屋买卖合同合意这一事实，原因在于，某实业公司已将案涉房屋实际交付至某通讯公司使用，履行了房屋买卖合同中出卖方的主要义务，故某实业公司与通讯公司之间的房屋买卖法律关系成立。

【分析】

本案的争议焦点即某实业公司与某通讯公司之间就案涉房屋所形成法律关系的性质和效力，即房屋买卖关系是否成立。实质上，即预约合同与本约合同的界限问题。预约合同区别于本约合同的关键之处，即当事人是否约定将来仍须另行订立合同才能完成最终交易。[①]也就是说，预约合同之所以区别于本约合同，是因为当事人在达成交易合意的同时，意图将某些仍需进一步协商的事项交由本约合同进行约定，从而使得自己保留对是否最终完成交易的决策权。[②]对此，最高人民法院再审认为，预约是指将来订立一定契约的契约，其形态多种多样，预约条款或简约，或详尽，仅以当事人合意内容上是否全面，不足以区分预约和本约，应基于当事人之间的意思表示来判断其订立的合同系本约还是预约，即当事人是否有意在将来订立一个新的合同，以最终明确在双方之间形成某种法律关系的具体内容。如果当事人存在明确的将来订立本约的意思，那么即使预约的内容与本约已经十分接近，即便通过合同解释，从预约中可以推导出本约的全部内容，也应当尊重当事人的意思表示，排除这种客观解释的可能性，本案中《购房协议书》虽然就房屋位置、面积、总价款等内容进行了明确约定，但合同双方仍表明在付款方式等问题上需要日后进一步磋商，且明确表示要在将来订立一个新的合同，故案涉《购房协议书》的性质应为预约合同。可见，判断当事人之间订立的合同系本约还是预约的根本标准应当是当事人的意思表示，即是否有意在将来订立一个新的合同。但是值得注意的是，既然法律承认预约合同的意义在于，当事人一方面想将阶段化的谈判成果予以固定并赋予其法律约束力，另一方面又想保留对这种是否完成交易的决策权，[③]即使当事人约定在将来一定期限内订立合同，但如果当事人已就需要协商并达成一致的内容形成合意且未给当事人将来订立合同保留磋商的权利，那么则不能认定该约定构成预约合同，而应认定构成本约合同。[④]我们认为，此处的磋商，既可以理解为对合同内容的磋商，又可以理解为对是否最终订立合同保有决策权，即使合同的内容已经无限接近于本约，甚至达到与本约无二致的程度，但是合同中保留了一方当事人就是否另行订立合同的决策权，那么即应认定为预约合同。例如，当前大多商品房认购书中，已载明购房者在签订该认购书前已详细阅读

---

① 参见黄薇：《中华人民共和国民法典释义》，法律出版社 2020 年版，第 949 页。

② 参见刘贵祥：《关于合同成立的几个问题》，载《法律适用》2022 年第 4 期。

③ 参见毛亚敏：《论中标通知书的法律效力和悔标的法律后果》，载《法治研究》2009 年第 5 期。

④ 参见最高人民法院民事审判第二庭、研究室编著：《最高人民法院〈民法典合同编通则司法解释〉理解与适用》，人民法院出版社 2023 年版，第 100 页。

了项目现场展示的所有《商品房买卖合同》及《补充协议》等，对所有内容无异议，且放弃进一步磋商的权利，但只要从认购书的文本中，可以解释出买受人还享有拒绝订立本约的权利，那么即仍应当将认购书认定为预约。但在有的合同中，当事人已就全部需要协商并达成一致的内容已经达成合意，但是约定了在一定期限内另行签订合同，例如，存量房买卖中，因出卖人尚未就出卖标的取得不动产权证，故双方签订《预约合同》，在合同中约定出卖人取得不动产权证后双方另行订立“本约”，但依据该合同的约定，案涉房屋的交易已经完全可以顺利履行，且双方并无在将来签订合同时再做进一步磋商的意思，那么应当将当事人约定在将来订立的合同理解为仅是为了在具备交易过户条件后对双方意思表示的重新表达，此时，应当将该合同认定为本约合同，而非预约合同。[①]

【规范指引】

《民法典》第 495 条；《民法典合同编通则解释》第 6 条。

争点 2：签订预购书、购房意向书等预约合同时开发商未取得商品房预售许可，是否影响预约合同的效力认定？

【案例】徐某与被告安顺某房地产公司房屋买卖纠纷案[②]

原告徐某与被告安顺某房地产公司于 2020 年 5 月 12 日签订《某商铺预约订制协议书》及《补充协议》，约定待该公司取得商品房预售许可后，陈某凭本协议选择商铺和享受相应的优惠价格、商业租金抵扣政策等内容，并约定：甲方预计开盘时间 2020 年 10 月 31 日前，如甲方未如期开盘，甲方在 11 月 1 日至 15 日内一次性全额无息退还乙方交纳的预约订制金给乙方，并支付 20% 违约金。同日，原告向安顺某房地产公司支付了 30 万元，安顺某房地产公司出具收据并注明 30 万为内部订制诚意金。后案涉商铺所在项目未能如期开盘，徐某起诉请求该公司退还预约定制金 40 万元，并支付违约金 6 万元。该公司抗辩，签订《订制协议书》及《补充协议》时，案涉项目尚未取得商

① 参见最高人民法院民事审判第二庭、研究室编著：《最高人民法院〈民法典合同编通则司法解释〉理解与适用》，人民法院出版社 2023 年版，第 101 页。

② 参见贵州省安顺市中级人民法院（2021）黔 04 民终 1271 号民事判决书。

品房预售许可证，违反了《城市房地产管理法》第45条及《商品房买卖合同解释》第2条的强制性规定，应为无效。法院经审理认为，预约合同约定项目尚未取得商品房预售许可证的，不违反法律、法规的强制性规定，依法成立并生效。

【分析】

《城市房地产管理法》第45条及《城市房地产开发经营管理条例》第22条规定商品房预售应当取得商品房预售许可证明，但商品房预售行为是指将尚未建成的房屋出售给买受人的行为，即开发商与买受人之间建立了正式的商品房买卖合同。而预约合同系双方当事人承诺在约定期限内订立本约的预备协议，非符合《商品房买卖合同解释》第5条转化为本约的情况下，其并不等同于本约，而是与商品房买卖合同即本约相独立的合同。《商品房买卖合同解释》第2条仅对出卖人未取得商品房预售许可证明情况下，与买受人订立的商品房预售合同的效力进行了规定，并未对出卖人未取得商品房预售许可证明情况下与买受人订立的预约合同的效力进行规定，因而该条并不能作为商品房预约合同的当事人主张预约合同无效的请求权基础。预约合同本身的效力，应依据《民法典》第143条进行评判，在买受人为完全民事行为能力人，双方意思表示真实，不违反法律、行政法规的强制性规定，不违背公序良俗的情况下，即为有效。在合同有效的情况下，依据《民法典》第509条第1款规定，合同当事人应当按照约定全面履行自己的义务。

【规范指引】

《民法典》第143条。

争点3：商品房预约合同签订后买受人缴纳定金，后因限购政策导致双方不能签订正式商品房买卖合同，能否对买受人适用定金罚则？

【案例】冯某与某实业公司房屋买卖纠纷案①

2016年9月27日，冯某与某实业公司签订《认购协议书》，约定冯某认购某实业公司开发的某项目商品房一套及车位一个；冯某支付认购定金，正

① 参见四川省成都市中级人民法院（2017）川01民终9392号民事判决书。

式的《商品房买卖合同》签订后，定金转化为全部购房款；冯某于2016年10月4日前应到某实业公司处签订正式的《商品房买卖合同》，在此之前某实业公司若另外出售房屋则向冯某双倍返还定金；若冯某逾期未与某实业公司签订《商品房买卖合同》，某实业公司在履行必要通知义务后，自通知达到冯某时，某实业公司有权解除本认购协议，冯某所交定金不予退还。该认购协议签订后，冯某支付认购金。冯某与某实业公司签订认购协议前，于2016年9月15日与房某公司签订增值服务协议书，约定参加房某公司与北某公司合作的购房优惠活动，并于当日向房某公司支付服务费及向北某公司支付30 000元，又于2016年10月2日与北某公司签订《四川省商品房买卖合同（预售）》，2016年12月25日，该套房屋签约备案登记于冯某名下。另，2016年10月1日，成都市政府发布并执行限购政策，由于冯某在此前已与另一公司签订了《认购协议书》，依据该限购政策，冯某仅具备再购买一套商品房的资格。某实业公司于2016年10月6日以冯某未按约到达指定地点签订正式的《商品房买卖合同》为由出具解除协议通知书，并表示定金不予退还，故冯某诉请某实业公司退还已支付定金，而某实业公司则认为政府的限购政策不能成为冯某的免责事由。

【分析】

依据《商品房买卖合同解释》第4条规定，因不可归责于当事人双方的事由，导致商品房买卖合同未能订立的，出卖人应当将定金返还买受人。在买受人与开发商签订商品房预约合同后，商品房买卖合同未能订立时能否适用定金罚则，关键在于判断双方未能订立商品房买卖合同是否系因不可归责于当事人双方的事由，即判断双方在磋商订立本约合同时是否违背诚信原则，只有在当事人有诚信磋商的客观条件但拒绝磋商或未经诚信磋商的行为，才能认定当事人存在违约行为。

本案中，2016年10月1日成都市开始执行住房限购措施后，冯某同时与北某公司、某实业公司建立的房屋买卖合同关系非因自身原因发生根本动摇。冯某继续履行其中任意一份认购协议，对另一认购协议而言，已不具有建立商品房买卖合同关系的合法的购房主体资格，从而造成另一认购协议在事实上的继续履行不能。由于限购政策的实施不能归咎于冯某，不能因为其选择履行其中一份，即认为其对另一份违背了诚信原则，而冯某选择履行哪份预约合同亦属于其意思自治的权利，不能因为其选择履行其中一份，即认为其对另一份违背了诚信原则，故冯某与某实业公司之间预约合同的不能履行不能归责于冯某，根据《商品房买卖合同解释》第 4 条，某实业公司应当向冯某返还定金 30 000 元。

【规范指引】

《商品房买卖合同解释》第 4 条；《民法典合同编通则解释》第 7 条。

第三节　法律适用中的疑难问题

商品房预约合同纠纷中，预约合同的违约损害赔偿范围及本约与预约的界分系法律适用中的疑难问题。

问题 1：双方签订预约合同后，在正式签订房屋买卖合同前，一方已经履行部分付款义务，且对方接受的，双方是否形成商品房买卖合同关系？

【案例】张某与某置业公司房屋买卖纠纷案[①]

原告张某与被告某置业公司于 2022 年 6 月 10 日签订《认购协议书》，约定张某认购某置业公司开发的某项目某房屋，房屋总价 1 542 331 元，签署《认购协议书》当日交纳定金 20 000 元，于认购协议签署次日起 5 日内到成某公司售楼部签署《四川省商品房买卖合同》，张某于 2022 年 6 月 10 日交纳了 20 000 元定金，2022 年 6 月 16 日，张某又交纳购房款 132 331 元。之后双方发生争议，某置业公司要求张某签订《四川省商品房买卖合同》未果，故向张某发出解除通知，并退还张某购房款 132 331 元，对于签订《认购协议书》当日所支付的 20 000 元定金未予退还。张某诉至法院请求某置业公司退还剩余 20 000 元。法院经审理后认为，张某支付首付款系履行商品房买卖合同主要义务的行为，案涉商品房买卖合同关系已经成立，张某支付的定金 20 000 元已自

① 参见四川省成都市中级人民法院（2023）川 01 民终 14915 号民事判决书。

动转为购房款，现该商品房买卖合同解除，故剩余20 000元购房款应予返还。

【分析】

对于该争点问题，司法实践中存在两种观点：一种观点认为，依据《商品房买卖合同解释》第5条规定，只有双方签订的预约合同具备《商品房销售管理办法》第16条规定的商品房买卖合同主要内容，并且开发商已经按约定收取收受了房款的，双方才形成商品房买卖合同关系，如果合同内容不满足《商品房销售管理办法》第16条规定的商品房买卖合同主要内容或买受人所支付的房款仅系部分房款而非主要房款的，即使开发商收取了房款，双方仍未建立商品房买卖合同关系。另一种观点认为，商品房买卖合同关系中，买受人的主要义务即支付房款，根据《民法典》第490条第2款"法律、行政法规规定或者当事人约定合同应当采用书面形式订立，当事人未采用书面形式但是一方已经履行主要义务，对方接受时，该合同成立"的规定，买受人已经支付了部分房款，且开发商接受，应当认为双方的商品房买卖合同关系成立。

我们倾向于第二种观点，理由如下：第一，《商品房买卖合同解释》第5条是对商品房认购、订购、预订等协议本身法律性质系预约合同抑或本约合同的性质的规定，双方签订的预约合同本身能否转化为预约合同，不影响对当事人双方能否在事实上建立商品房买卖合同关系的认定，此为两个层面的问题。即使两个问题是等同的，在该解释第5条未明确"房款"为"全部房款"的情况下，亦应包括部分购房款。第二，虽然《城市房地产管理办法》第41条规定房地产转让应当签订书面转让合同，且《商品房销售管理办法》第16条规定了书面合同的必备内容，表明商品房买卖合同应为要式合同，但《民法典》第490条第2款已经明确规定，法律、行政法规规定或者当事人约定合同应当采用书面形式订立，当事人未采用书面形式但是一方已经履行主要义务，对方接受时，该合同成立。其中涉及两个构成要件：一是一方已经履行主要义务；二是对方接受。关于对"主要义务"的理解，我们认为，在商品房买卖合同关系中，卖方的主要义务是收受房款，买方的主要义务是支付购房款，该主要义务系区别于附随义务而言的，该义务的性质不因金额大小而改变，即如果明确款项性质为购房款而非定金、预付款等，那么只要支付了一定金额的购房款，即可认为已经履行了主要债务，对方接受了房款，即代表双方对买卖房屋达成了合意，双方构成商品房买卖合同关系。至于后续款项支付时间、房屋交付时间约定不明等，可适用《民法典》第511条合同约定不明确时的履行规则予以填补。

【规范指引】

《民法典》第490条、第511条。

问题2：出卖人恶意违反商品房认购书，导致商品房买卖合同不能订立，买受人能否要求出卖人赔偿其违约损失的范围？

【案例】仲某清与上海某公司房屋买卖纠纷案①

2002年7月12日，原告仲某清与被告上海某公司签订《某商铺认购意向书》，约定仲某清向上海某公司支付2000元意向金后即取得该公司所开发的小区商铺优先认购权，上海某公司负责在正式对外认购时通知仲某清前来认购。该意向书同时确定商铺的销售均价为每平方米7000元，可能有1500元左右的浮动。此后，仲某清按照约定支付了意向金，但上海某公司对外发售时未通知仲某清前来认购。仲某清得知上海某公司已经对外发售商铺立即同上海某公司交涉，上海某公司以楼价上涨为由拒绝与仲某清签订正式买卖合同。仲某清诉至法院，请求上海某公司按105万元的销售价格向仲某清出售案涉商铺，如果上海某公司不能履行，请求上海某公司赔偿其经济损失100万元。上海某公司辩称，案涉意向书对商铺的总面积、位置、户型、朝向等具体事情未加明确，2000元意向金相当于定金，故该意向书为预约合同，商铺正式预售时的价格较约定的价格上涨很多，上海某公司不愿签订买卖合同，愿意按定金罚则处理。一审法院经审理认为，上海某公司违反预约合同约定的义务，应当赔偿仲某清的损失，酌定赔偿金为10 000元。对此，二审法院认为，一审判决确定的赔偿金额难以补偿守约方的实际损失，为促使民事主体以善意方式履行其民事义务，维护交易的安全和秩序，充分保护守约方的民事权益，综合考虑上海市近年来房地产市场发展的趋势以及双方当事人实际情况的基础上，酌定上海某公司赔偿仲某清150 000元。

【分析】

关于仲某清主张的损失应否支持的问题，取决于以下两方面：一是事实

---

① 参见上海市第二中级人民法院（2007）沪二中民二（民）终字第1125号民事判决书；《最高人民法院公报》2008年第4期。

层面，案涉协议不能实际履行可否归责于违约方；二是规范层面，违反预约合同的赔偿范围，除现有财产减少所受的损害外，应否包括合同履行后财产的可得利益部分的问题。

对于第一个问题，裁判者基于诚信原则，综合考虑该当事人在磋商时提出的条件是否明显背离预约合同约定的内容以及是否已尽合理努力进行协商等因素予以认定即可，本案中，上海某公司因价格上涨拒绝与仲某清订立正式商品房买卖合同，显然未尽诚信磋商义务，系恶意违反预约合同的约定。

对于第二个问题，理论及司法实践中的争议则是长期存在。第一种观点认为，双方当事人基于商品房预约合同仅建立了预约合同关系，而预约合同的目的为促成合同当事人最终缔结本约合同，预约合同作为本约合同缔约的中间环节，本身并不享有合同履行后可以获得的利益，违约方违反预约合同给守约方造成的损失，当事人违反预约合同导致商品房买卖合同未能签订的，仅承担本约的缔约过失责任，即为订立商品房买卖合同而支出的费用及利息等实际损失，使其恢复到未认购商品房前的财产状态，对于房屋价格上涨等可得利益，法院不应予以支持。但是该观点实则架空了预约制度，因为即使当事人没有订立预约合同，在当事人一方在本约合同订立过程中实施了不诚信的行为且给对方造成损失，也应当承担缔约过失责任。第二种观点认为，预约合同的违约损害赔偿范围不包括赔偿机会损失既非确定的法律原则，又非学理上的通说或者实践中的通例。预约合同作为当事人自由创设的民事权利义务关系，亦属于《合同法》的调整范围。依据《民法典》第584条，当事人一方不履行合同义务或者履行合同义务不符合约定，造成对方损失的，损失赔偿额应当相当于因违约所造成的损失，包括合同履行后可以获得的利益；但是，不得超过违约一方订立合同时预见到或者应当预见到的因违约可能造成的损失。同时，考虑到预约合同毕竟不是本约，违反预约合同的责任范围不能直接等同于本约合同履行利益。因出卖人恶意违约，如房屋价格上涨，出卖人为获得涨价利润将房屋出卖给第三人，致使买受人的利益无法实现，这种情况如果仅适用定金罚则，对维护市场的诚信体系是极为不利的，因此预约合同的损害赔偿，不以本约合同的缔约过失责任为限，应在预约合同可预见范围内，以损失填补为原则，综合考虑守约方的履约情况、违约方的过错程度、合理的成本支出、本约合同机会成本损失以及预约合同内容、签订本约意愿、客观障碍、市场风险、政策因素等未签订本约合同的原因要件等因素，酌情判定损失数额。因此预约合同的损害赔偿，不以本约合同的缔约过失责任为限，还应当赔偿买受人的逾期利益损失，在定金罚则或直接损失的范围之外，再参照房屋差价或违约方所获利润酌定赔偿数额。[①]

《民法典合同编通则解释》的出台，统一了对于该问题的立场。依据该解释第 8 条第 2 款，预约合同生效后，当事人一方不履行订立本约合同的义务，对方请求其赔偿因此造成的损失，当事人有约定的，按照约定；没有约定的，人民法院应当综合考虑预约合同在内容上的完备程度以及订立本约合同的条件的成就程度等因素酌定，根据交易成熟度在信赖利益和履行利益之间酌定损失赔偿的范围。[②] 完备程度，即预约合同就将来所要订立的本约合同的内容是否进行了约定以及约定是否全面细致，例如，有的预约合同几乎已经将所有本约中的内容都已涵盖到位，在订立本约前几乎已无谈判空间；有的则仅载明了买卖标的，连具体价款都未载明。预约合同越完备的，双方的交易成熟度越高；越简陋的，成熟度则越低。如果预约合同已就本约内容进行了全面约定，且不存在阻碍本约合同订立的客观情况，那么违反预约合同的损失赔偿范围就越接近于履行利益，甚至可以完全参照履行利益进行赔偿；如果预约合同越简陋，那么就越接近于履行利益。如此一来，既尊重了当事人的意思自治，又可以有力惩罚违约方未获取更大履行利益而恶意违约的不诚信行为，实现预约合同的规范功能，保障双方交易安全。本案中，二审法院认为，仲某提交的证据不能完全证明案涉意向书所指商铺的确切情况，而上海某公司出售商铺的价格各异，虽然仲某清按约支付了意向金，但是毕竟预约合同与本约存在法律性质上的差异，故仲某清主张的履行利益损失，未能完全得到支持。一审判决侧重以订立本约合同的信赖利益来认定违反预约合同的损失赔偿额，而二审则是在信赖利益与履行利益之间依据交易的成熟条件酌定损失数额。

【规范指引】

《民法典》第 583–593 条；《民法典合同编通则解释》第 8 条。

---

① 参见《重庆市高级人民法院民一庭〈民事审判指导意见〉》第 35 条。

② 参见最高人民法院民事审判第二庭、研究室编著：《最高人民法院〈民法典合同编通则司法解释〉理解与适用》，人民法院出版社 2023 年版，第 13 页。

问题3：预约合同中约定开发商已在销售现场公示了商品房买卖合同文本，买受人不得申请对拟签订的商品房买卖合同条款进行修改的，买受人能否以出卖人拒绝修改合同条款为由拒绝签订主合同，要求解除预约合同并返还定金？

【案例】舒某与某公司商品房预约合同纠纷案[①]

2022年11月16日，舒某与某公司签订《商品房认购书》，约定舒某自愿认购某公司开发的某小区；舒某在签订本认购书之时向某公司交纳定金；舒某在签订此认购书之前已仔细阅读了甲方所有公示材料（公示地址：甲方售楼中心），包括《商品房认购书》《商品房买卖合同》《前期物业服务合同》及《业主临时管理规约》样本，舒某完全清楚合同内容并予以接受，并确认不会在正式签署时以任何理由要求变更（采取加黑加粗下划线提示）；舒某应于签订本认购书后，于2022年11月13日前主动前往某公司指定地点签订《商品房买卖合同》《前期物业服务合同》及《业主临时管理规约》。后舒某担心其认购的房屋出现反水问题，提出将其可对排水管进行改造写入商品房买卖合同，某公司未予同意，双方未能如约签订《商品房买卖合同》《前期物业服务合同》等。后舒某诉请解除《商品房认购书》及退还定金。法院经审理认为，舒某请求在本约中增加内容的请求违反了双方预约合同中对已决条款的约定，有违诚信原则，故驳回了舒某退还定金的请求。

【分析】

在商品房预约合同签订后，磋商本约的过程中，买受人提出在《商品房买卖合同》中增减有关内容，开发商则会以预约合同中约定了买受人不得申请对拟签订的商品房买卖合同条款进行修改为由予以拒绝，买受人拒绝订立本约，开发商会拒绝退还定金。此种情况下，买受人诉请退还定金时，多会主张预约合同中关于买受人不得申请对拟签订的商品房买卖合同条款进行修改的格式条款未订入合同或者条款无效。对此，可区分以下情况。

第一，当此类条款未采取加黑加粗等足以区别于其他文本的形式进行提示时，应认定为该条款未订入合同。依据《民法典》第496条规定，格式条款是当事人为了重复使用而预先拟定，并在订立合同时未与对方协商的条款。

---

① 参见四川省成都市中级人民法院（2023）川01民终12969号民事判决书。

采用格式条款订立合同的，提供格式条款的一方应当遵循公平原则确定当事人之间的权利和义务，并采取合理的方式提示对方注意免除或者减轻其责任等与对方有重大利害关系的条款，按照对方的要求，对该条款予以说明。提供格式条款的一方未履行提示或者说明义务，致使对方没有注意或者理解与其有重大利害关系的条款的，对方可以主张该条款不成为合同的内容。“能否对商品房内容进行协商修改”显然属于与买受人有重大利害关系的条款，如在预约合同中约定买受人不得再对商品房买卖合同的内容修改，即意味着在预约合同中要对已决条款予以确定，那么开发商负有采取合理方式提醒买受人注意该条款的义务，如果认购书上未作明显区别，开发商亦不能提供证据证明其已就该条款内容及法律后果进行提示和说明，实际上排除了买受人对交易条件进行协商的权利，那么该条款不应作为合同内容。在此情况下，买受人实际享有与开发商就本约予以磋商的权利，如果双方在公平诚信原则下进行磋商，只是基于各自利益考量无法就该合同条款达成一致意思，致使本约不能订立，应属于《商品房买卖合同解释》第 4 条中不可归责于双方的原因，此情况下预约合同应当解除，定金应当退还。

第二，如果此类条款已予加黑加粗，对于该条款的效力则存在两种观点。一种观点认为，认购书的性质为预约合同，其签订目的在于合同签订双方对将来签订特定合同的相关事项进行规划，双方应按照公平、诚信原则磋商合同条款，认购书约定买受人不得申请对拟签订的商品房买卖合同条款进行修改，实质上排除了买受人对正式的商品房买卖合同进行磋商的主要权利，将预约合同本约化，违背了预约合同设立的初衷与精神，依据《民法典》第 497 条第 2 款及第 3 款，提供格式条款一方不合理地免除或者减轻其责任、加重对方责任、限制或排除对方主要权利的，应为无效。另一种观点认为，依据意思自治原则，合同订立双方可以在合同中自由创设权利义务，预约合同的形态多种多样，有的预约条款非常简略，仅表达了当事人之间有将来订立本约的意思，至于本约规定说明内容留待以后磋商决定；有的预约条款则非常详尽，将未来本约应该规定的内容几乎都在预约中作了明确约定，买受人作为完全民事行为能力人，以其年龄、智力和日常经验主义充分理解其在认购书上签字行为的性质及该行为所应承担的法律后果，故只要买受人在格式合同上签了字，便认为对该条款予以认可，应当按照合同约定履行自身义务，否则有违诚信原则，我们倾向此种观点。

本案中，某公司已举证证明其在售楼部现场公示了《商品房买卖合同》

等范本，且开发商对于认购书中关于舒某在签订此认购书之前已仔细阅读了甲方所有公示材料（公示地址：甲方售楼中心），包括《商品房认购书》《商品房买卖合同》《前期物业服务合同》及《业主临时管理规约》样本，舒某完全清楚合同内容并予以接受，并确认不会在正式签署时以任何理由要求变更的约定已采取了加黑加粗下划线等注意区别于其他文本的方式予以提示，表明某公司已以合理方式尽到了提示义务。本案中的《商品房认购书》明确对本约作出不可更改之约定，实际上赋予了舒某在签订《商品房认购书》之前提出异议和其他需要明确事项的权利，并非排除舒某等对本约合同进行磋商、洽谈的权利，其作为完全民事行为能力人，与他人达成协议或契约时应负有审慎义务，况且购房行为在社会一般人的观念中更应审慎对待并充分考虑，如果其并未在项目现场查阅开发商公示的商品房买卖合同文本，或对该合同文本不予认同，或不认可认购书中排除其对公示的合同文本进行磋商修改的权利，其完全可以放弃签署认购书。舒某在《商品房认购书》落款处签名并捺印的行为，表明二人对上述重点提示的内容知悉并予以确认，该协议对其具有约束力。在《商品房认购书》签订后，舒某就本约合同相关条款提出修改意见或另行签订补充协议，系对其允诺之事反悔，有违契约精神及诚信原则，在约定的时间内未签订《商品房买卖合同》的行为属于违约行为，应归责于舒某，依据《民法典》第 587 条，本案中舒某所交付的定金，应不予退还。

【规范指引】

《民法典》第 496–498 条、第 587 条；《商品房买卖合同解释》第 4 条。

问题 4：在双方订立预约买卖合同后，一方当事人拒绝签订商品房买卖合同，对方当事人能否要求缔结正式商品房买卖合同？

【案例】文某与某危改办房屋买卖纠纷案[①]

2014 年 1 月 13 日，文某与某危改办签订《“上东一号” 楼宇买卖认购书》，载明：乙方（文某）认购的商品房位于成都市成华区，该房屋建筑面积约 89.09 平方米，套内面积为 76.41 平方米；在双方签订正式的《商品房买卖合同》及《商品房买卖合同附件及补充协议》后，乙方以一次性方式支付购

① 参见四川省成都市中级人民法院（2023）川 01 民终 18802 号民事判决书。

房款项，具体价格以最终签约为准；乙方应在签订本认购书时，向甲方（某危改办）支付定金 20 000 元；自本认购书生效之日起 7 日内，甲方不得再将本认购书项下的物业销售给他人，否则乙方有权要求甲方双倍返还定金；乙方须在上述期限内自行前往甲方售楼现场，按本认购书约定的基本条件与甲方签订正式的《商品房买卖合同》及《补充协议》，否则，乙方不得要求返还所交定金。后某危改办未与文某签订《商品房买卖合同》，文某诉至法院请求某危改办履行签约义务。法院经审理认为，签约义务不适用于强制履行，故驳回了文某的诉讼请求。

【分析】

当事人不履行认购书中签订本约的义务，对方当事人能否请求违约方承担强制履行的责任问题，实质关系到违反预约合同的违约责任中是否包括“继续履行”这一问题，而对于该问题，存在不同观点。

第一种观点认为，预约合同的标的是一种与相对人将来订立特定合同即本约的行为，其对双方当事人施加的是必须磋商而非必须缔约的义务，[①]如果磋商不成，不能强制当事人订立本约，否则有违合同自由、意思自治原则，且现行法并无对意思表示进行强制执行的规定，签订合同这一债务并不适用于强制执行。第二种观点认为，预约合同赋予的是双方当事人必须缔约的义务，如果签订预约合同后未订立本约，有违诚实信用原则，且《民法典》第 577 条中的违约责任本就包含“继续履行”，预约合同亦是合同，一方违反预约合同的约定，守约方当然得以请求违约方承担继续履行的违约责任，具体可由法院的判决代替当事人的意思表示，并赋予强制缔约的效力。[②]

我们倾向于第一种观点。理由如下：第一，既然是预约合同，那么就与本约存在本质上的区别，即当事人对于是否订立本约合同保留最终决策权，如果强制该当事人订立本约合同，就可能背离当事人订立预约合同的初衷，也有架空预约合同制度的嫌疑。[③]第二，《民法典合同编通则解释》第 8 条第 1 款对当事人一方不履行订立本约合同的义务后守约方的救济措施亦仅规定了守约方可以请求其赔偿违约损失，可见可由人民法院强制缔结本约的法律依据并不充分。第三，合同是双方达成合意的体现，如果人民法院强制一方当

---

①② 参见最高人民法院民事审判第二庭、研究室编著：《最高人民法院〈民法典合同编通则司法解释〉理解与适用》，人民法院出版社 2023 年版，第 115 页。

③ 参见最高人民法院民事审判第二庭、研究室编著：《最高人民法院〈民法典合同编通则司法解释〉理解与适用》，人民法院出版社 2023 年版，第 12 页。

事人订立本约，有违合同自由、意思自治的民法基本精神，从执行层面来讲，亦不符合强制执行限于物或行为的给付而不包括意志给付的基本原理。本案中，在某危改办拒绝订立本约的情况下，文某无权要求某危改办与其签订本约，其仅享有请求危改办赔偿其违约损失的权利。

【规范指引】

《民法典合同编通则解释》第 8 条。

第二章　商品房预售合同纠纷

第一节　商品房预售合同纠纷概述

一、商品房预售合同纠纷的审理现状

近年来，随着房地产交易越来越倾向于以期房形式进行销售，商品房预售合同纠纷也呈现出日益增长的趋势。商品房预售，是指房地产开发企业将正在建设中的房屋预先出售给承购人，由承购人支付定金或房价款的行为。商品房预售合同是一种特殊的不动产买卖合同，它是获得预售资质的房地产预售人与预购人之间在房屋尚未竣工、房屋并不现实存在的条件下，约定在一定期限内交付将来竣工的房屋，买受人支付价款的不动产买卖合同。商品房预售合同的当事人包括预售人和预购人两方。目前，商品房预售合同纠纷存在如下审理现状。

（一）以同一楼盘为单位的群体性维权较多

由于商品房预售合同的签订主体为开发商与购房者，而商品房购买主体人数多、交付集中、项目单一，且购房者在利益上相对一致，因此商品房预售合同纠纷容易形成涉及面广、影响力大的群体性纠纷。

（二）涉购房资格认定与处理规则不一致

由于房地产“限购”政策存在因地不同、因时不同以及发布政策的行政机关层级不同等情况，在案件审理过程中，基于现有法律规定不明确，且各地“限购”政策具体内容存在差异，相关审理指南不具体，因此不同法院对“限购”资格对合同的效力认定以及能否继续履行可能呈现出不同的裁判意见。

（三）瑕疵交付认定的审理难度较大

实践中，购房者与开发商约定交付精装修房屋的现象越来越普遍。由于开发商实际交付的装修样式及质量难以与开发商宣传的样板房、公区环境以及合同约定的交付标准完全一致，而基于格式条款，亦往往怠于公示说明材料、样式变更的原因，双方对于“瑕疵”“差异”的理解存在严重分歧，导致交付即维权的现象日益普遍。由于“瑕疵”的认定存在一定个体差异，需要通过鉴定、实地勘察等多种方式才可能形成相对统一的认定标准。

（四）逾期交付违约责任的认定难以统一

期房交易的典型特征则是合同签订与履行之间存在较长的时间期间，因市场政策、价格变动、开发商经营状况等综合原因，部分购房者以开发商交付迟延，以及开发商迟延办理相关产权证件为由，诉至法院要求与开发商解除合同的情况增多。但商品房预售合同纠纷与普通动产买卖合同纠纷存在差异，逾期交付的违约责任在何种程度上可以达到根本违约程度在实践中属于审理的难点与重点。

二、商品房预售合同纠纷的基本特点

（一）法律关系的复杂性

商品房预售合同本身涉及的条款较为复杂，涵盖房屋交付时间、质量标准、支付方式、违约责任等多个方面，且与一般的房屋买卖合同纠纷相比，其同时还涉及购房资格认定、贷款抵押、装修标准、物业服务等其他法律关系以及其他主体。除此之外，由于预售的房屋属于在建工程，因此在商品房预售合同之外，房屋可能还存在其他抵押关系以及建设工程合同关系，致使在一个标的上交织着不同的法律关系。

（二）标的物具有不确定性

商品房预售合同将期房作为合同标的物，房地产开发商同购房者签订预售合同时，标的物尚未建成完工，房屋周边环境、公区布局、内部建材及装修样式等均无法实地查看，购房者通常以商品房广告、平面图、样板间、沙盘等作为参考标准。因此，商品房预售中标的物是否符合合同约定交付标准以及购房者的预期价值或者预期品质都可能引发纠纷。

（三）交易时间跨度较长

商品房预售合同的履行通常需要一定时间跨度，在实际的预售商品房交易过程中，从订立合同到房屋竣工、交付、办理产权证书需要经过较长时间。并且建造过程中，开发商的经营状况、房价以及区位的价值变化、国家经济政策、建筑材料价格涨跌等都很容易因为诸多因素而发生变化，都可能影响双方的合同履行能力以及继续履行的意愿，属于市场风险较大的商品交易。

（四）法律监管与规范仍不完善

随着房地产市场的发展，期房交易日益增多，相关政策持续变化的情况下相关法律法规则具有一定的滞后性。在商品房预售合同纠纷中，在合同签订后，购房者已经履行了部分付款义务，但其在经济、信息、风险把控等方面处于弱势地位，往往签订的也是无法进行商议的格式条款，现有的限购限价等政策往往是对房地产行业健康发展采取的管控措施，而针对购房者后续合法权益的维护则缺乏有效的法律规范。

三、商品房预售合同纠纷的审理原则

（一）诚信原则

双方当事人应当遵循诚信原则，按照合同约定履行各自的义务，不得采取欺诈、隐瞒等不正当手段。

（二）公平合理原则

法院在审理商品房预售合同纠纷时，应当注重维护买卖双方的合法权益，依法公平合理地解决纠纷，不偏袒任何一方。

（三）交易稳定原则

对于已经形成的有效合同，法院应当尊重其效力，并确保合同约定的权利义务得到有效履行，不应当轻易撤销合同或解除合同，保障交易稳定性。

（四）公共利益原则

商品房预售合同纠纷的审理不仅关乎当事人的利益，也涉及社会公共利益，法院应当兼顾社会公共利益，维护市场秩序和法律尊严。

四、商品房预售合同纠纷的审查要素

（一）立案审查

1. 审查案件诉讼标的

依法准确识别商品房预售合同纠纷与商品房预约合同纠纷。立案时，应当综合审查当事人协议内容，识别当事人所签协议为预约合同还是预售合同。商品房预约合同是指商品房出卖人和买受人约定将来订立正式的商品房买卖合同，在形式上通常为认购书、订购书、预订书、定金收据等。商品房预售合同虽有“预售”二字，但实质为本约合同，是指商品房出卖人和买受人约定，出卖人在一定期限内向买受人交付将来竣工的房屋，买受人向出卖人支付购房价款的书面协议。

2. 审查诉讼主体的合法性

商品房预售合同纠纷案件的原告应当是与本案有直接关系的公民、法人和非法人组织，通常情况下，商品房预售合同的纠纷案件的当事人为商品房预售人和买受人。

3. 审查案件的管辖

在管辖法院的级别上，基层人民法院管辖第一审民事案件，但另有规定的除外。中级人民法院管辖下列第一审民事案件：重大涉外案件；在本辖区有重大影响的案件；最高人民法院确定由中级人民法院管辖的案件。高级人民法院管辖在本辖区有重大影响的第一审民事案件。管辖法院的级别确定后，首先应当审查商品房预售合同的当事人是否约定管辖法院，约定不违反级别管辖和专属管辖的规定，应当由约定的法院管辖。当事人未约定管辖法院，则适用合同纠纷的管辖规定，由被告住所地或者商品房预售合同履行地人民法院管辖。若商品房预售合同中约定履行地点的，以约定的履行地点为合同履行地。若商品房预售合同对履行地点没有约定或者约定不明确的，争议标的为给付货币的，接收货币一方所在地为合同履行地；交付不动产的，不动产所在地为合同履行地。若商品房预售合同没有实际履行，当事人双方住所地都不在合同约定的履行地的，由被告住所地人民法院管辖。需要注意的是，政策性房屋预售合同纠纷的管辖并不适用以上规则。政策性房屋通常指由政府提供相关政策支持建设的房屋，该类房屋享有政府特殊优惠或福利政策，具体包括房改房、经济适用房以及限价商品房等。若预售房屋为政策性房屋，根据《民事诉讼法解释》第28条第2款规定，需适用不动产专属管辖规则，由不动产所在地法院管辖。

4. 审查是否符合起诉条件

原告因商品房预售合同纠纷提起诉讼必须符合下列条件：原告是与本案有直接利害关系的公民、法人和其他组织；有明确的被告；有具体的诉讼请求和事实、理由；属于人民法院受理民事诉讼的范围和受诉人民法院管辖。

5. 审查起诉材料是否完整

原告需要提交的起诉材料应当包括：起诉书；原告主体身份信息材料及委托手续；被告主体身份信息材料；证据材料，包括商品房预售合同关系的证据、合同履行情况的证据以及其他证明案件事实的证据。

（二）原告诉请的审查

1. 审查诉讼请求文义的精确性

根据《民事诉讼法解释》第209条的规定，引导当事人明确诉讼请求，指导当事人准确使用交付、返还、解除等术语，对有关房款支付、损失赔偿等金钱交付主张应明确具体金额及构成。明确诉讼主体与责任主体，如房地产开发企业是否存续，若存在多个相对方需明确具体请求承担责任的主体。

2. 审查诉讼请求的合理性

确定买卖合同的请求权类型，按照逻辑递进关系在三维请求权体系中固定请求权位置。第一，在本权利、请求权、形成权或抗辩权中择一固定；第二，明确属于上述权利项下的何种权利，如请求权项下的债权请求权、返还请求权、损害赔偿请求权等；第三，进一步细分权利，如债权请求权项下的房屋交付请求权、逾期交房违约金请求权等。

3. 审查诉讼请求的完整性

法院应进行适当释明，如是否依据《民事诉讼法解释》第73条的规定追加当事人或者放弃对未追加当事人的诉请，请求权竞合时是否将其未主张的另一原因作为预备性请求等。如房屋买卖合同纠纷中出卖人要求买受人支付房款和支付逾期付款违约金系基于不同的请求权基础，可以一并提出或分别提出。若经法院释明，出卖人仍要求分别起诉的，人民法院应予以准许。

4. 审查确定支持原告诉讼请求的权利请求基础规范诉讼

确定当事人的诉讼类型，如确认房屋买卖合同无效之诉、请求解除合同形成之诉、请求支付价款之诉等；依据当事人提出的诉请类型与权利类型寻找相应法律条文；针对检索到的法条表明的法律构成要件，对请求权基础进一步细分，如《民法典》第 563 条规定的合同解除可进一步区分为不可抗力、预期违约、迟延履行等情形，将商品房预售合同纠纷中双方的请求权特定化、具体化。

注意事项：房屋买卖合同纠纷中不同的请求权具有不同的权利内容、构成要件、举证责任、诉讼时效等问题。法院在检索请求权规范时，应全面细致，避免相关规范的错位与混淆。

（三）被告抗辩的审查

1. 从当事人答辩、质证等主张和异议理由中识别是否存在抗辩

根据《民事诉讼法解释》第 226 条、第 228 条相关规定，法院应在庭前会议或者庭审时要求被告有针对性地对原告提出的商品房预售合同之诉请及依据的事实和理由，提出相应的答辩意见，主要分为两点：一是基于程序原因作出的答辩，如被告可以原告的诉讼请求不符合受理条件、不属于法院受理范围、原告主体不适格、重复起诉等理由，请求法院驳回原告的诉讼请求；二是基于实体原因作出的答辩。如被告否认原告的事实陈述或提出可以驳倒原告陈述的事实，以对抗原告的请求权。

2. 将当事人的抗辩权特定化

针对被告的程序性抗辩和实体性抗辩，法院归类后，依据相关法律规定分别予以审查。如原告提起合同之诉要求被告履行合同义务或承担违约责任，被告从合同履行层面提出抗辩，抗辩其已经履行合同义务或抗辩其履行合同义务的条件尚未达成，包括卖方丧失履行能力、卖方不配合买受人办理网签、买受人未按约支付房款等情形，在此种情况下，被告的抗辩是否属于有效抗辩，应由审理法院依据相关法律规定予以审查。

3. 审查确定支持被告抗辩主张的具体法律规范

抗辩作为针对请求权提出的一种防御方法，意在通过主张与对方主张所不同的事实或法律关系，以排斥对方所主张的事实行为。审理法院在识别原告诉讼请求权基础后，应当对被告的抗辩进行相应的审查，并在此基础上识

别出被告的抗辩权基础，并找到抗辩权所指向的法律条文。通过审查该法律条文是否能够永久或者暂时地排除对方的请求权，或者能够有效地限制对方请求权的行使，以确定被告的抗辩是否成立。

（四）基础规范构成要件的审查

1. 从支持原告权利请求基础规范中，分析梳理具体的构成要件

原告诉请确认商品房预售合同无效。《民法典》对何种情况下合同无效作出相应规定，例如该法第 146 条、第 153 条、第 154 条，这些条文均可作为原告在商品房预售合同纠纷中请求确认合同无效的基础规范。此外，《商品房买卖合同解释》第 2 条针对商品房预售合同效力作出专门规定。原告以该司法解释第 2 条作为请求权基础规范时，应注意审查该条文的两个构成要件：要件一是出卖人未取得商品房预售许可证明；要件二是出卖人与买受人订立商品房预售合同，当两个要件均满足时，商品房预售合同无效。

原告诉请解除商品房预售合同。原告除了可引用《民法典》第 562 条、第 563 条等相关规定诉请解除商品房预售合同外，还可引用《商品房买卖合同解释》中关于商品房买卖合同解除的相关规定作为解除商品房预售合同的请求权基础规范。原告以该司法解释第 11 条第 1 款作为诉请解除商品房预售合同的基础规范时，法官应当审查的构成要件有二：要件一是出卖人迟延交付房屋或者买受人迟延支付购房款；要件二是出卖人或买受人经催告后在 3 个月的合理期限内仍未履行，满足前述两个要件，当事人享有法定解除权。原告以该司法解释第 9 条作为诉请解除商品房预售合同的基础规范时，法官应当审查的构成要件有二：要件一是买受人购买的房屋主体结构质量不合格；要件二是因房屋主体结构质量不合格导致出卖人不能交付，或出卖人交付后经检验房屋确属不合格，满足这两个构成要件，买受人享有法定解除权。原告以该司法解释第 10 条第 1 款作为诉请解除商品房预售合同的基础规范时，法官应当审查的构成要件有二：要件一是买受人购买的房屋质量有问题；要件二是房屋质量问题严重影响买受人居住使用，满足这两个构成要件，买受人享有法定解除权。原告以该司法解释第 15 条作为诉请解除商品房预售合同的基础规范时，法官应当审查的构成要件有二：要件一是买受人办理不动产登记的期限届满后超过 1 年；要件二是由于出卖人的原因导致买受人无法办理不动产登记，满足这两个构成要件，买受人享有法定解除权。

原告诉请被告承担违约责任。原告诉请被告承担违约责任的基础规范为

《民法典》第 577 条、第 583 条、第 585 条第 1 款。当原告以第 577 条作为请求被告承担违约责任的基础规范时，法官应当审查的构成要件有二：要件一为当事人订立的商品房预售合同成立并有效；要件二为当事人一方不履行合同义务或者履行合同义务不符合约定，满足前述两个要件，违约方应当承担继续履行、采取补救措施或者赔偿损失等违约责任。实践中，通常表现为购房者要求开发商办理过户登记、履行交房义务、将房屋修缮至符合合同约定、开发商要求购房人支付购房款等。当原告以第 583 条作为请求被告承担违约责任的基础规范时，法官应当审查的构成要件有三：要件一是当事人订立的商品房预售合同成立并有效；要件二是当事人一方不履行合同义务或者履行合同义务不符合约定；要件三是当事人在商品房预售合同中约定违约金或者损失赔偿额的计算方法，满足前述三个要件，违约方应当按照约定向守约方支付违约金或者赔偿损失。

2. 从支持被告抗辩主张的基础规范中，分析梳理具体的构成要件

被告抗辩商品房预售合同有效。如前所述，原告可以引用《商品房买卖合同解释》第 2 条以诉请确认商品房预售合同无效，被告同样可以引用此条文进行抗辩。当被告引用该司法解释第 2 条作为抗辩商品房预售合同有效的基础规范时，法官应当审查的构成要件有二：要件一是出卖人与买受人订立商品房预售合同；要件二是出卖人在起诉前取得商品房预售许可证明，满足前述两个要件，商品房预售合同有效。

被告抗辩原告行使解除权已过除斥期间。《民法典》第 564 条规定合同解除权适用除斥期间，《商品房买卖合同解释》第 11 条第 2 款亦规定商品房买卖合同解除权适用除斥期间。当被告以该条文进行抗辩原告行使解除权已过除斥期间时，法官应当审查的构成要件有四：要件一是当事人享有解除权；要件二是法律没有规定或者当事人没有约定解除权行使期间；要件三是经对方当事人催告，解除权人未在 3 个月内行使解除权；要件四是对方当事人没有催告的，解除权人未在自知道或者应当知道解除事由之日起 1 年内行使解除权。符合前述四个构成要件，原告的合同解除权消灭。

被告主张行使先履行抗辩、同时履行抗辩、不安抗辩。被告主张行使同时履行抗辩、先履行抗辩、不安抗辩的基础规范为《民法典》第 525–527 条。被告引用第 525 条即同时履行抗辩作为基础规范时，法官应当审查的构成要件如下：要件一是当事人互负债务；要件二是商品房预售合同没有约定先后履行顺序。若满足前述两个构成要件，一方在对方履行之前有权拒绝其履行

请求。被告引用第 526 条即先履行抗辩作为基础规范时，法官应当审查的构成要件如下：要件一是当事人互负债务；要件二是商品房预售合同约定先后履行顺序；要件三是应当先履行债务一方未履行的或先履行一方履行债务不符合约定。若满足前述三个构成要件，后履行一方有权拒绝其履行请求。被告引用第 527 条即不安抗辩作为基础规范时，法官应当审查的构成要件如下：要件一是当事人互负债务；要件二是商品房预售合同约定先后履行顺序；要件三是后履行债务的当事人发生以下情形之一：（1）经营状况严重恶化；（2）转移财产、抽逃资金，以逃避债务；（3）丧失商业信誉；（4）有丧失或者可能丧失履行债务能力的其他情形。若满足前述四个构成要件，先履行债务的当事人可以中止履行。

被告抗辩违约金过高。被告抗辩违约金过高的基础规范为《商品房买卖合同解释》第 12 条，该条文构成要件有三：要件一是当事人一方具有违约行为；要件二是守约方诉请违约金标准高于实际损失；要件三是违约方以违约金标准过高为由请求减少。符合前述三个要件，法院应当以违约金超过造成的损失 30%为标准适当减少。

第二节　争点整理与认定

在商品房预售合同纠纷中，争点问题主要涉及限购限售政策对合同效力和合同履行的影响、逾期交房和逾期办证违约金上限条款的效力认定、买受人解除权的行使等问题。

争点 1：限购限售政策是影响合同效力还是合同履行?

【案例】邬某某与新华某公司、叶某某、宁波某公司案外人执行异议之诉申请再审案[①]

2014 年 5 月 16 日，宁波某公司（甲方）与邬某（乙方）订立《× 内部购房签约协议》，主要约定：经甲乙双方友好协商，在平等、自愿、互惠互利的基础上，就乙方购买甲方位于南昌市湾里区 × 号房屋，面积为 55.63 平方米，因国家限购，暂不做房管局备案手续。待湾里区解除限购后再办理房管局备案手续。该房总价为 25 1948 元。契税、维修基金，交房时交付。该协议尾部甲方处盖有宁波某公司销售合同专用章，乙方处有邬某签字按印。同日，宁波某公司向邬某出具房款收据一张，金额为 25 1948 元。2014 年 5 月 17 日，宁波某公司（甲方）与邬某（乙方）订立 14 份《× 内部购房签约协议》，主要约定：经甲乙双方友好协商，在平等、自愿、互惠互利的基础上，乙方购买甲方位于南昌市湾里区（× 会所）× 号楼 14 套房屋（8 套房屋面积均为 42.52 平方米、价格均为 127 560 元；4 套房屋面积均为 42.53 平方米、价格均为 127 590 元；2 套房屋面积均为 25.16 平方米、价格均为 75 480 元），以上费用合计 1 681 800 元。因国家限购，暂不做房管局备案手续。待湾里区解除限购后再办理房管局备案手续。契税、维修基金，交房时交付。14 份协议尾部甲方处均盖有宁波某公司销售合同专用章，乙方处有邬某签字按印。同日，宁波某公司向邬某出具房款收据一张，金额为 1 681 800 元。2016 年 6 月 3 日，南昌市湾里区地方税务局二分局就案涉十五套房屋开具《江西省地方税务局通用机打发票》，付款方为邬某；收款方为宁波某公司南昌分公司。2018 年 12 月 13 日，宁波市国土资源局奉化分局出具《不动产登记查询证明》，主要载明：2018 年 12 月 13 日，邬某提出不动产登记资料查询申请。经查询，邬某无登记记录。2018 年 12 月 19 日，南昌市不动产档案信息中心出具《不动产登记资料查询结果告知单》，主要载明：截至 2018 年 12 月 19 日，在南昌市不动产统一登记系统平台内未查询到邬某不动产登记信息。另查明：2012 年 11 月 15 日，邬某通过中国农业银行 ×××× 账户向叶某工商银行账户转款 9.65 万元；2013 年 4 月 24 日，邬某通过其妻董某浙江省农村信用社

---

① 参见最高人民法院（2020）最高法民申 4797 号民事裁定书。

账户 ×××× 向叶某转款 10 万元；2013 年 5 月 24 日，邬某通过浙江省农村信用社账户 ×××× 向叶某转款 10 万元；2013 年 5 月 25 日，邬某通过浙江省农村信用社账户 ×××× 向叶某转款 10 万元；2013 年 9 月 2 日，邬某通过中国邮政储蓄银行账户 ×××× 向竺某农业银行账户 ×××× 转款 50 万元；2013 年 11 月 22 日，邬某通过中国邮政储蓄银行账户 ×××× 向竺某农业银行账户 ×××× 转款 5 万元；2013 年 11 月 26 日，邬某通过中国农业银行账户 ×××× 向竺某农业银行账户 ×××× 转款 50 万元；2014 年 1 月 15 日，邬某通过其妻董某中国银行账户 ×××× 向竺某农业银行账户 ×××× 转款 2 万元。在新华某公司与叶某、叶某真和宁波某公司金融借款合同纠纷一案中，重庆市高级人民法院于 2014 年 6 月 18 日作出（2014）渝高法民保字第 00014 号民事裁定书，对宁波某公司名下位于江西省南昌市湾里区的相关房屋（包括案涉房屋在内）予以查封。在执行申请执行人新华某公司与被执行人叶某、叶某真和宁波某公司金融借款合同纠纷一案中，重庆市高级人民法院依据 2015 年 4 月 8 日作出的已发生法律效力的（2014）渝高法民初字第 00045 号民事判决书，于 2016 年 5 月 27 日作出（2015）渝高法民执字第 00015 号执行裁定书，继续查封了案涉房屋。在执行过程中，邬某就案涉房屋向本院提起执行异议。本院经审查后，作出（2018）渝执异 75 号执行裁定书，裁定驳回案外人邬某的执行异议。现邬某起诉要求停止对位于江西省南昌市湾里区房屋的强制执行并确认其与宁波某公司就案涉 15 套房屋订立的《内部购房签约协议》合法有效。法院经审理认为，邬某与宁波某公司签订了 15 份《罗马假日内部购房签约协议》，上述协议系双方真实意思表示，限购政策并不影响房屋买卖协议的效力，上述协议并不存在 1999 年《合同法》第 52 条规定的合同无效情形，应认定为合法有效。

【分析】

限购限售政策不影响合同效力，仅影响合同履行。根据我国《民法典》第 153 条规定，违反法律、行政法规的强制性规定的民事法律行为无效。但是，该强制性规定不导致该民事法律行为无效的除外。此处的“强制性规定”是指效力性强制性规定，而住房限购政策是经地方政府基于房地产行业调控所出台的一项市场管理性规定，性质上属于抽象行政行为，不属于法律和行政法规，因此违反限购政策的合同不会因“违反法律、行政法规的强制性规定”而无效。但限购政策会限制买受人的购房资格，进而导致合同履行不能，不能实现合同目的的后果。

本案中，第一，关于邬某是否在人民法院查封前签订合法有效的书面买卖合同的问题。2014 年 5 月 16 日至 17 日，邬某与宁波某公司签订了 15 份《罗马假日内部购房签约协议》，上述协议系双方真实意思表示，限购政策并不影响房屋买卖协议的效力，上述协议并不存在 1999 年《合同法》第 52 条规定的合同无效情形，应认定为合法有效。第二，关于邬某是否因自身原因未办理过户登记的问题。邬某同宁波某公司签订的《罗马假日内部购房签约协议》中明确约定“因国家限购，暂不做房管局备案手续。待湾里区解除限购后再办理房管局备案手续”，应当推定邬某在购买案涉房屋时明知可能因南昌市的限购政策原因暂时无法办理登记手续，即使邬某主张限购条款为合同格式条款成立，也系其在签订合同时没有尽到合理审查的义务，存在对该条款的忽视，未对案涉房屋的抵押状态和宁波某公司的经营状况进行审查，对于案涉房屋在查封前无法办理过户具有自身原因。同时，法院对案涉邬某是否在人民法院查封前占有案涉房屋及邬某购房是否用于居住需要等问题进行综合性认定后，最终认为邬某的再审申请不符合 2017 年《民事诉讼法》第 200 条规定的情形，遂驳回邬某的再审申请。

【规范指引】

《民法典》第 153 条。

争点 2：签订合同时，案涉房屋不属于限购对象且购房者具有购房资格，但合同履行过程中，新出台限购政策导致该房屋交易被限制或买受人不具备购房资格的，一方能否请求继续履行？

【案例】温某诉刘某房屋买卖合同纠纷案[①]

2017 年 1 月 14 日，刘某作为购买方，温某作为出售方，与案外人诚某中介签订了《房屋买卖合同》，约定：（1）卖方房屋坐落于成都市成华区某小区，产权面积为 53.14 平方米，该房用途为住宅；（2）卖方领证 10 日内到成都市房产交易中心办理过户手续，双方不能逾期，如有特殊原因，另行协商；（3）经买卖双方协商，该房屋成交总价为人民币 250 000 元；（4）本合同签订

① 参见四川省成都市成华区人民法院（2018）川 0108 民初 226 号民事判决书；四川省成都市中级人民法院（2019）川 01 民再 161 号民事判决书。

时，第一次买方向卖方支付定金人民币 90 000 元，在卖方取得产权证后，由刘某向卖方支付房款人民币 160 000 元；（5）买卖双方任何一方违约，所交定金即转换为违约金。次日，刘某通过其妻罗某的账户向温某转款 80 000 元，温某亦出具收条表示收到购房款 90 000 元整，余款 160 000 元待产权下来再付。庭审中，温某陈述实际只收到 80 000 元，还有 10 000 元现金是给中介的，要等合同执行完了才会给温某。案涉房屋于 2017 年 6 月 2 日办理房屋产权登记。另查明：刘某于 2007 年 6 月 7 日取得位于成华区双庆路某小区房屋一套。其妻罗某名下有两套房屋，均位于成华区。2017 年 3 月 23 日，成都市人民政府办公厅发布《关于完善我市住房限购政策的通知》（成办法〔2017〕10 号），将二手住房纳入限购范围，购房者在住房限购区域购买二手住房的，应符合成办发〔2016〕37 号、成办法〔2016〕45 号文件规定购买商品住房条件，且只能新购一套住房（包括商品住房和二手住房）。2018 年 5 月 15 日，成都市人民政府办公厅出台《关于进一步完善我市房地产市场调控政策的通知》（成办法〔2017〕17 号），规定在成都高新区西部园区、锦江区、青羊区、金牛区、武侯区、成华区、龙泉驿区、新都区、温江区、双流区、郫都区新购买商品住房或二手住房的，应当同时符合以下条件：第一，购房人具有上述区域户籍（其中户籍迁入上述区域未满 24 个月的，应在上述区域稳定就业且连续缴纳社保 12 个月以上），或户籍不在上述区域但在当地稳定就业且连续缴纳社保 24 个月以上。第二，本市户籍居民两人及以上家庭在全市范围内拥有 1 套（含 1 套）自有产权住房，或本市户籍居民成年单身、或非本市户籍家庭在全市范围内无自有产权住房。因温某拒绝履行合同，刘某向法院提起诉讼，请求判令：（1）温某继续履行 2017 年 1 月 14 日签订的《房屋买卖合同》，并为刘某办理转移过户登记手续，办理完过户登记手续后刘某支付其购房款 16 万元；（2）判令温某承担违约金 9 万元整，品迭前述刘某应付温某购房款 16 万元后，由温某支付其购房款 7 万元。法院经审理认为，刘某与温某签订的房屋买卖合同系双方真实意思表示，合法有效，各方均应按照合同约定履行各自义务。且案涉合同签订早于成都市政府先后两次发布的限购政策，案涉合同的履行不应受其影响。刘某有权要求温某办理案涉房屋的转移过户登记手续。后温某不服上述判决，以刘某属于限购对象，案涉房产属于夫妻共同财产，且当时尚未取得产权证属于不得转让的房屋等为由，向成都市中级人民法院申请再审请求撤销原审法院（2018）川 0108 民初 226 号民事判决，并改判双方所签《房屋买卖合同》无效。二审法院予以维持。

【分析】

限购政策不属于1999年《合同法》第52条第5项关于违反法律、行政法规的强制性规定，应当认定为合同无效的情形。但限购政策会限制买受人的购房资格，进而可能导致合同履行不能，不能实现合同目的后果。关于能否继续履行，应当从合同签订时间、合同履行情况、限购政策出台时间等因素综合进行分析。如合同签订在限购政策之前，且买受人已经履行了大部分购房款支付义务，仅需出卖人协助办理过户义务，此时买受人诉请出卖人履行协议过户义务不存在履行障碍，法院应予支持。

本案关于合同继续履行的问题。根据本案查明的事实，案涉房屋产权于2017年6月2日登记于温某个人名下，成都市人民政府相关限购文件（成办法〔2017〕10号）系在案涉合同签订后出台实施，法院认为不存在合同履行障碍，并判决双方继续履行并无不当，温某以情势变更为由，要求解除合同缺乏事实和法律依据，法院不予支持。

【规范指引】

《民法典》第153条。

争点3：签订合同时买受人不具备购房资格或房屋属于限售对象，合同履行过程中，限购解除，合同能否继续履行？

【案例】吴某祥、陈某诉廖某蕾、王某鹏房屋买卖合同纠纷案①

2016年8月10日，廖某蕾（出卖人）与吴某祥、陈某（买受人）签订《上海市房地产买卖合同》，约定：吴某祥、车某受让廖某蕾所有房屋，建筑面积为129.92平方米，转让价款为5 408 000元。在签订合同时，双方均已知晓国家和本市住房限售规定，如因违反限售规定，房地产交易中心不予办理房地产登记，并出具《不予办理房地产交易、过户通知》的，双方同意按下列约定处理：双方共同办理合同网上备案撤销等解除本合同手续。2016年8月25日，双方签订了针对诉争房屋项下未含车位的网签合同。随后因前述网签版合同未包含诉争房屋项下车库问题，双方于2016年9月28日另行签订了包括房屋及车位的买卖合同，内容同2016年8月25日网签合同内

① 参见上海市松江区人民法院（2016）沪0117民初20614号民事判决书。

容一致。随后，双方又先后另行签订网签文本的《上海市房地产买卖合同》共计两版。庭审中，双方确认，网签合同对房屋价款所作的低于实际价款的约定系用于避税。另查明，廖某蕾于 2016 年 11 月 30 日向吴某祥、陈某回函称：廖某蕾向上海市松江区房地产交易中心问询后表示因为吴某祥、陈某在签订合同时婚姻状况不符合条件，无法办理审税、限购及贷款，故交易无法完成。吴某祥、陈某起诉要求继续履行买卖合同，廖某蕾反诉主张解除合同。法院经审理认为，虽然吴某祥、陈某签订合同时购房资格存有瑕疵，但随后在合同约定过户时间到来之前具备购房资格，合同继续履行不存在障碍。

【分析】

限购政策为地方性临时房地产调控政策，具备临时性和不确定性，并向社会公众进行公示。故此合同双方均必然对所属地方限购政策有所了解。双方在清楚了解当地限购政策的情况下，仍然签订房屋买卖合同，系双方真实意思表示。因限购政策为地方抽象行政行为，不属于国家强制性法律法规，故此双方当事人签订合同时并未违反相关规定，应当视为合法有效。双方签订合同时，即了解到合同可能因买受人的购房资格受限存在不能履行的可能性，但为促成交易，双方以签订合同的方式明确表示愿意承担合同目的无法实现的不利结果。合同履行过程中，买受人已经具备购房资格，合同继续履行已不存在任何障碍，故此，合同应当继续履行。

【规范指引】

《民法典》第 143 条。

争点 4：曾经属于限购区域，现已不限购的区域商品房买卖，是否应当审查合同签订时是否具备购房资格？

【分析】

限购政策为地方性临时房地产调控政策，具备临时性和不确定性，房屋买卖合同的当事人就本地调控政策应当多有了解，双方当事人在此情况下仍然签订房屋买卖合同，自愿接受限购政策限制，如前所述，我们认为并不影响合同效力。随着房地产市场对部分区域限购政策的取消，不动产登记部门亦随之不再审查相应区域的购房者是否符合原先限购政策的要求，故合同的当事人可自行前往不动产登记部门进行房屋专属登记转移。若双方当事人就相关合同事宜提出诉请的，因双方间合同并未违反法律、行政法规的规定，也无其他无效的事由，认定合同合法有效的前提下，无须对合同签订时是否具备购房资格进行审查。且随着房地产市场的波动变化，从维持市场交易的稳定性和自由度来看，亦不应随意对合同效力或合同履行进行否定性评价。

【规范指引】

《民法典》第 465 条。

争点 5：当事人之间恶意规避房地产调控政策签订的房屋买卖合同是否有效？

【案例】辽宁中集哈某有限公司与徐某欣、第三人曾某外案外人执行异议之诉案[①]

为规避限购政策，徐某欣与曾某外于 2013 年签订《房产代持协议》，双方约定代持房产所有权、使用权、收益权、处分权等一切权利均属于徐某欣；徐某欣以曾某外的名义签订购房合同及其他相关配套法律文件，交房时代持房产的房产证、土地使用权证登记在曾某外名下；曾某外仅代替徐某欣持有房产，并不享有任何权利，未经徐某欣书面同意，曾某外不得单方处分房产。之后，徐某欣与其妻子通过不同账户支付完了所有房款。2014 年，兴业银行与曾某外及其他个人签订了最高额保证合同，约定上述个人对案外借款人大庆庆然某公司的借款承担连带保证责任，保证范围为本金及利息。后借款人未按期归还借款，债权人申请强制执并于 2016 年 10 月 17 日查封登记在曾某外名下的案涉房屋。徐某欣提起诉讼，主要诉求为：中止执行，解除对该代持房产的查封。徐某欣认为其与曾某外签订的《房产代持协议》有效，其实际付款并占有房产至今。曾某外并非代持房屋的真实所有权人，无权处分房屋，法院亦不能将代持房屋查封拍卖。

一、二审法院认为，虽然徐某欣与曾某外代持房屋的行为违反了地方

---

① 参见最高人民法院（2020）最高法民再 328 号民事判决书。

政府限购规定，但限购文件并非法律和行政法规的效力性强制性规定，因此《房产代持协议》有效，徐某欣对代持房屋享有足以排除强制执行的民事权益。最高人民法院认为，徐某欣在当时已有两套住房的情况下仍借曾某外之名另行买房，目的在于规避国务院和北京市的限购政策，通过投机性购房获取额外不当利益。对于此种行为如不加限制，无异于纵容不合理住房需求和投机性购房快速增长，鼓励不诚信的当事人通过规避国家政策"红线"获取不当利益，不但与司法维护社会诚信和公平正义的职责不符，而且势必导致国家房地产宏观调控政策落空，阻碍国家宏观经济政策落实，影响经济社会协调发展，损害社会公共利益和社会秩序。故徐某欣与曾某外为规避国家限购政策签订的《房产代持协议》因违背公序良俗而应认定无效。

【分析】

对于此类合同的效力问题，司法实践中存在两种观点：一种观点认为，为规避限购政策的房屋买卖合同有效，因为无论是中央还是地方出台的房地产限购政策，均不是法律、行政法规，此类规定为管理性强制性规定而非效力性强制性规定，且未违反社会公共利益，应为有效。另一种观点认为，为规避限购政策，通过投机性购房获取额外不当利益。司法对于此种行为如不加限制而任其泛滥，则无异于纵容不合理住房需求和投机性购房快速增长，鼓励不诚信的当事人通过规避国家政策红线获取不当利益，不但与司法维护社会诚信和公平正义的职责不符，而且势必导致国家房地产宏观调控政策落空，阻碍国家宏观经济政策落实，影响经济社会协调发展，损害社会公共利益和社会秩序。为规避限购政策而签订的合同因违背公序良俗而应认定无效。

我们倾向于第二种观点，首先，2010 年 4 月 17 日国务院发布《关于坚决遏制部分城市房价过快上涨的通知》（国发〔2010〕10 号），从通知内容可知，限购政策出台的目的是遏制部分城市房价上涨过快，打击炒房和投机性购房行为，稳定房价和切实解决城镇居民住房问题。该通知授权"地方人民政府可根据实际情况，采取临时性措施，在一定时期内限定购房套数"。虽然限购政策是以各地方政府的名义在其行政辖区内出台并实施，但整个市场经济系统一整体，各种目的的炒房和投机性购房行为会增加金融风险，不利于整个经济社会协调发展，故各地方的限购政策实际关系着整个社会公共利益和社会经济发展，系国家宏观经济政策。其次，2019 年 11 月 8 日施行的《全国法院民商事审判工作会议纪要》第 31 条规定，"违反规章一般情况下不影响合同效力，但该规章的内容涉及金融安全、市场秩序、国家宏观政策等公序良俗的，应当认定合同无效。人民法院在认定规章是否涉及公序良俗时，要在考察规范对象基础上，兼顾监管强度、交易安全保护以及社会影响等方面进行慎重考量，并在裁判文书中进行充分说理”。从《全国法院民商事审判工作会议纪要》的论述中可以看出，国家宏观政策属于公序良俗的范畴，一旦合同违反国家宏观政策，也就因违背公序良俗而无效。那么，当事人之间恶意规避房地产调控政策签订的房屋买卖合同自然因违背公序良俗而无效。

【规范指引】

《民法典》第 153 条。

争点 6：当事人约定以具有购房资格的当事人名义购买住房、购房资金共付、所购住房共有、转让利益共享、相应风险共担的合同效力如何认定？

【案例】林某、黄某华与程显某共有纠纷案①

2018 年 5 月，林某（甲方）、程显某（乙方）、黄某华（丙方）签订《房屋共有协议书》，林某、黄某华为夫妻关系，林某和程显某为共有产权人。林某和程显某共有的房屋坐落于前海时代广场，建筑面积为 88.55 平方米，购房价格为 800 万元。房屋为按份共有，林某占 50%，程显某占 50%。房屋月供按房屋共有比例份额承担。有关房屋的债务、收益按双方各自所占房屋的共有比例承担、享有。只有在达到以下条件之一时，双方方可协商卖出该房屋，在该房屋经双方协商转让后，双方共享收益。各方违反本协议书的相关规定，将承担该房屋违约发生时市场总价 30% 的违约责任。合同签订后，双方平均负担了涉案房产的首付款和每月的按揭贷款。林某、黄某华搬入涉案房屋实际居住后，于 6 月 1 日起按月向程显某支付租金。后三方因合同纠纷提起诉讼。其中争议焦点之一系《房屋共有协议书》的效力问题。一、二审法院认为，《房屋共有协议书》实质是由程显某提供部分资金、由林某亦提供部分资金及购房指标购买涉案房屋，当符合涉案协议约定的条件时再出售涉案房屋从而分配利益，双方系合伙出资买房。其行为并不会导致本地区限购政策的落空，亦不损害公共利益。同时双方签订的协议，系双方的真实意思表示，

---

① 参见广东省深圳市中级人民法院（2021）粤 03 民终 18598 号民事判决书。

并不存在恶意转移财产、逃避债务损害他人利益的情形，应当认定合同有效。

【分析】

当事人约定以具有购房资格的当事人名义购买住房、购房资金共付、所购住房共有、转让利益共享、相应风险共担，系当事人合伙买房。关于此类合同的效力，我们认为具有购房资格的一方当事人自愿与他人签订合伙购房协议，协议中关于权利义务的约定在不违反法律、行政法规的强制性规定的前提下，合法有效。

【规范指引】

《民法典》第 143 条。

争点 7：房屋买卖合同签订后，土地性质发生变更的，合同的效力如何认定？

【案例】张某与杨锦某房屋买卖合同纠纷案[①]

1991 年 6 月 8 日，张某（乙方）与杨锦某（甲方）签订《房屋买卖合同》原件，合同约定杨锦某将其自有的位于广州市工业大道南路石溪石松街某地下以 30 000 元的价格出售给原告；原告需于 1991 年 6 月 8 日前一次性支付房款 15 000 元给杨锦某；杨锦某需于 1991 年 6 月 8 日前将房屋交付给原告。杨锦某应于领取产权证及土地使用证后 1 个月内通知原告到广州市房地产交易所办理房屋交易手续，杨锦某办妥宅基地使用证及一切房屋归属权利给原告后，余下款项原告在 5 日内付清给杨锦某。案涉房屋所在土地于 1986 年 11 月 4 日核发给使用人杨锦某；土地性质为集体土地。2020 年 9 月 3 日，广州市规划和自然资源局核发了（2020）广州市不动产权第 03×××77 号《不动产权证书》，案涉房屋所在土地性质变更为国有建设用地。后双方因案涉房屋买卖合同纠纷诉至法院。

法院认为，涉案房屋所在的土地性质已由宅基地土地转为了国有土地，张某与杨锦某签订的《房屋买卖合同》合法有效，双方应按合同约定履行义务。

---

① 参见广东省广州市海珠区人民法院（2021）粤 0105 民初 4205 号民事判决书。

【分析】

对于此类合同的效力，我们认为应属合法有效。理由如下：首先，民法原理是保护当事人之间的意思自治，在合同内容不违反法律、行政法规的强制性规定的前提下，合同有效，应受到法律的保护。其次，我国法律虽禁止宅基地流出集体经济组织之外，但房屋所在的土地性质由集体土地转为国有土地，房屋转让不再受本集体组织范围限制。故合同双方转让行为未侵犯他人合法权益，亦未违背法律、行政法规强制性规定，所以该类合同应属有效。

【规范指引】

《民法典》第363条;《土地管理法》第9–10条。

争点8：商品房买卖合同中关于逾期交房、逾期办证违约金上限的约定条款效力应如何认定？

【案例】凌某、朱某诉DS公司商品房预售合同纠纷案[①]

凌某、朱某与DS公司签订《商品房买卖合同（预售）》及补充协议，约定凌某、朱某向DS公司购买其开发的某小区商品房，总价款4 056 847元。同时，双方还约定逾期交房责任“除不可抗力外，出卖人未按照本合同第十八条第一款约定的时间向买受人交付商品房的，双方同意按照第一种方式处理，即按照逾期时间，分别处理［（1）和（2）不做累加］：（1）逾期在30日之内，自本合同第十八条第一款约定的交付期限届满次日起至实际交付之日止，出卖人按日计算向买受人支付全部房价款万分之二的违约金；（2）逾期在30日后，买受人要求继续履行合同的，合同继续履行，出卖人按日计算向买受人支付全部房价款万分之三的违约金。买受人未按出卖人通知的时间办理手续的，视为出卖人已按本合同约定的条件交付，逾期超7日的，买受人每日还应按购房款总价万分之三向出卖人支付违约金”。合同签订后，凌某、朱某通过贷款方式向DS公司支付完毕全部房款，但DS公司未按合同约定时间交付房屋，现DS公司逾期交房已经构成违约，凌某、朱某诉至法院要求DS公司按合同约定支付违约金，但对于双方约定的“买受人未按出卖人通知的时间办理手续的，视为出卖人已按本合同约定的条件交付，逾期超7日

① 参见四川天府新区人民法院（2023）川0192民初504号民事判决书。

的，买受人每日还应按购房款总价万分之三向出卖人支付违约金”条款存在争议。

【分析】

第一，审查是否存在格式条款，开发商是否在签订合同时履行提示或者说明义务。根据《民法典》第 496 条“采用格式条款订立合同的，提供格式条款的一方应当遵循公平原则确定当事人之间的权利和义务，并采取合理的方式提示对方注意免除或者减轻其责任等与对方有重大利害关系的条款，按照对方的要求，对该条款予以说明。提供格式条款的一方未履行提示或者说明义务，致使对方没有注意或者理解与其有重大利害关系的条款的，对方可以主张该条款不成为合同的内容”之规定，若开发商在签订合同时未履行提示或者说明义务，买受人可以主张该条款不成为合同的内容。而且，买受人在援引该法律条文救济时还可以溯及既往。原因在于《最高人民法院关于适用〈中华人民共和国民法典〉时间效力的若干规定》第 9 条规定：“民法典施行前订立的合同，提供格式条款一方未履行提示或者说明义务，涉及格式条款效力认定的，适用民法典四百九十六条的规定。”因此，司法实践中，很多法院都采用《民法典》第 496 条之规定，对 2021 年 1 月 1 日之前签订的《商品房买卖合同》中出现的上述条款进行了排除适用。

第二，当事人约定违约金上限过分低于实际损失的，人民法院可适当予以补偿。买受人还可以利用违约金规则进行救济。无论是已经失效的《合同法》还是现行有效的《民法典》均有规定，约定的违约金低于造成的损失的，人民法院或者仲裁机构可以根据当事人的请求予以增加。又根据《商品房买卖合同解释》第 13 条“商品房买卖合同没有约定违约金数额或者损失赔偿额计算方法，违约金数额或者损失赔偿额可以参照以下标准确定：逾期付款的，按照未付购房款总额，参照中国人民银行规定的金融机构计收逾期贷款利息的标准计算。逾期交付使用房屋的，按照逾期交付使用房屋期间有关主管部门公布或者有资格的房地产评估机构评定的同地段同类房屋租金标准确定”之规定，买受人完全可以通过上述违约金调整规则来进行救济。

【规范指引】

《民法典》第 496–497 条。

争点 9：商品房买卖合同中排除人民法院对违约金进行调整的约定是否有效？

【案例】H 公司诉 L 公司租赁合同纠纷案[①]

2012 年 9 月 18 日，L 公司与 H 公司签订《房屋预租协议》，L 公司在案涉地块修建物业出租给 H 公司开办超市，约定一方违约，对方无须就损失承担举证责任，也无论损失多少，违约金均按人民币 500 万元定额计算，不以实际损失多寡为由进行调整。后双方因合同解除及违约责任承担问题诉至法院。本案双方当事人签订合同时的真实意思表示为：500 万元违约金数额的确定是在保障双方当事人利益的前提下，违约方承担的最大范围且具有惩罚意义的赔偿数额，这是双方当事人基于商业利益角度的决定，应自行承担相应风险。

【分析】

对于该问题，依据《民法典合同编通则解释》第 64 条第 3 款分析如下：

第一，违约金的调整是法律赋予民事主体的一项权利，其程序虽然是由当事人的请求而启动，但其最终归属于司法调整的范畴，不能由当事人通过约定排除，否则将不利于维护法律确定的秩序和保护民事主体请求司法调整违约金的法定权利。对于违反公平原则的预先放弃调整违约金条款，法院不应当承认其效力。

第二，法官应发挥自由裁量权，审查当事人实际损失是否足以弥补或者违约金是否过高。若双方当事人签订合同时系真实意思表示，违约金数额的确定亦是在保障双方当事人利益的前提下，违约方承担的最大范围且具有惩罚意义的赔偿数额，这是双方当事人基于商业利益角度的决定，应自行承担相应风险，人民法院在综合考量全案因素后，若违约金金额适当，也可不再另行调整；若违约金过分高于实际损失，则应从维护市场交易稳定的角度出发，为避免滥诉，对违约金酌情予以调减。

【规范指引】

《民法典》第 119 条、第 585 条；《民法典合同编通则解释》第 64 条。

---

① 参见最高人民法院（2019）最高法民申 3344 号民事裁定书。

争点10：开发商向业主办理交房手续时仅完成五方验收，而尚未完成并联验收备案或消防竣工验收，业主能否对其收房之日至实际完成并联验收备案或消防竣工验收期间的部分主张逾期交房违约金？

情形一：约定了以完成并联验收或消防竣工验收为交房条件但尚未完成，应当承担逾期交房责任。

【案例】JC公司诉DZ公司、吴某文等买卖合同纠纷案[①]

JC公司系经营超市及零售业的企业。2013年9月16日，JC公司与DZ公司签订《门面房、商场买卖及房屋租赁框架协议》，主要约定：DZ公司以9400万元的价格将120.25平方米门面房及约10 000平方米商场出售给JC公司，并出租商场另外约11 000平方米给JC公司经营超市。2013年10月11日，DZ公司为甲方、JC公司为乙方签订《房屋租赁合同》，主要约定租赁房屋还应达到下列条件：室内外各种设施、设备能正常使用，土建、消防、环保验收合格等。2013年10月15日，双方签订《商品房买卖合同》，主要约定JC公司购买DZ公司开发的大众国际项目负四层及部分通道净使用面积120.25平方米门面房，甲方应当在2014年10月31日前向乙方交付商品房，若不能按约定的期限和条件交付的，按照甲乙双方签订的《房屋租赁合同》约定的方式处理。即超期未能交付符合合同约定条件的房屋，每日停业损失20万元。2015年5月22日，JC公司接收DZ公司交付的商品房及租赁房后装修入住。至二审调查时，DZ公司出卖给JC公司的商品房仍未通过消防验收，亦未给JC公司办理权属登记手续。JC公司诉至法院要求DZ公司承担由此产生的预计交房违约金。贵州省毕节市中级人民法院于2020年6月30日作出（2017）黔05民初36号民事判决：DZ公司于判决生效之日起30日内支付JC公司迟延交房违约赔偿金13 062 657.40元。宣判后，JC公司、DZ公司、吴某文、糜某燕、常某祥提出上诉。贵州省高级人民法院于2021年2月7日作出（2020）黔民终1125号民事判决：（1）撤销一审判决；（2）DZ公司于判决生效之日起30日内支付JC公司迟延交房违约赔偿金10 048 198元；（3）驳回JC公司的其他诉讼请求。

【分析】

一般意义而言，商品房本身所蕴含的意思已经清楚地表明其基本属性就

---

① 参见贵州省高级人民法院（2020）黔民终1125号民事判决书。

是商品，必须具备商品的一般功能，即满足人们对于房屋的居住需求。从这个意义上看，房屋只要建造成形，能够遮风挡雨就已经具备居住功能。然而，从特殊意义上看，所有商品除具备一般的使用功能外，还应当具备安全性等基本保障，这是机械化大生产时代国家对商品的一般管理性要求。根据《建筑法》第61条第2款“建筑工程竣工经验收合格后，方可交付使用；未经验收或者验收不合格的，不得交付使用”和《消防法》第13条“国务院住房和城乡建设主管部门规定应当申请消防验收的建设工程竣工，建设单位应当向住房和城乡建设主管部门申请消防验收。前款规定以外的其他建设工程，建设单位在验收后应当报住房和城乡建设主管部门备案，住房和城乡建设主管部门应当进行抽查。依法应当进行消防验收的建设工程，未经消防验收或者消防验收不合格的，禁止投入使用；其他建设工程经依法抽查不合格的，应当停止使用”之规定，案涉房屋并未经过消防验收，并不能确定是否满足对房屋安全性等基本安全性保障的要求，还需要有关部门进行验收之后方能确定是否达到交付条件。故尚未经消防验收的商品房不符合交房条件，在此情形下购房人有权主张逾期交房违约金。

情形二：未约定以完成并联验收或消防竣工验收为交房条件但约定了消防设施设备的交付条件，尚未完成仍应当承担逾期交房责任。

【案例】张某、邓某治等房屋买卖合同纠纷案[①]

2018年10月8日，AC置业（出卖人）与张某、邓某治（买受人）签订了《四川省商品房买卖合同（预售）》（以下简称《预售合同》）及《〈商品房买卖合同〉补充协议》（以下简称《补充协议》）（网签备案号：××），约定张某、邓某治购买都江堰市××道××号1706号房屋。《预售合同》约定：“第十五条 商品房交付条件（一）该商品房交付给买受人时符合的条件：1. 取得建设工程竣工验收合格证明；2. 取得房屋面积实测报告书；（二）该商品房为住宅的，出卖人还需提供《住宅使用说明书》《住宅质量保证书》《住宅工程质量分户验收结果表》；第十六条 该商品房基础设施设备和相关公共设施交付使用条件……（二）公共服务及其他配套设施……第十八条 交付时间和手续出卖人在2021年6月30日前向买受人交付该商品房。”《补充协议》与本案有关约定：“六、对合同第十五条（商品房交付条件）的补充约定，合同所约定的‘建设工程竣工验收合格证明’，指买受人购买商品房所在楼栋取得经

① 参见四川省成都市中级人民法院（2022）川01民终21872号民事判决书。

建设单位、设计单位、施工单位、勘察单位、监理单位出具的《竣工验收报告》。”2021年9月27日，案涉房屋所在7号楼取得建设单位、设计单位、施工单位、勘察单位、监理单位共同出具的《竣工验收报告》。AC置业于2021年9月29日在《成都商报》发布《交房公告》，向一期业主公告集中交付时间为2021年9月29日至2021年10月1日及交付地点、需携带资料等事项。都江堰市网络理政中心于2021年11月19日回复：截至目前，该项目暂不具备交付条件，正在消防验收过程中。市质监站于2021年12月7日对案涉项目开展了现场消防验收，符合现场评定要求，竣工验收报告内容完备，但尚未取得消防验收合格手续。最终法院认定案涉房屋未取得消防验收合格手续，未达交付条件，AC置业存在逾期交房行为，应按约承担相应的违约责任。

【分析】

根据《建筑法》第61条、《城市房地产管理法》第27条、《建设工程质量管理条例》第16条之规定，“竣工验收合格”方可交付使用，这属于强制性交付条件。本案中案涉房屋所在项目已取得《竣工验收报告》和房屋面积实测报告书，并已形成《住宅使用说明书》《住宅质量保证书》《住宅工程质量分户验收结果表》等合同约定的交房材料，形式上似乎已经满足合同约定的交房条件。但虽然合同中并未约定通过消防验收为交房条件之一，但约定了消防设备设施在交付时达到使用条件。该约定在一定程度上将通过消防验收纳入双方的合意范围，且符合《消防法》的强制规定。本案案涉项目虽已取得建设、设计、监理、施工、消防专业施工、消防技术服务等单位出具的关于消防检验、竣工、质量评估等报告，但并未提供案涉项目消防已通过政府部门验收合格的证据，相关单位出具的报告仅能证明消防达到自行验收合格的程度，因此应视为该项目消防工程尚未正式通过验收，开发商应当承担逾期交房责任。

【规范指引】

《建筑法》第61条第2款；《消防法》第10条；《城市房地产管理法》第27条；《建设工程质量管理条例》第16条。

争点 11：在买受人的要求下，开发商在约定交付期限届满前，将不符合合同约定或法定交付条件的房屋交付买受人后，买受人是否还能主张逾期交房的违约金？

【案例】冯某诚、林某华与 HY 公司商品房预售合同纠纷案[①]

2018 年 12 月 24 日，冯某诚、林某华与 HY 公司签订《商品房买卖合同（预售）》，约定由冯某诚、林某华购买 HY 公司开发的位于广东省海丰县某小区某号房屋。该合同约定："商品房交付条件：1. 该商品房已取得建设工程竣工验收备案证明文件；2. 该商品房已取得房屋测绘报告；除不可抗力外，出卖人未按照第十一条约定的时间将该商品房交付买受人的，买受人要求继续履行合同的，合同继续履行，出卖人按日计算向买受人支付全部房价款万分之一的违约金。"但 HY 公司至今未取得案涉建设工程竣工验收备案证明文件。HY 公司主张冯某诚、林某华明知房屋没有达到收楼的条件而收楼，冯某诚、林某华称收楼时因 HY 公司没有告知，并不清楚房屋没有达到收楼的条件。一审法院认为，冯某诚、林某华已向 HY 公司交付全部购房款，HY 公司至今未能向冯某诚、林某华交付符合约定和法定条件的房屋及办理产权证书，其行为已构成违约，冯某诚、林某华要求 HY 公司承担违约责任的主张，法院依法应予支持。HY 公司不服一审判决提起上诉。二审法院认为虽然 HY 公司提出冯某诚、林某华签领钥匙的行为应视为 HY 公司向其交付房屋，但 HY 公司至今尚未取得案涉建设工程竣工验收备案证明，亦无证据证明冯某诚、林某华明知房屋不具备交付条件仍要求交付房屋，故应由 HY 公司自行承担举证不能的不利后果。

【分析】

违约责任的主张是否因当事人自甘风险而阻却。在上述案件中，二审法院虽然最终驳回 HY 公司的上诉请求，但并非基于对"买受人明知"这一阻却事由的否定，而是基于 HY 公司举示的证据并未证明买受人明知房屋不具备交付条件，由 HY 公司来承担该项主张的证明责任。

实务中，除了考量出卖人是否能够举证证明买受人明知房屋不具备交付条件仍要求交付房屋，还应当结合交付条件的成就是否构成严重影响正常居

---

① 参见广东省汕尾市中级人民法院（2023）粤 15 民终 1155 号民事判决书。

住使用的质量问题。只有当买受人明知房屋不具备交付条件仍要求交付房屋，且交付条件不直接影响合同目的的及时实现时，才能对买受人主张逾期交房违约责任进行阻却。

【规范指引】

《城市房地产管理法》第 27 条；《建筑法》第 61 条；《建设工程质量管理条例》第 16 条。

争点 12：出卖人逾期交付竣工验收合格的商品房，买受人能否行使约定解除权？

【案例】黄某与 LR 公司商品房销售合同纠纷案①

黄某与 LR 公司签订《商品房买卖销售合同》。合同约定黄某购买某小区某公寓，总价 409 730 元。合同签订后，黄某依约支付购房款。其后，LR 公司未按合同约定交付公寓，并张贴《承诺书》，明确交房时间延后，但 LR 公司实际交房时已逾期近 1 年。黄某以 LR 公司应为延期交房的违约行为承担违约责任为由诉至法院。但庭审中，LR 公司辩称黄某诉求解除合同没有合同及法律依据，黄某不享有《民法典》第 563 条规定的法定解除权亦不享有合同约定的解除权。原因为 LR 公司已履行完毕房屋交付义务，已通知黄某收房，且该楼栋大多数业主也已实际完成交房。因新冠疫情、高温限电等不可抗力、重污染天气影响，案涉房屋交付日期应予顺延至房屋实际交付为止。房屋交付、逾期交付系受疫情、高温、限电、重污染天气等客观因素影响，并非故意拖延，亦无主观过错，故案涉房屋交付时间应予顺延至房屋实际交付之日止。双方对合同是否解除争执不下。

【分析】

1. 关于守约方是否享有法定及约定解除权的问题

第一，是否存在格式条款排除买受人合同解除权。本案中，案涉合同中关于买受人解除合同的条款“（1）逾期在 90 日之内，自 2022 年 8 月 30 日的次日起至实际交付之日止，出卖人按日计算向买受人支付全部房价款万分之一的违约金。（2）逾期超过 90 日的，买受人不享有合同解除权，即买受人同

---

① 参见四川天府新区人民法院（2023）川 0192 民初 1445 号民事判决书。

意不以此为由解除合同……”系格式条款，排除了黄某的合同解除权。LR 公司不仅要遵循公平原则，还要采取合理方式提请对方注意，LR 公司该条款直接排除黄某的合同解除权，内容明显不公平，且 LR 公司也未采用加黑加粗的方式提醒黄某注意或加以说明。根据《民法典》第 497 条规定："有下列情形之一的，该格式条款无效：（一）具有本法第一编第六章第三节和本法第五百零六条规定的无效情形；（二）提供格式条款一方不合理地免除或者减轻其责任、加重对方责任、限制对方主要权利；（三）提供格式条款一方排除对方主要权利。"故，若合同符合解除条件，黄某有权主张合同解除。

第二，守约方行使合同约定解除权是否已过法定期限。合同解除权是否在合理期间内行使。根据法律规定，（1）如果没有合同约定，也没有其他法律规定，对方当事人也没有催告，合同解除权的行使期限为 1 年。（2）对方当事人如果催告行使解除权，解除权的行使期限为合理期限。但合理期限如何界定并未明确，需要根据个案情况而定。（3）行使期限是除斥期间，而不是诉讼时效，不存在中止、中断和延长。（4）行使期限的起始日自知道或者应当知道解除事由之日起计算。

合同解除权的行使是否适用诉讼时效。一般观点认为，起诉行使合同解除权也属于行使解除权，不适用 3 年的诉讼时效，需要在解除权行使期限届满前行使，否则解除权将消灭。如果解除权人自行解除了合同，起诉要求确认合同已经解除，是否适用诉讼时效。一般认为，诉讼时效只适用于请求权，即需要对方作出一定行为，比如归还借款，返还不当得利。合同解除权属于形成权，即通过单方意思表示即可设立、变更、消灭法律关系，所以不适用诉讼时效。起诉要求确认合同已经解除，属于确认形成权的法律后果，不受诉讼时效的制约。但是，应当着重说明的是，起诉确认合同已经解除往往还伴随着追究对方的违约责任，包括支付违约金、赔偿损失、返还财产等等，这些则属于请求权的范畴。

2. 关于违约方是否存在主观恶意违约的问题

第一，排除不可抗力因素。本案中，LR 公司主张因疫情、高温以及限电等不可抗力对项目正常施工造成巨大影响，致使项目停工，以至于影响项目按原合同履行期限交付。首先，LR 公司实际于 2022 年 12 月 30 日交付房屋，疫情防控等不可抗力系影响房屋不能按期交付的主要原因之一，且 LR 公司已在房屋具备交付条件后及时交房，逾期时间较短。其次，逾期交房不影响黄某合同目的的实现，且根据诚信原则，违约方的逾期交房行为系因新冠疫情等不可抗力影响，主观上没有逾期违约的恶意，加之案涉房屋已交付，黄某的合同目的完全可以实现。综上，综合考量全案因素以及逾期交房的原因、程度，以及逾期事实未从根本上影响黄某合同目的的实现等情况，黄某诉请解除合同不应予以支持。当然，若不存在不可抗力因素，开发商确实因自身因素逾期交房，合同是否解除亦应另视具体案情分析，是否解除应落脚于买受人合同目的能否实现。

第二，不可抗力影响程度如何判断。一是对于因新冠疫情等不可抗力因素导致的延期交房，可根据具体案情对不可抗力导致的逾期期间进行扣减。但是，若不可抗力因素对履行合同没有影响的，合同各方主体均应当严格依约履行原合同，任何一方违约，将依据合同约定承担相应违约责任。二是不可抗力因素对合同履行有一定的影响，但并未导致合同根本不能履行或未导致继续履行合同将对一方当事人明显不公平、合同目的不能实现的，则应当鼓励交易，继续履行合同。此时，受疫情影响一方可与合同相对方进行协商，通过变更合同履行期限、履行方式等内容的方式来减少履行合同带来的损失，因疫情导致合同履行困难或以不可抗力为由要求解除合同的，法院不予支持。三是不可抗力因素对合同履行有重大影响，即继续履行合同对于一方当事人明显不公平的，当事人可基于情势变更解除或变更合同，此时人民法院将根据公平原则，并结合案件实际情况确定是否变更或者解除。四是新冠疫情或疫情防控措施导致合同根本不能履行或合同目的不能实现的，受影响一方有权基于不可抗力这一法定事由依照法律规定的形式提出解除合同，这就是合同的法定解除权，但受影响一方须及时履行通知义务，否则，对于未能及时通知导致扩大的损失将要承担责任，且根据法律规定，当事人迟延履行后发生不可抗力的，这种情况不能免除责任。

【规范指引】

《民法典》第 496–497 条、第 564 条;《商品房买卖合同解释》第 11 条。

争点 13：买受人因为征信或信贷政策收紧等原因无法取得贷款，又无力通过补足现金的方式支付购房款，买受人作为违约方是否有权解除商品房买卖合同？

关于商品房预售合同中逾期贷款与合同解除权的分析认定。商品房买受人无法办理贷款且无法全额支付购房款时，应当确定合同是否应继续履行，是否仍具有继续履行的客观条件。同时，买受人作为违约方，是否有权要求解除合同。另外，还应当确定买受人是否构成违约，如构成违约的，应根据其违约程度的高低确定违约责任，进而确定违约金是否过高或过低，是否应当调整。

第一，履行可能性与解除权的行使。

【案例 1】翁某立与 HY 公司商品房销售合同纠纷案①

翁某立与 HY 公司签订《商品房买卖合同》，约定：翁某立向 HY 公司购买位于中山市 ×× 路 ×× 号 ×× 幢 ×× 房，付款方式为银行按揭付款，合同签订后，翁某立向 HY 公司支付首期款 340 164 元，其中 20 000 元是定金。后翁某立因月收入未达到银行贷款的要求，故无法办理贷款。且翁某立无法一次性付清剩余购房款，经与 HY 公司协商解除合同无果，遂诉请解除合同。一审法院认为，《中山市商品房买卖合同》经双方协商一致签订，合法有效，予以确认。翁某立已经明确表示其目前处于失业状态，无法一次性支付剩余购房款，如果继续要求翁某立履行合同，一次性支付剩余购房款，显然对翁某立不公平，且不符合实际，且 HY 公司未对翁某立是否符合贷款条件尽审核义务，存在过错，故判令解除合同，退还房款。二审法院认为，鉴于翁某立的条件不符合银行规定的可以发放贷款的条件，且无能力支付剩余购房款，涉案房屋买卖合同已无继续履行的客观条件，一审法院据此判决解除涉案《中山市商品房买卖合同》正确，予以维持。

商品房买受人因自身原因无法办理贷款，且自身无力全额支付购房款时，即使商品房出卖方主张要求买受人继续履行的，不仅对买受人不公平，也缺乏继续履行的客观条件。此时商品房买卖合同（预售合同）客观上已无法继续履行，为维护公平（降低客观上已无履行能力的买受人的负担），促进交易（合同解除后出卖方可再次出售案涉房屋），应当允许作为违约方的买受人享有合同解除权，以避免合同履行陷入僵局，增加双方交易成本。同时，《民法典》第 563 条规定的法定解除权，仅是规定“当事人一方”明确表示或者以自己的行为表明不履行主要债务。“当事人”可以解除合同，而非规定“违约方”拒不履行债务时，“守约方”可以解除合同。应当认为，《民法典》第 563 条作此规定，即为了避免合同履行陷入僵局时，守约方拒不解除合同以增加

① 参见广东省中山市中级人民法院（2023）粤 20 民终 123 号民事判决书。

违约方违约责任的，违约方亦享有相应的救济途径。

因此，商品房买受人因自身原因无法办理贷款，且自身无力全额支付购房款时，合同履行陷入僵局，为给予相对弱势一方的买受人以救济途径，应当认为合同不应继续履行，买受人可以要求解除合同。

第二，合同解除后的违约责任划分。

【案例 2】德 HY 公司与王某商品房预售合同纠纷案[①]

2020 年 10 月 22 日，德 HY 公司（出卖人）与王某（买受人）签订商品房买卖合同（预售），约定除首期款外，剩余房款金额 95 000 元应于 2020 年 10 月 31 日前申请办理商业贷款，并按照按揭方式付款；出卖人应在 2020 年 12 月 1 日前向买受人交付该商品房。合同签订当日，王某向德 HY 公司支付房屋首付款 95 679 元，剩余 95 000 元因王某个人征信报告显示其信用卡较多，负债较高，征信查询次数较多，不符合该行贷款条件未通过审核。后德 HY 公司为王某更换其他银行办理房屋按揭贷款仍未成功，德 HY 公司要求王某支付剩余房款未果，导致纠纷发生。法院认为，本案中，根据一、二审查明的事实，王某支付了合同中约定数额的购房首付款后因个人征信原因未能按照约定办理住房贷款，后亦未按照双方约定一次性付清所有房款，二审审理中，王某亦明确表示自己无能力一次性付清所有房款，案涉合同已陷入僵局，如继续履行合同对王某明显不公平。一审法院判决解除德 HY 公司与王某之间的商品房买卖合同符合法律规定，本院予以确认。关于违约金标准如何确定的问题。本案中，案涉房屋的买受人王某因个人征信原因未能在合同约定的期限内办理房屋按揭贷款，且未能通过其他方式支付剩余购房款，已构成违约，应当承担违约责任。德 HY 公司未提供证据证明其实际遭受损失，完全可将该商品房转售他人，其预期利益能够实现，一审法院依法酌定王某按照房屋总价款的 3% 支付德 HY 公司违约金。

【分析】

房屋买受人违约，需承担违约责任。《民法典》第 577 条规定：“当事人一方不履行合同义务或者履行合同义务不符合约定的，应当承担继续履行、采取补救措施或者赔偿损失等违约责任。”房屋买受人因无力支付房款而解除合同，合同解除的原因和责任很明显在于房屋买受人，因此，房屋买受人要承担赔偿损失的违约责任。（1）违约金过分高于造成的损失的。约定的违

---

① 参见安徽省淮北市中级人民法院（2021）皖 06 民终 1889 号民事判决书。

约金过分高于造成的损失的，人民法院或者仲裁机构可以根据当事人的请求予以适当减少。（2）违约金低于造成的损失的。约定的违约金低于造成的损失的，人民法院或者仲裁机构可以根据当事人的请求予以增加。根据规定，主张违约金过分高于造成的损失或违约金低于造成的损失的一方要承担举证责任。

【规范指引】

《民法典》第563–564条、第577条、第585条；《民事诉讼法》第67条。

争点14：开发商的样板间或宣传资料等是否构成合同内容，如未兑现宣传，开发商是否构成欺诈，买受人能否以宣传未实现为由解除合同或追究开发商的违约责任？

【案例】梅某、刘某诉HY公司商品房预售合同纠纷案[①]

梅某、刘某夫妻二人于2019年与HY公司于签订《商品房买卖合同（预售）》《商品房买卖合同附件及补充协议》，约定由梅某、刘某购买HY公司开发的位于成都市天府新区某房屋。梅某、刘某在购买案涉房屋时，置业顾问带梅某、刘某参观了样板房，三楼北侧为一独立房间，以衣帽间形式呈现，从三楼直通楼顶，楼顶梯间使用混凝土加窗户修筑，高大宽敞明亮。楼顶呈现出休闲花园形式，样板间的构造表明业主可以上楼顶，并合理使用楼顶。梅某、刘某参观样板房后当即决定购买案涉房屋，并按照样板房的装修样式进行装修。装修期间，四川天府新区生态环境和城市管理局向梅某、刘某出具《限期自行拆除违法建设决定书》，载明案涉房屋顶楼部分系违章修建，要求梅某、刘某限期拆除，梅某、刘某无奈拆除已搭建的建筑，HY公司的诱导销售、虚假宣传是造成梅某、刘某装修损失的根本原因，故梅某、刘某诉至法院要求HY公司承担因未按样板房装修标准提供房屋的违约责任并要求HY公司赔偿损失。

【分析】

样板间是否形成要约以及是否属于合同约定的交付标准。

一审法院认为，根据《民法典》第472条的规定："要约是希望与他人

---

① 参见四川天府新区人民法院（2023）川0192民初87号民事判决书；四川省成都市中级人民法院（2023）川01民终24578号民事判决书。

订立合同的意思表示，该意思表示应当符合下列条件：（一）内容具体确定；（二）表明经受要约人承诺，要约人即受该意思表示约束。”该法第 473 条规定：“要约邀请是希望他人向自己发出要约的表示……商业广告和宣传、寄送的价目表等为要约邀请。商业广告和宣传的内容符合要约要件的，构成要约。”同时，根据《商品房买卖合同解释》第 3 条规定，“商品房的销售广告和宣传资料为要约邀请，但是出卖人就商品房开发规划范围内的房屋及相关设施所作的说明和允诺具体确定，并对商品房买卖合同的订立以及房屋价格的确定有重大影响的，构成要约。该说明和允诺即使未载入商品房买卖合同，亦应当为合同内容，当事人违反的，应当承担违约责任”。本案中，梅某、刘某主张 HY 公司的样板间为交付标准，且梅某、刘某购买案涉房屋系因参观样板间后发现有衣帽间才决定购买；HY 公司抗辩该样板间仅为要约邀请，并非要约，双方合同明确约定未载入合同的，对 HY 公司不具有任何约束力。一审法院认为，在梅某、刘某签订的《商品房买卖合同（预售）》补充协议以及《认购服务确认书》中明确确定案涉房屋系清水房，经装修装饰和局部改造后的样板房不作为交付标准，故梅某、刘某主张样板房形成要约、交付标准的意见，不应予以采纳。虽然样板房不作为交付标准，但是在《认购服务确认书》中亦明确样板间作为户型参考，根据梅某、刘某所提交的样板间现场照片等证据能够证明 HY 公司的样板间确实存在在露台搭设衣帽间和在顶楼搭建炮楼的情形，结合宣传手册载明实得面积 412 ㎡的内容，虽然衣帽间和炮楼不作为交付标准，但样板间里衣帽间的构造以及宣传手册的信息足以让梅某、刘某相信案涉房屋具有在露台搭设衣帽间和在楼顶搭建炮楼的功能以及空间布局，虽然 HY 公司辩称合同明确载明不能违章搭建，但其作为专业的房地产开发商，在样板间露台搭建衣帽间，在顶楼搭建炮楼，误导买受人，具有强烈的引导性，对合同的订立具有重大影响。综上，案涉房屋具备在露台搭设衣帽间和在楼顶搭建炮楼的功能以及空间布局构成《四川省商品房买卖合同（预售）》的内容。但二审法院改判一审判决：依据《商品房买卖合同解释》第 3 条，商品房销售广告视为合同内容的条件之一是其说明和允诺具体、确定，足以让买受人产生信赖而订立合同。本案中，双方在补充协议明确约定宣传资料及示范等，不作为要约和承诺。该排除条款采取加黑加粗字体方式提示，购房人知道其内容而予以确认，说明双方一致认可案涉项目宣传资料和样板间并非出卖人确定的允诺。因此，梅某、刘某据以主张权利的宣传资料和样板间展示内容，不属于依照司法解释应视为合同内容的销售广告。在此情形之下，梅某、刘某二审举示的证据均不能达到其证明目的，二审法院不予采信。梅某、刘某在签订商品房买卖合同时，对相关宣传资料和合同约定之间的差异应当清楚。由于法律、法规对于房屋屋顶、露台不得擅自搭建有明确规定，双方均应知道合同外部分即搭建部分的实现存在风险。正因如此，HY 公司表示仅对合同内容承担责任，对于收房后能否在房屋上进行搭建不作担保；而梅某、刘某愿意在合同与宣传资料存在差异的情况下签订合同。梅某、刘某收房后在三楼露台施工搭建，被有关行政部门认定违规并要求拆除，属于其在购房时应当预见的风险，非 HY 公司违约所致。二审法院对梅某、刘某的诉请未予支持。

结合一、二审法院对于本案例不同见解，综合以下几点评判标准：

第一，考虑是否存在格式条款。针对精装修商品房买卖合同中的装修条款或另行签订的补充装修合同等，应充分考虑签订合同时出售方对涉及装修条款的解释说明是否符合常规做法，条款理解的难易程度是否符合一般消费者的认知水平，条款的约定是否免除或者减轻了合同提供者的责任、涉及相对方重大利害关系。因格式条款引发纠纷的情形多由装修条款中的兜底条款产生，如“样板房不作为交付标准”“以实际交付为准”等，在审理该类案件时应充分考虑开发商处于优势市场地位以认定是否对消费者的重大利益产生影响，并审查开发商在签约时是否已向购房者充分解释条款的内容与含义。

第二，分析是否具有一致性。（1）商品房合同中就房屋的结构、布局、质量、装修等因素作了约定。商品房买卖合同是开发商与购房者的直接意思表示，也是双方享有权利承担义务的最根本依据。当商品房买卖合同对房屋的属性有明确约定时，双方都应当尊重这种约定，任一当事人均应当遵守合同约定行使权利。因此购房者当然也就不能在合同约定之外要求开发商承担“过分”的责任。（2）商品房买卖合同中有类似“出卖人展示的样板房（或样板间）仅作为空间布局向导、装饰装修和家具布置的参考，并非出卖人房屋交付的标准”等表述。双方如果在合同约定中明确排除了适用样板房的标准，那么购房者同样不能要求开发商交付的房屋与样板房保持一致。（3）开发商以其他方式说明交付房屋与样板房不具有一致性。如在宣传页、宣传手册、样板房现场显眼处标注“样板房仅做展示用途，并不构成对最终交付房屋质量、装修风格、家具配置等的任何承诺，不代表实际交付房屋的标准，房屋以实际交付现状为准”，在这种情况下，开发商已经对交付房屋是否与样板房保持一致进行了说明，购房者亦不能要求开发商交付的房屋与样板房保持一致。综上，一致性的把握应当结合房屋的使用目的、双方的约定等因素进行综合考量。

【规范指引】

《民法典》第 472 条;《商品房买卖合同解释》第 3 条。

争点 15：出卖人交付的商品房所在楼盘规划范围之外的环境和公益设施未达到宣传资料内容，是否需要承担违约责任？

【案例】惠州某房地产开发有限公司与李某、莫某商品房预售合同纠纷案①

原告李某、莫某辉与被告惠州某房地产开发有限公司于 2017 年 5 月 7 日签订了商品房买卖合同，合同约定：被告将其开发建设的惠东县稔山镇大埔屯富茂海滨城 A 3 栋 4 层 02 号房出售给原告。原告主张涉案商品房买卖合同系在被告虚假宣传的行为下而签订，宣传的配套设施如下:（1）海心岛;（2）10 公里人造沙滩;（3）游艇码头;（4）国家红树林湿地公园;（5）滨海生态趣乐园;（6）水生天养生谷;（7）滨海线稔山大道;（8）海上农场;（9）希尔顿酒店，被告宣称是超六星级，现实中建设的是希尔顿名下的一个普通酒店;（10）亚洲最大水上乐园，实际上被告修建的乐园规模非常小;（11）海洋之星会所，被告所称打造航母级 7000 平方米会所，实际上该会所在二楼，还是被告的办公场所，一楼没有对外营业，规模非常小;（12）海上水栈道，该项目到目前为止没有经过海洋局的审批;（13）三甲医院、学校等；且上述（1）-（8）项被告到目前为止均没有建设。原告提交了宣传彩页、宣传背景墙图片、信访处理意见、惠东县海洋与渔业局在网络的答复、经公证处公证的网页及视频、报纸、政府信息公开申请的复函、信封、微信公众号主页、视频等证据予以证明。李某、莫某辉为维护自身合法权益，其向一审法院提出判令被告向原告支付违约赔偿 61 011.9 元（按照房屋合同价款的 10% 计算）。

【分析】

该案中买受人根据《商品房买卖合同解释》第 3 条之规定，主张房地产公司的前期宣传应视为合同的组成部分。法院认为，本案中出卖人在规划区

① 参见广东省惠州市中级人民法院（2019）粤 13 民终 849 号民事判决书。

范围之外，为提升物业美誉度所做的宣传广告，涉及违反《广告法》的宣传情形，相关行政管理部门已依据广告法的规定对其进行了行政处罚。买受人就该宣传事项要求出卖人承担赔偿责任的，还应根据《民法典》第500条、《民事诉讼法》第67条之规定，就自己所遭受的损失进行举证。鉴于买受人没有提出充分的证据证实因房地产公司何种具体的宣传而给其造成何种损失及具体数额，故法院对其要求房地产公司赔偿的主张不予支持。

【规范指引】

《民法典》第500条;《商品房买卖合同解释》第3条。

争点16：车位未达法定配比是否属于违约，如果属于违约，违约责任如何承担?

【案例】苏州工业园区某业主委员会与苏州某房地产公司建筑物区分所有权纠纷案[①]

苏州工业园区某小区由苏州某房地产公司开发建设，根据建设规划，应配置车位1818个（包括3号车库机械车位565个）。2008年12月，某小区建设完成（3号车库机械车位565个除外），苏州某房地产公司向政府主管部门出具“根据业主入住需要再建设机械车位”的承诺后通过竣工验收，陆续交房。现小区随着入住率的不断提高，被告至今未进行车位的补建工作，车位问题凸显。故诉请判令苏州某房地产公司在3个月内规划补足车位至1818个，如不能按期交付车位，则判令苏州某房地产公司支付800万元代建费用（准确数额以司法鉴定为准）。2018年5月15日，苏州某业主委员会基于鉴定机构经勘查作出根据现有条件无法完成补建车位的鉴定意见，将上述诉讼请求变更为判令苏州某房地产公司赔偿损失及补偿款共计800万元。

经审查，苏州工业园区某小区由苏州某房地产公司开发建设，根据该小区经政府部门批准的规划设计图显示：机动车停车位为1818个，其中地面停车位375个（其中50个为预留机械停车位）、地下停车位1443个。2009年2月4日，苏州某房地产公司出具关于安装3号地下车库机械停车装置的承诺：如该地块内业主车辆拥有量达到目前已配置车位的80%（1007辆）时，即安

---

① 参见江苏省苏州市苏州工业园区人民法院（2017）苏0591民初4753号民事判决书。

装机械停车装置，以满足其需求。2009 年 7 月 10 日，苏州某房地产公司所开发的某小区公安编号 3–8、10 商品住宅工程通过国土房产局交付使用备案。根据 2009 年 10 月苏州某房地产公司与小业主签订的涉案小区商品房销售合同附件九显示：地面车位宗地号 76019 内约 283 个，地下车位宗地号 76019 内约 922 个。诉讼过程中，本院组织原被告双方至某小区实地勘验车位数量，双方共同确认：该小区现有地面车位 314 个，另有 8 个标注残疾人车位通道（根据规划图纸显示该部位为 8 个车位），地下车位 940 个。原被告双方曾就缺少的车位达成由被告出资，原告代建方式履行的合意。

【分析】

法院经审理认为，根据经过审批的规划设计图纸显示：机动车停车位为 1818 个，其中地面停车位 375 个（其中 50 个为预留机械停车位）、地下停车位 1443 个，这是苏州某房地产公司应当依规建造完成并交付涉案小区全体业主的车位数量。苏州某房地产公司以销售合同附件载明车位数量相抗辩，由于该附件载明车位数量仅为约数，并不足以免除被告交付上述规定数量车位的义务。车位作为住宅小区的重要配套设施，将对小区全体业主的居住生活产生重大影响，理应与小区住宅同时交付全体业主，另有约定的除外。苏州某房地产公司应予配建的车位是诉争小区的重要配套设施，由于苏州某房地产公司至今未能配建完成缺少的车位，其行为已构成违约，理应承担相应的违约责任。由于缺少配建车位影响的是全体业主对小区配套设施的使用，故苏州某房地产公司应当赔偿诉争小区全体业主的相关损失。根据提供物业服务的物业公司证明，可以认定诉争小区自 2014 年年初开始车位矛盾凸显，频发围堵小区大门事件，故此应分段考虑核算全体业主的相应损失。自 2009 年 8 月 1 日至 2013 年 12 月底，根据小区入住及车辆使用情况，缺少配建的车位并没有严重影响全体业主对车位设施的使用，但苏州某房地产公司却因未建造的违约行为，间接节省相应财务成本而获利，有违诚信原则，故应将获利部分补偿给守约的全体业主。法院根据配建机械车位的成本（在现在建造成本基础上考虑前期物价及人力成本变化因素）、缺少数量、违约时间、银行同期同类贷款利率等因素，综合酌定该阶段损失为 236 万元。自 2014 年 1 月开始至 2018 年 5 月底，诉争小区因车位紧张引发矛盾凸显，出现部分业主出行困难及车辆自行在小区外停放的事实，因苏州某房地产公司仍未完成配建车位一方面继续获利，另一方面已造成小区全体业主的损失，应予赔偿。苏州某房地产公司获利部分参照上述标准酌定为 295 万元；小区全体业主损失部分根据政府关于不同区域车位租赁指导价及合理上浮比例与小区相同区域现行车位租赁价格的差，乘以不同区域缺乏车位的数量，综合酌定该部分损失为 205 万元。综上，法院认定被告缺少配建车位造成全体业主的损失合计为 736 万元。

【规范指引】

《民法典》第 509 条、第 577 条、第 583–584 条。

争点 17：商品房竣工图中显示的设施在商品房合同中没有作出约定，能否作为双方约定交付的条件？

【案例】吴某英诉天津市某商贸物业有限公司房屋买卖合同纠纷案[①]

2012 年 12 月 22 日，天津市某商贸物业有限公司（以下简称某公司）为甲方，吴某英为乙方，双方签订了《天津市商品房买卖合同》，约定吴某英购买某公司开发的坐落于天津市河东区琳科西路与琳科中路交口以南某小区房屋一套。在买卖合同第 7 页与第 8 页之间的商品房屋平面图中，显示涉案房屋在跃层部位的设计为“空”。现吴某英尚未取得涉案房屋的产权登记证。2014 年 5 月，涉案房屋交付吴某英。庭审中，某公司向原审法院提供的施工蓝图中对于涉案房屋的跃层部位蓝图中注明为“套内楼梯，业主自理”。吴某英以其购买的诉争房屋存在质量问题为由，诉至法院，请求判令某公司：（1）提供建筑竣工图、结构竣工图、水暖电工图；（2）将屋内楼梯部位改造成不碰头的状态，并且符合天津市民用建筑标准相关规范；（3）将涉案房屋内单块玻璃大于 1.5 平方米的，距离可踏面净高 900mm 以下的窗玻璃更换为符合国家标准的安全玻璃。具体位置为：首层，客厅 4 块玻璃（2 块长方形、2 块正方形），阴面卧室 3 块正方形玻璃；二层与首层相同，总共 14 块。二审中，某公司辩称，吴某英要求提供图纸没有法律依据，某公司没有义务提供。另外，吴某英要求解决的楼梯问题，根据买卖合同的约定，楼梯不属于交付房屋的标准，不属于某公司的义务。某公司提供的楼梯，是供业主验房的临时楼梯。综上，请求驳回吴某英的上诉请求。

---

① 参见天津市第二中级人民法院（2015）二中民四终字第 400 号民事判决书。

【分析】

法院认为，吴某英与某公司签订的《天津市商品房买卖合同》系双方自愿签订，不违反法律、法规的强制性规定，合法有效。双方均应按照合同约定享有权利、履行义务。现吴某英要求某公司提供各专业施工图纸，但因双方合同既无约定，又无相关法律规定，本院不予支持。

对于吴某英要求某公司对楼梯进行改造问题。首先，双方签订的房屋买卖合同中对于楼梯的安装并无约定，合同所附房屋平面图楼梯位置标明为“空”且商品房质量、设备等情况的交工标准中亦未有楼梯。可见，房屋内楼梯的安装，并非某公司的合同义务。其次，从法院到相关部门调查了解的情况看，跃层房屋的楼梯是否必须由开发商安装，亦没有相关规定。故对于某公司称为验房方便而安装的楼梯，系其自愿所为，不属于某公司交付房屋的标准。因此，吴某英要求某公司将房屋内楼梯予以改造的主张，依据不足，不予支持。

【规范指引】

《民法典》第 237 条、第 502 条、第 509 条、第 577 条、第 582 条。

争点 18：商品房已经竣工验收合格，但约定的其他交付条件尚未成就，买受人明知仍接收该商品房，后能否又以交房不符合合同约定主张逾期交房违约责任？

【案例】高某诉成都新城某某公司商品房预售合同纠纷案[①]

高某与成都新城某某公司签订《四川省商品房买卖合同（预售）》，约定高某购买成都新城某某公司开发的房屋。合同第 15 条“商品房交付条件”约定：（1）该商品房交付给买受人时符合下列第①、②项所列条件：①该商品房已取得建设工程竣工验收合格证明；②该商品房已取得房屋面积实测报告书……合同第 18 条约定出卖人在 2017 年 6 月 30 日前向买受人交付该房屋。开发商于 2017 年 5 月 25 日取得《建设工程消防验收意见书》，综合评定案涉工程消防验收合格；于 2017 年 6 月 28 日取得案涉工程《竣工验收报告》，载明案涉工程竣工验收合格；于 2017 年 6 月 30 日取得案涉商铺《房屋面积测绘成果报告书》。蒋某认为成都新城某某公司在案涉房屋未验收合格的情况

① 参见四川省成都市中级人民法院（2019）川 01 民终 12832 号民事判决书。

下，强行向高某交房，故诉至法院请求：（1）判令解除案涉《商品房买卖合同》；（2）判令成都新城某某公司以已付房款为基数，按日万分之一点五的标准向高某支付违约金。

【分析】

1. 关于约定解除权

高某主张，案涉房屋不符合合同第 15 条约定的“该商品房已经取得建设工程竣工验收合格证明”这一交付条件，成都新城某某公司构成逾期交房，根据合同第 18 条第 3 款“买卖双方交接该商品房时，出卖人向买受人出示满足本合同第十五条约定的证明文件。出卖人不出示证明文件或者出示的证明文件不齐全，不能满足本合同第十五条约定条件的，买受人有权拒绝接收，由此产生的逾期交付责任由出卖人承担，并按照本合同第十九条处理”的约定，以及合同第 19 条第 1 款“出卖人逾期交付超过 60 日的，买受人有权解除合同”的约定，高某有权行使约定解除权主张解除合同。对此，法院认为，根据《建设工程质量管理条例》第 16 条的规定，建设工程竣工验收是指建设单位组织设计、施工、工程监理等有关单位对建设工程是否合格进行检验的过程，该阶段没有行政机关的参与。《建筑法》第 61 条规定“建筑工程竣工验收合格后，方可交付使用”；《城市房地产开发经营管理条例》第 17 条规定“房地产开发项目竣工，经验收合格后，方可交付使用”。故我国现行法律、行政法规规定的商品房交付条件是竣工验收合格。成都新城某某公司提交的《竣工验收报告》足以证明案涉房屋所在工程项目已于 2017 年 6 月 28 日经竣工验收合格的事实。庭审已查明，成都新城某某公司于 2017 年 6 月 30 日取得案涉房屋的《房屋面积测绘成果报告书》，案涉房屋已符合合同第 15 条“该商品房交付给买受人时符合第 1、2 项所列条件：1. 该商品房已取得建设工程竣工验收合格证明；2. 该商品房已取得房屋面积实测报告书……”所约定的交付条件。

2. 关于法定解除权

高某还主张，案涉房屋没有排水、烟道，电力不足，消防箱体的安装位置不符合设计要求，该房屋不能达到正常使用的根本目的，根据《民法典》第 563 条第 1 款第 4 项的规定，高某有权行使法定解除权。对此，法院认为，高某关于房屋电力不足的主张，仅有其自己的陈述，并未提交任何证据佐证，且根据已查明案涉房屋的供电属于成都市龙泉驿区城市供电网络组成部分，故高某的该项主张不成立。高某主张房屋没有排水、烟道，以及消防箱体的安装不符合设计要求，违反合同约定且已达到影响其对房屋使用根本目的实现，该主张亦无充分、有效证据佐证，上述房屋所存在的问题虽在一定程度上影响使用，但不足以达到合同根本目的不能实现的程度，高某据此要求解除合同的主张，法院不予支持。同理，高某以房屋存在严重漏水问题要求解除合同的主张，其提交的证据并不足以证明所主张的事实客观成立且已达到影响合同根本目的实现的程度，法院亦不予支持。高某可依据双方对房屋质量保修的约定向成都新城某某公司另行主张权利。故高某以房屋与约定不符、存在质量问题等主张其合同目的不能实现，据此要求解除合同的主张不成立。高某以前述事实作为诉请基础主张逾期交房的违约金，缺乏事实依据，亦不予支持。

【规范指引】

《民法典》第 465 条、第 509 条、第 563 条；《城市房地产管理法》第 27 条；《建筑法》第 61 条；《建设工程质量管理条例》第 16 条、第 49 条。

争点 19：商品房买卖中开发商延迟交付公共服务设施（如未修建或配备物业用房）是否应当承担违约责任及违约责任的承担方式？

【案例】杨某、廖某慧诉秀山某某公司商品房预售合同纠纷案[①]

2009 年 10 月 12 日，杨某、廖某慧与秀山某某公司签订《重庆市商品房买卖合同》，约定杨某、廖某慧购买秀山某某公司开发的房屋。按照合同附件《交房标准》第 7 条“智能化工程系统”安装的约定，秀山某某公司应当完善：（1）卡式通用门禁系统；（2）周界红外线对射报警系统；（3）不锈钢折叠大门，道闸侧门。但是，小区至今“四通八达”，没有安全保障，闲杂人员随意出入，经常发生偷盗事件。合同第 17 条约定，本项物业管理用房为 200 平方米，具体位置为：1 幢、10 幢 1 层 11 号、16 号。另外，秀山某某公司的销售广告和宣传资料对涉案房屋的配套设施、环境有明确规定。然而秀山某某公司擅自变更物业用房的位置及用途，改变 1 栋、10 栋底部的社区活动室、幼托和物管用房的用途，所购房屋及其配套设施、环境等与其销售广告和宣传资料的刊载要约严重不符，改变了小区东侧草坪砖 40 多个停车位的用途，

① 参见重庆市第四中级人民法院（2015）渝四中法民再终字第 00025 号民事判决书。

9 栋和 10 栋之间的人行入口也在 2010 年被擅自改为商业门面进行出售，小区院内入口水景、景观置石、休闲花架等面目全非，严重违反合同约定。故诉至法院，请求：（1）秀山某某公司完善购房承诺的安保系统，包括安装智能化工程系统：卡式通用门禁系统，周界红外线对射报警系统，不锈钢折叠大门，道闸侧门；（2）由秀山某某公司按约定严格执行双方签订的《重庆市商品房买卖合同》及小区规划设计，交付社区活动室 418 平方米、小区物业用房 200 平方米、幼托，保障小区东侧位置的停车位 40 余个及小区右侧的入口架空景观等，否则应承担违约责任。

【分析】

杨某、廖某慧要求秀山某某公司按承诺完善安保系统应否支持问题。虽然原秀山某某公司与杨某、廖某慧双方在合同的交房标准第 7 条约定了安保系统，即智能化工程系统：卡式通用门禁系统，周界红外线对射报警系统，不锈钢折叠大门，道闸侧门。但杨某、廖某慧未向法院举示合法有效的证据证明秀山某某公司安装的安保系统不齐全或者不具备其使用功能。因此，对杨某、廖某慧的该项诉讼请求不予支持。

关于秀山某某公司应否按照合同和规划方案对小区现状进行整改问题。由于秀山某某公司已经获得了竣工验收合格证，杨某、廖某慧请求秀山某某公司按照合同和规划方案对小区现状进行整改没有事实依据，且社区活动室、小区物业用房、公用停车位等属于小区所有业主共有，其适格主体应是小区业主委员会或者是所有业主，单个业主只能对其享有的专有部分主张权利，杨某、廖某慧对该项诉讼请求并不具备适格的主体资格，其该项诉讼请求法院不予支持。

【规范指引】

《民法典》第 278 条；《物业管理条例》第 11–12 条；《建筑物区分所有权解释》第 3 条。

争点 20：买卖双方在签订买卖合同后，因手续不全导致未在约定期限内办理权属登记，买受人能否要求出卖人办证并支付违约金？

【案例】温某诉成都某公司商品房预售合同纠纷案[①]

温某与成都某公司签订了《商品房买卖合同》，温某购买成都某公司开发的房屋。约定：买受人同意委托出卖人向权属登记机关申请办理房屋权属转移登记。如因出卖人的责任，买受人未能在商品房交付之日起 360 日内取得房屋所有权证书的，买受人不退房，自买受人应当取得房屋所有权证书的期限届满之次日起至实际取得房屋所有权证书之日止，出卖人按日向买受人支付买受人全部已付款万分之二的违约金，并于买受人实际取得房屋所有权证书之日起 30 日内由出卖人支付。成都某公司至今尚未按约完成为温某所购房屋办理分户产权证的递件登记手续。

【分析】

第一，关于温某要求成都某公司立即为其办理涉诉房屋不动产权证书的主张是否成立。成都某公司与温某约定协助办理所有权转移登记的期限届满，而成都某公司仍未履行相应协助义务，且成都某公司并未举证证明继续履行协助义务存在法律上或事实上的履行障碍，因此，成都某公司应当承担继续履行的责任。故温某要求成都某公司协助办理不动产权证书的主张，应予支持。

第二，关于温某主张成都某公司支付逾期办理不动产权属证书违约金的问题。按照成都某公司与温某的约定，成都某公司逾期协助办理所有权转移登记应承担支付违约金的违约责任。虽然双方在合同中约定了违约金的支付标准，但违约金以弥补损失为主、惩罚为辅，成都某公司应承担的违约金应以温某的实际损失为基础，并应根据公平原则和诚实信用原则，同时兼顾合同履行情况、成都某公司的过错程度以及预期利益等综合因素衡量后予以确定。本案中，温某已经取得案涉房屋，可以对该房屋进行占有、使用和收益，在其未举证证明逾期办理房屋权属证书对自身造成了何种损失、该损失大小和成都某公司要求调整减少违约金的情况下，法院酌情将违约金调整减少。

---

① 参见四川省成都市中级人民法院（2017）川 01 民终 5550 号民事判决书。

【规范指引】

《民法典》第 509 条、第 577 条、第 585 条。

争点 21：划拨性质的土地上建房出售后，土地出让金承担主体及标准？

【案例】肖某宾、周某菊诉李某明房屋买卖合同纠纷案[①]

2015 年 3 月 20 日，肖某宾、周某菊与李某明签订了《购房合同》，约定李某明自愿将位于龙泉驿区安置房出售给肖某宾、周某菊，建筑面积 65.62 平方米，单价 3600 元每平方米，共计 236 200 元，此房屋属于安置房，现相关手续未齐全，待政府办理相关房屋手续后，李某明无条件办理相关房屋过户手续。2015 年 3 月 20 日，肖某宾、周某菊付清购房款，李某明出具《收条》，载明今收到肖某宾支付的购房款现金 236 232 元。李某明随后将相关资料（含征地房屋拆迁安置补偿协议、交房通知）交付肖某宾、周某菊，并将案涉房屋交付肖某宾、周某菊占有、使用，但不配合办理过户手续。故诉至法院，请求：（1）确认肖某宾、周某菊与李某明于 2015 年 3 月 20 日签订的《购房合同》有效；（2）判令李某明将位于成都龙泉驿区的房屋办理过户给肖某宾、周某菊，所有过户费用双方各承担 50%。

【分析】

关于《购房合同》的效力认定问题。《民法典》第 153 条第 1 款规定“违反法律、行政法规的强制性规定的民事法律行为无效”。该条规定的“强制性规定”是指效力性强制性规定。而《城市房地产管理法》第 38 条关于“共有房地产，未经其他共有人书面同意的，不得转让”“未依法登记领取权属证书的房地产不得转让”的规定，在性质上属于管理性规定，不影响合同效力。而《国有土地使用权合同解释》第 11 条的规定，其适用范围是市、县人民政府土地管理部门作为出让方将国有土地使用权在一定年限内让与受让方，同时由受让方支付土地使用权出让金的情形，并非规范房屋买卖合同关系的法律依据。故，李某明以该条司法解释的规定主张案涉《购房合同》无效，亦缺乏法律依据，法院不予支持。当前，案涉房屋的土地权利性质为划拨，李

① 参见四川省成都市中级人民法院（2019）川 01 民终 11450 号民事判决书。

某明拒绝补缴案涉房屋的土地出让金，但肖某宾、周某菊已经明确表示愿意代李某明补缴土地出让金，在此情况下，不能因李某明不配合补缴土地出让金的行为而构成肖某宾、周某菊主张其权利的障碍。故对肖某宾、周某菊要求李某明协助办理案涉房屋的权属转移登记的诉讼请求予以支持。

【规范指引】

《民法典》第153条、第465条、第509条；《国有土地使用权合同解释》第11条。

第三节　法律适用中的疑难问题

商品房预约合同纠纷中，带抵押房屋过户、烂尾楼中房屋权利、贷款合同的处理、破产程序中的权利、网签登记的注销、精装房的交付标准争议、未分割的虚拟产权等方面系法律适用中的疑难问题。

问题1：房屋买卖合同确认无效后，房屋上已设定的抵押权，是否有效？相对方能否在要求返还房屋的同时主张房屋存在抵押瑕疵的损失？

【案例】孙某陶与蒋某林、孙某星房屋买卖合同纠纷案[①]

原告孙某陶向一审法院起诉请求：（1）被告孙某星与被告蒋某林就涉案房屋签订的不动产转让合同无效；（2）被告蒋某林将涉案房屋恢复到被告孙某星名下。法院查明事实：原告孙某陶与被告孙某星系夫妻关系，于1999年12月30日登记结婚。2000年7月，被告孙某星购买了涉案房屋，后于2010年8月25日办理了房屋所有权证。2019年8月15日，被告孙某星与被告蒋某林签订不动产转让合同，约定被告孙某星自愿将其所有的涉案房屋出售给

① 参见山东省烟台市中级人民法院（2022）鲁06民终3460号民事判决书。

被告蒋某林，房屋建筑面积 80.66 平方米，成交价格为 450 000 元；双方于 2019 年 8 月 15 日前携带有关材料共同到不动产登记机构申请办理过户手续；被告孙某星同意于 2019 年 9 月 15 日将涉案房屋交付给被告蒋某林。该合同签订后，涉案房屋于 2019 年 8 月 20 日变更登记到被告蒋某林名下，但被告蒋某林未支付合同约定的房款 450 000 元，被告孙某星亦未交付涉案房屋。被告蒋某林与被告孙某星均认可双方签订涉案不动产转让合同并无买卖房屋的真实意思表示，而是为了将涉案房屋过户至被告蒋某林名下后办理银行抵押贷款。

2019 年 9 月 23 日，被告蒋某林与第三人某银行签订个人循环借款合同，约定自 2019 年 9 月 23 日起至 2022 年 9 月 22 日止，被告蒋某林可以在 450 000 元的借款本金额度内向第三人某银行申请循环使用借款额度，单笔借款期限最长不超过 36 个月。被告蒋某林以涉案房屋为上述借款提供担保并办理了抵押登记。2019 年 9 月 26 日，第三人某银行向被告蒋某林发放了借款 450 000 元。2020 年 6 月 12 日，被告蒋某林与第三人某银行再次签订个人循环借款合同，约定自 2020 年 6 月 12 日起至 2023 年 6 月 11 日止，被告蒋某林可以在 550 000 元的借款本金额度内向第三人某银行申请循环使用借款额度，单笔借款期限最长不超过 36 个月。被告蒋某林以涉案房屋为上述借款提供担保并办理了抵押登记。2020 年 6 月 13 日，第三人某银行向被告蒋某林发放了借款 550 000 元。

涉案房屋现仍由原告孙某陶和被告孙某星居住使用，涉案房屋设定了抵押，登记的抵押权人为第三人某银行，抵押金额 550 000 元，抵押期限 2020 年 6 月 12 日起至 2023 年 6 月 11 日止。

【分析】

在房屋买卖合同被判无效后，之前以该房产所进行的民事法律活动，例如抵押行为，是否随之无效。现阶段司法实践中存在两种观点。

第一种意见认为，房屋买卖合同被判无效后，应视为房屋买卖未真正发生过，房屋的所有权人仍然属于出卖人，买受人不是房屋的所有权人，无权在该房屋上设定抵押，故在该房屋上设立的抵押权无效，抵押权人也不能要求对该房产的抵押权。

第二种意见认为，在合同被判无效前以该房产所进行的民事法律活动，不能事后以合同无效为由对抗善意第三人，即虽然房屋买卖合同被判无效，但事先在该房屋上已设立的抵押权有效。

对此，我们更倾向于第二种意见。此观点认为抵押权取得应适用善意取得制度，根据善意取得制度的四个要件评判是否符合善意取得。要件一，善意取得制度适用要求无权处分。根据《民法典》第 155 条规定，“无效的或者被撤销的民事法律行为自始没有法律约束力”。因此，双方签订的购房合同被法院判决无效后，该合同自始至终就没有发生法律效力。要件二，善意取得制度要求受让人必须是善意的。买受人已付清了购房款，且缴纳了相关税费并办理了房屋产权证，该房产作为不动产物权变更登记已经完成，对外具有公信公示作用。因此，抵押权人在与买受人签订借款抵押合同时完全可以断定抵押权人是善意的。要件三，善意取得要求其财产转移占有必须是通过交换而实现，以合理的价格有偿转让。即抵押权人行使抵押权是以合理价格行使的，不存在欺诈行为。要件四，善意取得制度要求转让的财产依照法律规定应当登记的已经登记，不需要登记的已经交付给受让人。在满足上述四个要件后，可判定抵押权人的抵押权是合法有效的。

那么，在抵押权有效的情况下，相对方要求返还房屋，应如何处理呢？首先，应探讨此种情况下是否可以适用“带押过户”的规定。自然资源部和中国银行保险监督管理委员会在 2023 年出台《关于协同做好不动产“带押过户”便民利企服务的通知》中，对“带押过户”制度进行了规定。“带押过户”是指依据《民法典》第 406 条第 1 款“抵押期间，抵押人可以转让抵押财产。当事人另有约定的，按照其规定”的规定精神，在申请办理已抵押不动产转移登记时，无须提前归还旧贷款、注销抵押登记，即可完成过户、再次抵押和发放新贷款等手续，实现不动产登记和抵押贷款的有效衔接。“带押过户”主要适用于在银行业金融机构存在未结清的按揭贷款，且按揭贷款当前无逾期，在实践中主要适用于存量房、二手房交易中，如果在本案中适用“带押过户”的规定，则会存在相对人权益无法保障的情况，因为出卖人将应当返还给买受人的价款归还买受人后，无法保证买受人会将该房款用于在担保债权的范围内支付给抵押权人，该房屋上将继续存在抵押权，出卖人的资金将无法得到保障，可能陷入“房财两空”的局面。因此我们认为本案并不能适用“带押过户”的规定，即使在通知抵押权人到庭的情况下，也不能在房屋仍然存在抵押权时判决返还相对人。

在不适用“带押过户”解决本问题的情况下，针对本题设问，我们认为应当在涤除房屋上存在的抵押权后，再判决房屋返还。应由抵押人负责涤除抵押后办理产权变更手续，此时，因抵押权人的利益得到了保障，故通常情况下无须追加抵押权人参加诉讼。如存在可能损害抵押权人利益的情形的，应追加抵押权人作为第三人参加诉讼。在抵押人尚未涤除抵押的情况下，抵押权未消灭，出卖人请求返还房屋，要求办理房屋所有权转移登记的，不应当支持。

如果出卖人不同意将应当返还给买受人的价款在担保债权的范围内支付给抵押权人或者将该款提存消灭抵押权，那么在抵押权人尚未实现抵押债权的情况下，我们认为不能判决支持返还房屋。本案中，法院判决"现第三人某银行尚未实现抵押债权，故对合同无效的后果本案不作处理"，即是按照这一思路进行处理的。

关于相对方能否主张房屋存在抵押瑕疵的损失，我们认为，如果房屋价款≥抵押担保金额，则相对方不存在房屋抵押瑕疵的损失，如果房屋价款<抵押担保金额，则根据买卖双方造成合同无效的责任分配和责任比例，来判断相对人主张房屋存在抵押瑕疵的损失。例如，出卖人以 200 万元价格卖出该房屋，买受人以该房屋为担保设置 300 万元的抵押担保，则根据双方导致房屋买卖合同无效的责任比例来确认 100 万元价差的承担主体。

【规范指引】

《民法典》第 157 条、第 209 条、第 234–235 条。

问题 2：商品房预售合同签订后楼盘烂尾超过约定交房期限致不能交付，买受人能否起诉解除合同？

【案例】谢某与天津市某投资有限公司商品房预售合同纠纷案[①]

2014 年 9 月 3 日，谢某与天津市某投资有限公司签订商品房预售合同，约定谢某购买该公司开发的一套房屋，公司于 2015 年 8 月 31 日向谢某交付房屋，谢某以贷款形式付款，于 2014 年 9 月 10 日前一次性存入商品房首付款 17 万元，其余价款办理贷款，公司如逾期交房超过 90 日，谢某有权追究已付款利息的，同时还有权要求继续履行合同。后谢某支付首付款 17 万元，向银行归还本金 8 万元、利息 5 万元，另还缴纳了所有权预告登记费、维修基金、印花税、一手房契税。因该公司一直未按约定交付案涉房屋，谢某向

---

① 参见天津市第二中级人民法院（2022）津 02 民终 252 号民事判决书。

法院提起诉讼。谢某主张，因该公司至起诉之日未办理案涉房屋的竣工验收备案手续，亦无法交付符合合同约定的房屋，持续近6年半的逾期交房行为构成根本违约，合同目的无法实现，解除条件已经成就，谢某享有法定解除权。该公司主张，由于其与承包人之间的诉讼案件导致工期停滞，无论是根据《民法典》第563条、第564条还是根据《商品房买卖合同解释》第11条的规定，因谢某未在知道解除事由之日（未在自逾期交房之日）起1年内行使解除权，故谢某的合同解除权已经消灭。

【分析】

在《合同法》实施时期，虽规定了合同解除权适用除斥期间，但未明确“合理期限”的具体时间长度。如购房人和开发商签订商品房预售合同后，楼盘烂尾超过约定的交房期限，一直不能交付，合同又没有约定解除权的行使期限，购房人超过交房期限1年提出解除合同的主张，开发商多引用2003年《商品房买卖合同解释》第15条抗辩购房人的合同解除权已过除斥期间。开发商的抗辩理由能否成立在当时已存有分歧。有观点认为，2003年《商品房买卖合同解释》第15条所规定的“一年期间”适用于“出卖人迟延交付房屋”的解除事由，但不适用于《合同法》第94条第4项“当事人一方迟延履行债务或者有其他违约行为致使不能实现合同目的”的解除事由，案涉房屋长期烂尾致使购房人的合同目的不能实现，购房人请求解除商品房预售合同符合法律规定。后《民法典》第564条明确规定行使合同解除权适用1年除斥期间，2020年《商品房买卖合同解释》亦将条文修改至第11条[①]并作了统一表述。此时在前述背景下，开发商以《民法典》第564条抗辩购房人的解除权已经消灭的理由又能否成立？

第一种观点认为，根据《民法典》第563条第1款第4项之规定，开发商迟延履行债务或者有其他违约行为致使不能实现合同目的，商品房预售合同的解除属于法定解除情形。根据《民法典》第564条的规定，法律没有规定或者当事人没有约定解除权行使期限的，合同解除权的行使适用1年除斥期间，未在期限内行使该权利消灭。但除斥期间的起算点应从确认合同目的

① 2020年《商品房买卖合同解释》第11条规定：“根据民法典第五百六十三条的规定，出卖人迟延交付房屋或者买受人迟延支付购房款，经催告后在三个月的合理期限内仍未履行，解除权人请求解除合同的，应予支持，但当事人另有约定的除外。法律没有规定或者当事人没有约定，经对方当事人催告后，解除权行使的合理期限为三个月。对方当事人没有催告的，解除权人自知道或者应当知道解除事由之日起一年内行使。逾期不行使的，解除权消灭。”

不能实现之日起，若开发商和购房人一直在进行协商，则不能认为除斥期间已经起算。此外也有观点认为，购房人合同解除权的除斥期间已过，但若购房人和开发商在此后又达成了新的合意，除斥期间将再次形成并重新起算。

第二种观点也即本案二审观点，该观点认为，合同解除权设立的目的是在合同出现约定情形或者不能达到合同目的时，尽量使当事人摆脱合同束缚，以此促进社会交易，在开发商延期交房导致购房人买房的目的无法实现的情形下，持续固守合同履行将导致购房人无法从合同僵局中解脱出来，造成合同双方权利义务失衡，故依诚信原则和公平原则，当事人可以向人民法院提起诉讼请求解除合同，该权利不受1年除斥期间的限制。另有观点认为，依照《民法典》第580条规定，在开发商于事实上已无法交付商品房预售合同约定的房屋的情况下，应当判决解除双方合同，因为此时案件已并非基于当事人行使单方解除权而解除合同，而是合同履行已陷入僵局的情况下，人民法院根据当事人的请求并依照法律规定决定解除合同，故不存在除斥期间的问题。

从上述观点可以看出，不论从何种角度分析，实质上都倾向于支持购房人解除合同的诉请。我们倾向认为，在开发商构成根本违约致使购房人合同目的无法实现的情形下，即使购房人行使合同解除权的期限已过，仍应允许解除双方合同，以最大程度保障购房人的权益。《民法典》第564条的立法旨意在限制合同解除权人的权利行使时间，督促权利人及时行使权利，避免其过于迟延行使解除权而影响交易关系的稳定和安全，因此合同解除权的行使应当适用1年除斥期间。但若不考虑该法条的立法目的，机械地适用除斥期间规则，会出现开发商履约不能，购房人却付出了履约成本，仅因其未在除斥期间内行使解除权而无法解除合同，合同履行陷入僵局，购房人失去了订立合同的实际意义，明显处于不利境地，况且多数情况下购房人是在善意地等待开发商能够继续履约故未及时行使解除权，这种情形在商品房预售制度下更为突出。援引《民法典》第580条解除双方合同，不仅能够填补前述法律漏洞，也不影响商品房买卖合同解除权的体系，亦符合诚信原则和公平原则。

【规范指引】

《民法典》第562-565条、第580条；《商品房买卖合同解释》第11条。

问题 3：被告（违约方）缺席的情况下法院能否调整违约金的计算标准？

【案例】成都某投资有限公司与许某商品房预售合同纠纷案[①]

2017 年 9 月 16 日，成都某投资有限公司与许某签订商品房预售合同，约定许某以贷款方式购买该公司开发的房屋，总价款 332 万元，许某于 2017 年 9 月 16 日前支付首期房价款 102 万元，余款 230 万元贷款支付。同日，双方签订补充协议约定，该公司为许某贷款提供阶段性担保，在担保期内，如因许某逾期还款导致出卖人承担代偿责任的，该公司有权要求许某立即归还代偿款，并按中国人民银行公布的银行同期贷款利率支付代还款期间的利息以及代还金额 20% 的违约金；因许某逾期未足额还贷连续超过 3 期，或者累计超过 6 期，或者因其他原因导致贷款机构向成都某投资有限公司发出书面通知要求承担担保责任的，该公司有权解除合同，并要求许某承担总房款 20% 的违约金。签订合同当日，许某支付首付款 102 万元。之后，许某与案外人某银行签订《借款合同》，约定许某为购买案涉房屋向银行贷款 230 万元。银行依约足额放款。2019 年 9 月 18 日，因许某严重逾期，银行向成都某投资有限公司发出代偿通知书，要求该公司依约承担连带保证责任。2019 年 9 月 24 日，成都某投资有限公司为许某代偿 4 万元。因此，成都某投资有限公司诉至法院，请求解除双方合同，并要求许某支付违约金 66 万元。许某未到庭参加诉讼，一审法院依法缺席判决。一审法院认为，许某违约事实客观存在，应当按照合同约定向成都某投资有限公司支付违约金。此外，根据《合同法》第 114 条规定及《最高人民法院关于适用〈中华人民共和国合同法〉若干问题的解释（二）》第 29 条第 1 款规定，违约金应以实际损失为基础予以衡量，因成都某投资有限公司未举证证明其损失的大小，兼顾合同履行情况、当事人的过错程度及预期利益等综合因素，酌情确定违约金 50 000 元为宜。

【分析】

违约金具有保障债务实现的重要功能，但对于合同双方约定违约金过高的情况下，被告（违约方）未到庭参加诉讼，法院能否依职权对违约金进行调整，无论是在理论研究还是在司法实践中一直存有争议。

---

① 参见四川省成都市中级人民法院（2020）川 01 民终 7674 号民事判决书。

第一种观点认为，违约金是当事人意思自治的产物，对违约金进行调整应当以当事人提出请求为前提，被告经法院合法传唤，无正当理由未到庭参加诉讼，应视为其对诉讼权利的放弃。《上海市高级人民法院关于商事审判中规范违约金调整问题的意见》第 1 条规定："对于合同约定的违约金，未经当事人明确请求，法院不主动依职权进行审查和作出是否调整的裁判。"

第二种观点认为，不论是《合同法》还是《民法典》，均未明确禁止法院依职权调整违约金，法院主动调整违约金在比较法上有丰富的经验，且符合公平原则和诚信原则。有裁判认为，违约金数额明显违背诚信和公平原则，在被告未到庭应诉，或者虽然到庭但坚持作不违约的抗辩而不提出调整违约金请求的情况下，人民法院可依职权调整违约金。

我们倾向认为，在商品房预售合同纠纷中，若买卖双方约定的违约金过高，而被告（违约方）未到庭参加诉讼，法院可以依职权对违约金作出调整。司法实践中，被告未到庭，法院依法缺席审判经常发生，尤其是被告经公告送达后缺席审判。《民法典》第 585 条以及《民法典合同编通则解释》第 64–66 条对违约金酌减规则作出规定，但未否定法院主动调整违约金的可能性。在违约金酌减规则的适用上，意思自治原则与实质正义充斥着紧张关系。意思自治虽然是贯穿于民法的基本原则，但是并非毫无边界，最高人民法院曾有案例认为，如果任由当事人约定过高的违约金且以意思自治为由予以支持，在有些情况下，无异于鼓励当事人通过不正当的方式取得暴利，也可能促使一方为取得高额违约金而故意引诱对方违约。同时，《最高人民法院第六巡回法庭裁判规则》一书所载观点认为，守约方提起诉讼要求支付约定违约金，违约方未出庭应诉缺席判决的，人民法院应当兼顾合同自由与合同正义，根据能够查明的案件事实，经审查认为合同约定的违约金标准过高的，可以予以适当调整。因此，法院依职权调整违约金有公平原则和诚信原则作为依据。不过法院依当事人申请对违约金予以调整仍应当是通常情形，法院依职权主动调整违约金是追求实质正义而产生的例外情形，毕竟只有在买卖双方对违约金数额约定过高才会激活依职权调整。《民法典合同编通则解释》第 63 条第 2 款以及《商品房买卖合同解释》第 12 条规定，违约金超过造成的损失 30%时，即可认定为"违约金过高"。同时《民法典合同编通则解释》第 64 条规定，非违约方主张约定的违约金合理的，也应当提供相应的证据。因此，如果被告未到庭参加诉讼，买卖双方约定违约金过高，原告也未能证明约定的违约金数额的合理性，则法院可依职权对违约金进行主动酌减。在商品房预售合同纠纷的背景下，我们认为在适用主动酌减违约金时，还应考虑商品房预售合同纠纷的自有特点，例如房地产开发公司与消费型购房者存在的民事主体地位的差异，又如对于同一小区同一违约行为所应承担的违约责任，除商品房买卖合同另有约定的除外，原则上应当采取同一标准确定。综上所述，原则上违约金不适用主动酌减规则，但在违约方缺席，双方约定违约金过高，且守约方也未证明违约金数额的合理性时，违约金将例外地适用主动酌减规则。

本案二审法院认为，因许某逾期向银行偿还本息，导致成都某投资有限公司向银行承担代偿责任。一审法院根据《合同法》第 114 条及《最高人民法院关于适用〈中华人民共和国合同法〉若干问题的解释（二）》第 29 条第 1 款的规定，兼顾案涉合同履行情况、当事人的过错程度及预期利益等综合因素，酌情确定违约金数额为 50 000 元并无不当，故予以维持。

【规范指引】

《民法典》第 585 条；《民法典合同编通则解释》第 64–66 条；《商品房买卖合同解释》第 12 条。

问题 4：在通过贷款方式购买商品房的案件中，是否可以在同案中一并主张解除商品房买卖合同以及银行贷款合同？

【案例】王某诚与天津某投资有限公司商品房预售合同纠纷案[①]

2015 年 8 月 12 日，王某诚与天津某投资有限公司签订《商品房预售合同》，约定以 1.48 亿元的价格购买该公司开发的某地 66–16 商业用房，王某诚于 2015 年 7 月 15 日首付约 7389 万元，剩余 7397 万元办理按揭贷款。2015 年 8 月 14 日，借款人王某诚、王某博、王某宝与贷款人某银行、保证人天津某投资有限公司签订《借款合同》，约定三个借款人向银行借款 7397 万元，抵押财产为 66–16 商业用房。2015 年 8 月 14 日，借款人、抵押人王某诚与抵押权人银行、建设单位天津某投资有限公司签订《抵押合同》，约定由王某诚将其购买的 66–16 商业用房提供抵押担保。2015 年 8 月 18 日，银行取得案涉房屋他项权利证书。王某诚向天津某投资有限公司支付完毕购房首

① 参见最高人民法院（2017）最高法民终 683 号民事判决书。

付款，另通过银行借款向天津某投资有限公司支付完毕剩余按揭房款 7397 万元。截至 2017 年 3 月 21 日，王某诚累计偿还贷款本金约 917 万元、利息约 610 万元，尚欠银行贷款本金约 6480 万元。后天津某投资有限公司未能交房，王某诚诉至法院。王某诚主张，其已足额缴纳购房首付款并办理银行抵押贷款，因天津某投资有限公司违约未交房，《商品房预售合同》应当解除，《借款合同》也应予以解除。解除后，天津某投资有限公司应当返还王某诚购房首付款并支付王某诚向银行偿还的贷款本息，且应由天津某投资有限公司向银行偿还剩余的贷款本息。银行主张，《借款合同》的效力独立于《商品房预售合同》，故天津某投资有限公司违约与否系该公司与王某诚之间的纠纷，不应因《商品房预售合同》解除而解除银行与王某诚之间的借款合同。另外，本案借款合同的当事人是银行与王某诚，《借款合同》解除后，根据《合同法》规定，应当由王某诚返还剩余贷款本息。

【分析】

购房人按揭买房，将与房地产开发公司和银行分别形成商品房买卖合同和贷款合同两种民事法律关系。商品房买卖合同与按揭贷款合同实质上各自独立，但购房人与银行订立按揭贷款合同的前提是其与房地产开发公司订立了商品房买卖合同，因此两合同关系紧密，形成联立。若房地产开发公司构成根本违约，购房人可以行使约定或法定解除权将商品房买卖合同解除。2020 年《商品房买卖合同解释》第 20 条规定“因商品房买卖合同被确认无效或者被撤销、解除，致使商品房担保贷款合同的目的无法实现，当事人请求解除商品房担保贷款合同的，应予支持”。在商品房买卖合同解除的情况下，购房人签订贷款合同所期待实现的利益已消灭，合同的目的已无法实现，因此可以一并主张解除按揭贷款合同。若房地产开发企业主张解除按揭贷款合同，虽然其并非按揭贷款合同的签订主体，但如前所述，按揭贷款合同此时对于购房者已无意义，对于房地产开发公司而言，房屋负担抵押登记亦影响二次销售，故应当允许房地产开发企业作为具有连带关系的合同当事人主张解除按揭贷款合同，以更好地平衡当事人利益。

对于贷款合同解除后，款项退还或贷款偿还的主体认定问题，司法实践中有两种不同的观点。

第一种观点认为，根据 2003 年《商品房买卖合同解释》第 25 条第 2 款[①]

---

① 对应《商品房买卖合同解释》（2020 年修正）第 21 条第 2 款。

规定，房地产开发公司应当将购房人未偿还完毕的贷款本息返还给银行。但前述规定其实并没有免除购房人的还款义务，根据合同相对性原理，购房人才是借款合同的借款人，前述规定系出于考虑到按揭合同的特殊性，因房地产开发公司直接接受了银行支付的贷款，在商品房买卖合同和贷款合同都解除后，就没有必要由房地产开发公司将银行支付的贷款先归还给购房人，然后再由购房人归还给银行，而是应当直接由房地产开发公司归还给银行。简而言之，在房地产开发商不能向银行偿还剩余贷款本息时，购房人要承担还款责任。

第二种观点认为，根据2003年《商品房买卖合同解释》第25条第2款[①]规定，应由房地产开发公司将收取的购房贷款本金及利息返还银行，但购房人（借款人）不负有返还义务。房地产开发公司违约导致各方合同解除，但却实际占有使用购房人支付的首付款和银行按揭贷款，银行既享有抵押权，又同时享有对房地产开发公司、购房人的债权，购房人未取得房屋，却既支付了首付款，又需偿还按揭贷款。在购房人对合同解除无过错的情况下，仍要求其对剩余贷款承担还款责任，明显不合理地加重了其负担，各方权利义务失衡，有违公平原则。简而言之，在房地产开发商不能向银行偿还剩余贷款本息时，购房人无须承担还款责任。

我们倾向于第二种观点。“合同相对性”与“公平原则”之间的权衡取舍是形成上述两种不同裁判观点的关键所在。从观点一的角度看款项返还路径，仍坚持了合同相对性原则，房地产开发企业将购房首付款和购房贷款返还给购房人，购房人将购房贷款返还给银行，只是为了提高诉讼效率，一次性解决纠纷，房地产开发商可以直接将购房贷款返还给银行，该结果与前述返还路径的结果殊途同归，因此在房地产开发企业不能向银行支付贷款时，购房人作为按揭贷款合同的当事人仍应当承担返还贷款的责任。从观点二的角度看款项返还路径，则由房地产开发商将购房首付款返还给购房人，并直接将购房贷款返还给银行，然在房地产开发企业不能向银行支付贷款时，仍要求无过错的购房人承担返还贷款的责任，违背公平原则。合同相对性原则是合同法不可或缺的根本原则，但我们认为第二种观点系出于现实考虑，为达到结果的正义与平衡而对合同相对性原则作了例外的突破，只是形式上看似破坏了该原则，并非对合同相对性原则的否定。例外地突破相对性原则可以衡

① 对应《商品房买卖合同解释》（2020年修正）第21条第2款。

平当事人之间、当事人和第三人间、当事人与社会之间的利益，实质上与坚持合同相对性原则所追求的内在价值相同，只是从不同角度对债权人和处于弱势地位的人进行保护。因此，在房地产开发商不能向银行偿还剩余贷款本息时，处于权利义务极度不平衡的购房人，尤其是消费型购房人无须承担还款责任。

【规范指引】

《商品房买卖合同解释》第20-21条。

问题5：合同约定的交房时间届满后商品房因不具备交房条件一直未能交房，购房人能否一直主张逾期交房违约金？

【案例1】原告A与被告B房屋买卖合同纠纷案①

2012年1月6日，原告A与被告B签订《房屋买卖合同》约定如下：被告将其开发的位于某小区a号楼b号房屋出卖给原告，房屋面积共计100平方米，每平方米价格8000元，房价共计800 000元；合同同时约定：合同签订之日原告向被告支付总房价80%即640 000元，交房时支付总房款10%即80 000元；下剩10%待房产证办理在买受人名下后买受人一次性付清。另特别约定：（1）本合同为临时合同，双方正式合同以网签合同为准。（2）在甲乙双方签订正式网签合同前，乙方可以将正式合同中的买受人变更为乙方指定人员，对此，甲方无异议并自愿依据乙方的书面通知无偿、无条件地予以协助配合，2013年3月，原告依前述合同作为买受人正式与被告就该房屋买卖签订《商品房预售合同》一份，合同第8条约定：出卖方应于2013年10月20日前向原告交房。合同第9条约定：除本合同第8条规定的特殊情况外，出卖人如未按本合同规定的期限将商品房交付买受人使用，按下列第一种方式处理：（1）逾期时间，分别处理……（2）逾期超过20日后，买受人要求继续履行合同的，合同继续履行，自本合同第8条规定的最后交付期限的第二天至实际交付之日止，出卖人按日向买受人支付已交付房价款万分之五的违约金。合同第15条约定：出卖人应当在所销售的商品房全部交付使用

① 参见法信网：《违约金是按日计算的持续性债权，不能再适用诉讼时效自债权履行期限届满之日起的规定——原告诉被告商品房销售合同纠纷案》。

后 90 日内，将办理房屋所有权登记需由出卖人提供的资料报产权登记机关备案。原告于 2012 年 1 月 6 日按合同约定交纳总房款的 80% 即 640 000 元，于 2014 年 5 月 6 日又向被告交付 80 000 元房款，但被告未能如期向原告交房，直至 2014 年 5 月 6 日向原告实际交付商铺。原告认为被告逾期交房的行为已构成违约，应向原告支付逾期交房违约金（延迟交房自 2013 年 10 月 20 日到 2014 年 5 月 6 日，总计迟延 198 日，以已交房款 720 000 元为基数，每日万分之五为利率计算），故于 2018 年 1 月 1 日将被告诉至法院，请求其支付逾期交房违约金。被告认为原告的诉请已经超过了法律规定的诉讼时效，即已经丧失了胜诉权，因诉讼时效起算点为合同约定交房时间 2013 年 10 月 20 日，被告一直未收到过原告主张违约金的通知或诉讼。原告以默示的方式放弃了追究违约责任的请求权且不存在中断事由，已经超过 3 年诉讼时效。

【分析】

关于在合同约定的交房时间届满后，商品房不具备交房条件，一直未能交房，交房的期限也不能确定，购房人是否可以一直主张逾期交房违约金的问题，目前存在两种解决方式：

第一种解决方式，即在商品房无法按时交房之日起的诉讼时效内，购房人可以向人民法院起诉，向开发商主张逾期交房违约金，这种方式现在存在两种观点。第一种是诉讼时效是从约定交房而未交房之日起算，但就同一诉讼请求不能再次提起诉讼。[①] 第二种是在按月（日）计算的违约金的情况下，每月（日）违约金系单独债权，应单独计算每月（日）违约金的诉讼时效，进而认定诉讼时效应从买受人知道或应当知道权利被侵害之日起计算。实践中，应当从起诉之日向前倒推 3 年计算诉讼时效。如在“（2017）京 03 民终 14290 号”案件中，法院认为：“本案双方当事人约定的逾期交房违约金系按日计算的继续性违约金，违约行为发生后每日产生的违约金应分别单独适用诉讼时效，在当事人提出时效抗辩的情形下，违约金保护范围应为当事人起诉之日起两年。”我们倾向认为，第二种观点为现在的主流观点，即继续性违约金可以按日分解为多个单日定期债权，违约一日就产生一日的违约金债权，每个债权的诉讼时效自次日计算。《北京市高级人民法院关于审理房屋买卖合同纠纷案件若干疑难问题的会议纪要》和《福建省高级人民法院关于审理商品房买卖合同纠纷案件疑难问题的解答》也均认可上述第二种观点。另

① 详见《民事诉讼法解释》第 247 条。

外，我们还要考虑“二证合一”对违约金诉讼时效期间的影响。买受人主张逾期办理不动产权证书的违约金的，如合同中未约定国有土地使用权证的办理期限但依照2020年《商品房买卖合同解释》第14条之规定确定的办证期限和约定的办理房屋所有权证书期限在“二证合一”政策实施之前已届满的，办理不动产权证书应考虑“二证合一”政策的影响，从“二证合一”政策实施之日起考虑合理的履行期限。主张不动产权证书的违约金的诉讼时效可从“二证合一”政策实施日期后90日之次日起算。

第二种解决方式是由于开发商无法确定商品房的交房期限，开发商由于自身丧失了履行能力而无法继续履行约定，请求以损害赔偿为代价来终止合同关系；但购买人又拒绝解除合同，要求维持已无法继续履行的合同的效力；由此合同徒具其表已无实际意义，而陷入一种僵局的状态。合同僵局情形首先是仅限于非金钱债务，同时还应当包含：（1）合同履行不能；（2）履行不能系因违约方原因所致；（3）守约方拒不行使解除权三个要件。此时便可以适用《民法典》第580条的规定：当事人一方不履行非金钱债务或者履行非金钱债务不符合约定的，对方可以请求履行。其中合同履行不能又具体包括三种情形：（1）法律上或者事实上不能履行；（2）债务的标的不适于强制履行或履行费用过高；（3）债权人在合理期限内未请求履行。需要注意的是，合同陷入僵局需要引用《民法典》第580条主张违约方解除合同时，应当严格遵守上述几种情形。合同僵局，违约方（即开发商）也不可直接通知对方（即购买人）单方解除合同，还是要通过诉讼或仲裁的方式主张解除合同。合同僵局下合同解除和损害赔偿责任的确定是两个不同的诉求，二者在事实依据上并不重合。合同僵局下合同解除审查的争议焦点在于履行是否存在障碍、是否会导致明显不公平的结果等客观要件事实，而损害赔偿责任的确定是需要考察当事人的过错、可预见程度等等主观层面的要件，需要分别举证认定，违约责任是不可免除的（大部分情况）。

在交房时违约金已经累积到较高数额时，如何平衡开发商和购房人的利益违约责任的认定应当结合损害赔偿的可预见性规则、减损规则、违约方过错程度等因素来进行综合判断，对守约方损失予以弥补的同时，也要防范违约方通过破坏原有合同关系进行逐利的机会主义行为，实现二者之间的平衡。

综上所述，我们认为在合同约定的交房时间届满后，商品房不具备交房条件，一直未能交房，交房的期限也不能确定的情况下，购房者起诉要求开发商支付违约金时，违约一日就产生一日的违约金债权，每个债权的诉讼时效自次日计算。

【案例 2】周某帅与某房地产开发有限公司商品房买卖合同纠纷案[①]

原被告于 2014 年 10 月 22 日签订《商品房买卖合同》一份，约定被告应当在 2016 年 9 月 30 日前将某小区某房屋（附属车位 A–356、A–357）交付原告使用。如逾期交付：逾期不超过 90 日，自合同约定的最后交付期限的第二天起至实际交付之日止，被告按日向原告支付已付房款万分之二的违约金，合同继续履行；逾期超过 90 日后，原告有权解除合同，原告解除合同的，被告应当自原告解除合同通知到达之日起 30 日内退还全部已付房款，并按原告累计已付购房款的 10% 向原告支付违约金。原告要求继续履行合同的，合同继续履行，自合同约定的最后交付期限的第二日起至实际交付日止，被告按日向原告支付已交付房款万分之五的违约金。2016 年 9 月 30 日，原被告在交房过程中达成补充约定，房屋渗水问题维修好后再交房。因为房屋存在外墙渗水，即使交付原告也无法装修，无法达成合同目的。后被告迟迟未修复房屋，未通知原告交房，也未办理任何交房步骤与手续，故被告一直未完成向原告交房。一审判决认为：被告于本判决生效之日起 10 日内向原告交付相关房屋，并于本判决生效之日起 30 日内向原告交付相应土地、房屋权属证书；被告按原告已付购房款 2 193 799 元的 10% 支付违约金 219 379.9 元，于本判决发生法律效力后 10 日内付清；驳回原告的其他诉讼请求。被告不服一审判决，认为一审判决适用法律错误，认定的违约金过高。二审经法院审理认为，一审判决中认定的违约金金额并无不妥，故驳回上诉，维持原判。

【分析】

合同的违约金实质上是弥补损失的作用。根据本案的判决，不难发现，在开发商交房时，逾期交房违约金出现了累积到较高的数额的问题，因此人民法院可以根据《民法典》第 585 条的规定，对于逾期交房违约金进行调整，人民法院或者仲裁机构可以根据当事人的请求予以适当减少。《民法典合同编通则解释》第 65 条也明确：当事人主张约定的违约金过分高于违约造成的损失，请求予以适当减少的，人民法院应当以《民法典》第 584 条规定的损失为基础，兼顾合同主体、交易类型、合同的履行情况、当事人的过错程度、履约背景等因素，遵循公平原则和诚信原则进行衡量，并作出裁判。其中，对于约定的违约金过分高于违约造成的损失也有了明确的规定，即约定的违

① 参见浙江省宁波市中级人民法院（2018）浙 02 民终 2725 号民事判决书。

约金超过造成损失的 30% 的，人民法院一般可以认定为过高造成的损失。当然，以上适用需要遵循以下前提条件：（1）排除恶意违约的情况；（2）当事人请求调整约定的违约金数额；（3）约定的违约金数额确实过分高于违约行为给当事人造成损失。

对于是否提出违约金过高抗辩的释明导致约定违约金制度功能丧失。《民法典》第 585 条第 1 款规定的目的在于：一是敦促当事人严格履行合同；二是减轻守约方对其损失举证的负担。《商品房买卖合同解释》要求人民法院“应当”释明，因违约金调整的参照系为守约方所受损失，《民法典合同编通则解释》第 64 条虽规定违约方对违约金约定过高的主张承担举证责任，但同时又规定非违约方主张违约金合理的，亦应提供相应的证据。然而，根据证据最近原则，违约方对守约方的损失几无举证的能力，在相当多的案件中，守约方对其损失的大小也难以确切地举证证明，故而实践中通常将相应的不利后果归由守约方承担。法院在释明后，通常会酌情调整违约金，使得违约金以调整为原则，以不调整为例外，敦促合同履行以及减轻守约方举证负担的制度目的落空。[①]

【规范指引】

《民法典》第 114 条、第 188 条、第 509–511 条、第 580 条、第 584–585 条。

问题 6：出售房屋时只有房产证，无土地证，现在房屋产权证系房地一体，购买人要求出售人履行协助过户义务，如何处理？

【案例】于某某与童某斌、董某珍商品房预售合同纠纷案[②]

原告于某某与被告董某斌、董某珍签订了一份房屋买卖协议，约定坐落在广汉市雒城镇某门面营业房一间（于某库私有财产），现由杨某租用；在征求杨某同意后，于某某现将此房作价 12.2 万元卖给董某斌、董某珍；房屋买卖中发生的土地使用权出让金，由于某某负担；税金及过户费，由董某斌、董某珍负担；公证费双方各负担一半；房屋出卖后，原租赁协议继续有效；

① 参见睢晓鹏：《违约金调整释明制度之探讨》，中国法院网，https://www.chinacourt.org/article/detail/2020/11/id/5613296.shtml，最后访问时间：2024 年 5 月 1 日。

② 参见广东省清远市中级人民法院（2022）粤 18 民终 619 号民事判决书。

双方应当遵守协议，如一方违约，应向对方支付违约金 5000 元。同日，董某斌、董某珍付给于某某现金 12.2 万元，于某某出具收条后将房屋交给董某斌、董某珍。董某斌、董某珍以出租人身份，继续出租该房至今。涉案房屋是 1993 年 9 月于某某从广汉市建设开发总公司购买的商品房。该房屋占用的土地是划拨取得。广汉市土地管理部门证实，广汉市人民政府允许在办理了土地使用权出让手续后，转让该土地上的房产。在于某某和董某斌、董某珍办理房屋买卖协议的公证时，于某某尚未取得该房屋占用土地的使用权证。办理公证手续 10 日后，于某某以自己的名义取得了面积为 8.3 平方米的划拨土地使用权证。由于双方当事人在签订房屋买卖协议后都搬过家，而且互不通知，以致失去联系，该房屋的产权和土地使用权变更登记手续未能按约定办理。1999 年 3 月 2 日，董某斌、董某珍单方到房屋行政管理部门申请办理房屋产权变更登记手续时，因于某某阻挠，未能办成。于某某诉至法院，请求确认原被告之间的房屋买卖协议无效，判令董某斌、董某珍向原告于某某返还房屋和占用该房期间收取的租金 3.3 万元，并负担本案诉讼费用。董某斌、董某珍反诉要求于某某向董某斌、董某珍支付违约金 5000 元，赔偿董某斌、董某珍的其他损失，并承担办理该房屋的占用土地的使用权变更登记义务。

【分析】

土地使用权证是不动产登记部门颁发的土地使用权法律凭证，我国实行不动产登记制度，依法办理土地使用权证的权利人受法律保护。2015 年 3 月 1 日起，国土部门停办土地使用权证，统一改为发放不动产权证书，为免歧义，本案所指土地使用权证包括改革前的土地使用权证与改革后的不动产权证书。《城市房地产管理法》（2019 年修正）第 38 条第 6 款规定，未依法登记领取权属证书的房地产，不得转让；该法第 39 条规定，以出让方式取得土地使用权的，转让房地产时，应当按出让合同缴纳土地出让金，并取得土地使用权证书。以上条款的规定主要指的是房地产，而非转让合同，是对未取得相应权利证书的转让行为的否定，而不是对转让合同效力的规定。

对于出售房屋时只有房产证无土地证，买受人要求出卖人履行协助过户义务的问题，目前司法实践当中存在三种观点：一种是有效说。买受人和出卖人签订的债权合同与合同签订后的物权变动行为是两个独立的行为，后者的效力和结果都独立于前者。无论物权行为有效与否，均不影响债权合同的效力。即双方签订的房屋买卖协议系双方真实意思表示，不违背法律的强制性规定，买受人按约定交付了房屋价款，出卖人也将房屋交付买受人占有使用，双方达成的房屋买卖合同合法有效。出卖人除了负有交付房屋的义务外，还应协助买受人办理房屋的过户手续，即出卖人配合买受人将房屋相关资料进行补办。另一种是无效说。认为若要使法律行为发生效力，法律行为必将是能履行的。但在无权处分中，物权不能发生变动，法律行为是无法履行的，此时法律行为不发生效力，其对应的合同无效。还有一种是效力待定说。认为债权合同兼具产生债权及发生物权变动双重任务，因此，出卖人享有处分权是签订债权合同的前提。虽然在无权处分的情形下，也能很好地保护善意买受人的利益，但是其弊端也很明显，即同样优待地保护了非善意的买受人。若认定行为有效，将无异于鼓励虚假交易，有违交易安全的保护。

本案中，一审法院审理认为:《民法通则》第 55 条[①] 规定:“民事法律行为应当具备下列条件:（一）行为人具有相应的民事行为能力;（二）意思表示真实;（三）不违反法律或者社会公共利益。”该法第 57 条[②] 规定:“民事法律行为从成立时起具有法律约束力。行为人非依法律规定或者取得对方同意，不得擅自变更或者解除。”坐落在广汉市雒城镇某门面营业房一间，是原告于某某的私有财产。该房屋占用的土地虽然是划拨取得，但当地有批准权的人民政府允许在办理了土地使用权出让手续后，转让该土地上的房产。于某某通过与董某斌、董某珍签订协议转让房屋，签订协议时双方都具有相应的民事行为能力，意思表示真实，协议内容为买卖法律允许买卖的私有财产，且对办理土地出让手续作了约定，不损害国家和社会公共利益，因此双方所签协议依法成立，对双方当事人具有法律约束力，任何一方未取得对方同意，都不能擅自解除该协议。《城市房地产管理法》第 59 条规定:“国家实行土地使用权和房屋所有权登记发证制度。”该法第 60 条第 3 款规定:“房地产转让或者变更时，应当向县级以上地方人民政府房产管理部门申请房产变更登记，并凭变更后的房屋所有权证书向同级人民政府土地管理部门申请土地使用权变更登记，经同级人民政府土地管理部门核实，由同级人民政府更换或者更改土地使用权证书。”原告于某某与被告董某斌、董某珍签订的房屋买卖协议虽然依法成立，但在没有办理上述规定要求的手续之前，不具有将协议指向的房产权属变更的效力。双方当事人应当按照法律的规定和协议的约定，为办理权属变更手续履行自己的义务。应当指出，所谓“房屋的转让应进行

---

① 对应《民法典》第 143 条。

② 对应《民法典》第 136 条。

变更登记方为有效”一语，是指双方通过签订协议，虽然买卖房产的意向能够成立，但是若不登记，则不发生房产所有权转移的效力，不是指买卖协议本身不能成立。在房屋买卖协议成立后，房产所有权没有转移前，双方当事人依协议建立的债权债务关系依然存在。原告于某某以产权没有变更为由主张房屋买卖协议无效，其理由不能成立。《城市房地产管理法》第 32 条规定：“房地产转让、抵押时，房屋的所有权和该房屋占用范围内的土地使用权同时转让、抵押。”原告于某某出卖的房屋，是依法经批准开发的商品房，国家允许在办理了土地使用权出让手续后转让该土地上的房产。对此情况，签约双方都非常了解，因此在协议中有由于某某交纳土地使用权出让金，办理该宗土地使用权合法转让手续的约定。签订房屋买卖协议时，于某某虽然尚未取得该房产占用土地的使用权证，但这仅仅是取得迟早，并非不应或者不能取得的问题。况且事实证明，在协议签订后仅 10 天，于某某就取得了划拨土地使用权证。虽然此时于某某对该土地还只有划拨土地使用权，但不影响他在补办土地出让手续后出售私有房产。于某某以签订协议时尚未取得土地使用权以及该宗土地是划拨取得不能转让为由，主张房屋买卖协议无效，其理由也不能成立。

一审法院据此认定双方的买卖合同有效。二审法院经审理认为：最高人民法院在《关于适用〈中华人民共和国合同法〉若干问题的解释（一）》第 9 条第 1 款中规定：“依照合同法第四十四条第二款的规定，法律、行政法规规定合同应当办理批准手续，或者办理批准、登记等手续才生效，在一审法庭辩论终结前当事人仍未办理批准手续的，或者仍未办理批准、登记等手续的，人民法院应当认定该合同未生效；法律、行政法规规定合同应当办理登记手续，但未规定登记后生效的，当事人未办理登记手续不影响合同的效力，合同标的物所有权及其他物权不能转移。”参照这一规定，于某某在一审提起诉讼之前，早已分别办理了涉案房屋的产权证和土地使用权证，成为该房屋的合法产权人。于某某以合法产权人的身份与董某斌、董某珍签订的房屋买卖协议，依法成立。根据“地随房走”的原则，于某某在出售自己的房产时，其以划拨方式取得的土地使用权，在依法补办相应手续后，也是可以转让的，据此维持了一审判决。

2005 年《国有土地使用权合同解释》第 9 条规定：“转让方未取得出让土地使用权证书与受让方订立合同转让土地使用权，起诉前转让方已经取得出让土地使用权证书或者有批准权的人民政府同意转让的，应当认定合同有效。”根据此条规定，未取得土地使用权证书的转让合同无效。该条规定在

2020年《国有土地使用权合同解释》修订时已被删去，在最新的司法解释中，根据历史解释的法律解释方法，最高人民法院在2020年《国有土地使用权合同解释》中持有的观点为无权处分合同系有效合同，即未取得土地使用权证的转让合同系有效合同。

“房地一体”具有强制性的法律规定。随着该交易习惯在全国范围内推广，其价值理念也被吸收于法律之中，先后被《城市房地产管理法》《民法典》所确定。根据法律规定，在静态层面上，“房地一体”是指通常情况下房屋所有权人与建设用地使用权人主体一致。目前实践中已将建筑物所有权与建设用地使用权的登记部门合二为一，采取统一登记制度，产权证上能更直观地反映两权利的同一权利主体。在动态层面上，“房地一体”要求房屋所有权和建设用地使用权一同处分，也即常说的“房随地走，地随房走”。如仅转让或抵押房屋所有权或建设用地使用权中的某一个权利的，该规则强制另一个权利同时变动；法院仅查封或处置一个权利的结果，等同于同时查封或处置了两个权利。但值得注意的是，“房地一体”规则的强制性属于管理性强制规定，其目的在于减少权利冲突、降低交易成本，以达到物的有效利用，故法律会对违反“房地一体”的交易予以纠正，而非否认其效力。我们认为，《城市房地产管理法》的相关规定一般认为属于管理性强制规定，而不属于决定合同效力的效力性强制规定。并且从物权和债权的法学理论角度思考，未办理土地使用权证过户不影响房屋买卖合同的效力。登记是物权变动的要件，而非房屋买卖合同的生效要件，因此即便未办理土地使用权证，也不影响房屋买卖合同的效力。房屋买卖合同的义务包括了标的物权的转移，办证条件具备时，出卖方有义务协助买受方办理土地使用权的变更手续。将未取得土地使用权证的转让合同认定为有效合同更有利于保护合同双方当事人，给予合同守约方以充分的救济。司法实践中，未取得土地使用权证的原因，包括转让人未缴纳完毕土地出让金、转让人怠于办理、土地存在纠纷等。按照2020年《国有土地使用权解释》的规定，由转让人承担受让人的预期利益损失，更有利于促使转让人缴纳土地出让金，取得土地使用权证成为真正的权利人，维护公共资源市场稳定。

买受人要求出卖人履行协助过户义务，可由法院查明土地状况后分别处理。如出卖人已取得土地使用权证，仅系未办理证书，可由不动产登记机构直接受理该购房者的不动产登记业务。如出卖人未取得土地使用权证，且存在超占土地、改变土地用途、超容积率等问题开发项目，由不动产登记局对存在的上述问题联合相关部门依法处理，待符合条件后可再次诉请办理不动产权证书，或者在无法办理不动产权证书的情况下，要求解除合同赔偿损失。

综上所述，在出售房屋时，若出售方只有房产证，无土地证的，部分地区的出售人在诉讼请求当中，可以选择拒签房屋买卖合同，也可以选择让出售人在一定期限内，将该房屋缺失的证件到相关部门补齐，并且协助购买人办理相关手续。

【规范指引】

《民法典》第580条、第612–613条。

问题7：商品房预售合同签订后，开发商进入破产程序。在具备商品房交付和办证条件下，购房人要求交付房屋或者办理不动产权证的权利该如何行使？

【案例】洪某与某旅游公司商品房买卖合同纠纷案[①]

2014年11月9日，某旅游公司与洪某签订《商品房买卖合同》及《合同补充协议》，约定洪某购买位于三亚市吉阳镇某社区的一期度假酒店项目别墅一套，双方签订了该房屋的认购书，并签订了商品房买卖网签合同。洪某与某旅游公司签订《认购书》（未记载日期），约定：洪某购买案涉房屋，付款方式为一次性付款，总房款共计500万元（含认购定金500万元），并在指定期限内签订商品房买卖合同；买方在当日向卖方缴纳定金500万元，该定金在双方签订商品房买卖合同后即转为购房款。2014年3月12日，双方签署了《认购审批表》。

2016年9月18日，一审法院作出（2016）琼02破申1号民事裁定书，裁定受理某旅游公司破产重整申请。某旅游公司破产重整过程中，一审法院作出《管理人职责和债务人职责划分清单》，由某旅游公司负责决定履行或者解除重整申请受理时某旅游公司与对方当事人均未履行完毕的合同。某旅游公司先后通过邮寄的方式向洪某发送《关于提交相关购房凭证的通知》《关于商品房买卖合同清理情况的通知》及《关于〈异议书〉的复函》，明确告知洪某提供相应的购房款支付凭证，因洪某未提供相应证据，某旅游公司通知洪某

---

① 参见最高人民法院（2020）最高法民再287号民事判决书。

不予继续履行该购房合同。洪某提出异议申请后，某实业公司于 2017 年 4 月 18 日作出情况说明，认可其向洪某认筹 500 万元，并汇入某旅游公司账户。

故洪某起诉请求判令某旅游公司继续履行《商品房买卖合同》。

【分析】

《企业破产法》第 18 条第 1 款规定："人民法院受理破产申请后，管理人对破产申请受理前成立而债务人和对方当事人均未履行完毕的合同有权决定解除或者继续履行，并通知对方当事人。管理人自破产申请受理之日起二个月内未通知对方当事人，或者自收到对方当事人催告之日起三十日内未答复的，视为解除合同。"也就是说，管理人只有在"双方均未履行完毕的合同"这一情形下才享有对合同的解除权。如果债务人的相对方已经完全履行了合同义务，即购房者已经支付完毕购房款的情况下，此时管理人并不享有合同解除权，以便维护交易的稳定性。

在合同履行完毕，管理人不享有合同解除权的情况下，法院是否支持购房者要求交付房屋或者办理不动产权证的诉请，取决于购房者是否属于消费型购房者。购房者作为消费型购房者（为了生活需要购房）申报债权或者起诉，将获得法院支持；如果作为非商品房消费者，有权起诉，但不会得到法院支持。

消费型购房者优先权在我国现行法律条文中没有明确规定，其裁判依据是《建工价款优先受偿权批复》和《最高人民法院针对山东省高级人民法院就处置济南彩石山庄房屋买卖合同纠纷案请示的答复》。根据《建工价款优先受偿权批复》第 2 条[①]规定，"消费者交付购买商品房的全部或者大部分款项后，承包人就该商品房所享有的工程价款优先受偿权不得对抗买受人"，可以理解为，交付了购买商品房的全部或者大部分款项后，消费者就所购商品房对出卖人享有的债权，有别于普通无担保债权，是一种针对特定不动产所享有的具有非金钱债务属性的特殊债权，建设工程价款优先受偿权亦不得对抗该债权。

---

① 2021 年 1 月 1 日《建工价款优先受偿权批复》废止，最高人民法院于 2023 年 4 月 20 日公布《最高人民法院关于商品房消费者权利保护问题的批复》，其中第 2 条规定"商品房消费者以居住为目的购买房屋并已支付全部价款，主张其房屋交付请求权优先于建设工程价款优先受偿权、抵押权以及其他债权的，人民法院应当予以支持。只支付了部分价款的商品房消费者，在一审法庭辩论终结前已实际支付剩余价款的，可以适用前款规定"，该规定对之前的《建工价款优先受偿权批复》规定以及答复内容进行了进一步的细化。

如何甄别消费型购房者，对此，《执行异议和复议规定》第 29 条规定，符合下列情形的，应当支持商品房消费者的诉讼请求：一是在人民法院查封之前已签订合法有效的书面买卖合同；二是所购商品房系用于居住且买受人名下无其他用于居住的房屋；三是已支付的价款超过合同约定总价款的 50%。人民法院在审理执行异议之诉案件时，可参照适用此条款。

对于其中"所购商品房系用于居住且买受人名下无其他用于居住的房屋"如何理解，审判实践中掌握的标准不一。根据《全国法院民商事审判工作会议纪要》第 125 条规定，"买受人名下无其他用于居住的房屋"，可以理解为在案涉房屋同一设区的市或者县级市范围内商品房消费者名下没有用于居住的房屋。商品房消费者名下虽然已有 1 套房屋，但购买的房屋在面积上仍然属于满足基本居住需要的，可以理解为符合该规定的精神。

对于其中"已支付的价款超过合同约定总价款的百分之五十"如何理解，审判实践中掌握的标准也不一致。如果商品房消费者支付的价款接近于 50%，且已按照合同约定将剩余价款支付给申请执行人或者按照人民法院的要求交付执行的，可以理解为符合该规定的精神。根据《最高人民法院关于商品房消费者权利保护问题的批复》第 2 条规定，"商品房消费者以居住为目的购买房屋并已支付全部价款，主张其房屋交付请求权优先于建设工程价款优先受偿权、抵押权以及其他债权的，人民法院应当予以支持。只支付了部分价款的商品房消费者，在一审法庭辩论终结前已实际支付剩余价款的，可以适用前款规定"。

对于优先权的范围，《最高人民法院针对山东省高级人民法院就处置济南彩石山庄房屋买卖合同纠纷案请示的答复》第 2 条规定也作出了明确界定，即应当理解为既不得对抗买受人在房屋建成情况下的房屋交付请求权，也不得对抗买受人在房屋未建成等情况下的购买款返还请求权。

综上，商品房预售合同签订后，开发商进入破产程序。在具备商品房交付和办证条件下，如果购房人已支付完毕购房款，且属于消费型购房人，则可以要求继续履行购房合同，要求管理人交付房屋或者办理不动产权证。实践中，购房人行使该权利首先是向管理人申报办证债权，由于购房人的办证债权具有最优先性，所以管理人在破产程序中经法院或债权人会议同意后，会继续履行商品房买卖合同，为购房人办理不动产权证，无须等到分配阶段。

【规范指引】

《民法典》第 563 条；《企业破产法》第 18 条。

问题 8：房地产开发企业进入破产程序后，商铺买受人要求办证的主张是否有违个别清偿？

【案例】安顺某投资股份有限公司与安顺某房地产开发有限公司商品房预售合同纠纷案[①]

2011 年 12 月 15 日，安顺某投资股份有限公司（以下简称投资公司）与安顺某房地产开发有限公司（以下简称房地产开发公司）签订《商品房买卖合同》，约定投资公司购买该房地产开发公司开发的某广场第一栋和第八栋第一层商业房屋，总价为 1600 万元，房地产开发公司交房时间为 2012 年 12 月 30 日前，房地产开发公司有权在合同期内按照本合同签订时的出卖价回购铺面，在此期间不备案登记。投资公司于 2011 年 12 月 16 日支付购房款 1600 万元。2012 年 5 月 30 日，投资公司与房地产开发公司签订《补充协议》，约定投资公司向房地产开发公司购买商业的位置变更为某广场 D 栋商业 3–4 层，总价款不变，房地产开发公司应当在 2012 年 7 月 15 日前，将符合交房条件的商品房交付给投资公司使用。后房地产开发公司未履行交房义务，投资公司于 2014 年 1 月 27 日向法院提起诉讼，要求房地产开发公司履行《商品房买卖合同》及《补充协议》义务，办理商品房买卖合同备案登记并交付房屋。在本案审理过程中，法院于 2014 年 3 月 5 日裁定受理该房地产开发公司的破产申请。2014 年 7 月 8 日，投资公司向该房地产开发公司管理人申报债权 5256 万元。某投资公司主张，案涉房屋不属于破产财产，应适用《最高人民法院关于适用〈中华人民共和国企业破产法〉若干问题的规定（二）》第 34 条、第 35 条，《最高人民法院关于审理买卖合同纠纷案件适用法律问题的解释》第 34 条的规定判决房地产开发公司为其办理商品房买卖合同备案登记、交付房屋。房地产开发公司认为，根据《企业破产法》第 18 条的规定，双方签订的商品房买卖合同及补充协议已经解除，因此不存在继续履行合同的义务。

【分析】

对上述案例首先需要解决两个问题。问题一，案涉房屋是否为破产财产。《企业破产法》未对案例所示房屋的权属问题作出规定，《最高人民法院关于适用〈中华人民共和国企业破产法〉若干问题的规定（二）》第 2 条的规定亦

---

① 参见最高人民法院（2017）最高法民申 3088 号民事裁定书。

未将前述情形房屋从债务人财产中排除，故对于不动产权属的认定应当遵循《民法典》第 208 条之规定，以登记生效为原则，案涉房屋应当为债务人的破产财产。问题二，管理人是否享有解除权。根据《企业破产法》第 18 条之规定，管理人对于破产申请受理前成立而债务人和对方当事人均未履行完毕的合同有权决定解除，而案涉合同属于购房人已履行完毕支付价款的主要合同义务，房地产开发企业单方未履行完毕的合同，故管理人不享有解除权。相反，若购房人未支付完毕价款，管理人有权选择解除或继续履行合同，将不再涉及个别清偿的问题。

即使管理人无权解除合同，购房人能否要求合同继续履行还需取决于房地产开发公司继续向其履行是否有违《企业破产法》第 16 条规定的个别清偿行为无效。对此，现行法律和司法解释均无明确规定，司法实践中形成了两种观点。

第一种观点认为，根据《合同法》《建工价款优先受偿权批复》等相关法律、司法解释规定之精神，交付了购买商品房的全部或者大部分款项后，消费者就所购商品房对出卖人享有的债权，有别于普通无担保债权，是一种针对特定不动产所享有的具有非金钱债务属性的特殊债权，在受偿顺序上优先于担保债权，建设工程价款优先受偿权亦不得对抗该债权。根据《企业破产法》《最高人民法院关于适用〈中华人民共和国企业破产法〉若干问题的规定（二）》规定之精神，并非所有的破产程序中的个别清偿行为均属于无效行为。认定个别清偿行为无效的关键要件之一是该清偿行为损害了其他破产债权人的合法权益。交付了购买商品房全部或者大部分款项的消费者对于其所购房屋的权利，因其具有特定性和优先性，故该债权的实现并不会构成对其他破产债权人合法权益的损害，因此，出卖人履行商品房买卖合同约定的交付房屋并办理所有权变更登记的义务，并非无效的个别清偿行为。

第二种观点也即本案再审观点，该观点认为，购房者继续履行合同的主张实质上是要求债务人对其原有债权在破产程序之外给予全额、个别清偿。对于破产企业而言，其在进入破产程序后债权人参与分配破产财产前，破产财产这一集合财产不得被随意处分，以保证债权人能够公平受偿。如果继续履行合同将构成个别清偿，并对债务人的其他债权人的利益造成损害，有违个别清偿无效之规定。若购房人购买的房产为商铺，并非为了居住所需，则不符合《建工价款优先受偿权批复》中为保护消费者的居住权而设置的特殊规定，购房人主张优先于其他债权人个别清偿，依据不足。

我们认为前述两种观点并非对立观点，只是因为具体案情不同而具有形式上的区别，观点二中的购房人是商铺购买人，而观点一中的购房人是通过个人首付、向银行按揭贷款方式支付了全部价款，仅购买了一套住宅的消费性购房者。可以看出，只有消费性购房者的商品房预付款才在破产程序中享有优先的清偿顺位。我们亦持此观点。在法律依据层面，虽然现行法律和司法解释未对消费性购房者的商品房预购款清偿顺位作出明确规定，但应参照适用有关司法解释。《建工价款优先受偿权批复》第2条[①]及《执行异议和复议规定》第29条[②]对消费性购房者在房地产开发企业非破产状态下的保护作出了规定，成为人民法院在破产程序中处理该类问题的依据。2021年1月1日《建工价款优先受偿权批复》废止，2023年4月20日公布《最高人民法院关于商品房消费者权利保护问题的批复》，其中第2条规定“商品房消费者以居住为目的购买房屋并已支付全部价款，主张其房屋交付请求权优先于建设工程价款优先受偿权、抵押权以及其他债权的，人民法院应当予以支持。只支付了部分价款的商品房消费者，在一审法庭辩论终结前已实际支付剩余价款的，可以适用前款规定”，该规定对之前的《建工价款优先受偿权批复》规定以及答复内容进行了进一步的细化。从购房者权益保护的角度讲，房地产开发企业进入破产程序，房屋上的银行抵押权、建设工程价款均具有优先受偿的顺位，这将与消费性购房者的权利产生激烈冲突。消费性购房者购买房屋系出于居住需要，有特殊生存利益，如果房地产开发企业破产后就收回房产，对于已支付完房屋对价的消费性购房者来说有违实质公平，不利于社会稳定与市场经济秩序。而商铺购买者一般出于经营目的而购买房屋，没有需要保护的特殊生存利益，故无法主张其债权能够优先受偿，其主张交付或过户房屋将有违个别清偿。

【规范指引】

《民法典》第208条；《企业破产法》第16条、第18条；《最高人民法院关于适用〈中华人民共和国企业破产法〉若干问题的规定（二）》第2条；

---

① 《建工价款优先受偿权批复》第2条规定：“消费者交付购买商品房的全部或者大部分款项后，承包人就该商品房享有的工程价款优先受偿权不得对抗买受人。”

② 《执行异议和复议规定》第29条规定：“金钱债权执行中，买受人对登记在被执行的房地产开发企业名下的商品房提出异议，符合下列情形且其权利能够排除执行的，人民法院应予支持：（一）在人民法院查封之前已签订合法有效的书面买卖合同；（二）所购商品房系用于居住且买受人名下无其他用于居住的房屋；（三）已支付的价款超过合同约定总价款的百分之五十。”

《执行异议和复议规定》第 29 条；《最高人民法院关于商品房消费者权利保护问题的批复》第 2 条。

问题 9：注销商品房预售合同的网上签约备案，是否需要通过诉讼程序完成？

【案例】咔某与成都某房地产开发有限公司商品房预售合同纠纷案[①]

2019 年 11 月 23 日，咔某与成都某房地产开发公司签订《商品房预售合同》及补充协议，约定咔某购买房地产开发公司开发建设的某处 2 幢 3 单元 9 层 8 号房屋，成都某房地产开发公司应在 2020 年 4 月 30 日前向咔某交付房屋，若逾期交房超过 90 日，咔某有权书面通知房地产开发公司解除合同。签订合同后，咔某支付完毕房屋价款。后受新冠肺炎疫情影响，根据相关规定，成都某房地产开发公司交付房屋的交房期限延后至 2020 年 7 月 31 日，后成都某房地产开发公司仍逾期交房。咔某诉请法院判令解除双方签订的《商品房预售合同》及补充协议。本案一审法院审理认为，咔某在法定期间内行使合同解除权，案涉合同应当解除，合同解除之后的网签备案注销问题，因成都某房地产开发公司未提出反诉诉讼请求，故在判决主文中不予处理，合同解除后，双方可自行协商，协商不成的，另案处理。本案二审法院审理认为，案涉合同应当解除，根据《成都市商品房买卖合同网签备案办法》（成住建发〔2020〕187 号文件）第 16 条规定，“经人民法院、仲裁委员会生效裁判文书确认解除合同、合同无效或终止履行的，任一当事人可单方申请办理商品房买卖合同网签备案注销手续；生效裁判文书中明确由双方办理的除外”，案涉合同因成都某房地产开发公司违约行为导致解除，在判决生效后，成都某房地产开发公司可持判决解除合同的裁判文书向行政登记机关申请注销网签备案。

【分析】

商品房预售合同网上签约备案（以下简称网签备案）系我国房地产主管部门对商品房销售全过程监管的一种手段。《城市房地产管理法》（2019 年修正）第 45 条第 2 款规定，商品房预售人应当按照国家有关规定将预售合同报

---

① 参见四川省成都市中级人民法院（2021）川 01 民终 25342 号民事判决书。

县级以上人民政府房产管理部门和土地管理部门登记备案。住建部《城市商品房预售管理办法》(2004 年修正)第 10 条第 1 款、《城市房地产开发经营管理条例》(2019 年修订)第 26 条第 2 款进一步规定，房地产开发企业应当自签约之日起 30 日内办理商品房预售合同登记备案手续。以前房屋管理部门多采用书面记载、纸质归档等方式对商品房预售合同进行备存，后随着网络信息技术的发展，《城市商品房预售管理办法》(2004 年修正)第 10 条增设第 2 款，房地产管理部门应当积极应用网络信息技术，逐步推行商品房预售合同网上登记备案。之后网上登记备案发展为网上签约和网上备案。《住房和城乡建设部关于提升房屋网签备案服务效能的意见》(建房规〔2020〕4 号)的附件《房屋网签备案业务操作规范》第 2.1 条对房屋买卖合同网签备案作出定义，房屋买卖合同网签备案是买卖双方当事人通过政府建立的房屋交易网签备案系统，在线签订房屋买卖合同并进行备案的事项，是房屋交易的重要环节。该规范第 2.7 条办理流程规定：(1)录入合同，房屋网签备案系统自动导入买卖双方当事人及房屋信息，当事人在线填写成交价格、付款方式、资金监管等合同其他基本信息，自动生成网签合同文本。(2)签章确认，买卖双方当事人在打印出的网签合同上签章确认并将合同签章页上传至房屋网签备案系统。有条件的城市，可以采用电子签名(签章)技术，在网签备案系统中予以确认。(3)备案赋码，核验通过的，完成网上签约即时备案，赋予合同备案编码。(4)网签备案信息载入楼盘表……各地房屋管理部门也均在其规范性文件中规定以先网上签约，后网上备案的程序办理商品房买卖合同网上备案工作。

若买卖方办理完毕网签备案后，一方或双方又拟注销网签备案，根据我国地方房屋管理部门的规定，有双方申请注销和单方申请注销两种模式。① 双方申请注销模式主要针对发生一定事由后，买卖双方同意注销的情形，事由包括合同符合约定解除条件、购房人申请换房等，此时只需双方至房屋管理部门共同办理注销手续，无须通过诉讼程序即可实现注销。对于单方申请注销的模式，现各地房地产管理部门大多规定，经人民法院、仲裁机构生效的法律文书裁判确认商品房买卖合同解除、撤销或无效的，可以单方申请注销

① 参见《成都市商品房买卖合同网签备案办法》(成住建发〔2020〕187 号)第 13 条；《武汉市洪山区住房保障和房屋管理局市住房保障房管局关于进一步加强商品房买卖合同网上签约备案及异动管理工作的通知》(武房规〔2018〕8 号)第 4 条、第 7 条；《天津市住房和城乡建设委员会关于加强商品房买卖合同网上备案工作的通知》(津住建发〔2023〕5 号)第 5–6 条。

网签备案。成都市住房和城乡建设局《成都市商品房买卖合同网签备案办法》（成住建发〔2020〕187号）第16条规定："经人民法院、仲裁委员会生效裁判文书确认解除合同、合同无效或终止履行的，任一当事人可单方申请办理商品房买卖合同网签备案注销手续；生效裁判文书中明确由双方办理的除外。房地产开发企业被依法注销或吊销的，购房人可单方申请办理该商品房买卖合同网签备案注销手续。"因此，当事人无须另外单独向法院诉请注销网签备案，仅凭确认合同解除、撤销或无效的生效法律裁判文书，即可办理注销手续。

若法院判决内容为案涉商品房办理过户登记，若案涉房屋存在案外人网签登记备案，房产登记中心又能否直接过户，或者是否需要当事人另行起诉注销案外人网签登记后才能办理过户呢？我们认为，若案涉商品房的案外人网签登记备案无法通过双方申请的方式予以注销，使得过户登记受阻，亦不影响当事人权利的实现。当事人凭该生效文书进入强制执行程序，法院将请房产登记中心予以协助办理商品房过户登记。实践中，如果房产登记中心在协助执行中发现案涉房屋存在案外人网签备案，将询问法院是否继续协助办理房屋过户登记，除非法院明确告知停止协助执行，房产登记中心将继续协助办理过户登记。虽然案涉商品房存有案外人的网签备案，对当事人权利实现并无实质影响，但仍建议法官在审理过程中对案涉商品房的网签备案登记情况进行审查，以免遗漏事实，在房产登记中心询问是否继续协助执行时作出正确回应。

【规范指引】

《城市房地产管理法》第45条；《城市商品房预售管理办法》第10条；《城市房地产开发经营管理条例》第26条。

问题10：商品房买卖合同约定房屋交付条件是取得并联验收证明，而补充协议约定取得五方验收证明及面积实测报告则符合交房条件，以哪一个约定为准？

【分析】

首先，从法律方面进行分析。若是商品房买卖合同约定房屋交付条件与补充协议的交房条件不相一致，以补充协议的约定内容为准。北京市住房和城乡建设委员会针对商品房买卖合同主合同（建委版本）和补充协议完全不一致的情况下如何处理的答复中明确指出："补充协议属于合同的重要组成内容，签字的补充协议具有法律效力。"

我们认为，关于商品房交付使用条件的理解，如果双方只是约定"在指定期限内交付验收合格的房屋"，那么，只要建设单位在工程竣工后进行了经建设、勘察、设计、施工和监理单位五方联合验收，并形成了竣工验收合格的确认文件，房屋的质量和安全性能够满足，加之其并不违反国家法律强制性规定，同时又符合地方管理规定，该房屋就具备了商品房交付使用的条件，应当视为可以交付使用。当然，如果房屋买卖双方在上述约定基础上另行约定将提交竣工验收备案表及其他条件作为交房标准的，则应该认定双方的此项约定有效，确认双方的意思表示真实，将竣工验收确认文件和竣工验收备案表及其他相关条件作为是否符合交房条件的裁判标准。

其次，从住房和城乡建设局方面进行分析。五方验收是指整体工程达到竣工条件后，由质量监督部门监督下，由建造单位（也称发包人，俗称甲方）、施工总承包单位（也称承包人，俗称乙方）、勘测单位、规划单位以及监理单位五方进行验收工作。竣工验收是指工程竣工后，根据项目及合同要求，对工程是否符合设计要求、施工建设质量等进行检验验收的过程。一般来说，五方验收是竣工验收的一种方式。五方验收有五个验收对象，包括建造单位、施工总承包单位、勘测单位、规划单位以及监理单位。竣工验收没有明确验收对象。根据《建设工程质量管理条例》第16条规定，建设单位收到建设工程竣工报告后，应当组织设计、勘察、施工、工程监理等有关单位进行竣工验收。《建筑法》第61条规定，交付竣工验收的建筑工程，必须符合规定的建筑工程质量标准，有完整的工程技术经济资料和经签署的工程保修书，并具备国家规定的其他竣工条件。建筑工程竣工经验收合格后，方可交付使用；未经验收或者验收不合格的，不得交付使用。实际上，并联验收是五方验收的一部分。基于此，在商品房买卖中虽然一些房地产公司提供的合同中列出三种供选的交房条件，但往往都把"由出卖人、设计方、施工方、工程监理方、勘察方五方验收合格"作为交房条件。"五方验收合格"看起来很保护买受人利益，经五个单位验收合格，房屋质量有保证。以成都市为例，根据成都市住房和城乡建设局于2020年11月6日发文的《成都市住房和城乡建设局关于进一步加强商品房交付工作的通知》，明确了商品房交付所需具备的各项条件，其中之一即为商品房取得并联竣工验收合格证明文件，具体交付条件如下：（1）取得并联竣工验收合格证明；（2）取得附属设施设备交付使用备案意见书；（3）项目内的道路、导引标识、出入口等按规划建设并正常使用；（4）分期交付项目建有相关隔离设施，不影响入住居民的正常通行；（5）商品房项目为住宅的，住宅工程质量分户验收、住宅质量保证书和住宅使用说明书制度已落实，水、电、气、网已敷设到户，相关计量表检定合格。交付现场必须公示内容（附件二）：并联竣工验收合格证明材料：（1）并联竣工验收通知书（涉及质量、人防、消防、规划、绿化、国安防雷装置等是否合格情况记录）；（2）新建附属设施设备交付使用备案意见书；（3）住宅使用说明书；（4）住宅质量保证书；（5）工程质量保修书；（6）住宅工程质量分户验收表；（7）商品房面积实测报告；（8）负责人联系电话。

综上所述，当商品房买卖合同约定房屋交付条件是取得并联验收证明，而补充协议约定取得五方验收证明及面积实测报告则符合交房条件时，以补充协议约定的取得五方验收证明为准。

【规范指引】

《民法典》第510条；《建筑法》第61条；《建设工程质量管理条例》第16条。

问题11：开发商交房时有明显裂痕但双方均不同意鉴定，此时买方不同意解除合同，开发商主张解除合同，开发商作为违约方主张解除合同能否支持？

【分析】

根据设问，开发商作为违约方主张解除合同能否得到支持，涉及违约方解除权的问题。关于违约方解除权，在我国《民法典》编纂过程中，就是否规定违约方解除权，民法学界进行了激烈的讨论，草案也几易其稿。最终，我国《民法典》第580条第2款规定了违约方申请司法终止权，立法论上对这一问题的讨论也就随之暂时地落下了帷幕。从促进交易及保证交易稳定的立场出发，一般只赋予守约方才享有合同解除权。但在违约方不存在恶意违约、继续履行对违约方显失公平或守约方拒绝解除合同违反诚信原则的情况下，也可对违约方要求解除合同的请求予以支持。违约方解除合同需要满足以下四个条件：

一是客观上出现合同僵局。合同僵局是指合同已经确定地陷入履行不能，或履行艰难，或根据合同性质或标的物性质不适于强制履行，或强制履行在经济上明显不合理，或者对违约方明显不公平。通常是指在一些长期合同中，一方由于经济形势的变化、履约能力减弱（甚至丧失）等原因，导致不能继续履行长期合同，需要提前解约，而另一方拒绝解除合同，双方僵持不下的情形，如长期性房屋租赁合同。

二是违约方不存在恶意违约的情形。即违约方不是故意违约损害对方利益，如果违约方故意实施违约行为来为自己谋取利益，从而损害守约方的利益，为维护诚信原则和公平原则，法院不应支持违约方解除合同的要求。但并不排除可能存在过错，在具体案件中，出现合同履行不能的原因是非常复杂的，例如违约方出现经营不善等，这时违约方虽然存在过错，但是这种过错不属于恶意违约，不能因此排除违约方申请解除合同的权利。情势变更原则在一定程度上也能够解决上述合同僵局，但是情势变更原则的适用通常是发生不可归责于双方当事人的客观情形剧变，当事人任何一方主观上均不具有可归责性，而违约方解除权恰恰是基于一方的过错（尽管通常是过失甚至轻过失的过错形态）。

三是合同难以继续履行或继续履行对违约方显失公平。当违约方继续履约所需的财力、物力超过合同双方基于合同履行所能获得的利益，合同已不具备继续履行的条件时，为衡平双方当事人利益，可以允许违约方解除合同，但必须由违约方向对方承担赔偿责任，以保证对方当事人的权益不因合同解除而减少或者免除。

四是守约方拒绝解除合同，违反诚信原则。在一般的道德观念中，违约方已然被判定为道德的负面形象，如果再赋予其解除合同的权利，势必会使违约方从解约中获利，甚至诱使其追求故意违约，显然不利于诚实守信的交易秩序的建立。但是，实践中在合同陷入僵局的特殊情形下，守约方也可能利用自己处于道德的制高点，转而谋算不义之利，使对方处于非常艰难的境地。特别是当对方并非恶意毁约，而是由于考虑不周、经营不善、安排不当等过失原因导致的违约的情形，其本来已经陷入不利的经营或生活的困境，尽管过失不能成为其免除违约责任的理由，但对方出于不公平、不诚信的考虑而不行使解除权，使得套在违约方头上的“法锁”不得挣脱，此时如果不赋予违约方解除合同的权利，事实上已经造成了新的对守约方的不良引诱，双方权利义务关系的新的失衡状态，法律的实施效果可能会适得其反。

在程序方面，法院需要依当事人的申请来决定是否解除合同。如果违约方没有申请解除合同，法院不能自行判决解除合同。同时，违约方解除权与通常的解除权的性质与要件应当有所不同，应当适用更为严格的条件，且程序上必须通过公力救济的方式，即只能通过向法院或者仲裁机构提起诉讼或仲裁的方式行使，使其成为一种具有诉权性质的形成权。换言之，违约方的解除权只能走司法解除的路径。法院综合考虑各种因素包括合同继续履行的可能性、继续履行在经济上的合理性、违约方的过错程度、若不解除合同可能会对双方尤其是违约方的实质性不利影响等，进而作出判决。

本问题中，我们评估认为并不满足违约方解除合同的构成要件。因此，在买方不同意解除合同，开发商主张解除合同的情况下，开发商作为违约方主张解除合同不能得到法院支持。

根据本题设问，在双方均不同意鉴定的情况下，法院在审理时无法准确判断造成房屋明显裂痕的原因，无法准确判断修复金额及损失大小，开发商亦无法证明交付的房屋是否达到居住的条件。但根据国务院《城市房地产开发经营管理条例》第 17 条规定，“房地产开发项目竣工，依照《建设工程质量管理条例》的规定验收合格后，方可交付使用”。商品房交付都要经过竣工验收，验收合格以后才能够交付给业主。在已通过竣工验收的情况下，根据住户举证能够证明房屋存在明显裂痕的，且住户不同意解除合同的，法院应当判决继续履行合同，并要求开发商对裂痕进行修复。

问题 12：出卖人交付的精装修商品房存在装修问题，装修问题达到何种程度可以认定逾期交房？

【案例】万某某、胡某某与某房地产开发有限公司商品房买卖合同纠纷案①

2012 年 3 月和 2012 年 11 月，万某某、胡某某分别与某房地产开发有限公司（以下简称某公司）签订《南昌市商品房买卖合同》2 份，以胡某某的名义购买某公司开发的两套精装修房屋。双方在合同第 8 条约定：商品房经分期综合验收合格的，出卖人在 2013 年 12 月 31 日前交付房屋。并且合同第 9 条约定：除合同第 8 条约定的特殊情况外，出卖人未按期交房的，逾期超过

① 参见江西省高级人民法院（2019）赣民申 705 号民事裁定书。

60 日的，买受人要求继续履行合同的，合同继续履行，自合同第 8 条规定的最后交付期限的第二日起至实际交付之日止，按日支付已交付房价款 0.03% 的违约金。2013 年 12 月，某公司通知万某某、胡某某办理房屋交接手续，但万某某、胡某某以房屋装修存在质量问题无法入住为由拒绝收房。并于 2016 年 1 月向某公司发函要求尽快修复房屋。其后，双方因装修修复事宜协商未果，诉至法院。

【分析】

在此类案件中，买受人多会主张出卖人交付的精装修商品房存在装修问题而不符合交房条件，因此要求出卖人承担逾期交房的责任。此时，则需对精装修商品房的装修瑕疵程度作出判断。如精装房存在一般的装修质量问题，仅是在工程质量、功能质量、品质档次等方面存在质量瑕疵，但对正常居住使用没有实质影响，除当事人对房屋装修质量瑕疵另有明确约定，买受人不得以存在一般装修质量问题为由拒绝受领房屋并要求出卖人承担逾期交房违约责任。买受人应先受领房屋，并要求出卖人承担修复责任，而不能拒绝受领房屋，要求出卖人承担逾期交房违约责任。如精装房存在严重的装修质量问题，未达到基本居住条件的，购房者可以此为由拒收房屋，并要求开发商承担逾期交房的违约责任。在另一案例中，法院认为根据《户内问题对比照片》及第三方出具的《第三方检测报告》来看，案涉商品房内存在 70 多项的质量问题且存在多处发霉的情形，并非一般意义上的瑕疵，属于房屋未达到基本居住条件的质量问题，买受人拒收涉案房屋具有正当理由。即使该房地产公司向买受人发函称涉案房屋内的装修质量问题已经维修完毕，但该意见未经买受人确认，且买受人在收房后委托第三方对涉案房屋进行验收，仍然发现大量问题，这就更加印证了涉案房屋确实存在诸多装修质量问题。因此，该房地产公司应承担逾期交房的责任。①

根据《商品房买卖合同解释》（2020 年修正）第 10 条之规定，交付使用的房屋存在质量问题，在保修期内，出卖人应当承担修复责任，即装修质量问题无论是否达到影响正常居住的程度，买受人均可以诉请整改修复。需要注意的是，司法实践中买受人诉请整改修复面临以下问题：一是商品房买卖合同对装修质量标准、违约责任等未作出明确约定，如开发商在宣传或者合同中会提到精装修标准为 ×× 元 / 平方米，同时约定一些品牌名字或“同等

---

① 参见江苏省无锡市中级人民法院（2018）苏 02 民终 1867 号民事判决书。

品牌”“同等价格”等；二是精装修房修复标准的判定较为专业化，通常买受人难以凭经验认定修复是否达标。我们认为，在装修质量问题较少且属于一般意义上瑕疵的情况下，如合同明确约定修复标准或开发商设立样板房的，则以合同约定标准进行修复，抑或以样板房作为装修的判定标准；如装修质量问题较多且修复标准约定不明的情况下，开发商或买受人均可申请鉴定，经第三方专业验房机构检验后，明确需修复的具体项目并以附表的形式罗列，开发商应对全部质量问题承担修复责任。对于保修期限以及保修范围问题，审理法院需要特别注意，在国务院颁布的《建设工程质量管理条例》（2019年修订）第40条对保修期限作出特别规定，在正常使用条件下，建设工程的最低保修期限为：（1）基础设施工程、房屋建筑的地基基础工程和主体结构工程，为设计文件规定的该工程的合理使用年限；（2）屋面防水工程、有防水要求的卫生间、房间和外墙面的防渗漏，为5年；（3）供热与供冷系统，为2个采暖期、供冷期；（4）电气管线、给排水管道、设备安装和装修工程，为2年。因此，对交付使用后的住宅，开发商应依法承担保修期间和保修范围内的修复责任。

开发商对房屋维修后，应由第三方专业验房机构出具检测合格证明（检测费用由出卖人自行负担），经检测合格后方可交付房屋。如开发商拒绝保修或者在合理期限内拖延修复，买受人可选择自行维修或者委托他人维修，经第三方专业验房机构检测合格后，可向开发商主张鉴定费用、修复费用及修复期间造成的其他损失。

本案中，案涉房屋经建筑工程质量监督部门验收合格，房屋装修质量仅是存在瑕疵，并未达到严重影响正常居住使用的程度，且该房地产公司也组织人员进行过修复，万某某、胡某某以此为理由拒绝收房缺乏法律上的依据，所以该房地产公司只应承担修复责任，而不是延期交房的责任。

【规范指引】

《民法典》第577条、第584条；《建设工程质量管理条例》第40条；《商品房买卖合同解释》第10条。

问题 13：商品房交付条件以五方验收合格为交付条件还是以政府主管部门验收合格出具《竣工验收备案表》为交付条件？

【案例】蒋某与新某房地产开发有限公司商品房买卖合同纠纷案[①]

蒋某作为买受人与作为出卖人的新某房地产开发有限公司（以下简称新某公司）签订《商品房买卖合同（预售）》，约定商品房交付条件如下：该商品房交付给买受人时符合下列第（1）、（2）项所列条件：（1）该商品房已取得建设工程竣工验收合格证明；（2）该商品房已取得房屋面积实测报告书。双方约定了房屋的交付，该商品房达到本合同约定的交付条件后，出卖人在交付日期届满前3日，书面通知买受人查验房屋的、办理交接手续的、地点以及应当携带的证件材料。买卖双方交接该商品房时，出卖人向买受人出示满足本合同约定的证明文件，出卖人不出示证明文件或者出示的证明文件不齐全，不能满足本合同约定条件的，买受人有权拒绝接收，由此产生的逾期交付责任由出卖人承担。合同签订后，蒋某向新某公司支付全部购房款。新某公司于2017年5月取得《建设工程消防验收意见书》，综合评定案涉工程消防验收合格；于2017年6月取得案涉工程《竣工验收报告》以及《房屋面积测绘成果报告书》。蒋某认为，竣工验收备案表显示的满足竣工备案条件为2018年9月，此时房屋才满足交付条件，要求新某公司支付逾期交房的违约金，新某公司则主张取得《竣工验收报告》以及《房屋面积测绘成果报告书》之日即符合合同约定的交付房屋条件，不存在逾期交房的情形。双方就此争议诉至法院。

【分析】

本案中，关于商品房达到交付条件的认定问题。蒋某坚持认为新某公司未达到法定交房条件，应支付逾期交房违约金。新某公司应否支付逾期交房违约金，取决于商品房达到交付条件，究竟是以五方验收合格为准，还是以政府主管部门验收合格出具的《竣工验收备案表》为准。鉴于我国法律法规中存在不同层面关于商品房交付条件的法律规定体系，并无统一的交付条件规则，导致司法实践中亦存在分歧。

第一种观点认为，竣工验收备案是法定交房条件。根据《住房和城乡建

---

① 参见四川省高级人民法院（2020）川民申3076号民事裁定书。

设部关于进一步加强房地产市场监管完善商品房住房预售制度有关问题的通知》(建房〔2010〕53号)第11条的规定，交付使用的商品房应当经过竣工验收合格并已在当地建设行政主管部门办理工程竣工验收备案。可见，交付使用的商品房应当经过竣工验收合格并已在当地建设行政主管部门办理工程竣工验收备案为法定的交付条件。规划、质监、环保等部门专项验收合格是建筑工程验收合格的一项内容，商品房未经规划、质监、环保部门验收合格，不符合建设行政主管部门审核认可的备案条件，亦不符合交付使用的条件。

第二种观点认为，五方验收合格即符合法定交房条件。根据《城市房地产管理法》第27条与《建筑法》第61条规定，商品房经验收合格后，方可交付使用。《建设工程质量管理条例》第16条规定，建设单位收到建设工程竣工报告后，应当组织设计、施工、工程监理等有关单位进行竣工验收。《建设工程质量管理条例》第49条规定，建设单位应当自建设工程竣工验收合格之日起15日内，将建设工程竣工验收报告和规划、公安消防、环保等部门出具的认可文件或者准许使用文件报建设行政主管部门或者其他有关部门备案。由此可见，商品房交付的前提条件之一是经过建设部门组织的勘察、设计、施工、监理四方验收，并形成验收合格的确认文件，具有验收合格的确认文件，是现行法律法规和部门规章中对房屋交付使用的强制性规定，竣工验收合格是目前国家对于建筑质量安全设置的唯一评价标准。至于案例中蒋某主张的《竣工验收备案表》才能证明案涉房屋验收合格问题，因备案只是验收合格之后建设行政主管部门履行建设行政管理职能的表现，且竣工验收备案表也不是双方合同约定的交付条件，同时竣工验收备案表也载明竣工验收时间为2017年6月28日，故新某公司办理竣工验收备案登记的时间不能作为评价其具备约定交付条件的标准。建设工程只要在建设单位的主持下，有勘察、设计、施工、监理等单位共同认可，就可以认定为竣工验收合格，就达到了购房者约定的交付条件。至于竣工验收备案，则是行政管理机关对建设单位实施管理的一种行政行为，与开发商和购房者之间的民事行为并不相干。

我们倾向于认为，根据法律、行政法规的强制性规定，五方验收合格即符合法定交房条件，理由如下：第一，国务院发布的《城市房地产开发经营管理条例》于2019年修订后将第17条修改为“房地产开发项目竣工，依照《建设工程质量管理条例》的规定验收合格后，方可交付使用”，而《建设工程质量管理条例》第16条规定，“建设单位收到建设工程竣工报告后，应当组织设计、施工、工程监理等有关单位进行竣工验收，建设工程竣工验收应当具备下列条件:（一）完成建设工程设计和合同约定的各项内容;（二）有完整的技术档案和施工管理资料;（三）有工程使用的主要建筑材料、建筑构配件和设备的进场试验报告;（四）有勘察、设计、施工、工程监理等单位分别签署的质量合格文件;（五）有施工单位签署的工程保修书，建设工程经验收合格的，方可交付使用”。可见，此处的“竣工验收”仅指“五方验收”，且条件中未提及需向行政主管部门备案。第二，根据《住房和城乡建设部关于进一步加强房地产市场监管完善商品住房预售制度有关问题的通知》（建房〔2010〕53号）第11条之规定，交付使用的商品房应当经过竣工验收合格并已在当地建设行政主管部门办理工程竣工验收备案，该条属于增设竣工验收备案的商品房交房条件，仅是政府主管部门对工程竣工验收的行政管理行为，由此可见，办理工程竣工验收备案之规定属于管理性规定而非效力性规定，与商品房买卖的民事行为无关，不应构成商品房交付的强制条件。

根据成都市住房和城乡建设局2020年发布的《关于进一步加强商品房交付工作的通知》（成住建发〔2020〕384号）之规定，项目交付时，应将符合条件的相关证明材料（见附件二）及交付流程在交付现场醒目位置予以公示。其中附件二第7项，明确公示材料为商品房面积实测报告，即商品房交付时已取得商品房面积实测报告，故补充协议中关于取得商品房面积实测报告的条件已于交付时成就。至于司法实践中是否将《竣工验收备案表》作为交房条件，应充分尊重双方当事人意愿，除非双方在商品房买卖合同中特别约定取得《竣工验收备案表》才能交付房屋，否则没有取得《竣工验收备案表》不视为未达到商品房交付条件。

【规范指引】

《民法典》第799条;《建筑法》第61条;《城市房地产管理法》第27条;《城市房地产开发经营管理条例》第17条;《建设工程质量管理条例》第16条。

问题 14：未进行实际分割的虚拟产权能否诉请直接过户？

【案例】曹某与某商业管理有限公司、某实业投资有限公司、某贸易有限公司商品房销售合同纠纷案[①]

某实业投资有限公司与某贸易有限公司签订协议 1 份，约定某实业投资有限公司将其开发建设的位于四川省成都市某项目的部分物业出售给某贸易有限公司；某贸易有限公司按约定购买标的物业，相应的买受人可以为某贸易有限公司或其指定的第三方，如买受人指定为第三方的，某贸易有限公司保证第三方有购买房屋适格主体资格并对第三方付款义务承担无限连带责任；某贸易有限公司向某商业管理有限公司出具《授权书》，载明某贸易有限公司授权某商业管理有限公司全权处理某贸易有限公司位于四川省成都市某资产，所收款项进入某贸易有限公司指定账户。曹某与某商业管理有限公司签订《房屋定购协议书》，该协议约定由曹某购买位于四川省成都市房屋，付款方式为一次性。曹某在协议签订同时向某商业管理有限公司支付定金 5 万元，在协议签订后 7 日内，曹某与某实业投资有限公司签订正式的《商品房买卖合同》，并交纳房款 519 838 元。交纳的定金和房款均由某商业管理有限公司出具收据证明。

一审法院认为，关于曹某诉请某实业投资有限公司与某商业管理有限公司履行协助办理房屋产权证的义务，某实业投资有限公司系案涉商品房物业的初始产权人，其基于系列交易合同关系将案涉商品房物业的处置权进行了转移，某商业管理有限公司行使处置权对外拆分销售商品房给曹某，必须完成商品房初始产权由某实业投资有限公司转移至曹某名下，才能将交易流程完整进行，以实现各自的交易目的。根据某实业投资有限公司与某贸易有限公司与商业管理有限公司之间的系列合同关系，均有共同协助配合为买受人曹某办理产权证的义务。故曹某诉请某实业投资有限公司与某商业管理有限公司履行协助办理房屋产权证的义务的理由成立，一审法院予以支持，同时，基于某贸易有限公司分别与某实业投资有限公司、某商业管理有限公司之间各自独立的合同相对关系，其有义务于本案中协助配合为买受人曹某办理产权证的义务。某实业投资有限公司在一审庭审中陈述如果公司收到案涉房屋

---

① 参见四川省高级人民法院（2022）川民再 55 号民事判决书。

的购房款，可以为曹某办理产权分户登记。表明并不否认案涉房屋出售给曹某，其是否收到房款系该公司与某商业管理有限公司、某贸易有限公司之间的内部关系，不影响曹某购房权利。故实业投资有限公司的答辩理由不成立，一审法院不予采纳。

二审法院认为，曹某主张办理其购买的面积61.99平方米的产权转移登记，而案涉房屋实际面积为187.03平方米，但各方当事人均未提交相关部门同意分割的批准文件，不符合《不动产登记操作规范（试行）》第9.2.3条的规定的情形，因此，曹某主张办理其购买的面积61.99平方米的产权转移登记的条件不成就。

高院再审认为，根据某贸易有限公司于2019年1月25日向某实业投资有限公司发出的《致实业投资有限公司的工作函》及某贸易有限公司于一审期间提交的《关于红南港项目分户函》等证据，结合原审期间，某实业投资有限公司所提交与其他房屋买受人签订的《商品房现房买卖合同》中，该部分买卖合同涉及的房屋面积均与初始登记的房屋面积不一致，却均办理分户登记的事实及某实业投资有限公司于一审庭审中“如果公司收到案涉房屋的购房款，可以为曹某办理产权分户登记”的自述内容，应认定案涉房屋所有权初始登记面积与房屋买卖合同记载的销售面积不符为除曹某外，包括某实业投资有限公司在内各方均知晓的事实，并非某贸易有限公司、某商业管理有限公司擅自分割销售所致，亦并非案涉《商品房现房买卖合同》不能正常履行的事实障碍。本案再审过程中，某实业投资有限公司补充提出了不动产登记管理部门对商业办公类用房分割转让后产权转移登记已暂停办理，案涉房屋现无法办理分割及分户产权登记，处于事实不能履行的答辩意见。高院认为，案涉商业办公类用房分割转让后的产权转移登记目前是否停止办理，除某实业投资有限公司自称到不动产登记中心窗口咨询外，并无其他政府文件印证，且根据本案查明的事实，某商业管理有限公司所售出的商铺已存在正常办理不动产分户及转移登记事实，故某实业投资有限公司所称案涉合同因政府政策变化致不能履行的答辩意见，因与事实不符，缺乏证据支持。

【分析】

关于案涉房屋是否为某贸易有限公司、某商业管理有限公司擅自分割销售，合同面积与实际产权面积不符是否构成某实业投资有限公司交付房屋并办理分户不动产权证障碍的问题，高院再审认为，根据某贸易有限公司于2019年1月25日向某实业投资有限公司发出的载明“我公司通过分户的方式对实业投资有限公司地产红牌楼的尾盘进行销售……”内容的《致某实业投资有限公司的工作函》及某贸易有限公司于一审期间提交的载明“……房屋均已付清全款……现申请将以上房源进行产权分割……”内容的《关于某项目分户函》等证据，结合原审期间，某实业投资有限公司所提交的与其他房屋买受人签订的《商品房现房买卖合同》中，该部分买卖合同涉及的房屋面积均与初始登记的房屋面积不一致，却均办理分户登记的事实及某实业投资有限公司于一审庭审中“如果公司收到案涉房屋的购房款，可以为曹某办理产权分户登记”的自述内容，应认定案涉房屋所有权初始登记面积与房屋买卖合同记载的销售面积不符为除曹某外，包括某实业投资有限公司在内各方均知晓的事实，并非某贸易有限公司、某商业管理有限公司擅自分割销售所致，亦并非案涉《商品房现房买卖合同》不能正常履行的事实障碍。

在本案再审过程中，某实业投资有限公司补充提出了不动产登记管理部门对商业办公类用房分割转让后产权转移登记已暂停办理，案涉房屋现无法办理分割及分户产权登记，处于事实不能履行的答辩意见。高院认为，案涉商业办公类用房分割转让后的产权转移登记目前是否停止办理，除某实业投资有限公司自称到不动产登记中心窗口咨询外，并无其他政府文件印证，且根据本案查明的事实，某商业管理有限公司所售出的商铺已存在正常办理不动产分户及转移登记事实，故某实业投资有限公司所称案涉合同因政府政策变化致不能履行的答辩意见，因与事实不符，缺乏证据支持，高院不予采纳。

综上所述，因案涉合同记载销售面积与房屋所有权初始登记面积不符并不构成实业投资有限公司履行交付房屋并办理分户不动产权证等合同义务的阻碍，除非某实业投资有限公司明确拒绝履行案涉商品房买卖合同，并因此承担违约责任，否则其应当继续承担案涉房屋交付及不动产权证办理义务。

在实务方面，未进行实际分割的虚拟产权是禁止诉请直接过户的。但是部分不动产登记中心在有以下文件资料的情况下可以就该不动产直接执行：明确的执行边界与面积、权属证书、房屋的首次登记资料、生效的查封文书。关于明确的执行边界与面积是以规划为基础，若是因为装修等其他原因导致原本执行面积内的不动产不可分或作用发生改变，则无法就该不动产进行分割。

综上所述，关于未进行实际分割的虚拟产权诉请直接过户的问题存在三种情况：第一，未进行实际分割的虚拟产权不可以诉请直接过户，出售方可以选择将商业办公类用房分割转让后的产权转移进行登记，然后和购买人进行房屋过户流程；第二，出售人选择拒绝履行商品房买卖合同，并因此承担相应的违约责任；第三，在有明确资料与证据证明不动产划分边界与面积的情况之下，部分不动产登记中心可以对于不动产直接执行。

【规范指引】

《民法典》第 580 条。

问题 15：商品房买卖合同约定的层高与实际交付不符的情况下，买受人不退房可否主张损失，如何认定其损失？

【案例】李某某、燕某与某房地产开发有限公司商品房预售合同纠纷案[①]

2016 年 5 月，某房地产开发有限公司（以下简称某公司）与李某某、燕某签订《商品房买卖合同（预售）》约定商品房层高为 6 米，总价款为 1 399 733 元。该合同第 14 条“面积差异处理”约定：实测面积与本合同载明的预测建筑面积发生误差的，套内建筑面积误差比绝对值均在 3% 以内（含 3%）的，据实结算房价款；实测套内建筑面积小于预测套内建筑面积时，套内建筑面积误差比绝对值在 3% 以内（含 3%）部分的房价款由出卖人返还买受人，套内建筑面积误差比绝对值超出 3% 部分的房价款由出卖人双倍返还买受人。2017 年 5 月，某公司与李某某、燕某签订《补充协议》，其中第 1 条约定：只要该商品房实际建筑层高的最低值符合国家相关规范的要求，买受人就不得因层高问题向出卖人主张任何形式的索赔、补偿。该条内容未作加粗，某公司亦没有证据证明已就该条内容向李某某、燕某进行过提示。因交付房屋层高 5.5 米与合同约定不符，李某某、燕某主张某公司按照误差比返还购房款 256 431.1 元，某公司认为李某某、燕某依据《商品房买卖合同解释》第 14 条来计算和主张要求返还房款和利息，但该条是对面积差异的规定，并不能适用本案层高差异，且房屋层高已远远高于国家相关规范的要求，对实际使用没有影响。双方就此争议诉至法院。

【分析】

鉴于层高“缩水”问题一般不会严重影响正常居住和使用，亦不会达到商品房买卖合同目的无法实现的程度，一般不构成根本违约。但是，层高出现“缩水”，开发商明显未能按照合同约定全面履行义务。依据《民法典》第

① 参见四川省成都市中级人民法院（2020）川 01 民终 12229 号民事判决书。

577 条规定，开发商应当承担继续履行、采取补救措施或者赔偿损失等违约责任。因房屋层高已无法改变，客观上不能采取补救措施，故购房者有权要求开发商赔偿损失。至于预期利益损失，根据《民法典》第 584 条之规定，当事人一方不履行合同义务或者履行合同义务不符合约定，造成对方损失的，损失赔偿额应当相当于因违约所造成的损失，包括合同履行后可以获得的利益；但是，不得超过违约一方订立合同时预见到或者应当预见到的因违约可能造成的损失。商品房层高不足时，可能不会影响实际使用，却会在一定程度上降低房屋再交易的市场价值，造成买受人预期利益损失，开发商应当承担赔偿责任。

司法实践中，在商品房买卖合同约定的层高与实际交付不符的情况下，对于赔偿损失数额的确定存在两种计算方式。

第一种计算方式为，参照合同约定的面积差异处理方式确定损失赔偿数额。开发商交付房屋的实际层高虽符合相关《住宅设计规范》，但低于合同约定层高，而实际层高的减少致使房屋的可使用空间相应减少，客观上给购房者造成一定损失，购房者请求参照合同约定的面积差异处理方式确定损失赔偿数额，具有合理性，因此法院判决开发商按照层高误差比例退还房屋差价的，于法不悖。

第二种计算方式为，根据开发商的过错程度、房屋价款、层高减少程度、层高减少对房屋的使用影响酌情确定赔偿数额，购房者不可以房屋面积误差计算损失数额的方法来计算因房屋层高误差造成的损失数额。因购房者最终获得的是空间使用权，但层高与面积对于商品房而言是不相同的决定性因素，特别是对于房屋价格的确定，案涉房屋系按照面积计算价格而非按层高计算价格，因此在层高达到国家强制性标准的前提下，不宜直接按照实际使用的房屋空间占约定的房屋空间的比例，再以该比例折算出相应的房屋总价款来确定损失。本案中，一审法院亦认定李某某、燕某主张层高差异款，缺乏事实依据，未予支持。鉴于双方未就相应的损失赔偿计算方式作出约定，故一审法院综合开发商的过错程度、房屋价款、层高减少程度、层高减少对房屋使用的影响程度等因素，对赔偿数额予以酌定，确定为 70 000 元，二审法院审查后，亦维持原判。

我们认为，购房者的合同目的是基于对所购房屋整体空间的利用，实际层高的减少致使房屋可使用空间相应减少；同时层高“缩水”亦在一定程度上降低了房屋再交易的市场价值，该预期利益损失理应由违约方承担。综上所述，在合同未约定层高“缩水”损失赔偿标准的情况下，应当从公平原则和诚信原则出发，综合考虑开发商过错程度、房屋价款、层高减少程度、层高减少对房屋使用的影响程度等因素，对赔偿数额予以酌定。

【规范指引】

《民法典》第577条、第584条。

问题16：商品房逾期交房纠纷案件中，未交付两书一表是否持续计算逾期天数？

【分析】

“两书一表”指的是《住宅质量保证书》《住宅使用说明书》《住宅工程质量分户验收结果表》。《住宅质量保证书》是房地产开发商将新建成的房屋出售给购买人时，针对房屋质量向购买者作出承诺保证的书面文件，具有法律效力，开发商应依据《住宅质量保证书》上约定的房屋质量标准承担维修、补修的责任。《住宅使用说明书》是指对住宅的结构、性能和各部位（部件）的类型、性能、标准等作出说明，并提出使用注意事项的文件。如在房屋使用中出现问题，说明书将成为解决开发商与业主之间纠纷的重要依据。

根据国务院颁布的《城市房地产开发经营管理条例》第30条规定，房地产开发企业应当在商品房交付使用时，向购买人提供住宅质量保证书和住宅使用说明书。住宅质量保证书应当列明工程质量监督单位核验的质量等级、保修范围、保修期和保修单位等内容。房地产开发企业应当按照住宅质量保证书的约定，承担商品房保修责任。

实践中，开发商在向住户交付房屋前，需要经过有关部门的并联竣工验收。建设单位按照批准的设计文件建设竣工后，向市建委提出竣工验收申请，由市建委牵头，按项目分类并联市规划、国土、环保、消防、人防、卫生、水务、安监、林业园林、国安等部门根据各自职责承办。根据《国务院办公厅关于开展工程建设项目审批制度改革试点的通知》（国办发〔2018〕33号）要求：规划、国土、消防、人防、档案、市政公用等部门和单位实行限时联合验收，统一竣工验收图纸和验收标准，统一出具验收意见。以成都市为例，成都市住建局在2019年印发《成都市建设工程项目竣工验收并联并行现场验收工作规程》，提出：将建设工程项目竣工验收涉及的规划、人防、国安、消防的专项竣工验收及工程质量监督的现场核实工作，按照“同时受理、并联核实、限时办理”的原则，与内业审查同时进行，并联并行、限时办结。

在工程竣工联合验收时，住宅工程类别项目需提交《住宅工程分户验收汇总表》《住宅质量保证书》和《住宅使用说明书》。根据成都市住房和城乡建设局于2020年11月6日发文的《成都市住房和城乡建设局关于进一步加强商品房交付工作的通知》，明确了商品房交付所需具备的各项条件，其中之一即为商品房取得并联竣工验收合格证明文件，具体交付条件如下：（1）取得并联竣工验收合格证明；（2）取得附属设施设备交付使用备案意见书；（3）项目内的道路、导引标识、出入口等按规划建设并正常使用；（4）分期交付项目建有相关隔离设施，不影响入住居民的正常通行；（5）商品房项目为住宅的，住宅工程质量分户验收、住宅质量保证书和住宅使用说明书制度已落实，水、电、气、网已敷设到户，相关计量表检定合格。项目交付时，应将符合交付条件的相关证明材料在交付现场醒目位置予以公示，具体包括：（1）并联竣工验收通知书（涉及质量、人防、消防、规划、绿化、国安、防雷装置等是否合格情况记录）；（2）新建附属设施设备交付使用备案意见书；（3）住宅使用说明书；（4）住宅质量保证书；（5）工程质量保修书；（6）住宅工程质量分户验户验收表；（7）商品房面积实测报告。

也就是说，根据行政主管部门的要求，开发商在向住户交付房屋前，需要先通过住建部门等相关部门的并联竣工验收，在竣工验收中，“两书一表”已在交付现场向验收部门进行了公示。因此，我们认为，如果开发商在交付房屋时，通过工程竣工联合验收的情况下，并且提供了“两书一表”，则符合交房条件，正常交房即可；如果开发商在交房时未向住户提供“两书一表”，但是将“两书一表”进行了公示，我们认为，这种情况下，开发商虽然没有在形式上向住户提供“两书一表”，但是该房屋确实通过了竣工验收，也具备了相应证件，从房屋实质上看不存在影响住户居住的问题，因此不应当要求开发商承担逾期交房利息。如果开发商在交房既未向住户提供“两书一表”，也没有证据证明自己已将“两书一表”对住户进行了公示，则在此情况下，开发商属于违规交房，购房人有权拒绝收房，开发商应当承担相应的延期交房违约责任，违约金应当计算至具备交付条件之日止或实际出示文件之日止，违约金标准可根据实际情况进行调整。

【规范指引】

《民法典》第119条、第509条、第577条、第585条。

问题 17：出售房屋因涉及银行贷款抵押而出卖人拒绝提前还款消灭抵押权的，买受人愿意代为清偿债务涤除抵押权的，商品房买卖合同能否继续履行？

【案例】刘某某、韩某与尤某某商品房买卖合同纠纷案[①]

2017 年 5 月，尤某某（购买方、乙方）与刘某某、韩某（出售方、甲方）、案外人某房产中介所（居间方、丙方）签订《房地产买卖合同》，约定甲方将自有房屋所有权及该房屋占用的土地使用权出售给乙方，议定售价为 1 140 000 元。买卖双方同意房款支付采取首付加贷款方式，双方于 2017 年 5 月 24 日前交接房屋。合同签订后，尤某某支付定金并交纳中介费。2017 年 6 月、2018 年 5 月，尤某某与刘某某两次签订补充协议，就该房屋网签备案、备案时间、过户程序、支付款项时间、税费差价等事项进行了补充约定。截至 2020 年 3 月，尤某某向刘某某支付房款 1 026 000 元。2020 年 10 月，刘某某、韩某以案涉房屋为抵押物向银行申请抵押贷款，案涉房屋上现设有抵押权人某银行的一般抵押权 800 000 元。刘某某、韩某与银行签署的《个人抵押贷款合同》第 10 条约定，未经银行书面同意，不得以转让、赠与、设定担保物权等任何方式处分抵押物。刘某某与韩某主张在房屋存在抵押的情况下，属于“法律上和事实上不能履行”的情形，在该情形未消除及尤某某未支付全部购房款的情况下，房屋买卖合同无法继续履行，双方因此诉至法院。

【分析】

本案中，尤某某主张继续履行商品房买卖合同的前提是消除抵押权。关于如何消除抵押权，根据《民法典》第 406 条之规定，抵押期间，抵押人可以转让抵押财产。当事人另有约定的，按照其约定。抵押财产转让的，抵押权不受影响。抵押人转让抵押财产的，应当及时通知抵押权人。该条款抛弃了限制抵押物转让的立法政策，重新承认了抵押权的对世效力与抵押人的处分权，并限制了抵押权物上代位效力的适用，即担保财产发生毁损、灭失或者被征收等情形时，担保物权的效力及于担保财产的替代物。

《民法典》第 406 条既未规定涤除权，又未在该条中明确规定受让人可

① 参见江苏省徐州市中级人民法院（2021）苏 03 民终 8368 号民事判决书。

以通过代为清偿消灭抵押权，但《民法典》第524条对有利害关系人的第三人代为履行的规定，可以与第406条完美契合。该法第524条规定，债务人不履行债务，第三人对履行该债务具有合法利益的，第三人有权向债权人代为履行。但是，根据债务性质、按照当事人约定或者依照法律规定只能由债务人履行的除外。债权人接受第三人履行后，其对债务人的债权转让给第三人，但是债务人和第三人另有约定的除外。该条通过确立两条重要的下属规则，可以用来对抵押物的受让人提供救济，确立了对履行债务有利害关系人的第三人代为履行。需要注意的是，第三人代为履行，亦应遵循一定的前提：一是债务人和债权人未约定第三人负有履行义务；二是债务人不履行义务；三是第三人对履行该义务具有合法利益，即第三人对债务清偿无利害关系的，法律并不承认第三人的代为清偿为一种权利，在债务人提出异议等情形下，债权人可以拒绝受领。同时，在具体适用上还应受到限制，如依据合同自由和意思自治原则当事人约定只能由债务人履行的，第三人不得代为清偿。第三人代为全部清偿后，债权人和债务人之间的债权债务关系消灭，债权人实现了债权，债务人免除了清偿义务。债权人的债权实现后，其债权转移给第三人，第三人自然成为新的债权人，其享有要求债务人履行义务的权利，此时购房人有权主张其代为偿还的房屋贷款与购房人尚未支付的购房款相抵销。若第三人（即购房人）仅代为履行部分债务，无法涤除房屋上的抵押权；唯有第三人代出卖人清偿房屋全部贷款后，方可有权请求抵押权人协助解除抵押权并办理过户。

在2010年《北京市高级人民法院关于审理房屋买卖合同纠纷案件适用法律若干问题的指导意见（试行）》中的第8条也明确指出：房屋抵押权存续期间，出卖人（抵押人）未经抵押权人同意转让抵押房屋的，不影响房屋买卖合同的效力。出卖人在合同约定的履行期限届满时仍未履行消灭抵押权的义务，致使买受人无法办理房屋所有权转移登记，买受人请求解除合同，并要求出卖人承担相应违约责任的，应予支持；买受人要求继续履行合同，办理房屋所有权转移登记，经法院释明后仍坚持不变更的，对其诉讼请求，不予支持，但买受人同意并能够代为清偿债务消灭抵押权的除外。

本案中，一审法院认为，尤某某现已按照双方之间的约定，将总房款的90%（1 026 000元）付至刘某某、韩某的账户，并同意继续按照协议约定在办理网签备案时将10%的购房款（114 000元）付至资金监管账户，故涉案房屋已具备办理网签备案及产权变更登记条件，尤某某主张继续履行房屋买卖合同，要求刘某某、韩某协助办理涉案房屋产权变更登记手续，有事实和法律依据。二审法院审查后，亦维持原判。

综上，对于债务的清偿第三人具有显著法律利益的，依据《民法典》第524条，抵押物受让人享有代为清偿的权利，买受人可单方代出让人偿还债务消除抵押权，排除合同继续履行的障碍。

【规范指引】

《民法典》第406条、第524条。

问题18：当事人依据身份关系协议要求确认住房归其所有或一方当事人协助办理房屋过户登记的，应如何处理？

【案例】唐某甲与李某某离婚纠纷案①

唐某甲与李某某系夫妻关系，二人生育一子即唐某乙。唐某甲曾与前妻生育一女唐某，离婚后由前妻抚养。唐某甲父母均先于唐某甲去世。2002年12月16日，唐某甲以1 579 796元的价格购买财富中心房屋，登记在唐某甲名下，至庭审时尚欠银行贷款877 125.88元未偿还。2010年10月2日，唐某甲与李某某签订《分居协议书》，双方约定："唐某甲和李某某的感情已经破裂。为了不给儿子带来心灵伤害，我们决定分居。双方财产分割如下：现在财富中心和慧谷根园的房子归李某某所有。李某某可以任何形式处置这些房产，唐某甲不得阻挠与反对，并有义务协助办理相关事项。湖光中街和花家地的房产归唐某甲所有，唐某甲可以任何形式处置这些房产，李某某不得阻挠与反对，并有义务协助办理相关事项。儿子唐某乙由李某某抚养。唐某甲承担监护、抚养、教育之责。李某某每月付生活费5000元。双方采取离异不离家的方式解决感情破裂的问题。为了更好地达到效果，双方均不得干涉对方的私生活和个人事务。"唐某甲于2011年9月16日在外地出差期间突发疾病死亡，未留有遗嘱。唐某（唐某甲与前妻之女）诉至法院，请求判令，李某某以及子女唐某、唐某乙共同依法继承唐某甲的全部财产。

【分析】

本题讨论身份关系协议的相关问题，关于身份关系协议的界定，根据

① 参见北京市第三中级人民法院（2014）三中民终字第09467号民事判决书。

《民法典》第464条第2款“婚姻、收养、监护等有关身份关系的协议，适用有关该身份关系的法律规定；没有规定的，可以根据其性质参照适用本编规定”。《民法典》第464条第2款规定的身份关系协议包括五种类型：分别是纯粹身份关系协议、基于身份关系而发生或解除的财产协议、有关身份权利行使和义务承担的协议、近亲属之间的监护协议以及继承编中有关亲属身份关系的财产协议。纯粹身份关系协议是婚姻与收养关系产生或者消灭的法律事实；基于身份关系而发生或解除的财产协议与有关身份权利行使和义务承担的协议等身份关系协议的身份伦理属性较强，要么财产性内容与身份因素相互交织，要么财产性内容以身份因素为条件，属于“身份财产混合协议”；近亲属之间的意定监护协议、协议监护协议、委托监护协议、遗产分割协议、遗赠扶养协议、继承协议等身份关系协议的财产性内容与身份关系具有关联性，身份伦理属性很弱，属于“身份财产关联协议”。身份财产混合协议与身份财产关联协议可被统称为“身份财产协议”。身份财产协议的伦理属性的强弱是其参照适用合同编乃至总则编的重要判断标准，当事人之间的伦理属性越强，法官在参照适用时就越要考量婚姻家庭编的特殊价值。

本案的主要争点是婚内财产分割协议应否作为确定遗产范围的依据。要解决这一问题，在婚内财产分割协议约定不动产的所有权归属时，就涉及《物权法》规定的不动产物权登记生效原则与《婚姻法》关于夫妻之间约定财产制效力的冲突。

《民法典》婚姻家庭编第1065条规定：“男女双方可以约定婚姻关系存续期间所得的财产以及婚前财产归各自所有、共同所有或者部分各自所有、部分共同所有。约定应当采用书面形式。没有约定或者约定不明确的，适用本法第一千零六十二条、第一千零六十三条的规定。”而《民法典》物权编第209条第1款规定：“不动产物权的设立、变更、转让和消灭，经依法登记，发生效力；未经登记，不发生效力，但是法律另有规定的除外。”

从上述两个法条可以看出存在冲突，那是按照《民法典》婚姻家庭编规定只要对夫妻双方以书面形式对财产分割作出约定即发生法律效力，无须登记过户，还是适用物权编，未经登记不发生效力？

要解决这个问题，首先要厘清《民法典》物权编和《民法典》婚姻家庭编在调整婚姻家庭领域内财产关系时的衔接与适用问题。《民法典》物权编属于物权领域，法律主体因物而产生联系，其作为调整平等主体之间因物之归属和利用而产生的财产关系的基础性法律，重点关注主体与物的关系，其立法旨在保护交易安全以促进资源的有效利用。

而《民法典》婚姻家庭编作为身份法，皆在调整规制夫妻之间的人身关系和财产关系，其中财产关系则依附于人身关系而产生，仅限于异性之间或家庭成员之间因身份而产生的权利义务关系，不体现直接的经济目的，而是突出亲属共同生活和家庭职能的要求。故婚姻家庭编关于夫妻子女等特别人伦或财产关系的规定不是出于功利目的创设和存在，而是带有“公法”意味和社会保障、制度福利的色彩，将保护弱者和利他价值取向直接纳入权利义务关系进行考虑。

因此，婚姻家庭的团体性特点决定了《民法典》婚姻家庭编不可能完全以个人为本位，必须考虑夫妻共同体、家庭共同体的利益，与《民法典》物权编突出个人本位主义有所不同。在调整夫妻财产关系领域，《民法典》物权编应当保持谦抑性，对《民法典》婚姻家庭编的适用空间和规制功能予以尊重，尤其是夫妻之间关于具体财产制度的约定不宜由《民法典》物权编过度调整，应当由《民法典》婚姻家庭编去规范评价。本案中，双方签署的夫妻财产约定协议书中关于房屋的分割，属于夫妻内部对财产的约定，不涉及家庭外部关系，应当优先和主要适用《民法典》婚姻家庭编的相关规定，《民法典》物权编等调整一般主体之间财产关系的相关法律规定应作为补充。

那么，《民法典》物权编上的不动产登记公示原则在夫妻财产领域是否具有强制适用的效力？我们认为，婚内财产分割协议只涉及财产在夫妻之间的归属问题，依双方约定即可确定，无须以公示作为物权变动要件。

《民法典》物权编以登记作为不动产物权变动的法定公示要件，赋予登记以公信力，旨在明晰物权归属，保护交易安全和交易秩序，提高交易效率。但实践中，由于法律的例外规定、错误登记的存在、法律行为的效力变动、当事人的真实意思保留以及对交易习惯的遵从等原因，存在大量欠缺登记外观形式，但依法、依情、依理应当给予法律保护的事实物权。《民法典》物权编第229–231条对于非基于法律行为所引起的物权变动亦进行了例示性规定，列举了无须公示即可直接发生物权变动的情形。当然，这种例示性规定并未穷尽非因法律行为而发生物权变动的所有情形，《民法典》婚姻家庭编规定的相关情形亦应包括在内。

在夫妻财产领域，存在大量夫妻婚后由一方签订买房合同，并将房屋产权登记在该方名下的情形，但实际上只要夫妻之间没有另行约定，双方对婚后所得的财产即享有共同所有权，这是基于《民法典》婚姻家庭编规定的法定财产制而非当事人之间的法律行为。因为结婚作为客观事实，已经具备了公示特征，无须另外再为公示。而夫妻之间的约定财产制，是夫妻双方通过书面形式，在平等、自愿、意思表示真实的前提下对婚后共有财产归属作出的明确约定。此种约定充分体现了夫妻真实意愿，系意思自治的结果，应当受到法律尊重和保护，故就法理而言，亦应纳入非依法律行为即可发生物权变动效力的范畴。因此，当夫妻婚后共同取得的不动产物权归属发生争议时，应当根据不动产物权变动的原因行为是否有效、有无涉及第三人利益等因素进行综合判断，不宜以产权登记作为确认不动产权属的唯一依据，只要有充分证据足以确定该不动产的权属状况，且不涉及第三人利益，就应当尊重夫妻之间的真实意思表示，按照双方达成的婚内财产分割协议履行。需要指出的是，此处的第三人主要是相对于婚姻家庭关系外部而言，如夫妻财产涉及向家庭以外的第三人处分物权，就应当适用《民法典》物权编等调整一般主体之间财产关系的相关法律规定。而对于夫妻家庭关系内的财产问题，应当优先适用《民法典》婚姻家庭编的相关规定。

本案的二审法院认为，当夫妻婚后共同取得的不动产物权归属发生争议时，应根据不动产物权变动的原因行为是否有效、有无涉及第三人利益等综合因素进行考量，不宜以产权登记作为确定不动产归属的唯一依据。只要有充分证据足以确定该不动产的权属状况，且不涉及第三人的利益，就应当尊重夫妻之间的真实意思表示，按照双方达成的婚内财产分割协议履行，并确立了应将夫妻财产分割协议纳入非以法律行为即可发生物权变动效力的范畴，进而将唐某甲与李某某在《分居协议书》中约定的，归李某某所有。但登记于唐某甲名下的诉争房屋排除于唐某甲与李某某夫妻共同财产以及唐某甲遗产范围之外。

除了本案所讨论的婚姻协议之外的其他身份关系协议，我们认为，身份关系协议都带有“公法”意味和社会保障、制度福利的色彩，将保护弱者和利他价值取向直接纳入权利义务关系进行考虑。因此，在调整身份关系协议的财产问题上，《民法典》物权编应当保持谦抑性，对有关身份关系协议规定的适用空间和规制功能予以尊重，比如《民法典》第 1123 条关于遗嘱继承的规定“继承开始后，按照法定继承办理；有遗嘱的，按照遗嘱继承或者遗赠办理；有遗赠扶养协议的，按照协议办理”。那么，当遗嘱继承和物权编规定发生冲突时，如遗嘱中对房产分配进行了约定，我们认为应当参照本案的裁判规则，探索适用身份关系协议对房产归属的规定。

【规范指引】

《民法典》第209条、第1121–1123条、第1127条、第1130条、第1065条。

第三章　商品房销售合同纠纷

第一节　商品房销售合同纠纷概述

房地产行业作为国民经济的重要支柱产业，对于国家经济发展具有相当重要的作用。而商品房买卖又是房地产行业中尤为关键的一环。近些年来，随着经济环境的变化，商品房销售合同纠纷成为近年来常见的矛盾纠纷，这类纠纷涉及的商品房价值大、化解难度大，通常以楼盘为单位集中爆发、易形成群体性诉讼，容易成为社会热点，在审理过程中商品房买卖合同纠纷也随之呈现出各式新特点。

一、商品房销售合同纠纷的审理现状

（一）案件数量总体呈增长趋势，后疫情时代有所回落

随着经济市场交易的活跃，以及老百姓对“安居乐业”幸福美好生活的需求和期盼，商品房销售合同纠纷在房地产交易市场上占据的比重较大。但受房地产市场震荡和“疫情时代”停工停产双重影响，出现阶段性收案数量下降的趋势。商品房买卖合同的签订与纠纷产生存在时间差，自房产调控和限价后，开发商拿地更为谨慎，新开楼盘数量减少，客观情况下亦致使案件数量下降。且开发商违约之后，当事人并非即刻提起诉讼，而往往在开发商履行交付房屋或办理权属证书义务后再行提起诉讼。受经济发展周期性因素、房地产政策调控、房地产企业“暴雷”及新冠疫情等影响，开发商在疫情下组织生产复工存在一定难度，当年案件“积压”，在次年引起了案件突增。在后疫情时代，开发商签订商品房买卖合同时将会考虑疫情等因素，对交付时间、办证时间予以充分考量，收案数量回落。

（二）纠纷化解难度大，调解撤诉比率低

商品房销售合同纠纷案件大部分以判决为主，调撤率普遍低于民事案件的平均调撤率，法官化解矛盾纠纷、主持调解、维护稳定的难度较大。由于房屋买卖合同标的特殊，大多数买受人倾注了大量积蓄，一旦房屋买卖进入司法程序，开发商与购房人之间矛盾往往比较激烈，对抗强度大。大部分案件在最终进入诉讼前，双方当事人通常已经通过多种非诉渠道进行协商，协调不成才诉至法院，当事人对法院判决有着较高期许，不轻易接受调解。此外因开发商自身问题导致，如前期和购房者对接的销售部门与后期参与诉讼的法务部门之间衔接不畅，甚至意见相左，在调解过程中，也会遇到管理层相互推诿，不愿意承担调解引发的内部追责问题，或出于资金压力，不愿意接受调解而通过上诉等途径拖延履行的情形。涉解除合同诉求类案件调解调撤率更低，主要因相关业主有微信群联系，考虑到潜在群体性诉讼压力，开发商在诉讼中坚持继续履行合同，不同意解除合同，故此类案件的调解、撤诉率较低。

（三）潜在风险大，易引发舆情或信访

基于商品房销售合同的标的物既可能是已建好的房屋，又可能是尚未竣工的房屋，而且还包括建筑物和小区的公用设施、设备的所有权或使用权，故存在规划设计问题、房屋质量问题、面积差异、广告宣传不实等隐患，易引起负面舆情或产生信访案件。

二、商品房销售合同纠纷的基本特点

近年来，商品房买卖合同纠纷领域各种新类型、新形态矛盾纠纷不断涌现。分析发现，商品房销售合同纠纷逐渐从占绝对比例的购房者与开发商之间的“两金”争议（即逾期交房违约金和逾期办证违约金争议），转向补充协议条款效力认定、精装房质量异议、销售顾问权限、开发商口头承诺效力等新类型争议。

（一）起诉主体多为买方，群体诉讼比重较大

从当事人来看，商品房买卖合同纠纷案件多为卖方违约引起，大部分案件是购房者作为原告，仅有少部分案件由开发商作为原告，且基本为购房者未按时支付购房款的情形。同一开发商在合同履行中出现问题，就会波及同

一小区的多名业主，特别是在出现开发商迟延交楼、办证及实际交付与合同约定不符等共性问题时，就会导致购房者抱团维权，引发群体性诉讼。由于商品房买卖合同纠纷关系人民群众安居乐业，利益重大、影响范围较广，社会敏感性强，比一般的群体性纠纷更容易激起矛盾冲突。一旦双方对解决问题的方案或者赔偿标准无法达成一致，购房人可能会联合群体信访。

（二）纠纷类型较为集中，房屋交付问题占比最大

商品房买卖合同纠纷牵涉利益主体广，涉诉标的金额高，案件群体性特征突出，同时商品房买卖有涉及面广、交易流程复杂、履行周期长等特点，因此，房屋能否正常交付、交付是否符合合同约定等便成为此类纠纷的争议焦点。因开发商未能在合同约定的时间向购房者交付房屋、办理产权证等引起的纠纷占比较高。同时，商品房交付标准一直是购房者与开发商争议的焦点。多数情况下，开发商认为"商品房经验收合格"即为交付，但在购房者看来，验收合格并不意味着房屋的必然交付，如果房屋存在不严重影响居住使用的其他质量问题，也可以拒绝收房。此外，实际交付的房屋与合同约定的房屋面积、空间层高如果产生误差，也容易引发房屋价款承担方面的纠纷。

（三）部分房地产企业在销售宣传不规范、逾期办证、精装房质量瑕疵等问题也是常见纠纷产生原因

房地产销售合同纠纷案件情况暴露出部分房地产企业存在销售宣传不规范、逾期交房、逾期办证、精装房质量瑕疵等问题。比如，房地产企业存在销售宣传不规范，广告或宣传资料对购房者的影响易被忽视。一般而言，商品房的销售广告和宣传资料会对购房者的购房行为产生一定影响。若广告或宣传资料对房屋及相关设施进行了展示，即使商品房买卖合同中未对相关设施作出明确约定，购房者也会认为这是一种允诺。若交房后，房屋及其相关设施与广告或宣传资料上呈现的不一致，则容易引发纠纷。

三、商品房销售合同纠纷的审理原则

实践中，商品房销售合同往往标的额大、涉及面广、诉辩双方在违约事实、法律适用层面易产生较大分歧，同时由于商品房销售合同大多为格式条款，合同对房屋交付条件、房屋质量问题等未尽详细约定，容易引发纠纷。

（一）慎重认定合同无效原则

根据《民法典》第153条规定，只要不违反法律、行政法规的强制性规定、不违背公序良俗，合同即合法有效。住房关系民生福祉，如果任意以违反法律强制性规定为由而认定合同无效，既不符合民法典立法本意，也会损害社会福祉。房地产开发商与买受人签订的商品房买卖合同，只要不违反法律法规禁止性规定以及公序良俗，一般都应当认定为有效合同。审判实务中，只有违反效力性规定的商品房买卖合同方为无效。比如，除了以违法建筑为标的的房屋买卖合同，当事人之间签订的涉房地产调控政策合同，一般应为有效，但恶意规避房地产调控政策、违背公序良俗的除外。再如，出售已被司法机关依法查封或行政机关已办理抵押登记等以其他形式限制房地产权利的房屋，当事人主张房屋买卖合同无效的，不予支持。商品房买卖合同生效后，当事人对有关内容没有约定或者约定不明确的，可以协议补充；不能达成补充协议的，按照合同有关条款或者法律规定确定。如商品房买卖合同被认定为无效，当事人要求返还房屋、支付占有使用费，退还购房款、利息的，一般可予支持，当事人要求赔偿损失的，应根据当事人过错程度合理确定实际损失分担。

（二）违约金公平适用原则

一般来说，商品房买卖合同标的额都比较大，由此产生的违约金也相应较高，对双方当事人来说负担较重。当事人以商品房买卖合同约定的违约金过高或者过低为由请求人民法院予以调整的，人民法院应当坚持违约金以补偿性为主、惩罚性为辅的基本原则，综合违约方的违约情况、守约方的实际损失、过错程度、商品房买卖合同履行情况等因素，根据公平原则和诚信原则予以衡量，综合予以确定。商品房买卖合同纠纷中认定违约金是否过高，以违约金超过造成的损失30%为标准，即可认定为“违约金过高”，应适当减少。当然，违约金调高或调低应当由当事人主张，法院不能主动对合同约定的违约金进行调整。当事人主张约定的违约金过高请求予以适当减少的，应当承担举证责任，相对人主张违约金约定合理的，也应提供相应的证据。但对于同一小区同一违约行为所应承担的违约责任，原则上应当采取同一标准确定，但商品房买卖合同另有约定的除外。

（三）商品房买卖合同中的诚信原则

《民法典》第7条规定："民事主体从事民事活动，应当遵循诚信原则，秉持诚实，恪守承诺。"该条确立了诚信原则作为民法典的基本原则之一。诚信原则适用范围不仅仅限于合同领域，更应扩大到民事主体从事任何民事活动中来。诚信原则要求民事主体在行使民事权利，履行民事义务，承担民事责任时都应当秉持诚信，恪守承诺。商品房交易中标的物均涉及房屋，且大部分买受人购买房屋为家庭居住使用，合同标的额往往较大，任何交易一方尤其是开发商，如不遵循诚信原则，极易影响合同目的实现，损害人民群众利益。比如，开发商在收取绝大部分房款或全部房款后，言行不一致，无正当理由不配合办理过户或更有甚者弄虚作假又将房屋另行出售予第三人，极其容易造成较大的社会矛盾，不利于社会和谐稳定，故在商品房买卖合同纠纷案件中，应重点审查双方当事人在交易过程中是否遵循诚信原则，既利于平衡当事人之间利益和社会利益之间的平衡，又利于降低交易成本，提高交易效率，保障交易安全，实现合同交易目的，维护社会公平正义、和谐稳定。

四、商品房销售合同纠纷的审查要素

（一）开发商是否取得商品房预售许可证

《商品房买卖合同解释》（2020年修正）第2条规定："出卖人未取得商品房预售许可证明，与买受人订立的商品房预售合同，应当认定无效，但是在起诉前取得商品房预售许可证明的，可以认定有效。"商品房预售许可证明由国家颁发，是经备案允许销售房地产的必经手续。在未取得该证明的情况下，开发商与购房人签订的商品房预售合同或商品房买卖合同，均认定无效，但是在起诉前取得该证明的，可以认定有效。

（二）区分预约合同和本约合同

《商品房买卖合同解释》（2020年修正）第5条规定："商品房的认购、订购、预订等协议具备《商品房销售管理办法》第十六条规定的商品房买卖合同的主要内容，并且出卖人已经按照约定收受购房款的，该协议应当认定为商品房买卖合同。"《商品房销售管理办法》第16条规定："商品房销售时，房地产开发企业和买受人应当订立书面商品房买卖合同。商品房买卖合同应当明确以下主要内容：（一）当事人名称或者姓名和住所；（二）商品房基本状况；（三）商品房的销售方式；（四）商品房价款的确定方式及总价款、付款方式、付款时间；（五）交付使用条件及日期；（六）装饰、设备标准承诺；（七）供水、供电、供热、燃气、通讯、道路、绿化等配套基础设施和公共设施的交付承诺和有关权益、责任；（八）公共配套建筑的产权归属；（九）面积差异的处理方式；（十）办理产权登记有关事宜；（十一）解决争议的方法；（十二）违约责任；（十三）双方约定的其他事项。”区分当事人订立的协议系商品房买卖预约合同还是本约合同，应结合当事人立约时真实意思及法律、司法解释对商品房买卖合同形式要件的要求进行综合评定。需要注意的是，并非必须具备《商品房销售管理办法》第16条所列的全部内容方可认定商品房买卖合同成立。一般而言，当事人就作为合同标的的商品房基本状况、价款及支付方式等主要内容达成合意，可认定具备商品房买卖合同的主要内容。

（三）商品房销售广告和宣传资料的效力

《商品房买卖合同解释》（2020年修正）第3条规定：“商品房的销售广告和宣传资料为要约邀请，但是出卖人就商品房开发规划范围内的房屋及相关设施所作的说明和允诺具体确定，并对商品房买卖合同的订立以及房屋价格的确定有重大影响的，构成要约。该说明和允诺即使未载入商品房买卖合同，亦应当为合同内容，当事人违反的，应当承担违约责任。”

（四）竣工时间与交房时间的确定

原则上，出卖人不能在约定时间交付房屋便构成逾期交房。因不可抗力或按时交付产生影响时不构成逾期交房，但出卖人应在合理时间内对买受人及时履行通知义务。若逾期时间较短或虽逾期期限长但购房人不解除合同，由房地产企业支付违约金或赔偿损失。若逾期交房期限较长，购房人享有了合同解除权。依据《商品房买卖合同解释》（2020年修正）第11条规定：“根据民法典第五百六十三条的规定，出卖人迟延交付房屋或者买受人迟延支付购房款，经催告后在三个月的合理期限内仍未履行，解除权人请求解除合同的，应予支持，但当事人另有约定的除外。法律没有规定或者当事人没有约定，经对方当事人催告后，解除权行使的合理期限为三个月。对方当事人没有催告的，解除权人自知道或者应当知道解除事由之日起一年内行使。逾期不行使的，解除权消灭。”

【规范指引】

《商品房买卖合同解释》第2–3条、第5条、第11条；《商品房销售管理办法》第16条。

第二节　争点整理与认定

产权式商铺本质上是商铺所有权和经营权的分离，是指房地产开发商将整体的商业建筑物分割为若干独立的部分分别销售，业主购买并办理产权登记后享有产权但不直接经营，而是由开发商或专门的经营公司负责统一经营管理，业主获取定期、定额回报的房地产销售模式。根据商铺的物理形态，可分为独立产权式商铺和虚拟产权式商铺。因房地产本身体量较大、购买人众多且多为个体投资者，产权式商铺一旦出现争议，极易演变为群体性纠纷。

争点1：产权式商铺中出卖人出现违约行为，出卖人请求调减违约金的，应如何处理？

【案例1】侯某某与某公司商品房预售合同纠纷案①

2015年7月10日，侯某某与某公司订立《商品房预售合同》，约定购买位于西宁市城西区××路××号第××号楼商品房，预测建筑面积共62.87平方米，其中，套内建筑面积32.96平方米，公共部位与公用房屋分摊建筑面积29.91平方米；单价为每平方米15 211.95元，总金额956 375元。某公司应在2015年12月30日前，将验收合格并符合合同约定的商品房交付侯某某使用。逾期超过30日后，侯某某要求继续履行合同的，合同继续履行，某公司应于2015年12月31日起按日支付已交房款万分之四的违约金。后某公司逾期交房，侯某诉请支付违约金等。某公司抗辩合同约定违约金过

① 参见青海省高级人民法院（2020）青民再120号民事判决书。

高，请求降低违约金数额按实际损失计算。一、二审均认为根据侯某某的主张，某公司要承担违约金达 470 919 元之多，与侯某某已支付房款 956 375 元相比，其承担的违约责任明显过重，继续按照合同约定标准履行，有悖于公平原则，另结合《商品房预售合同》中商业用房属产权式商铺的性质，对双方权利和义务的行使均有一定的限制和约束，从衡平双方当事人目前利益受损状况和今后长远利益出发，应依照公平原则、诚信原则予以调减，酌定按照已交房款的年利率 6% 计算违约金，计算至判决确定之日。遂判决某公司向支付侯某某支付违约金 229 216 元。后侯某某申请再审。青海省高级人民法院经审理后认为一审法院采信某公司适当调整违约金标准的请求，酌定调整违约金标准按年利率 6% 计算，明显违反了当事人意思自治原则；二审法院从某公司因受市场、资金、疫情等影响的相关扶植政策的社会效果综合考虑，确认了对违约金标准的适当调整，但未考虑涉及某公司与其他商户之间已生效的裁判尺度统一的法律效果，势必会涉及其他商户的民事权益。故一、二审法院对案涉违约金标准酌定调整不当，依法予以纠正，判令某公司按照合同约定向侯某某支付违约金 470 153.95 元。

【案例 2】何某某与某公司商品房预售合同纠纷案[①]

何某某与某公司签订《商品房买卖合同（预售）》，约定由何某某购买坐落于湛江经济技术开发区 ×× 道 ×× 号 ×× 广场 ×× 号楼 ×× 层 ×× 号商铺，建筑面积为 15.28 平方米，总价款为 114 888 元。签订本合同前，何某某已向某公司支付定金 10 000 元，该定金于本合同签订时抵作商品房价款。何某某应当在 2018 年 12 月 31 日前分 4 期支付该商品房全部价款，出卖人应当在 2019 年 11 月 30 日前向买受人交付该商品房。除不可抗力外，出卖人未按照第 11 条约定的时间将该商品房交付买受人的，逾期在 60 日之内，自交付期限届满之次日起至实际交付之日止，出卖人按日计算向买受人支付全部房价款万分之五的违约金。何某某（甲方）与商管公司（乙方）就案涉房屋签订《委托经营合同》，约定商管公司在 2020 年 1 月 15 日至 2030 年 1 月 14 日期间为何某某经营管理上述商铺，委托收益按年支付。商管公司向何某某支付了 2020 年 1 月 15 日至 2021 年 1 月 14 日委托收益 10 504.06 元、2021 年 1 月 15 日至 2022 年 1 月 14 日的委托收益 10 504.06 元。因某公司未按约交付房屋，何某某诉请支付违约金等。一审法院经审理认为，某公司截至该案

① 参见广东省湛江市中级人民法院（2023）粤 08 民终 2355 号民事判决书。

庭审之日仍未交付案涉房屋，存在逾期交房的违约行为，按照买卖合同应当支付违约金。但根据《民法典》第 585 条第 1 款、第 2 款之规定，约定的违约金过分高于实际损失的，当事人有权要求适当减少违约金。判断违约金是否过高，应当以实际损失为基础，兼顾合同的履行情况、当事人的过错程度以及预期利益等因素，结合公平原则和诚信原则予以衡量。本案中，虽然根据现有证据未能确定何某某实际损失的具体数额，但何某某主张的涉案逾期交房的违约金 61 809.74 元为房款的 53.8%，明显过高。某公司提出调整违约金于法有据，予以采纳，对涉案违约金予以适当调整。该院从公平原则出发，酌情按照已付房款的 30% 调整，确定某公司向何某某支付逾期交房违约金 34 466.4 元（114 888 元 ×30%）。后某公司不服提起上诉。二审法院判决维持原判。

【分析】

通过前述两生效案例可见，对于产权式商铺中出卖人出现违约行为时，能否调减违约金问题，司法实践中主要有两种观点：第一种观点认为，应当尊重当事人的意思自治，不应当进行调整；第二种观点认为，结合违约金的性质和功能，应当予以调减。我们倾向第二种观点。

违约金，是指根据当事人之间事先约定不履行或者不完全履行合同义务的违约方支付给对方的一定数额的金钱。违约金分为法定违约金和约定违约金两种。与法定违约金（比如逾期罚息）不同，约定违约金本质上是一种合同条款，是当事人基于意思自治形成的法律关系，属于典型的私法自治。违约金依其功能目的可以分为赔偿性违约金和惩罚性违约金两类。惩罚性违约金是合同（或法律）规定在不履行或不适当履行时支付一笔金额作为惩罚，而赔偿性违约金则为双方预先估计损害赔偿的总额。在违约造成的损失数额高于违约金的数额时，违约金属于赔偿性；在违约未造成损失或造成的损失低于违约金的数额时，违约金属于惩罚性。产权式商铺因存在所有权与经营权相分离问题，应依当事人约定确定双方在房屋交付、产权转移、收益回报等方面的权利义务关系，一旦违约，相较于普通房屋买卖或者租赁合同关系，其涉众面明显更广，甚至可能引发群体性纠纷。该类纠纷因出卖人违约，如逾期交付房屋或者逾期办证，引发的违约金是否调减，应综合考虑尊重意思自治和公平原则，更加谨慎处置。尤其是产权式商铺因其独有的特征，在签订买卖合同时，出卖人为增加营销效果，往往约定的违约金畸高，后期因逾期交付等行为导致违约触发违约金条款时，若不加以调整，则明显会造成利益失衡，法院应根据当事人的抗辩或基于公平原则依职权予以调减，但要注意举证责任分配，违约方主张约定违约金过高的，应当提供约定违约金缺乏公平性的证据。守约方认为违约金合理而否认违约金过高的，还应当在违约方提供相关的证据后，举证证明违约金的合理性，根据举证规则，结合公平原则和诚信原则，依法作出判决。

【规范指引】

《民法典》第 509 条、第 577 条、第 585 条。

争点 2：买受人单独或者一并诉请解除商品房买卖合同、装饰装修合同或委托管理协议时，如何处理？

【案例】胥某诉某投资集团、某置业公司房屋买卖合同纠纷案[①]

2009 年 10 月 11 日，胥某（甲方）与某投资集团（乙方）、某置业公司（丙方）签订了《市场培育协议书》，约定：甲方出资 181 860 元向丙方购买 2 层 2078 号 39.72 平方米的商铺。为了方便市场管理和培育，甲、丙方同意由乙方负责商铺的培育和管理，甲方同意 5 年的经营收入由乙方享有，作为市场繁荣培育基金，金额为 124 301 元。甲方承诺在与丙方签订《商品房买卖合同》时将所购买的商铺无偿交乙方使用经营管理，期限 5 年，即从 2010 年 1 月 18 日至 2015 年 1 月 18 日止，在此期间商铺所产生的收入和费用均由乙方负责。5 年培育期满后，甲方须无条件将商铺继续委托乙方经营，乙方支付甲方委托经营收入不低于购房价和市场繁荣培育基金之和的 8%，双方另订合同。在 5 年培育期满后，甲方认为该市场繁荣未能达到理想，要求退房，丙方须无条件满足甲方的退房要求，退房价格为购买商铺的价格和市场繁荣培育基金之和。同日，甲乙双方签订《委托经营合同》，约定 5 年后，乙方保证甲方委托经营总收入不低于购房价和市场繁荣培育基金之和 306 161 元的 8%，甲方需提供合法的收款凭证。在乙方代为经营期间，甲方所取得的委托经营收入应缴纳的税费由甲方承担，甲方不能提供合法收款凭证的，由乙方代扣代缴。合同签订后，三方履行了合同。合同届满前，胥某向某置业公司提交书面申请，同意回购。后因某投资集团和某置业公司提供的《商铺回

① 参见江苏省高级人民法院（2017）苏 09 民终 4857 号民事判决书。

购及市场培育基金支付协议书》中的回购方是非乙方，而是乙方关联公司某汽车城管理有限公司，双方为此发生分歧，致双方没有签订回购协议，但案涉商铺仍由某投资集团使用。自2016年1月18日后，某投资集团和某置业公司未支付案涉商铺的租金。胥某因要求解除《委托经营合同》《委托经营合同》、归还商铺等未果，诉至法院。某投资集团、某置业公司辩称，案涉商铺为产权式商铺，虽颁发了房屋产权证，但无明确的四址标志，平面图中标有商铺号，位于商城的中间部分，返还商铺势必破坏了市场整体格局；案涉合同约定的5年委托经营期限届满，合同已履行完毕。某投资集团、某置业公司向胥某发函询问是否继续履行案涉合同或者是否选择回购，胥某既不回购又不继续履行。某投资集团、某置业公司愿意支付拖欠租金。法院经审理认为，案涉合同约定的委托经营期限已经于2015年1月18日届满，合同已经履行完毕，胥某主张解除于法无据；胥某主张某投资集团、某置业公司向其返还案涉商铺，但该主张并不符合合同约定。事实上，案涉商铺属产权式商铺，在使用过程中已与其他业主的商铺共同形成了统一的利益整体，故对于胥某请求立即返还案涉商铺的主张不予支持。

【分析】

根据实践操作中开发商是否对商业建筑物进行物质形态上的实际分割，将产权式商铺分为两种类型。第一种为独立产权式商铺，此种为物理分割形态，开发商将卖场进行物质形态上的实际分割，小商铺之间用透明玻璃、木板、内隔墙等形式相互区分或者虽没有间隔但采取点式地标来确定四至。第二种为虚拟产权式商铺，此种为概念分割形态，开发商将卖场进行面积概念分割，小商铺之间无墙隔离，不划分实际区域，产权登记在购房者名下，但购房者无法自行经营。现实中，上述两种形态以后一种居多（也是本案的评析对象），这也是商业发展到一定规模所必需的。因为大型商场等都需要进行统一的规划和经营，如果分成若干个小部分，则势必影响布局规划，阻碍长远发展。因此，投资购买的业主们往往不知道自己所购商铺具体在商场的什么位置，自我调侃称“买了个房号”。

现实中大量存在以下产权式商铺的交易模式：其一，在产权式商铺投资者与房地产开发企业之间，通过《买卖合同》完成商铺的所有权登记，商铺投资者获得商铺的所有权；其二，在商铺投资者与第三方管理公司之间，根据委托管理协议约定，商铺投资者并不亲自占有、使用或经营商铺，也不能随意处分商铺，而是将商铺委托给第三方对商铺进行实质经营管理，与此同时，商铺投资者定期获取相应收益；其三，房地产开发企业与第三方管理公司往往具有关联。该种交易模式中，购房人与开发商或关联企业签订的数份合同权利义务不可分割，共同实现了购房人购买房屋并以所购房屋为投资基础，再交由出卖人或关联企业统一经营管理、从而取得投资收益（实为租金）的目的。而开发商则通过多份紧密关联的合同，实现了从交易的各个环节中获取利润的目的。这种产权式商铺的交易运作体系，能有效帮助房地产开发企业快速回笼资金，减轻现金流压力，同时，对中小投资者来说也是一种低投资、高收益的方式。

但是产权式商铺实际开发、销售和经营管理过程中存在的诸多不可控因素，其风险主要体现在两个方面：一是开发商或者经营管理公司的履约能力问题。开发商或者经营管理公司作为商场的管理者，有着较强的风险承受能力，初期能够按时足额支付租金，但由于经营项目前期运维成本较高，特别是随着经济环境的多变性、市场开发的延续性，整个项目可能长期入不敷出，导致资金周转困难甚至资金链断裂。对商铺业主来说，投资售后返租商铺的主要目的是稳定的投资回报，一旦开发商或者经营管理公司履约能力不足，导致无法定期返租，必然损害商铺业主的投资收益。由于针对的是不特定的公众，产生的社会影响也较大，最终可能导致项目终止，合同无法继续履行，商铺业主得不到预期收益导致纠纷产生。二是商铺业主的履约意愿问题。商铺售后返租往往签订有固定期限的租赁合同，但由于租赁合同约定的固定收益可能低于市场繁荣时的增长收益，部分商铺业主会在合同到期后不续签租赁合同，独立运营商铺以期获得高额回报。对开发商或者经营管理公司来说，商铺独立运营涉及产权分割以及场地改造，与商场的整体规划布局存在矛盾，一旦双方无法协商一致，导致经营项目停滞，成熟市场解体，双方利益必然都受到损害。由于针对的是部分独立运营的商铺业主，商场整体规划布局并未按照业主产权范围设立铺面，难以析出业主应有的商铺产权，商铺业主产权无法实现导致纠纷产生。在当前的经济环境下，因开发商和管理公司拖欠租金导致的纠纷占比更多，双方容易形成僵持局面，商铺投资者往往希望对方支付之前的固定收益，并解除合同、返还商铺；而对方则希望保持返租模式，维持合同关系稳定，继续统一经营管理以实现盈利。不同于独立商铺，产权式商铺需要进行统一规划、统一布局、统一经营、统一管理，才能使产权人获得收益和实现其投资增值的目的，才能体现出商铺最大的商业价值。因此，产权式商铺的业主在行使其专有部分权利时不得损害其他业主的合法权利，个别业主的权利应受到其他商铺业主整体意志的限制，单个商铺的利益应服从广大业主的共同利益，接受整个市场规划布局的限制和约束。即便是商铺业主自营，也应遵循市场规律，根据整体规划和统一管理进行经营。据此，买受人单独诉请解除商品房买卖合同、装饰装修合同、委托管理协议联立合同中的某一法律关系，基于上述合同系基于同一目的签订，或房屋无法实际拆分，应向买受人释明上述合同应予一并解除，买受人坚持仅解除单独一个合同关系的，不予支持；以及若经营管理企业仍在实际经营，且持该整体建筑物经营业态面积以及人数 2/3 以上（含）买受人未主张一并解除上述合同的，不予支持。

本案中，胥某能否要求解除《市场培育协议书》和《委托经营合同》，并主张返还案涉商铺。根据上述两份合同的约定，5 年委托经营期限已在 2015 年 1 月 18 日届满，即该合同已履行完毕。委托经营期限届满后，胥某可以有两种选择：一是可以要求退房（即由某投资集团和某置业公司回购），退房价格为购买商铺的价格和市场繁荣培育基金价格之和即 306 161 元。二是继续委托某投资集团和某置业公司经营，某投资集团和某置业公司保证胥某委托经营总收入不低于 306 161 元的 8%。合同届满前，胥某已向某投资集团和某置业公司提交书面申请，要求退房（回购），只是双方对回购主体以及其他事项发生争议，以致没有签订回购及市场培育基金支付协议书。同时，由于案涉商铺是产权式商铺，胥某虽然取得案涉商铺的产权证，但某投资集团和某置业公司根据双方约定已将包括案涉商铺在内的其他商铺作为整体对外出租，而根据该商铺的性质，在商场正常经营的情况下，大部分业主已签订回购协议，胥某要求返还该商铺，不符合该商铺整体利益。故本案中胥某要求解除上述合同，并要求返还案涉商铺，没有任何事实和法律依据。

【规范指引】

《民法典》第 9 条、第 509 条；《建筑物区分所有权解释》第 2 条。

争点 3：买受人在委托管理协议期满后或者解除后诉请返还商铺，如何处理？

【案例 1】胥某诉某置业公司、某投资集团房屋买卖合同纠纷案[①]

2009 年 10 月 11 日，胥某（甲方）与某投资集团（乙方）、某置业公司（丙方）签订了《市场培育协议书》，约定：甲方购买丙方的商铺；为了方便市场管理和培育，甲、丙方同意由乙方负责商铺的培育和管理，甲方同意 5 年的经营收入由乙方享有，作为市场繁荣培育基金；甲方承诺在与丙方签订《商品房买卖合同》时将所购买的商铺无偿交乙方使用经营管理，期限 5 年，在此期间商铺所产生的收入和费用均由乙方负责；5 年培育期满后，甲方须无条件将商铺继续委托乙方经营，乙方支付甲方委托经营收入不低于购房价和市场繁荣培育基金之和的 8%，双方另订合同；在 5 年培育期满后，甲方认为该市场繁荣未能达到理想，要求退房，丙方须无条件满足甲方的退房要求，退房价格为购买商铺的价格和市场繁荣培育基金之和。同日，甲乙双方签订《委托经营合同》，约定：5 年后，乙方保证甲方委托经营总收入不低于购房价和市场繁荣培育基金之和 306 161 元的 8%，甲方需提供合法的收款凭证。合同签订后，三方履行了合同。合同届满前，胥某向某置业公司提交书面申请，同意回购。后因某投资集团和某置业公司提供的《商铺回购及市场培育基金支付协议书》中的回购方是非乙方，而是乙方关联公司某管理公司，双方为此发生分歧，致双方没有签订回购协议，但案涉商铺仍由某投资集团使用。胥某认为，合同期限届满，且某投资集团和某置业公司自 2016 年 1 月 18 日起未支付案涉商铺的租金，故诉至法院，要求解除《委托经营合同》并返还商铺等。法院经审理认为，案涉合同约定的委托经营期限已于 2015 年 1 月 18 日届满，合同已经履行完毕，胥某主张解除于法无据；胥某主张某投资集团、某置业公司向其返还案涉商铺，但该主张并不符合合同约定。事实上，案涉商铺属产权式商铺，在使用过程中已与其他业主的商铺共同形成了统一的利益整体，故对于胥某的物权予以限制，对其请求返还案涉商铺的主张不予支持。

---

① 参见江苏省盐城市中级人民法院（2017）苏 09 民终 4857 号民事判决书。

【案例 2】翟某某诉新疆某公司、某购物中心返还原物纠纷案[①]

2002 年 11 月 4 日，翟某某购买了位于乌鲁木齐市新市区 ×× 号商铺，并于 2016 年 4 月 15 日取得该商铺的房屋权属证书。2011 年 4 月 1 日，某公司进驻该商铺所在某某超市并进行了整体装修，利用该超市注册成立下属非法人机构即某购物中心。某公司进驻后，与多数业主签订了租赁合同，但尚未与翟某某等部分业主签订租赁合同。某公司进驻某某超市并进行整体装修后投入经营使用至今。2021 年 4 月 12 日，翟某某起诉要求返还商铺。

法院审理认为，虚拟产权式商铺是指开发商将大型商业项目，分割成若干没有物理空间分割的小面积单元进行出售，投资者拥有商铺的产权，但并不独立经营，而以租赁或委托经营的方式交由第三方经营使用，投资者取得收益的房地产开发模式。由于所销售的商铺没有实质意义的不动产界址，不是物理形态的空间分割模式，商铺投资者的产权只是商铺所有权量的抽象分割，每一买受人仅享有整个商城的相应价值份额，而不是商场分割而成的独立物，商铺投资者所享有的权利是商场“份额权”，各购房者（业主）之间更具有共同性质。从法院查明的事实看，翟某某虽持有涉案商铺产权证书，但其产权证附图及平面图仅是各商铺排列的平面图，该平面图无法判断涉案商铺具体的不动产界址。翟某某所购买商铺符合虚拟产权式商铺的特征。与本案相关案件，相关鉴定机构已明确表示商铺现状已经与房屋分层分户平面图标识位置不相符，无法确定商铺的具体位置，导致商铺无法分割，该事实更加印证了案涉争议商铺所涉及的即虚拟产权式商铺。某公司进驻经营案涉商铺后，已与绝大多数业主签订《租赁合同书》，明确约定由某公司统一经营管理，各业主获取租金收益。翟某某虽持有商铺的产权证书，但其对商铺享有的权利不能等同于独立商铺，为有利于商场整体功能的发挥及大多数业主的利益，翟某某行使权利必须符合大多数商铺业主的整体意志。考虑商场目前是统一经营的模式，如果进行分割，势必会影响商场整体功能的发挥，实际是损害了各商铺业主的利益。《物权法》第 7 条[②] 规定：“物权的取得和行使，应当遵守法律，尊重社会公德，不得损害公共利益和他人合法权益。”涉案商铺业主行使其物权亦不得损害他人合法权益。考虑商场只有对商铺的整体利用才能最大限度地发挥商场每一部分的功能和作用，提高整体建筑物的使用

① 参见新疆维吾尔自治区乌鲁木齐市中级人民法院（2021）新 01 民终 1697 号民事判决书。

② 对应《民法典》第 132 条。

效率，以达到利益最大化，故应当对翟某某在案涉商铺相关物权的行使上作出一定限制。因此，法院对翟某某要求某公司、某购物中心返还商铺的诉讼请求不予支持。

【分析】

产权式商铺非法律意义上的定义，是房地产开发商将整体的商业建筑物分割为若干独立的部分分别销售，各独立销售的建筑面积之间不设物理间隔，业主购买并办理产权登记之后享有产权但不直接经营，而是由开发商或专门的经营公司负责统一经营管理，业主获取定期、定额回报的房地产销售模式。在我国地产业兴起之时恰逢我国股市低迷，银行降息，社会中聚集的大量闲置资金亟待寻求新的投资理财方式。正是在国民经济持续发展、大众投资方式稀少这样一种社会经济背景下，结合商业地产整体产权分割后具有的“投资门槛较低、回报相对稳定”的优势，产权式商铺一经推出就迅速成为人们追捧的热点。近年来，随着互联网经济的蓬勃发展，作为大型实体商业项目重要组成部分的产权式商铺经营状况普遍受到一定冲击，呈现出投资者预期投资目标无法顺利实现、长期投资回报难以得到有效保障的局面，由此产生大量矛盾纠纷，进而演化成诉讼案件，并集中涌向法院。

司法实践中，关于产权式商铺所引发纠纷的处理规则，存在较大争议，就产权式商铺性质的界定，主要有以下三种不同的观点：一是按建筑物区分所有权关系处理；二是按按份共有关系处理；三是不作具体认定。其中，第一种观点认为，产权式商铺符合建筑物区分所有权的构成要件，业主享有的是建筑物区分所有权。在业主决定建筑区划内重大事项及表决权时，业主对产权式商铺的权利行使，因涉及建筑区划内重大事项处分，单个业主不宜作出决定，而应按照多数决原则处理。第二种观点认为，商铺专有部分和共有部分，无法作出明确划分，位置只是一个虚拟的符号，不具有实质意义，各业主依自己所占的份额来行使权利、获取收益。因此，产权式商铺业主之间形成了按份共有关系。此类产权式商铺的处分，在没有特别约定的情况下，应当经份额占 2/3 以上即房屋面积占 2/3 以上的共有人表决同意。第三种观点认为，应淡化对产权式商铺的权利定性，业主出于投资目的购买商铺，通过开发商或第三方公司整体委托品牌经营商进行统一经营，商铺业主获得定期定额的投资回报。产权式商铺需要统一进行经营。

我们倾向认为，因产权式商铺的物权性质，在物权的取得和转让等方面具有建筑物区分所有权中专有部分的专有权的特征，在不动产的使用、收益等方面具有共有物共有权的特征。要处理实际纠纷，首先要明确产权式商铺的性质以及物权行使规则。一是明确区分建筑物区分所有权与产权式商铺权利的区别。《建筑物区分所有权解释》第 2 条第 1 款规定："建筑区划内符合下列条件的房屋，以及车位、摊位等特定空间，应当认定为民法典第二编第六章所称的专有部分：（一）具有构造上的独立性，能够明确区分；（二）具有利用上的独立性，可以排他使用；（三）能够登记成为特定业主所有权的客体。"由此可知，业主对其建筑物专有部分享有专有权，应当以具有构造上的独立性、使用上的独立性以及在法律上能够进行登记作为标准。关于构造上的独立性，在现实中表现为以墙壁、天花板、地板等形式将区分所有权人的专有部分与其他部分相隔离；关于使用上的独立性，也就是机能上的独立性，是指各区分所有部分必须具有与一般建筑物相同的独立经济效用，是独立的经济性交易与使用单位，具有能够满足特定独立使用目的的各种功能与设施。除上述两项以外，建筑区分的专有部分还要能够进行物权登记。不同于建筑物区分所有权，产权式商铺在权利基础要件上存在缺失，具体表现为产权式商铺可能进行了产权登记，但是在物理空间上并无四至界限，未形成封闭空间；且不具备独立的供电、供水、照明、通风、采光、采暖等设备和功能。二是明确产权式商铺的物权行使规则。我国现行法律并未对此明确规定，应参照适用相近的法律规定。从实践样态来看，产权式商铺的划分方式，不是物理形态空间的分割模式，仅是商铺单位面积的量化抽象分割，即多个产权人对商场按照其所分得的面积实现各自拥有；且产权式商铺各拥有人之间基于各自投资行为，其在同一空间或楼层的相邻状态，存在一定的偶然性。此外，产权式商铺的特点决定了整个商业项目只有作为整体统一规划、统一布局、统一经营、统一管理，才能发挥最大效用，才能实现全体业主利益最大化。因此，产权式商铺产权人的权利与独立空间的产权人在行使权利上有所区别，即产权式商铺产权人有权按照自己的意愿在物权的取得和转让方面行使权利，但在不动产的使用方面应受到物业整体利益的限制，需要由所有或达到一定比例的业主决定商铺整体如何使用。这种要求所有权人对不动产整体使用的规则，应参照适用与其最接近的按份共有对不动产处分的相关法律规定，即《民法典》第 301 条规定："处分共有的不动产或者动产以及对共有的不动产或者动产作重大修缮、变更性质或者用途的，应当经占份额三分之二以上的按份共有人或者全体共同共有人同意，但是共有人之间另有约定的除外。"

具体到上述案例，通过查明事实，案涉商铺均符合产权式商铺的特征。

某投资集团和某置业公司根据约定已将包括案涉商铺在内的其他商铺作为整体对外出租；某公司已与绝大多数业主签订合同，约定由某公司统一经营管理，各业主获取租金收益。翟某某虽持有商铺的产权证书，但其对商铺享有的权利不能等同于独立商铺。事实上，上述产权式商铺在使用过程中已与其他业主的商铺共同形成了统一的利益整体。因此，客观上胥某或翟某某对商铺权利的行使应当考虑到毗邻商铺业主的利益及所属市场整体的利益而受到限制。故在商铺经营期限内，作为个体的翟某某，无权单独就商铺的返还提出请求；在商铺经营期限届满后，商铺经营面积达 2/3 以上的业主与置业公司达成继续经营的合意后，胥某作为单独业主，也无权要求返还商铺。

需要特别说明的是，从《物权法》到《民法典》虽然都规定了对权利人物权的保护，但也明确规定了关于物权行使的限制，故无论权利人是在合同期满后还是合同解除后主张返还商铺，其核心要义在于是否有权要求返还商铺以及商铺是否具有返还的条件，其审查的要点也在于返还商铺的主体所占商铺面积是否符合法律规定的条件以及如何确认拟返还商铺的四至界限及恢复标准。故我们将殊途同归的两种合同状态一并分析和处理。

【规范指引】

《民法典》第 132 条、第 207 条、第 301 条、第 509 条、第 566 条；《建筑物区分所有权解释》第 2 条。

争点 4：产权式商铺中，买受人与经营管理企业签订委托经营管理合同的性质认定？针对产权式商铺签订委托经营管理协议的性质应如何认定？

【案例】浦某飞、杨某诉某管理公司房屋租赁合同纠纷案[①]

2011 年 5 月 11 日，浦某飞、杨某与某房地产开发公司签订《上海市商品房预售合同》，约定浦某飞、杨某向该公司购买武威路 ××× 号 ××× 层 233 店铺，该店铺的暂测建筑面积为 37 平方米，总价 749 250 元。同日，浦某飞、杨某与某管理公司签订《商铺委托管理合同》，其中明确浦某飞、杨某（甲方）将所购商铺交给某管理公司（乙方）统一招商、经营管理，以打造整

① 参见上海市第二中级人民法院（2018）沪 02 民终 7570 号民事判决书。

体商场业态布局，在委托经营管理期内，甲方授权乙方全权进行招商、经营管理活动；甲方不得以任何理由干涉乙方对该商铺的经营管理活动；该商铺委托期限为十年，前三年为免租期，甲方不需要支付经营管理费及税费给乙方，第四年起商铺在扣除该商铺因出租而产生的税费后，甲乙双方按照 9/1（甲 / 乙）的比例进行分配。2012 年，某管理公司将包括涉案商铺在内的某某休闲广场二楼商铺出租给某某商贸公司，2016 年 1 月，双方终止租赁关系。2016 年，某管理公司与悦某投资管理公司签订租赁合同。浦某飞、杨某提出确认涉案合同部分条款内容无效及某管理公司按照评估的市场租金价格补足租金差价 14 054.08 元等诉讼请求。庭审中，浦某飞、杨某与某管理公司对双方签订的《商铺委托管理合同》性质产生争议。一审法院认为根据浦某飞、杨某自述的其仅仅是按照图纸标明的部位、面积购买商铺，而没有查看实地的方式以及同一天签订涉案合同、预售合同的过程分析，显然浦某飞、杨某是在没有实际取得商铺的情况下，即根据开发商的要求将商铺直接交由开发商指定的关联公司即某管理公司，由其在双方约定的期限内进行统一经营管理，浦某飞、杨某不参与经营活动，并由双方根据约定比例获取租金收益回报。显然，涉案合同形式上名为《商铺委托管理合同》，但从签订过程、回报的利益是租金，以及利益分配的原则等等，更加符合售后包租这种行为，故合同的性质宜定为售后包租性质。二审法院认为，一审法院根据双方签约过程、利益分配的相关约定等事实，认定涉案合同名为委托管理，实为售后包租，符合本案客观事实，本院予以维持。

【分析】

如何认定委托经营管理合同的性质，会在很大程度上影响当事人的权利义务。不论是买受人直接与经营管理企业签订的委托经营管理合同还是其他主体针对产权式商铺签订的委托经营管理协议，其合同性质的认定均需要根据合同的具体约定，结合合同履行过程中各主体的行为综合判断。在此类合同关系中，大多数管理公司并未直接使用商铺，而是再通过招租的方式寻找实际承租人，一般存在三方主体，分别是业主、经营管理企业和实际承租人。经营管理企业和实际承租人之间多是租赁合同关系，但业主和经营管理企业之间签订的《委托经营管理合同》关系却存在争议。而且大量委托经营管理合同在当事人的权利和义务的约定上，确实存在模糊的情况。司法实践中，对委托经营管理合同的性质是租赁合同、委托合同还是联营合同，存在不同的认定，主要争议集中在租赁合同与委托合同。当合同性质发生争议时，应从合同内容、特征及主要条款等加以理解和识别，而不能以合同“名称”为准。《民法典》中对租赁合同与委托合同进行了定义，第703条规定“租赁合同是出租人将租赁物交付承租人使用、收益，承租人支付租金的合同”，第919条规定“委托合同是委托人和受托人约定，由受托人处理委托人事务的合同”。基于合同性质的判断，比对租赁合同与委托合同，会发现二者在多方面存在差异（见下表）。

租赁合同与委托合同对照表

	租赁合同	委托合同
主体身份	出租人——承租人	委托人——受托人
处置权	经出租人同意，承租人可以转租	受托人在委托人授权范围内对外出租
合同对价	出租人将租赁物的使用权、收益权出让给承租人，承租人向出租人支付租金	受托人向委托人提供劳务，有偿时，委托人支付受托人报酬
合同效力	仅约束承租人与出租人	第三人在订立合同时指导委托人与受托人之间的代理关系的，合同直接约束委托人与第三人

从上述差异中可以看出，租赁合同与委托合同最明显的区别在于租赁合同中出租人将租赁物的使用权、收益权在一定期限内出让给承租人，出租人的收益是承租人支付的租金，出租人与租赁的经营结果不产生直接联系；而委托合同中受托人是代替委托人进行经营活动，委托人的收益是受托人对外出租赚取的租金，委托人与经营结果产生直接联系。上述案例中，商铺买受人浦某飞、杨某与经营管理公司签订《商铺委托管理合同》后，经营管理公司将商铺出租。如果双方为租赁合同关系，买受人浦某飞、杨某的收益来源就是经营管理公司，经营管理公司对外出租的收益情况与业主的收益是割裂开的，浦某飞、杨某不需要关心商铺是否实际对外出租，实际承租人是谁。如果双方为委托合同关系，买受人浦某飞、杨某的收益是经营管理公司对外出租房屋的收益，因此其前提条件是经营管理公司在对外出租房屋时要受到买受人的控制，向买受人报告商铺出租情况。虽然浦某飞、杨某与经营管理公司签订合同名为《商铺委托管理合同》，合同中也明确约定大量的委托事

项，但合同的实际履行情况是案涉商铺由经营管理公司进行统一经营管理，浦某飞、杨某不参与经营活动，案涉商铺的实际出租情况完全不受浦某飞、杨某控制，故《商铺委托管理合同》不具有委托合同的实质特征，而更为符合租赁合同的特点。

《民法典》实施后，对于联营合同纠纷相关案件，现暂无司法解释进行规定，应根据《公司法》《民法典》《合伙企业法》等相关规定进行审理。相较于租赁合同与委托合同，联营合同的特征更为明显，即合同各方需要共同出资、共同经营、共负盈亏及共担风险。实践中，经营管理企业支付租金的方式除固定租金外，还存在按营业收入缴纳提成租金的方式。若出租方不对出资、经营管理、经营亏损等与承租方共同承担责任，营业收入提成部分应认定为风险租金，并不影响合同的租赁性质，不能以此认定双方构成联营合同关系。

综上，《委托经营管理合同》的性质认定应遵循以下原则：买受人与经营管理企业签订委托经营管理合同，约定买受人让渡房屋使用权而获得收益，经营管理企业向买受人支付定额或递增租金，买受人不参与实际经营管理的，原则上应认定买受人与经营管理企业之间建立房屋租赁合同关系。如经营管理企业主张向买受人支付的款项系根据经营收益按比例计算、经营管理企业与买受人之间建立委托合同关系的，应综合买受人是否参与实际经营管理、是否对经营业态提出要求、是否关注次承租人经营状况等情况进行审查。如买受人并不参与实际经营管理，也未直接与次承租人建立合同关系的，应当认定按照经营收益比例收取款项的方式仅系双方就租金的计付方式达成的约定，买受人与经营管理企业之间的关系仍应认定为房屋租赁合同关系。

【规范指引】

《民法典》第 703 条、第 716 条、第 919 条、第 924–925 条。

争点 5：经营管理企业与次承租人签订的转租合同超过委托管理合同的期限，该转租合同的效力如何认定？

【案例】李某诉王某房屋租赁合同纠纷案[①]

2011 年年初，王某决定开一家小餐馆，经过中介公司介绍后，从某公司处承租了一套门面房，准备用于经营餐厅。双方约定租赁期限为 8 年，自 2011 年 3 月 10 日始至 2019 年 3 月 10 日止。2015 年 7 月，因为家庭实际情况发生了变化，不再经营餐厅的王某又将房屋转租给李某，约定租赁期限为 2015 年 5 月 3 日至 2020 年 5 月 18 日。2019 年 1 月，某公司向王某发出《租赁合同到期通知书》，要求其在 2019 年 3 月 10 日前交还房屋。王某收到通知后立即通知李某，要求其尽快腾退房屋。情急之下，李某直接与某公司进行沟通，2019 年 3 月 10 日，李某与某公司另行签订租赁合同。李某认为，王某将涉案房屋转租给他，但租赁期限已经超出了王某与某公司租赁合同的期限，致使其受到经济损失。李某向一审法院提起诉讼，请求判令王某退还押金、房屋租赁费等各项费用。一审法院经审理后认为，本案的争议焦点之一为李某与王某之间租赁合同的效力。根据《最高人民法院关于审理城镇房屋租赁合同纠纷案件具体应用法律若干问题的解释》第 15 条规定，承租人经出租人同意将租赁房屋转租给第三人时，转租期限超过承租人剩余租赁期限的，人民法院应当认定超过部分的约定无效。但出租人与承租人另有约定的除外；第 16 条第 1 款规定，出租人知道或者应当知道承租人转租，但在 6 个月内未提出异议，其以承租人未经同意为由请求解除合同或者认定转租合同无效的，人民法院不予支持。李某和王某约定的租赁期限为 2015 年 5 月 3 日至 2020 年 5 月 18 日，而王某与某公司签订的《房屋租赁合同》的租赁期限为 2011 年 3 月 10 日至 2019 年 3 月 10 日，故租赁合同中约定租赁期限超出王某与某公司签订的《房屋租赁合同》租赁期限的部分应为无效，即双方自 2019 年 3 月 11 日至 2020 年 5 月 18 日期间的租赁合同法律关系无效。一审法院判决王某退还李某押金、租金等各项费用共计 7 万余元。王某不服一审判决，向二审法院提起上诉，主张租赁合同不存在无效的情形。二审法院经审理后认为，

---

① 《转租合同超过剩余租赁期限的，对出租人不具有约束力》，载 2021 年 6 月 9 日“北京市第一中级人民法院”微信公众号。

王某与某公司签订的租赁合同中约定的租赁期限为 2011 年 3 月 10 日至 2019 年 3 月 10 日，而王某将部分房屋转租给李某的租赁期限为 2015 年 5 月 3 日至 2020 年 5 月 18 日，该转租期限超过了承租人剩余租赁期限，依照《最高人民法院关于适用〈中华人民共和国民法典〉时间效力的若干规定》第 8 条、《民法典》第 717 条之规定，2019 年 3 月 11 日至 2020 年 5 月 18 日期间的租赁合同关系仅对出租人不具有法律约束力，不再适用《最高人民法院关于审理城镇房屋租赁合同纠纷案件具体应用法律若干问题的解释》相关规定认定为无效。因此，王某与李某签订的合同系双方真实意思表示，未违反法律、行政法规的强制性规定，应为有效。鉴于王某事实上已经无法继续履行其与李某的合同，无法向李某提供涉案房屋，一审法院认定数额并无不当，二审予以维持。最终，二审法院驳回上诉，维持原判。

【分析】

产权式商铺的出租人与经营管理企业签订的委托管理合同的性质还存在争议，但从题面看趋向认定为租赁合同，因此可依照《民法典》第 717 条进行处理。经出租人同意，承租人可以将租赁物进行转租，但由于承租人的转租行为依附于原租赁合同，承租人经出租人同意将租赁物进行转租的，仍应受原租赁合同关于租赁期限的限制。实践中，转租合同约定的租赁期限超出原租赁合同租赁期限的情况并不鲜见。转租期限超过承租人剩余租赁期限的，对于超过部分的约定的效力，民法典采用了有效说，即在不存在其他法定的无效事由的情况下，超过部分的约定应是有效的，其仅仅是对出租人不具有约束力。出租人可以要求次承租人限期返还租赁物，次承租人则可以依据转租合同的约定向承租人主张违约责任。

【规范指引】

《民法典》第 717 条。

争点6：买受人基于合同约定，未足额收到租金而诉请经营管理企业支付的，能否请求房地产开发企业承担共同责任、按份责任或连带责任？

【案例】马某诉某房地产开发公司房屋买卖合同纠纷案[①]

2018年1月，马某（买受人）与某房地产开发公司（出卖人）签订《商品房买卖合同》及《补充协议》，约定购买某房地产开发企业出售的房屋，预测建筑面积共9.99平方米。出卖人发布的商品房销售广告和宣传资料为要约邀请；出卖人就商品房开发规划范围内的房屋及相关设施所作的说明、允诺具体确定，并对本合同的订立以及房屋价格的确定有重大影响的，买卖双方均视为要约。同日，马某（甲方、委托方）与某商业管理公司（乙方、受托方）签订《委托运营管理合同》，约定马某委托某商业管理公司管理前述商铺，委托期限15年。后因某商业管理公司未按时支付租金收益，马某以某房地产开发公司承诺租金收益及其与某商业管理公司系关联公司为由诉请二者对欠付租金收益承担连带清偿责任。法院经审查后认为，案涉房屋是买受人马某从某房地产开发公司处购买，马某与某房地产开发公司签订《商品房买卖合同》及《补充协议》的同时与某商业管理公司签订了《委托运营管理合同》。某房地产开发公司作为开发商将商业办公类用房分割为若干独立部分分别销售，多个买受人分别购买并办理产权登记，拥有产权但不直接参与经营，而由经营管理企业某商业管理公司负责统一经营管理，买受人获取定期、定额回报，该种房地产销售模式属于产权式商铺的销售模式。某房地产开发公司销售现场的画册载有“约8-100m^2带租约现铺”“全球品牌抢滩，100%满铺运营”的字样，系向购房者表明投资购买房屋后通过委托经营管理的模式可以取得相应的投资回报。因此《商品房买卖合同》《补充协议》及《委托运营管理合同》之间具有关联性，但对于此类合同的责任承担主体和方式在合同有明确约定的情况下应按照合同约定确定，该约定购房者明确知晓且签字确认。故马某基于《商品房买卖合同》及《商品房买卖合同补充协议》与《委托运营管理合同》系联立合同而主张某房地产开发公司应承担连带责任无

① 参见四川省成都市锦江区人民法院（2022）川0104民初24148号民事判决书；四川省成都市中级人民法院（2023）川01民终15638号民事判决书。

合同及法律依据，不予采纳。遂驳回马某要求某房地产开发公司承担连带责任的诉请。

争点 7：产权式商铺中，买受人同意经营管理企业将房屋转租给次承租人，部分买受人是否有权要求次承租人返还房屋？

【案例】刘某诉某门诊部公司物权保护纠纷案[①]

刘某于 2013 年 8 月购买成都市锦江区某房屋，总价款为 846 932 元，于 2018 年取得该房屋的不动产权证书，证载建筑面积 12.62 平方米，其中专用建筑面积 5.52 平方米，分摊建筑面积 7.1 平方米。2017 年 12 月，案涉项目中有 342 间商铺的业主各自作为甲方（委托人）与某置业公司作为乙方（受托人）、某资产管理公司作为丙方分别签订《委托经营管理合同》，将其购买的案涉项目内的房屋委托给某资产管理公司统一经营管理。2018 年 10 月，某置业公司与某门诊部公司签订《房屋租赁协议》。协议约定：某门诊部公司租赁案涉项目 1–4 楼，建筑面积 10 962 平方米，共计 799 套房屋（其中，某置业公司拥有独立产权的房屋共 418 套，建筑面积 5973.38 平方米；某置业公司获委托经营管理的房屋共 352 套，建筑面积 4504.58 平方米，某置业公司已取得业主书面同意；某置业公司获某资产管理公司委托经营管理的房屋 28 套，建筑面积 365.2 平方米，某置业公司已取得某资产管理公司书面同意；某置业公司已获得某航空公司同意转租的房屋 1 套，建筑面积 119.12 平方米，租赁期限到期日 2025 年 3 月 21 日）。租赁期限为 12 年，自协议签订并生效之日起 8 个月为免租期。租金标准为：起始租金为 80 元 / 平方米 / 月（含税），自本合同签订并生效之日起三年，租金不递增；第四年至第七年，每两年递增 5%，第八年至第十二年，每两年递增 6%。租金支付方式为：每 3 个月为一期支付租金。某置业公司同意并应当配合某门诊部公司对租赁房屋进行扩建、改建、装修、改变该目标物业内部结构或以其他方式合理使用租赁房屋。协议签订后，某门诊部公司按约向某置业公司支付了租金；亦按照前述约定标准向包括刘某在内的其他小业主支付了租金。刘某于 2019 年年底诉至法院，称某门

① 参见四川省成都市锦江区人民法院（2019）川 0104 民初 7183 号民事判决书；四川省成都市中级人民法院（2020）川 01 民终 16571 号民事判决书。

诊部公司未经刘某的许可，擅自对刘某所有的房屋进行侵占、装修，并任意改变和破坏房屋最初的规划设计，严重影响了房屋的使用性，并明显降低了房屋的市场价值。请求判令某门诊部公司返还案涉房屋并恢复原状。

一审法院经审理后驳回刘某的诉讼请求。刘某提出上诉。二审法院经审理认为，法律并未具体规定产权式商铺物权行使的相关规则，在此情形下，可参照适用最近的法律规定。就产权式商铺的使用而言，单个商铺并不具备独立的供电、照明、通风、采暖、通行等设备和功能，单个业主对不动产不具备独立使用上的条件，因此，需要由所有业主决定对不动产进行整体使用，这种所有权利人对不动产整体使用的规则，应参照适用与其最接近的按份共有人对不动产处分的相关法律规定。《物权法》第 97 条[①]规定："处分共有的不动产或者动产以及对共有的不动产或者动产作重大修缮的，应当经占份额三分之二以上的按份共有人或者全体共同共有人同意，但共有人之间另有约定的除外。"根据一审已查明的事实及二审新查明的事实，业主对案涉项目的整体使用并无约定，但某门诊部公司和某置业公司提交的证据可以证明案涉项目中某置业公司自有的不动产面积加上已签订《委托经营管理合同》的业主所有的不动产面积，同意委托给某资产管理公司统一经营管理的业主所有的不动产份额已经超过占有总物业面积的 2/3，已满足《物权法》第 97 条规定的对不动产整体使用的法定条件，业主对案涉项目的整体使用行为有效，且该效力应及于全体业主。刘某上诉主张其有权单独对案涉房屋进行使用以及其对案涉房屋的使用不受其他业主决定的约束，无法律依据，不予支持。关于刘某提出的某门诊部公司对案涉房屋进行非法使用和破坏问题。二审法院认为，一方面，承租人在租赁期间根据经营的需要对其所承租的不动产进行必要装修和改建具有正当性，也未违反合同约定。另一方面，刘某也未提交证据证明某门诊部公司使用不动产的行为已经达到危及刘某所有不动产安全的程度，对于刘某提出的某门诊部公司侵害其物权，事实依据不足，不予支持。综上，二审法院驳回刘某的上诉、维持原判。

【分析】

所有权人行使其权利时并非不受任何限制。本案审理时适用的《物权法》第 39 条[②]规定："所有权人对自己的不动产或者动产，依法享有占有、使用、

---

① 对应《民法典》第 301 条。

② 对应《民法典》第 240 条。

收益和处分的权利。”《物权法》第 7 条[①]规定：“物权的取得和行使，应当遵守法律，尊重社会公德，不得损害公共利益和他人合法权益。”可见，物权人行使物权受法律保护，但与此同时，物权人行使物权并非不受任何约束，其行使物权也要受到法律的限制，而物权性质不同，所受限制也不一致。本案所涉房屋系产权式商铺，因此，需要先对权利人对产权式商铺享有的所有权性质进行认定。

关于所有权人对产权式商铺享有的所有权性质分析。产权式商铺的业主分别与开发商订立买卖合同，并由业主分别在不动产登记部门办理权属登记。业主对产权式商铺的所有权，既非建筑物区分所有权中专有部分的专有权性质，也非共有物共有权性质。一方面，产权式商铺的性质与建筑物区分所有权中的专有部分性质并不完全相同。2009 年《建筑物区分所有权解释》第 2 条[②]规定：“建筑区划内符合下列条件的房屋，以及车位、摊位等特定空间，应当认定为物权法第六章所称的专有部分：（一）具有构造上的独立性，能够明确区分；（二）具有利用上的独立性，可以排他使用；（三）能够登记成为特定业主所有权的客体。规划上专属于特定房屋，且建设单位销售时已经根据规划列入该特定房屋买卖合同中的露台等，应当认定为物权法第六章所称专有部分的组成部分。本条第一款所称房屋，包括整栋建筑物。”不动产的权属性质是否为建筑物区分所有权意义上的专有部分专有权，其判断标准并非只有是否能够单独办理权属证书，标的物还应当具有构造上的独立性和使用上的独立性。在构造上的独立性方面，专有部分应当以墙壁、天花板、地板等形式与其他专有部分相区分并相互隔离。在使用上的独立性方面，专有部分应有独立的出口与公共走廊、楼梯等公共设施相连接，且专有部分具有独立的满足特定使用目的的各种功能和设备。产权式商铺在四至边界并没有围墙，在构造上并未与其他商铺相互隔离，不具备构造性方面的独立性。同时，产权式商铺在供电、照明、通风、采暖、通行等方面都不具有独立使用的设备和功能，也不具备使用方面的独立性。因其不具备使用方面的独立性，业主在使用不动产时必然需兼顾其他业主行使物权，否则会导致损害其他业主合法利益的情形。因此，产权式商铺在性质上与建筑物区分所有权意义上的专有部分专有权并不完全一致。另一方面，业主对产权式商铺的权利也不同

---

① 对应《民法典》第 132 条。

② 对应《建筑物区分所有权解释》（2020 年修正）第 2 条。

于共有人对共有物的权利。在共有关系中，共有关系的标的物为同一标的物，而产权式商铺的各业主均取得了独立的不动产登记证书，业主的物权并非指向同一标的物。同时，业主行使某些物权职能，并不同于共有关系中受其他权利人物权的限制的情形，比如转让所有权。因此，产权式商铺各业主之间的权属关系也不同于共有关系。基于上述分析，产权式商铺的物权性质兼具部分建筑物区分所有权中专有部分的专有权性质的特征，如物权的取得和转让，也具有部分共有物共有权性质的特征，如不动产的使用。

关于产权式商铺的使用规则。我们认为，正如前述案例中二审法院的分析一样，目前法律对此问题并无明确规定，但可参照适用最近的法律规定。基于前述对产权式商铺性质的分析，就产权式商铺的使用而言，可参照适用与其最接近的按份共有人对不动产处分的相关法律规定。《民法典》第 301 条规定："处分共有的不动产或者动产以及对共有的不动产或者动产作重大修缮、变更性质或者用途的，应当经占份额三分之二以上的按份共有人或者全体共同共有人同意，但是共有人之间另有约定的除外。"因此，在产权式商铺所有业主之间对如何使用没有特别约定的情况下，可适用前述法律规定的份额占 2/3 以上的多数决规则。由于产权式商铺的业主购买商铺的目的为获取其投资回报，因此应侧重考虑其商业利益，即重点考虑资合性，基本可以不考虑人合性。具体而言，此处的份额应理解为面积占比，亦即，产权式商铺如何使用，应由面积占 2/3 以上的业主共同决定。前述规则确定后，还存在一个问题：在适用前述多数决规则时，可参与表决的业主范围应如何确定；亦即，产权式商铺在多大范围内应视为一个整体。一般来说，产权式商铺单层统一使用可实现整层业主的利益最大化，而每一层物业在构造和使用上亦具有了独立性，因此，将产权式商铺的一层视为一个整体较为适宜。亦即，在适用前述面积占比 2/3 的多数决规则时，应由该层的整层业主参与表决。具体而言，产权式商铺的整层业主中面积占 2/3 以上的业主同意将该层房屋交由某公司统一经营并同意该公司转租的情况下，不同意 2/3 以上多数业主意见的少数派业主无权要求次承租人返还房屋。

【规范指引】

《民法典》第 132 条、第 240 条、第 301 条；《建筑物区分所有权解释》第 2 条。

争点 8：买受人诉请出卖人或者经营管理企业回购商铺，应如何处理？

【案例】吴某诉某经营管理公司房屋买卖合同纠纷案①

吴某（买受人）与某置业公司（出卖人）签订了《商品房预售合同》，约定交房时间为 2016 年 7 月 31 日，实际竣工验收日期为 2017 年 11 月 16 日。2015 年 9 月 9 日，吴某与某经营管理公司签订《购房协议》及《商铺租赁协议》各一份，约定自 2015 年 9 月 1 日起至 2020 年 8 月 31 日止，某经营管理公司承租吴某购买的商铺，前两年年租金为 0；自实际交房之日起满 5 年，若吴某出售该商铺，某经营管理公司以吴某购买时合同总价的 150% 进行回购。因某经营管理公司未履行回购义务，吴某遂诉至法院请求某经营管理公司继续履行《购房协议》支付回购款。

一审法院经审理认为，吴某向某经营管理公司实际交付涉案房屋的日期应在 2017 年 11 月 16 日。根据购房协议，明确约定自实际交房之日起满 5 年某经营管理公司购买吴某的涉案房屋，从 2017 年 11 月 16 日起算，涉案房产到 2022 年 11 月 15 日才实际交付满 5 年。因此，吴某于 2020 年 12 月 9 日起诉要求某经营管理公司支付回购商铺款，并不符合购房协议中关于“自实际交房之日起满 5 年，被告购买该商铺”的约定。据此，一审判决驳回吴某的诉讼请求。吴某不服提起上诉。

二审法院经审理认为，吴某与某置业公司签订的《商品房买卖合同（预售）》约定的交付时间与交付条件是对开发商交房义务的约定，该约定与《购房协议》中约定的“自实际交房之日”不具有必然关联，两份合同约定的履行时间相互衔接。涉案商铺 2015 年 7 月 30 日即已竣工，某经营管理公司亦陈述涉案楼盘 2015 年即已开始运营。商铺租赁协议中虽约定前两年租金为 0，但吴某对此作出了说明，系以前两年的租金折抵购房款，吴某的该陈述与涉案商铺认购协议书中约定的总价、合同总价的内容亦能相互印证。综合考虑上述情况以及商铺返租、回购的经营模式，应当认定涉案商铺在双方签订商铺租赁协议、购房协议时即已交付。现购房协议约定的由某经营管理公司购买涉案商铺的时间已经届满，吴某也已在购房协议约定的期限内以书面方式

---

① 参见山东省淄博市中级人民法院（2021）鲁 03 民终 1063 号民事判决书。

通知某经营管理公司其欲出售涉案商铺，故某经营管理公司应当按照购房协议的约定购买涉案商铺。某经营管理公司未按照合同约定回购涉案商铺，构成违约。据此，撤销了一审判决，改判某经营管理公司回购案涉商铺。

【分析】

商铺回购实际上是一种所有权和经营权相分离的房地产销售形式，开发商在出售商铺时与业主约定在一定期限内由开发商承租或代为出租业主所购商铺，对外经营，并承诺满足一定年限后开发商以市场价格回购商铺。根据《商品房销售管理办法》第45条第2款规定："售后包租，是指房地产开发企业以在一定期限内承租或者代为出租买受人所购该企业商品房的方式销售商品房的行为。"商铺回购往往与"售后包租"相联系。在商铺返租回购模式下，业主虽然是商铺的所有权人，但实际上并不享有完整的独立物权。在合同约定的返租期间内，开发商享有对商铺的占有和使用权，并负责商铺的租赁经营事务。根据按份共有理论，商铺的所有权被视为由业主和开发商共同拥有，开发商作为共有人之一享有商铺的占有和使用权。在返租期间，商铺的租金或经营收益通常按照合同协议分配给业主，业主有权享受商铺带来的经济利益。返租回购模式的物权关系主要取决于合同的具体约定。合同中应清晰规定业主和开发商在返租期间的权利义务，包括商铺的占有、使用和收益分配等方面的内容。在签订商铺买卖合同的同时，开发商和业主通常还会签订商铺租赁合同。这不同于一般的房屋买卖合同，在房屋竣工后，业主需要进行实际交付才能占有使用该房屋。而在商铺返租回购模式下，商铺在出售完成后，业主不会直接参与商铺的经营过程，而是由开发商全权负责经营管理。因此，实际意义上的交房过程往往被省略。

回购商铺主要存在三大法律风险：一是承诺履行能力。开发商的履约能力是投资者最为关注的风险。开发商若经营不善或资金链断裂，可能无法履行回购义务。因此，投资者应对开发商的资信状况进行尽职调查，并可以考虑开发商提供财务报表、信用报告等作为参考。二是合同条款的明确性。回购条款应明确具体，包括回购价格、回购时间、回购条件等。模糊或不完整的条款可能导致纠纷。例如，回购价格可以参考市场价格或约定的固定价格，回购时间应明确具体日期或时间段，回购条件如履约担保、支付方式等应清晰明了。三是市场风险。房地产市场的波动性也影响回购条款的实际执行。若市场价格大幅下跌，开发商可能选择违约，而投资者则面临通过诉讼追讨回购款的困境。

司法实践中，由于这些问题而引发的纠纷也屡见不鲜。本案中，交付时间影响了后续的回购时间认定，导致双方产生矛盾和争议。在这种情况下，应该认为双方在签订购房协议和租赁协议时，商铺即已被视为交付完成。商铺的交付认定不一定取决于开发商是否先将房屋交付给业主。开发商与经营管理公司之间构成委托代理关系，商铺可能已经由经营管理公司代表开发商开始经营管理，这可能会影响实际交付的认定。本案中还存在约定交付时间与实际交付日期之间的分歧。虽然商铺出售后由开发商全权负责经营管理，但实际交付时间仍然是一个重要的认定因素。需要考虑合同中是否明确约定了实际交付时间，以及商铺的实际物理状态是否达到了交付的条件。

商铺返租和回购因其高额的固定利润回报而受到购房者的青睐，但其中的法律风险必须引起重视。商铺返租和回购模式涉及多个法律关系，包括购房合同、租赁合同和回购协议等，法律关系复杂。购房者可能难以准确理解和把握这些法律关系，从而增加了法律风险。对于普通购房者来说，由于这些法律关系的复杂性，要求开发商承担相应责任变得更加困难。尤其是在包租行为中，举证商铺开发商和经营管理者公司人格混同的难度是实务中经常遇到的问题。商铺返租期届满时，业主要求开发商回购商铺，但由于时间跨度较长，开发商能否履行承诺存在不确定性，这可能导致业主的权益无法得到有效保障，存在履约风险。此外，商铺返租和回购合同中的条款可能存在不清晰或模糊的问题，包括回购条件、回购价格和履行期限等。这些不清晰的合同条款可能引发纠纷和法律风险。购房者与开发商之间可能存在信息不对等的情况，购房者可能未能充分了解合同中的权利义务，从而导致法律风险的发生。产权式商铺回购机制为投资者提供了一定的安全保障，但其法律效力和实际执行仍存在风险。投资者应在签订合同前进行充分的尽职调查，并在合同中明确各项回购条款。同时，通过担保措施和司法救济等手段，进一步保障自身权益。此外，投资者应关注相关政策变化，及时调整投资策略。只有在综合考量各方面因素后，才能在法律框架内有效地进行商铺投资并实现预期收益。

【规范指引】

《民法典》第7条、第119条、第577条。

第三节 法律适用中的疑难问题

问题 1:“以房抵债”型房屋买卖合同纠纷中，合同性质如何认定?

【案例】某投资公司诉某置地公司商品房预售合同纠纷案[①]

2011 年 1 月 25 日，某投资公司与某置地公司签订《协议书》，某投资公司向某置地公司借款 1000 万元，借款期限 3 个月，同时约定签订《商品房买卖合同》作为借款的担保。上述借款到期后，某置地公司未能偿还本金，双方重新达成《补充协议一》，延长还款期限 3 个月。延长期限到期后，某置地公司仍未偿清借款。2018 年 11 月 18 日，双方重新签订《协议书》，某置地公司共欠本金及利息 2150 万元，应于 2019 年 4 月 30 日前还清，若未能还清，某置地公司同意以案涉房屋抵偿某置地公司的债务，合同约定双方签订的房屋买卖合同不再具有担保的性质。2019 年 7 月 4 日，某投资公司向法院起诉要求被告某置地公司交付案涉房屋并办理过户。2019 年 10 月 24 日，被告某置地公司不服一审判决，提起上诉。被告某置地公司的抗辩理由为原被告之间是借款关系，双方所签商品房买卖合同系借款的担保，并非真实的房屋买卖合同关系。法院认为，2018 年 11 月 18 日签订的《协议书》，是在民间借贷债务履行期限届满后且对债务进行清算的基础上签订的，合同性质属于债务履行方式的变更，该约定并未违反法律、行政法规的强制性规定，当事人应遵照履行。原告要求履行商品房交付义务的主张应予支持。

【分析】

“以房抵债”并非法律概念，是现实生活中存在的用房屋抵销债务的一种方式。“以房抵债”型房屋买卖合同，是为保障债权顺利实现，债权人与债务人或者第三人签订的包含“抵债”“担保”条款的房屋买卖合同。买受人（债权人）与出卖人（债务人）签订“以房抵债”房屋买卖合同，如果买受人（债权人）想要获得案涉房屋所有权，则以房屋买卖合同关系或者确认房屋买卖合同有效提起诉讼，主张“以房抵债”型房屋买卖合同性质为代物清

---

① 参见北京市第二中级人民法院（2019）京 02 民终 13120 号民事判决书。

偿协议，请求出卖人（债务人）向其交付房屋，并且协助其办理不动产权证。而出卖人（债务人）则主张“以房抵债”房屋买卖合同属于让与担保，是为了担保原债权债务的履行而签订的。如果“以房抵债”型房屋买卖合同性质认定为房屋买卖合同关系，买受人（债权人）的诉请则可能得到支持；如果“以房抵债”型房屋买卖合同性质认定让与担保，买受人（债权人）的诉请将无法得到支持，买受人（债权人）需以原债权债务关系另行提起诉讼。在“以房抵债”型房屋买卖合同中，当事人之间往往存在多个法律关系，例如基础法律关系、房屋买卖法律关系、担保法律关系、虚假意思表示等等。根据原债权债务关系是否明确、“以房抵债”型房屋买卖合同签署时间、真实意思表示不同，其法律关系认定也不同。

“以房抵债”型房屋买卖合同纠纷的基础法律关系为债权债务关系，“以房抵债”型房屋买卖合同法律关系的认定需以原债权债务关系真实、合法、明确为前提。依据《全国法院民商事审判工作会议纪要》第 45 条规定，“以房抵债”型房屋买卖合同的签订大都是为解决原债权债务的清偿问题，因此原债权债务关系明确且无争议至关重要，如果原债权债务关系尚未查明或仍存在争议，就需要先从原债权债务关系入手，对债权债务关系的真实性、合法性及具体内容进行实体审查。该条文明确如果原债权债务关系尚未查明或仍存在争议，就需按照原债权债务关系认定其合同性质。

按照“以房抵债”房屋买卖合同签订的时间可以划分为债务履行届满前的“以房抵债”和债务履行期届满后的“以房抵债”。债务履行届满前签订“以房抵债”房屋买卖合同的，其实质为让与担保，所谓让与担保，其性质属于非典型担保，是指债务人或者第三人为担保债务人的债务，将担保标的物的财产权转移至担保权人，担保权人在不超过担保目的的范围内取得担保标的物的财产权，债务清偿后，标的物返还债务人或者第三人，在债务不履行时担保权人就该标的物受偿的制度。“以房抵债”协议可能涉及不动产让与担保，且多以房屋买卖合同形式出现。依据《民法典担保制度解释》第 68 条规定，债务人或者第三人与债权人约定将财产形式上转移至债权人名下，债务人不履行到期债务，债权人有权对财产折价或者以拍卖、变卖该财产所得价款偿还债务的，人民法院应当认定该约定有效。当事人已经完成财产权利变动的公示，债务人不履行到期债务，债权人请求参照《民法典》关于担保物权的有关规定就该财产优先受偿的，人民法院应予支持。该条文明确“以房抵债”房屋买卖合同性质认定为让与担保需同时具备以下条件：一是合同在原债权债务届满前签订；二是具有担保的意思表示；三是房屋产权形式上变更登记至债权人名下。债务履行期限届满后签订“以房抵债”房屋买卖合同，其实质为代物清偿协议，指的是债权人与债务人之间达成合意，约定以他种给付代替原有给付的受领，消灭原有的债权债务关系。依据《全国法院民商事审判工作会议纪要》第44条规定，当事人在债务履行期限届满后达成以物抵债协议，抵债物尚未交付债权人的，债权人请求债务人交付的，人民法院要着重审查以物抵债协议是否存在恶意损害第三人合法权益等情形，避免虚假诉讼的发生。经审查，不存在以上情况且无其他无效事由的，人民法院依法予以支持。该条明确规定，“以房抵债”房屋买卖合同性质认定为代物清偿协议必须同时具备三个条件：一是合同在原债权债务届满后签订；二是合同各方达成以房抵债的合意；三是原债权债务关系明确。另需说明的是，“以房抵债”合同签订时，债权人不具有某地区购房资格的，或抵押房屋处于限售期，如债权人要求按约定为其办理过户登记的，不予支持；如债权人要求债务人按原债权债务关系履行债务的，应予支持。

另需注意的是，“以房抵债”型房屋买卖合同可能涉及“虚假诉讼”及“套路贷”，需结合资金来源、交易习惯、系列案件检索信息等作出判断，谨防当事人恶意串通损害权利人合法权益。因此，“以房抵债”型房屋买卖合同要坚持充分尊重当事人真实意思表示的原则，排除虚假意思表示。依据《最高人民法院、最高人民检察院、公安部、司法部关于办理“套路贷”刑事案件若干问题的意见》第1条的规定，“套路贷”是对以“非法占有为目的”，假借民间借贷之名，诱使或迫使被害人签订“借贷”或变相“借贷”“抵押”“担保”等相关协议，通过虚增借贷金额、恶意制造违约、肆意认定违约、毁匿还款证据等方式形成虚假债权债务，并借助诉讼、仲裁、公证或者采用暴力、威胁以及其他手段非法占有被害人财物的相关违法犯罪活动的概括性称谓。案件如果涉及“套路贷”的，则要考虑当事人可能面临的刑事风险，在案件处理上也要考虑有关刑民交叉的问题。

本案中，某投资公司与某置地公司于2011年1月25日签订的《协议书》，是在民间借贷债务履行期限届满前签订的，合同约定借款人逾期不偿还借款即愿意以自己所有的房屋抵偿归贷款人所有，故该合同实为基础借贷债权的担保，应当根据当事人的真实意思表示认定双方之间系民间借贷法律关系。某投资公司与某置地公司于2018年11月18日签订的《协议书》，是在民间借贷债务履行期限届满后签订的，合同约定不能偿还以房抵债，性质上属于债务履行方式的变更，该约定并未违反法律、行政法规的强制性规定，当事人应遵照履行。现某置地公司仍未清偿债务，某投资公司按照约定要求某置地公司继续履行合同办理涉案房屋过户登记手续并交付涉案房屋的诉讼请求，应予以支持。

【规范指引】

《民法典担保制度解释》第68条；《最高人民法院、最高人民检察院、公安部、司法部关于办理“套路贷”刑事案件若干问题的意见》第1条；《全国法院民商事审判工作会议纪要》第44–45条。

问题2：双方签订以房抵债协议，在以房抵债协议未能继续履行的情况下，债权人能否诉请恢复旧债履行？

【案例】某建设公司与某房地产公司建设工程施工合同纠纷案[①]

2019年10月，被告某房地产公司与原告某建设公司签订了《施工合同》《安装合同》，2021年12月9日，双方签字确认工程造价含税结算金额，形成了书面《工程结算书》。2020年12月30日，某房地产公司、某建设公司与案外人内江房地产公司签订三方《合同款抵购房款协议书》，原告某建设公司购买内江房地产公司4套房屋，原告某建设公司用于抵扣购房款实际数额以被告某房地产公司工程结算单确认数额为准。案涉4套房屋无法实际交付，故原告某建设公司起诉要求被告某房地产公司支付其工程款及利息。被告某房地产公司抗辩，双方存在真实的以房抵债意思表示，工程款已经通过以房抵款方式付清。法院审理认为，“以房抵债”协议发生在工程结算款履行期届满前，且以房抵款协议无法实际履行，故被告某房地产公司主张工程款已经通过以房抵款方式付清的理由不能成立。

【分析】

在该类案件中，如果“以房抵债”协议无法继续履行，债权人（买受人）通常主张解除以房抵债协议，并且请求恢复旧债履行，而债务人（出卖人）通常以案涉债务已通过以房抵款方式付清为由提出抗辩。

“以房抵债”型房屋买卖合同的基础法律关系是原债权债务关系，原债

① 参见四川省成都市中级人民法院（2022）川01民终18190号民事判决书。

权债务履行过程中发生了以房抵债的法律关系，并进而形成商品房买卖关系，因商品房买卖关系履行不能，不能实现合同目的，债权人要求解除商品房买卖关系，并且要求按照原债权债务承担责任的，依据《民法典》第563条规定，在履行期限届满前，当事人一方明确表示或者以自己的行为表明不履行主要债务的，当事人可以解除合同。故债权人要求解除商品房买卖关系符合法律规定，法院应予支持。

但对于债权人要求债务人按照原债权债务关系承担法律责任能否得到支持，取决于“以房抵债”型房屋买卖合同是构成债务更新，还是新债清偿。债务更新，是指债权人与债务人约定终止原债权债务关系同时建立新债权债务关系，新债产生的同时，旧债得以消灭，也就是成立新债务，同时消灭旧债务；而新债清偿，是指债务人因清偿旧债而负担新债务，并因新债务履行而使旧债务消灭，也就是说，成立新债务，与旧债务并存，新债务不履行时，旧债务不消灭。

对于债务人来说，定是希望“以房抵债”型房屋买卖合同构成债务更新，即成立新债，消灭旧债，新债取代旧债；而对于债权人来说，则是希望“以房抵债”型房屋买卖合同构成新债清偿，即新债旧债并存，更利于保护债权人的权益。至于到底构成债务更新还是新债清偿?

1. 履行期限届满后达成的“以房抵债”型房屋买卖合同

依据《全国法院民商事审判工作会议纪要》第44条规定，当事人在债务履行期限届满后达成以物抵债协议，抵债物尚未交付债权人，债权人请求债务人交付的，人民法院要着重审查以物抵债协议是否存在恶意损害第三人合法权益等情形，避免虚假诉讼的发生。经审查，不存在以上情况，且无其他无效事由的，人民法院依法予以支持。该规定采新债清偿说。故履行期限届满后达成的“以房抵债”型房屋买卖合同，要依据双方签订的“以房抵债”型房屋买卖合同的约定内容而确定。如果合同中未约定或约定不明确的，基于保护债权的理念，应认定为新债清偿性质，系增加一种清偿债务的履行方式，即新债、旧债并存，旧债不因此消灭，除非双方在合同中明确约定原债权债务关系变更为新债权债务关系。因此，在“以房抵债”型房屋买卖合同无法履行的情况下，如果债权人与债务人之间签署的“以房抵债”型房屋买卖合同是新债清偿性质，则债权人可基于原债权债务关系请求债务人承担责任，即诉请恢复旧债履行；如果“以房抵债”型房屋买卖合同未约定原债权债务关系因“以房抵债”型房屋买卖合同的签订而消灭时，基于保护债权原则，债权人诉请恢复旧债履行；如果“以房抵债”型房屋买卖合同约定原债权债务关系因“以房抵债”型房屋买卖合同的签订而消灭时，即构成债务更新，故在“以房抵债”型房屋买卖合同无法履行时，债权人不能基于原债权债务关系主张权利，应依据“以房抵债”型房屋买卖合同要求出卖人承担相应的违约责任、赔偿责任等。

2. 履行期限届满前达成的“以房抵债”型房屋买卖合同

《全国法院民商事审判工作会议纪要》第 45 条规定，当事人在债务履行期届满前达成以物抵债协议，抵债物尚未交付债权人，债权人请求债务人交付的，因此种情况不同于本纪要第 71 条规定的让与担保，人民法院应当向其释明，其应当根据原债权债务关系提起诉讼。经释明后当事人仍拒绝变更诉讼请求的，应当驳回其诉讼请求，但不影响其根据原债权债务关系另行提起诉讼。故履行期限届满前达成的“以房抵债”型房屋买卖合同，在“以房抵债”型房屋买卖合同无法履行时，债权人可基于原债权债务关系请求债务人承担责任，即债权人诉请恢复旧债履行时，法院应予支持。

本案中，某房地产公司、某建设公司与案外人内江房地产公司签订的三方《合同款抵购房款协议书》约定以 4 套房屋抵扣工程款。“以房抵债”协议发生在工程结算款履行期届满前，故在以房抵款协议无法实际履行时，原告某建设公司基于建设工程施工合同纠纷请求被告某房地产公司支付工程款的请求应予支持。

【规范指引】

《民法典》第 563 条；《全国法院民商事审判工作会议纪要》第 45 条。

问题 3：债权人与债务人在债务履行期限届满前、债权数额尚未确定的情况下所达成的以房抵债协议，应否认定为当事人之间存在真实的以房抵债意思表示？

【案例】罗某诉某公司商品房预售合同纠纷案①

2010 年 1 月 7 日，罗某与某公司签订了 27 份预售合同，合同约定罗某向某公司购买商品房 27 套。当日，双方签订补充协议 1，协议约定若某公司于 2010 年 8 月 7 日前向罗某退还其已支付的购房款 3000 万元和补偿费用

---

① 参见上海市第一中级人民法院（2015）沪一中民二（民）终字第 1283 号民事判决书。

455万元，预售合同自动解除，否则某公司按约定向罗某交付房屋。次日，罗某将3000万元转账至某公司。2012年8月6日，双方签订补充协议2，协议约定鉴于某公司向罗某所借3000万元至今仍未能归还，双方同意履行预售合同。2013年11月6日，双方签订回购协议，之后，某公司仅成功回购了其中2套房屋。2014年6月，25套房屋产权核准登记至罗某名下。罗某起诉至法院请求法院判令将已出租的2套房屋的租赁合同移至罗某名下，并将2014年1月1日起至6月30日的租金交付给罗某。某公司提起反诉，请求法院判令27套"以房抵债"型房屋买卖合同（含预售合同、补充协议、回购协议）无效，并将25套房屋的产权恢复登记至其名下。法院认为，案涉房屋签订的预售合同、补充协议1实质是为了担保双方借贷关系的履行。补充协议2、回购协议应系双方在债务履行期限届满后协商一致达成的以房抵债的新合同。

【分析】

在此类案件中，债务人通常会以当事人之间不存在真实的以房抵债意思表示为由，主张"以房抵债"协议应认定为原债权债务关系的一种担保。债权人则以当事人之间存在真实的以房抵债意思表示为由主张"以房抵债"协议有效。

我们倾向认为，债务履行期届满之前作出的"以房抵债"房屋买卖合同不存在真实的以房抵债意思表示。具体分析如下：

债权人与债务人在债务履行期限届满前、债权数额尚未确定的情况下所达成的以房抵债协议，如未完成房屋变更登记时，依据《全国法院民商事审判工作会议纪要》第45条的规定，当事人在债务履行期届满前达成以物抵债协议，抵债物尚未交付债权人，债权人请求债务人交付的，因此种情况不同于本纪要第71条规定的让与担保，人民法院应当向其释明，其应当根据原债权债务关系提起诉讼。经释明后当事人仍拒绝变更诉讼请求的，应当驳回其诉讼请求，但不影响其根据原债权债务关系另行提起诉讼。可以得出，债务履行期届满之前作出的"以房抵债"房屋买卖合同，如未完成房屋变更登记，需根据原债权债务关系另行提起诉讼。债权人与债务人在债务履行期限届满前、债权数额尚未确定的情况下所达成的以房抵债协议，如完成房屋变更登记时，依据《民法典担保制度解释》第68条规定，债务人或者第三人与债权人约定将财产形式上转移至债权人名下，债务人不履行到期债务，债权人有权对财产折价或者以拍卖、变卖该财产所得价款偿还债务的，人民法院应当认定该约定有效。当事人已经完成财产权利变动的公示，债务人不履行到期债务，债权人请求参照《民法典》关于担保物权的有关规定就该财产优先受偿的，人民法院应予支持。据此可以得出，债务履行期届满之前作出的“以房抵债”房屋买卖合同，如完成房屋变更登记，“以房抵债”房屋买卖合同实质上是为了担保债权的实现，即债权人与债务人之间不存在“以房抵债”的意思表示。

本案中，关于预售合同及补充协议 1 的性质及效力问题。结合双方的实际履行行为以及补充协议 2 载明的内容，足以认定，补充协议 1 中双方之间就 3000 万元款项的真实意思表示系借贷关系，双方就诉争房屋签订的预售合同、补充协议 1 实质是为了担保双方借贷关系的履行。故原被告在债务履行届满前签订的预售合同、补充协议 1 不存在“以房抵债”的意思表示。

【规范指引】

《民法典》第 209 条;《民法典担保制度解释》第 68 条;《全国法院民商事审判工作会议纪要》第 45 条。

问题 4：债权人与债务人在债务履行期限届满后、债权金额确定的情况下所达成的以房抵债协议，对债务人是否具有拘束力?

【案例】某建筑公司诉某商贸公司确认合同无效纠纷案[①]

2009 年 4 月，原告某建筑公司与被告某商贸公司签订《建设工程施工合同》，约定原告某建筑公司承建被告某商贸公司信息技术研发管理工程。2012 年 1 月，原告某建筑公司与被告某商贸公司签订《协议书》并办理最终价款决算，确认该工程结算总价为 1.08 亿元。2013 年 1 月 31 日，原告某建筑公司与被告某商贸公司签订《房屋买卖合同》，约定被告某商贸公司将其开发的总房款金额为 19 460 740 元的房屋转让给原告某建筑公司。同时，双方还签订了《房屋回购及债务清算支付合同》，合同约定签订《房屋买卖合同》后至 2014 年 1 月 31 日之前，某商贸公司有权一次性全部回购《房屋买卖合同》中转让的房屋。原告某建筑公司起诉要求确认双方签订的《房屋买卖合同》及《补充协议》无效。原告认为《房屋回购及债务清算支付

---

① 参见四川省成都市中级人民法院（2021）川 01 民终 15493 号民事判决书。

合同》是为了担保工程款债务的履行而签订的《房屋买卖合同》，属于让与担保。

【分析】

《全国法院民商事审判工作会议纪要》第44条规定，当事人在债务履行期限届满后达成以物抵债协议，抵债物尚未交付债权人，债权人请求债务人交付的，人民法院要着重审查以物抵债协议是否存在恶意损害第三人合法权益等情形，避免虚假诉讼的发生。经审查，不存在以上情况，且无其他无效事由的，人民法院依法予以支持。债务到期后，双方之间的具体债务数额已经确定，债权人已不再具有优势地位，在该种情况下签订的“以房抵债”型房屋买卖合同，应视为双方当事人基于平等地位对如何清偿债务作出的安排，故对“以房抵债”型房屋买卖合同效力的认定，应以尊重当事人的意思表示为原则。《民法典》第143条规定，具备下列条件的民事法律行为有效：（1）行为人具有相应的民事行为能力；（2）意思表示真实；（3）不违反法律、行政法规的强制性规定，不违背公序良俗。《民法典》第502条规定，依法成立的合同，自成立时生效，但法律另有规定或者当事人另有约定的除外。因此，除当事人明确约定外，该类合同不以债权人现实地受领抵债物或取得抵债物所有权、使用权等财产权利为成立或生效要件。只要双方当事人的意思表示真实，合同内容不违反法律、行政法规的强制性规定，合同即为有效。“以房抵债”型房屋买卖合同生效后，债权人与债务人应当按照合同约定全面履行自己的义务，即债务人应按合同约定向债权人交付案涉房屋或者办理过户登记。

需特别注意的是，“以房抵债”型房屋买卖合同是否存在恶意诉讼及虚假诉讼的情形。依据《民法典》第154条规定，行为人与相对人恶意串通，损害他人合法权益的民事法律行为无效。“以房抵债”型房屋买卖合同如果存在当事人恶意串通逃避债务、虚假诉讼等情形的，应当认定合同无效，“以房抵债”型房屋买卖合同将不对债权人、债务人产生约束力。司法实践中，通常将可以抵债的房屋价值是否与原债务数额相当作为审查因素之一。

本案中，某建筑公司与某商贸公司在签订《房屋买卖合同》及《补充协议》前，已就建设工程施工合同进行结算，且工程款债务的履行期限已届满，某商贸公司在无法履行工程款支付义务的情况下，双方才订立案涉《房屋买卖合同》及《补充协议》。故案涉《房屋买卖合同》及《补充协议》属于双方在原债务已届清偿期，达成的以物抵债合意。只要双方当事人意思表示真实，内容不违反法律、行政法规的强制性规定，即为合法有效。虽然双方在《房屋买卖合同》及《补充协议》中约定了某商贸公司在一定期限内可以溢价的方式回购用以抵债的房屋，但回购条款不改变以物抵债的性质，回购条款系赋予某商贸公司的权利，且无法律规定的无效合同情形存在，故案涉《房屋买卖合同》及《补充协议》自成立时生效，某商贸公司应按照合同约定交付案涉房屋。

【规范指引】

《民法典》第143条、第154条、第502条；《全国法院民商事审判工作会议纪要》第44条。

问题5：一房数卖情形下，数份商品房买卖合同均有效且买受人均要求履行商品房买卖合同时如何处理？

【案例】阳某诉某公司房屋买卖合同纠纷案[①]

2007年12月21日，某公司与张某签订商品房买卖合同6份，约定将本案讼争房屋出售给张某，并于2008年12月30日前将经验收合格的上述房屋交付张某，于交付后的200个工作日内（2010年10月17日前）为上述房屋办好房地产权属证书。签约当日，张某依约向某公司支付全部购房款110.1061万元，上述商品房买卖合同在房产局进行备案登记。2008年1月20日，某公司另与张某签订商品房退款退房协议书，约定：若某公司在2008年3月20日前以现金支付方式将全部购房款退还张某，则张某将上述房屋退回某公司，否则双方继续履行先前签订的商品房买卖合同。但某公司没有如约退款。2009年8月18日，某公司与阳某签订商品房买卖合同，约定：某公司将涉案房屋出售给阳某，总价款为46.8万元，付款方式为签约当日支付23.4万元，余款以银行贷款方式支付。2009年8月18日，阳某向某公司支付23.785万元（含首付款23.4万元）。2010年1月20日，某公司将房屋交付阳某，后阳某装修居住至今。2010年10月，张某起诉请求判决某公司交付房屋，并办理房地产权属证书，支付逾期办证违约金，以及赔偿逾期交房租金损失。2017年7月10日，法院生效判决认为应优先履行实际占有方阳某的

---

① 参见广西壮族自治区高级人民法院（2017）桂民终75号民事判决书。

合同。

【分析】

一房数卖中，在多个买受人均提出履行要求时，该如何处理？依据《重庆市高级人民法院关于当前民事审判若干法律问题的指导意见》第38条规定，一房多卖情形的处理。出卖人将商品房数次出卖所签订的合同，只要不违反法律的禁止性规定，均是有效合同。不能履行的，依法承担违约责任。在此情形下，先办理商品房登记手续的买受人取得商品房的所有权；未进行房屋产权登记但开发商已交付的，已经合法取得商品房的买受人取得商品房的所有权，但出卖人和买受人之间恶意串通的除外；既未登记，又未合法占有商品房的，先行支付购房款的买受人取得商品房的所有权；如果合同均未履行，依法成立在先的买卖合同的买受人履行合同的请求应予以支持。具体阐述如下：

如果出卖人已为一方买受人办理登记。依据《民法典》第209条规定，不动产物权的设立、变更、转让和消灭，经依法登记，发生效力；未经登记，不发生效力，但是法律另有规定的除外。此时，办理登记的一方买受人与出卖人的合同履行完毕，该买受人依登记现实地取得房屋所有权。此前签订的合同，有关买受人可向出卖人主张违约责任；此后签订的合同，系出卖人的无权处分行为，依无权处分的法律规定处理。

如果房屋尚未办理产权登记。在这种情况下，多个就同一房屋订立的合同均为有效合同，各买受人均享有请求出卖人转移房屋所有权的债权。根据债权的平等性理论，出卖人享有选择合同相对人的自由。但是，这样一来有违公平、诚信原则，有损交易安全，因而这样的自由应加以必要的限制。因此，对于一房数卖，房屋尚未办理产权登记时，优先履行受领房屋一方买受人的合同；均未受领的，优先履行先付款一方买受人的合同；均未受领且均未付款的，优先履行合同先订立一方买受人的合同。具体如下：第一，受领在先规则。即由最先从出卖人处受领标的物的买受人（房屋转移占有）取得标的物的所有权。主要原因在于：其一，由于某一买受人已经合法占有房屋，享有占有权，此种占有权涉及物权关系，具有明显的公示与公信作用，能够产生对抗第三人的效力，应优先于一般债权。其二，根据2003年《商品房买卖合同解释》第11条[①]的规定，对房屋的转移占有，视为房屋的交付使用。

---

① 对应《商品房买卖合同解释》（2020年修正）第8条。

房屋毁损、灭失的风险，在交付使用前由出卖人承担，交付使用后由买受人承担。先行占有讼争房屋的买受人已开始承担合同标的物毁损、灭失的风险，不支持其合同履行要求不符合公平原则。其三，某个买受人占有房屋之后，往往会对房屋进行装修改造，如果对此不予保护，而要求恢复原状，则会造成财产的浪费，有违公平原则。第二，付款在先规则。即由最先支付价款的买受人取得标的物的所有权。主要原因在于：其一，根据债权的平等性理论，出卖方享有任意履行的权利，如果某个买受人已经支付价款，则表明出卖人已作出选择；其二，已经全部或部分实际履行的合同应当优先于根本未履行的合同受到保护，符合公平原则，有利于提高交易效率。具体情形如下：有的已支付价款，有的未支付价款，则应当优先保护已支付价款的买受人；若数个买受人先后都已经支付了价款，则不应当考虑支付价款多少的因素，仍应当按照价款支付先后顺序确定所有权归属；若数个买受人同时支付价款，则应当参考其他标准确定所有权归属，如优先保护先请求交付的买受人。第三，合同订立在先规则。即数个买受人都没有交付或登记，也没有支付房款的情况下，应当由最先签订买卖合同的买受人取得房屋所有权。主要原因在于：一方面，相较而言，最先签订合同的人，最早与出卖人之间形成一种信赖关系，其有权信赖自己能够按照合同约定取得房屋，一般而言，其为履行合同作出了更为充分的准备。另一方面，在通常情况下，出卖人一房数卖，是为了获得更高的价款，如果由后来的买受人取得房屋所有权，则无疑纵容出卖人的行为，而由最初签订合同的买受人取得房屋所有权，可以抑制出卖人获取暴利的企图和不诚信的行为。

本案中，2007 年 12 月 21 日某公司与张某签订的商品房买卖合同为合法有效合同。虽然某公司又于 2009 年 8 月 18 日与阳某签订商品房买卖合同，将讼争房屋出售给阳某，阳某依约支付了首付款并实际占有房屋，但无证据证明阳某与某公司之间存在恶意串通的故意，故阳某与某公司签订的商品房买卖合同亦合法有效。所以，涉及本案讼争房屋的两份商品房买卖合同均为有效合同，这属于一房二卖的情形，导致阳某与张某的民事权利发生冲突。房屋所有权人某公司就讼争房屋分别与张某和阳某订立了两个有效的商品房买卖合同，且均未办理房产所有权证，而讼争房屋已由阳某先行占有六年多，故在买受方张某与阳某对讼争房屋的合同履行发生争议时，应优先履行实际占有方阳某的合同。

【规范指引】

《民法典》第 209 条；《商品房买卖合同解释》第 8 条；《重庆市高级人民法院关于当前民事审判若干法律问题的指导意见》第 38 条。

问题 6：开发商与买受人签订商品房买卖合同并办理合同签约备案登记后，又将同一房屋出售给不知情的第三人，第三人能否主张撤销或者解除前二者签订的买卖合同？

【案例】向某诉何某、某公司商品房买卖合同纠纷案[①]

2006 年 2 月 20 日，何某与某公司签订《商品房申购协议书》，合同约定何某向某公司申购该公司开发的房屋一套。何某于 2007 年 5 月入住该房屋并进行装修。2007 年 7 月 25 日，何某与某公司签订《商品房买卖合同》。同年 7 月 27 日何某向某公司支付全部房款。2007 年 7 月 29 日某公司与向某签订《商品房买卖合同》，合同约定某公司将案涉房屋卖给向某。向某已付清房款。2007 年 11 月 9 日，某公司与向某签订的《商品房买卖合同》在房屋交易所进行了备案登记。某公司于 2007 年 7 月中旬取得了该房屋商品房预售许可证，但案涉房屋因故尚未通过整体验收。向某起诉请求确认何某与某公司签订的《商品房买卖合同》无效且立即交付案涉房屋并办理房屋产权证。法院最终生效判决认为，因何某《商品房买卖合同》成立在先并已经装修入住，向某虽进行备案登记却无法对抗何某的请求权，向某请求某公司履行合同已不可能，应予驳回。

【分析】

案件所涉及的焦点问题就是商品房预售买卖合同的备案登记是否具有物权法中所规定的不动产预告登记制度的法律效力。

第一种观点认为，预售合同登记备案后，预购人对预售房屋享有的权利具有对抗第三人的法律效力。如开发商在签订预售合同后，又将涉案房屋售与第三人，预购人有权请求法院判定后一出卖行为无效。第二种观点认为，依据《重庆市高级人民法院关于当前民事审判若干法律问题的指导意见》第 38 条规定，商品房预售买卖合同的备案登记具有物权法所规定不动产预告登记的法律性质，已经进行备案登记的合同，应当取得对抗的效力。房屋预售

① 参见重庆市万州区人民法院（2009）万民初字第 3975 号民事判决书。

合同登记备案类似于物权法上的不动产预告登记，即为保全一项将来发生不动产物权变动为目的的请求权而为的登记，经登记后的债权具有物权性质。如开发商将经过预告登记备案的房屋售予第三人，该第三人不能通过登记获得所有权。第三种观点认为，商品房预售合同登记备案是一种行政管理手段，未登记备案也不影响合同效力，保护预购人的合法权益，在很大程度上起着保护交易安全的作用。

我们倾向于第三种观点，房屋预售合同登记备案是我国相关法律、行政法规就商品房预售规定的一种行政管理手段。从备案登记的对象、申请主体、性质及效力等方面看，房屋预售合同登记备案与预告登记存在较大区别，不能等同视之。房屋预售合同登记备案后，预购人除了请求卖房人履行交房义务外，在主张权利方面还享有一些便利，如合同登记备案后，预购人证明后购房人具有过错相对容易；在一定情况下，甚至可用来证明后购房人与出卖人恶意串通，损害其合法权益，从而援引《民法典》第 154 条的规定，主张他们的合同无效。

本案中，何某与某公司签订的《商品房买卖合同》已成立，若无法律规定的无效的事由就应属有效合同。而向某主张其与某公司签订的《商品房买卖合同》无效，却未举示充分证据证明双方之间的合同违反法律或行政法规的强制性规定或恶意串通损害他人利益，因此某公司与何某之间签订的合同属有效合同；从实际情况看，何某与某公司的《商品房买卖合同》是基于双方原来的申购协议，该《商品房买卖合同》成立在向某与某公司的《商品房买卖合同》之前，且双方实际履行了买卖合同，何某已经装修并入住三年之久，向某虽进行备案登记，但不能当然就产生物权对抗效力，故向某的诉讼请求不予支持，只能另案诉讼要求某公司承担违约责任。

【规范指引】

《民法典》第 154 条。

问题 7：商品房买卖合同约定的违约金如何调整？

【案例】郭某诉某公司商品房销售合同纠纷案[①]

2012 年 12 月 7 日，原告郭某与被告某公司签订《商品房买卖合同》，约定某公司将其开发的房屋出售给郭某，该房屋价款为 1 092 649 元，建筑面积为 89.7m^2，交房日期为 2014 年 12 月 31 日前。合同签订后郭某即向某公司支付了全部购房款。合同履行过程中，某公司并未按约定向郭某交付房屋，直至 2017 年 2 月 14 日才向郭某交付房屋。《商品房买卖合同》及《补充协议》中约定某公司逾期交房的违约金为按日计算向买受人支付全部已付房款万分之一的违约金，但最高不超过已付房款的 2%，郭某向人民法院提起诉讼主张逾期交房的违约金，原告郭某认为，原合同约定违约金计算方式计算出的违约金过低不足以弥补其损失，应当予以调整，并按照实际损失进行计算。被告某公司认为，原合同系双方真实意思表示，合同针对被告逾期交房违约金已经明确予以规定，不应当予以调整。法院认为，原告认为违约金约定低于其实际损失，要求人民法院增加违约金的主张，符合法律规定，应予支持。

【分析】

《民法典》第 585 条规定，当事人可以约定一方违约时应当根据违约情况向对方支付一定数额的违约金，也可以约定因违约产生的损失赔偿额的计算方法。约定的违约金低于造成的损失的，人民法院或者仲裁机构可以根据当事人的请求予以增加；约定的违约金过分高于造成的损失的，人民法院或者仲裁机构可以根据当事人的请求予以适当减少。该规定赋予当事人可向人民法院要求调整违约金的权利。

关于逾期交房违约金如何调整？依据《商品房买卖合同解释》第 17 条规定，商品房买卖合同没有约定违约金数额或者损失赔偿额计算方法，违约金数额或者损失赔偿额可以参照以下标准确定。逾期交付使用房屋的，按照逾期交付使用房屋期间有关主管部门公布或者有资格的房地产评估机构评定的同地段同类房屋租金标准确定。故逾期交房损失赔偿的重要参照标准是同地段同类房屋租金标准。如何确定同地段同类房屋的租金标准？有市场明确下发的地段租金指导类标准的按此进行计算，没有的需以第三方鉴定机构鉴定损失为准。

---

① 参见贵州省贵阳市中级人民法院（2017）黔 01 民终 6265 号民事判决书。

本案中，虽然双方当事人于2012年12月7日签订的《商品房买卖合同》中对于逾期交房违约金的计算标准有明确约定，但是，因郭某购买的本案房屋系建筑面积为89.7m^2的商业性用房，按照一般生活常理和日常经验法则，该商业用途房屋长达两年多的逾期交付必然会给郭某造成较大的经营性收入损失，而本案合同约定的逾期交房违约金支付比例最高不超过已付房款的2%，即不超过21 852.98元（1 092 649元 ×2%）。该约定标准明显过低。郭某有权要求对违约金标准予以调整。案涉房屋为商铺，在无指导价的情况下，法院委托第三方鉴定机构对原告的租金损失进行鉴定，以此来确定实际损失。

【规范指引】

《民法典》第585条；《商品房买卖合同解释》第17条。

问题8：房屋被限制性登记导致无法过户，是否应视为出售人无法履行合同义务，合同是否应予解除？

【案例】邓某诉余某房屋买卖合同纠纷案①

2016年6月7日，原告邓某与被告余某签订《南昌市房屋买卖合同》，合同约定被告余某将房屋出售给原告邓某，案涉房屋属商品房，房屋总价130万元；房产证在签署合同时未下来，已由原告邓某代缴契税，被告余某必须配合原告邓某取得该房屋原始产证。合同签订后，原告邓某于2016年6月8日转款30万元至被告余某账户，被告余某对上述转账均出具收条。因申请人江西某银行诉被告余某金融借款合同纠纷一案，根据申请人江西某银行的诉讼保全申请，依法查封了被告余某的案涉房产。因诉争房产被查封，原告无法办理房屋过户手续，故诉至法院要求解除《房屋买卖合同》。法院认为，诉争房产被法院查封，导致无法办理诉争房屋的过户手续，被告的行为已构成根本违约，致使合同目的不能实现，支持原告诉请。

【分析】

依据《民法典》第209条第1款规定，不动产物权的设立、变更、转让和消灭，经依法登记，发生效力，未经登记，不发生效力，但法律另有规定的除外。故当事人双方签订《房屋买卖合同》，但是未办理过户手续，不发生

---

① 参见江西省南昌市西湖区人民法院（2017）赣0103民初241号民事判决书。

物权变更效力，即买受人没有取得房屋的所有权。同时，依据《民法典》第580条规定，当事人一方不履行非金钱债务或者履行非金钱债务不符合约定的，对方可以请求履行，但是有下列情形之一的除外：（1）法律上或者事实上不能履行；（2）债务的标的不适于强制履行或者履行费用过高；（3）债权人在合理期限内未请求履行。有前款规定的除外情形之一，致使不能实现合同目的的，人民法院或者仲裁机构可以根据当事人的请求终止合同权利义务关系，但不影响违约责任的承担。当事人双方签订《房屋买卖合同》后，未办理案涉房屋过户登记手续，在交易过程中，案涉房屋被限制性登记。在此种情况下，《房屋买卖合同》是当事人双方真实意思表示，且不存在违反法律法规致使合同无效的情形，因此应该认定合同有效。依法成立的合同受法律保护，双方应按照合同约定的内容履行义务。但由于案涉房屋被限制性登记，无法办理房屋过户登记，无法履行其在合同中承诺的义务，合同目的无法实现。基于保护买受人合法权益，因此买受人要求解除购房合同的，应予支持。

本案中，原告与被告签订的《南昌市房屋买卖合同》，系双方真实意思表示，合同合法有效，双方当事人应当根据诚信原则全面履行合同。原告按约支付了购房款30万元，但被告余某因拖欠案外人江西某银行借款，诉争房产因此被法院查封，导致无法办理诉争房屋的过户手续，被告的行为已构成根本违约，致使合同目的不能实现。故原告诉请解除原被告签订的《南昌市房屋买卖合同》，应予支持。

【规范指引】

《民法典》第209条第1款、第580条。

问题9：房屋被司法查封期间，买受人与出卖人签订的房屋买卖合同效力如何评判？

【案例】李某、蓝某诉罗某1、罗某2房屋买卖合同纠纷案[①]

2019年6月14日，罗某1、罗某2作为卖方与李某、蓝某作为买方签订《房地产买卖合同》，并约定了房屋交易价款、费用承担、房屋交付时间、产权过户、违约责任等事项。签订合同时，李某向罗某2转账100万元，罗某

① 参见广东省广州市花都区人民法院（2020）粤0114民初8486号民事判决书。

1、罗某2确认已收上述房价款100万元。涉案房屋已于2019年年底被司法拍卖，拍卖已经成交，尚未办理权属转移登记。蓝某、李某在签订合同之前对查封事宜不知情。故李某、蓝某起诉请求解除《房地产买卖合同》。

【分析】

房屋被司法查封期间，买受人在不知情的情况下与出卖人签订的房屋买卖合同效力如何？有三种不同观点：

第一种观点认为，该房屋买卖合同有效。当事人双方都是完全民事行为能力人，当时签订合同都是基于双方真实的意思表示，所签订的合同条款也不违反法律及其行政法规的强制性规定，合同标的明确为该房屋，该房屋买卖合同也具备法律所要求的形式，该合同生效要件全部满足。虽然该房屋已被法院查封，但只是不能过户，并不影响合同效力，只要出卖人偿还完欠款，法院查封即可解除，该房屋仍能过户。故合同有效。

第二种观点认为，该房屋买卖合同无效。依据《民法典》第153条规定，违反法律、行政法规的强制性规定的民事法律行为无效。《城市房地产管理法》第38条规定，司法机关和行政机关依法裁定、决定查封或者以其他形式限制房地产权利的房地产，不得转让。当事人双方签订的《房屋买卖合同》中有关于房屋过户转让的事项，因此违反了我国法律强制性规定，属于合同无效情形之一。故该合同无效。

第三种观点认为，（1）如果当事人对案涉房屋处于被法院查封的状态是明知的，不存在意思表示不真实的情况。双方均明知案涉房屋处于被法院查封状态，并没有故意隐瞒房屋查封情况，不存在欺诈、胁迫等情形，所签订的房屋转让合同系双方当事人的真实意思表示。依据《民法典》第215条规定，当事人之间订立有关设立、变更、转让和消灭不动产物权的合同，除法律另有规定或者当事人另有约定外，自合同成立时生效；未办理物权登记的，不影响合同效力。因此，案涉房屋买卖合同自成立时生效。（2）如果买受人在对案涉房屋查封不知情的情况下，与出卖人签订《房屋买卖合同》的，出卖人作为房屋所有人，清楚地知道自己的房屋被法院查封，不得转让不能过户，但仍与买受人签订《房屋买卖合同》。使买受人基于错误的认知，在违背真实意思的情况下与其签订了《房屋买卖合同》，并支付了房款。依据《民法典》第148条规定，一方以欺诈手段，使对方在违背真实意思的情况下实施的民事法律行为，受欺诈方有权请求人民法院或者仲裁机构予以撤销。因此，出卖人故意隐瞒该房屋已被法院查封的事实，与买受人签订房屋买卖合同，系以欺诈手段，使对方在违背真实意思的情况下实施的民事法律行为。故《房屋买卖合同》可撤销。

我们倾向于第一种观点。理由如下：第一，《城市房地产管理法》关于不得转让房地产的规定属于管理性规定，并非效力性规定。因此，当事人双方签订的《房屋买卖合同》中有关于房屋过户转让的事项，不属于违反了我国法律强制性规定，不属于合同无效情形。第二，根据合同法理论，当事人是否对标的物享有所有权和处分权不影响合同效力，故案涉房屋被查封，存在权利瑕疵只是影响合同的履行而不影响合同的效力。

本案中，蓝某、李某与罗某 1、罗某 2 签订的《房地产买卖合同》是双方的真实意思表示，其内容未违反法律法规的强制性规定，亦无其他影响合同效力的因素，合同成立有效，双方均应恪守履行。涉案房屋已被司法拍卖，交易无法继续进行，合同目的无法实现，故蓝某、李某请求解除合同，本院予以支持。

【规范指引】

《民法典》第 148 条、第 153 条、第 215 条。

问题 10：如何理解“交房之日起 × 日内取得房屋所有权证书”？

【案例】孙某、袁某诉某公司商品房预售合同纠纷案[①]

2019 年 10 月 12 日，原告孙某、袁某与被告某公司签订《商品房买卖合同（预售）》，约定由原告购买被告开发的住宅，房屋总价款为 1 218 289 元，通过首付款加银行贷款的方式支付。2019 年 10 月 10 日，原告刷卡支付了购房款 368 289 元，被告出具了收据。2023 年 4 月 7 日，被告向原告发出《房屋交付通知书》，通知原告在 2023 年 4 月 10 日起陆续接房。2023 年 4 月 24 日，原告接收房屋。2023 年 11 月 6 日，案涉楼盘在住房和城乡建设局进行了竣工验收备案。被告一直未给原告办理产权证书，为此原告起诉请求被告立即协助原告办理房屋所有权登记手续，并提供必要的证明文件。法院审理认为，案涉商品房实际交付时间为 2023 年 4 月 24 日，合同约定从交付之日起 720 个工作日内办理产权登记，现办证时间尚未届满，原告要求办理不动产权

① 参见四川省成都市郫都区人民法院（2023）川 0117 民初 11276 号民事判决书。

证，不予支持。

【分析】

在逾期交房的情形下，关于对“交房之日起 × 日内取得房屋所有权证书”的理解，买受人通常将交房之日认定为合同约定交房之日来主张办理产权证书，出卖人则以交房之日应为实际交房之日进行抗辩。房屋买卖合同是当事人双方的真实意思表示，如果合同就“交房之日起 × 日内取得房屋所有权证书”中交房之日有明确规定的，当事人双方应当按照合同约定全面履行义务，如果合同未就“交房之日起 × 日内取得房屋所有权证书”中交房之日明确规定的，司法实践中，有以下两种观点：

第一种观点认为，交房之日应认定为约定交房之日。理由是对格式条款有两种以上解释的，依据《民法典》第 498 条规定，对格式条款的理解发生争议的，应当按照通常理解予以解释。对格式条款有两种以上解释的，应当作出不利于提供格式条款一方的解释。因此，在存在逾期交房的情形下，出于有利于买受人原则，交房之日应当认定为约定交房之日。

第二种观点认为，交房之日应认定为实际交房之日。理由如下：在房屋实际交房后，买受人才能向开发商缴纳产权代办费，双方的委托代办关系才形成，若将交房之日认定为约定交付之日，就会出现买受人还未委托开发商办理产权证书，开发商就要对委托事项承担违约责任的情况。

我们倾向于第二种观点。依据《商品房买卖合同解释》第 8 条第 1 款规定，对房屋的转移占有，视为房屋的交付使用，但当事人另有约定的除外。故办理权属证书的起算时间应为实际交房之日而非当事人约定的交房之日。

另需注意的是，房屋买卖合同约定买受人委托出卖人协助办证的情况下，根据全面履行义务原则，“买受人在交房之日起 × 日内取得房屋所有权证书”既包含有出卖人负有协助办证的义务，同时还有代为领取权属证书并在合同约定期限内转交买受人的义务。商品房买卖合同约定买受人与出卖人共同办证的情况下，根据公平原则，“买受人在交房之日起 × 日内取得房屋所有权证书”，出卖人仅负有在合同约定期限内向办证机关提交办理权属登记所需应由出卖人提交的全部资料并通知买受人的义务。

本案中，原被告签订的《商品房买卖合同（预售）》《商品房合同附件及补充协议》系双方真实意思表示，内容不违反法律规定，双方均应全面履行。对于房屋交付的时间，根据《商品房买卖合同（预售）》第 18 条的约定，被告应在 2022 年 4 月 16 日前交付案涉房屋。案涉项目建设过程中，多次出现新冠肺炎疫情，是当事人不能预见、不能避免、不能克服的情况，属不可抗力。根据成都市新冠肺炎疫情的防控政策要求，案涉项目按照政策可以最长顺延3个月交付，案涉房屋最迟交付时间应为2022年7月16日。被告在此期限未交付房屋。对于交房的时间，原告实际接房时间是2023年4月24日。商品房买卖合同中约定办理不动产权证的时间为商品房交付使用之日起720个工作日。在本案开庭审理时，办证时间尚未届满，原告要求办理不动产权证并要求提供必要的证明文件，不予支持。

【规范指引】

《民法典》第498条；《商品房买卖合同解释》第8条第1款。

问题11：违约金分别主张与分段主张如何调整？

【案例】韩某诉某公司商品房预售合同纠纷案[①]

2007年7月20日，韩某购买某公司开发的商品房，并支付购房款3 065 549元。根据合同约定，该公司应于2007年9月30日前交付房屋，所交付房屋应符合下列条件：（1）该商品房已经取得规划验收批准文件和建筑工程竣工验收备案表；（2）有资质的房产测绘机构出具的该商品房面积实测技术报告书等。但在交房时，该公司未能提供合同第11条交付条件中所列的规划验收批准文件、建筑工程竣工验收备案表、有资质机构出具的实测面积报告书等。2008年1月9日，双方签订《补充协议》，该公司承诺于2008年3月1日、5月31日前提供合同第11条中的所有正式文件，否则赔偿违约金。后韩某多次催促，该公司仍以各种理由拖延，故韩某向法院起诉请求该公司依照合同的约定承担违约责任，赔偿2016年7月19日至2018年8月20日逾期交付房屋入住手续违约金467 803元及2009年1月9日至2018年9月21日逾期办理房屋产权转移登记手续违约金543 062元。

【分析】

在此类案件中，出卖人通常以买受人主张的违约金数额过高为由进行抗辩。当前商品房交易市场蓬勃发展，买卖作为设立、变更、消灭当事人法律关系的手段之一，在商品经济发展中起着十分重要的作用。商品房买卖合同

① 参见北京市第三中级人民法院（2019）京03民终12248号民事判决书。

较一般的买卖合同存在一定的特殊性，系指房地产开发企业将其开发的房屋出售给承购人，双方就上述行为所签订的合同。如一方未依约履行商品房买卖合同，则会出现守约方要求违约方承担违约责任的情况。在违约方申请调整降低违约金数额时，法院应根据双方约定违约金数额时的主观目的、违约者的主观过错程度、合同的履行状况和违约所造成的损害后果和合理的可期待利益等综合因素，进行合理裁量，才可能更加接近实体正义。理由如下：

第一，由于商品房买卖合同具有特殊性，买受人一般都是被动适用卖方提供的格式合同，而违约责任条款系对于双方当事人平等适用，任何一方违约都应适用同样的违约金义务，尤其对于房地产公司而言，其对自身违约可能要承担的违约金风险应有充分的预估。

第二，我国当下的违约金调整规则既认可违约金的赔偿性，又在一定范围内承认了违约金的惩罚性。故在认定商品房买卖合同中的违约所造成的损失时，不应仅计算违约所造成的现有的实际损失。

第三，购房人对现有的实际损失举证困难。类似逾期办证这种违约行为，购房人确实难以举证其遭受的实际损失，更无法证明所受损失的具体数额。

本案系相同主体间基于同一持续性违约行为而分段主张违约金的诉讼，原被告在履行《商品房预售合同》及《补充协议》的过程中，因该公司的同一违约行为已进行数次诉讼，该公司主张之前生效判决中支持韩某分段主张的违约金足以弥补损失，不同意再向韩某支付违约金。就本案违约金计算标准而言，卖方作为开发企业，在订立《补充协议》时本身处于优势地位，对违反协议的法律后果具有较高预知与预见力。综合买方的损失状况、合同的履行情况、当事人的过错程度以及预期利益等因素，且在第一次生效判决已调低违约金的计算标准减轻了违约方的违约责任的情形下，依据生效判决中确定的裁判标准裁判不会产生实质不公正的结果。就本案违约金数额而言，由于该公司的违约行为至纠正前已经持续超过10年，违约金数额的累积是其持续违约的结果，无论累积至何种程度，均应在其合理预期之内，且韩某自行选择标准较低的违约金赔偿项目，可以视为已经对违约金数额进行了减让。

另需注意的是，基于上述三方面的考虑，《北京市高级人民法院关于审理房屋买卖合同纠纷案件若干疑难问题的会议纪要》第22条明确规定，关于违约金分别主张与分段主张的调整，房屋买卖合同纠纷中，出卖人以买受人主张的违约金数额过高作为抗辩的，应区分以下情形处理：（1）出卖人存在多项违约行为，买受人分别提起诉讼主张违约金，前诉法院已经作出处理的，后诉法院应当综合考虑前后案件的具体情况、买受人的实际损失、前诉案件的赔偿数额等因素综合确定赔偿数额。（2）买受人就出卖人的同一违约行为分段起诉主张违约金，前诉法院已经确定出卖人支付违约金，出卖人有证据证明前诉案件确定的违约金数额加上买受人在后案中主张的违约金数额过分高于其所受实际损失的，应当判决部分驳回直至全部驳回买受人的诉讼请求。（3）买受人就出卖人的同一违约行为先后主张迟延履行违约金和解除合同违约金，前诉法院已经确定出卖人承担迟延履行违约金的，后诉法院在支持解除合同违约金时，应当扣除出卖人已经承担的迟延履行违约金的数额。司法实践中，法院对于违约金分别主张和分段主张的调整通常以此会议纪要为指导，结合本地实情，进行适当调整。

【规范指引】

《北京市高级人民法院关于审理房屋买卖合同纠纷案件若干疑难问题的会议纪要》第 22 条。

问题 12：借名买房合同的效力如何判断？

借名买房合同的效力认定，主要依据是《民法典》第 153 条。由于借名买房通常与地方限购、限贷政策有关，基本不会触及法律、行政法规的规制领域，故此处主要探讨借名买房合同与公序良俗的关系。是否可适用“违背公序良俗”否定借名协议效力视借名购买之对象而有所区分。实践中借名买房合同的类型，以购买的标的物不同主要可分为：（1）规避限购政策型；（2）规避限贷政策型；（3）享受购房优惠型（主要指购买定向销售房屋、限售期内的经济适用房）。而规避限购政策型，可再细分为基于炒房目的、因未取得当地户口、积分不足、社保缴纳年限不够而借名买房。理论界和实务界对于规避限贷政策型和享受购房优惠型借名买房合同效力的判断较为统一，主要争议集中在对规避限购政策型借名买房合同效力的认定。

1. 规避限贷政策型的借名买房合同原则有效

限贷政策并非直接限制购房资格，而是通过金融手段间接助力房地产市场调控目标的实现，由于各地普遍实行差别化的住房信贷政策，提高了对购买二套房的首付比例以及贷款利率，实践中借名人通常是为了获取优惠贷款而借名买房，且借名人依然属于贷款的实际偿还者，其不论是以自有资金还是以银行贷款支付购房款，均在政策的预期范围内，借名贷款并不会导致需求端扩大进而影响到住房市场的供求关系，故纯粹规避限贷政策的借名买房合同不会损害社会公共利益，不宜以违反公序良俗为由否定其效力。

2. 享受购房优惠型的借名买房合同当属无效

经济适用住房系政府为解决城市低收入家庭基本的住房困难而推行的保障性住房，与人民群众特别是住房存在困难的家庭的切身利益息息相关。经济适用住房具有限定价格、限定面积、限定上市交易条件等特点，只有符合申购条件的家庭经过严格的审查批准手续才能获得。依据《经济适用住房管理办法》第30条之规定，经济适用房的交易不属于当事人意思自治的范畴，此类购房指标由政府调配，系为城市低收入住房困难家庭而设，具有一定的稀缺性和人身专属性，不可由当事人随意转让，亦不能放任当事人通过借名的形式而获得。若借名人不符合管控条件却客观上实际占有使用收益了保障性住房，相当于在经济适用房可以上市转让之前就享受了其本不具有的购买权带来的社会性保障利益。于此，不能仅针对借名当事人平衡利益，更应考虑到经济适用房背后所保障的其他具有购买资格的低收入者与住房困难者的利益乃至社会公共利益。若对借名购买经济适用房的行为不加限制而任其泛滥，实为变相鼓励当事人借道挤占低收入群体的购房指标，冲击经济适用住房制度的管理秩序。[①] 因此，借名购买经济适用房的合同违反了相关行政法规，与我国的保障性住房政策精神相违背，也侵害了其他符合申请条件的居民家庭重大切身利益，应为无效。如在冷某梅、王某合同纠纷一案中，二审法院认为，冷某梅、王某在明知冷某梅无购买经济适用住房资格的情况下，签订协议借用王某的名义购买经济适用房，恶意串通规避国家对经济适用住房购房资格的限制，该行为不仅不符合经济适用住房解决成都市低收入家庭住房困难政策的目的，还损害了其他符合购买该类房屋资格家庭的合法权益，损害了社会公共利益，故认定冷某梅与王某签订的借名买房合同应属无效。[②]

3. 以炒房为目的规避限购政策的借名买房合同应属无效

司法实践中关于规避限购政策型的借名买房合同的效力认定有两种不同观点。第一种观点认为，规避限购政策型合同有效。限购政策为房地产市场

---

① 参见最高人民法院（2020）最高法民再328号民事判决书。

② 参见四川省成都市中级人民法院（2020）川01民终14199号民事判决书。

的行政调控管理手段，非法律和行政法规的强制性规定，不应作为审查合同效力的依据。同时，政策调控系从宏观着手，从调控总量上看，借名人占用出名人的购房资格，出名人即失去购房资格，不会导致地区限购政策落空，不损害公共利益。若此类借名买房合同不存在恶意转移财产、逃避债务、损害他人利益的情形，则不能因违反限购政策否定借名人对案涉房屋享有的财产权利。第二种观点认为，以囤房、炒房为目的的借名买房合同当属无效。房地产调控政策系国家政策，关乎市场秩序、公共利益、公序良俗。实践中泛滥的炒房、囤房行为是国家监管部门主要打击的对象，该行为意欲通过规避国家政策红线获取不当利益，违反了国家限购政策，影响了房地产市场的交易秩序，是导致借名买房合同无效的决定性因素。

我们倾向于认为，只要不触及国家所打击的投资性购房行为，不存在其他恶意规避房地产调控政策违背公序良俗的情形，就不宜否定借名买房合同的效力。如在邓某芳、唐某等委托合同纠纷一案中，一审法院认为，案涉合同系父母子女之间因子女购买婚房而在家庭成员内部就所有权归属、购房出资订立的合同，合同各方当事人为家庭内部成员，购房目的为满足子女结婚的现实需要，均不具有谋取投机炒房收益、规避房地产调控政策的主观意图，客观上也不会扰乱正常的房地产市场秩序，与政府房地产调控政策的规制对象和人民法院给予否定性评价的“借名买房”行为具有显著区别，尚不能被认定为违背公序良俗。[①]实践中，法院通常将借名人“在已有两套住房的情况下，仍规避限购政策而借名买房”认定为通过投机性购房获取额外不当利益，此类借名买房合同因违背公序良俗而无效。[②]除此之外，若借名人系因户口、积分、社保等条件限制而借名买房，其行为更多攸关购房刚需的实现，涉及居住权益的保障问题，自然与投资性购房行为无关，并未达到违背公序良俗的程度。特别是对社保缴纳年限要求比较长的城市，刚需群体为获得稳定的住房就可能选择借名买房的形式来满足居住需求。这类借名买房虽然违反了限购政策，但是应该看到，限购政策的直接目的虽是抑制房价过快上涨，但其根本目的却是保障公民的住房需求，故从规范目的着眼，不宜否定此种情形下的合同效力。综上，除借名购买政策性保障住房、以炒房为目的的规避限购政策而借名买房的行为因违背公序良俗而无效外，其他情形的借名买房行

① 参见四川省成都市中级人民法院（2021）川 01 民终 23689 号民事判决书。

② 参见北京市第三中级人民法院（2023）京 03 民终 1462 号民事判决书。

为一般不构成民事法律行为无效的事由，应为有效。

此外，关于借名买房合同有效情况下相应履行问题的处理，一般认为，借名人在诉讼前或诉讼中已消除履行障碍，请求出名人按借名买房合同继续履行的，可予支持。如在乔某华与戴某、孙某房屋买卖合同纠纷案中，二审法院认为，被上诉人在本案一审期间，已在本市取得相应的购房资格，不存在法律或事实上不能继续履行而无法办理产权过户登记手续的问题，因涉案合同继续履行并无障碍，双方均应按照协议约定履行各自义务。[①]

问题 13：借名人以他人名义与出卖人签订房屋买卖合同，并将房屋过户至出名人名下，借名人能否以自己为实际权利人为由请求确认享有房屋所有权?

【案例】潘某霞诉青某林、谢某、徐某敏合同纠纷案[②]

潘某霞与青某林于 2012 年 11 月在北京认识，后双方关系较好，并共同生活。2013 年，双方在成都投资房产，购买了两套房屋，其中一套即为本案争议房屋。2014 年 6 月，青某林离开北京，双方未再共同生活。2013 年 9 月 25 日，青某林与某置业（成都）有限公司签订《商品房买卖合同》，购买位于成都市成华区住宅一套。同日，潘某霞和青某林签订《购房协议》约定：由潘某霞出资，以青某林名义购买成都房屋，后续各项款项以及贷款之月供均由潘某霞承担；日后如青某林与潘某霞分手，不再共同生活，青某林需将此套房产归还潘某霞。潘某霞以青某林名义向开发商支付购房定金和首付款，除 2015 年 8 月份银行按揭贷款由青某林支付外，其余按揭贷款均由潘某霞支付。2014 年 7 月，青某林收房。2014 年 12 月 15 日，谢某、徐某敏与青某林签订了《成都市存量房屋买卖合同》，约定青某林向谢某、徐某敏转让位于成都市成华区房屋一套。2015 年 6 月 21 日，青某林将从开发商处验收的房屋交付给谢某、徐某敏，当日，谢某、徐某敏通过银行转账支付 300 000 元给青某林。谢某、徐某敏收房后，装修入住。潘某霞向法院起诉请求：（1）请求判决确认潘某霞系案涉住宅商品房的实际买受人；（2）请求判决青某林在商品

---

① 参见江苏省南京市中级人民法院（2018）苏 01 民终 5854 号民事判决书。

② 参见四川省高级人民法院（2018）川民再 378 号民事判决书。

房具备办证条件时协助配合潘某霞将该房屋产权证及国有土地使用权登记到潘某霞名下；（3）请求判决该商品房的产权及国有土地使用权登记到潘某霞名下前，潘某霞拥有该商品房的使用、占有等权益。

【分析】

针对借名人对案涉房屋享有何种民事权益，一种观点认为，借名人依据房屋买卖合同不能直接取得房屋所有权，借名人仅享有基于合同关系而产生的“债权请求权”，可请求出名人将房屋过户至其名下，但在办理过户登记手续之前，尚无法取得案涉房屋的物权。另一种观点认为，借名人权利处于“名实不符”状态，在事实物权人与法律物权人分离的情况下，作为真正不动产权利人未被准确地记载于登记簿之上的借名人可通过确认之诉请求法院确认物权。

我们倾向于认为，借名人仅能向出名人提起给付之诉。我国《民法典》第208条、第209条确立了物权公示原则和不动产物权登记生效原则，除法律另有规定外，不动产物权的变动应履行变更登记程序才能发生相应的法律效力，“形式主义”立场才契合我国物权法制度体系，应坚守以意思表示为核心的不动产物权变动规范，则出名人通过登记自出卖人处取得房屋所有权，借名人仅为出名人之债权人。

本案中，再审法院认为，潘某霞和青某林所签订的《购房协议》只在其内部产生债权债务关系，不发生物权变动的效果，潘某霞享有的仅是债权请求权。现潘某霞诉请人民法院确认其为案涉商品房的“实际买受人”及“该商品房买卖合同及附件和抵押借款合同有关买受人（借款人）的一切权利义务均归属于潘某霞”，但根据《商品房买卖合同解释》第1条之规定，“买受人”是相对于“出卖人”的法律概念，“买受人”的权利义务均是针对“出卖人”而言。本案中，基于合同的相对性，与“出卖人”发生法律关系的系签订合同的青某林，潘某霞虽然在购买房屋时实际给付了房屋首付款及部分按揭款，系“出资人”，但并不属于法律意义上的“买受人”。因此，潘某霞要求人民法院确认其系案涉房屋买受人并具有该商品房买卖合同及附件、抵押借款合同有关买受人的权利义务的诉讼请求，应不予支持。

【规范指引】

《民法典》第208–209条；《商品房买卖合同解释》第1条。

问题 14：实际出资的购房人能否主张出名人无权处分而要求确认出名人与第三人签订的房屋买卖合同无效?

【案例】蔡某明诉汪某、詹某锋房屋买卖合同纠纷案[①]

被告詹某锋与第三人汪某原系夫妻关系，双方于 2009 年办理离婚登记。2010 年 5 月 15 日詹某锋与某置业有限公司签订一份《商品房买卖合同》，约定由詹某锋购买恒大房屋一套。在此之前的 2010 年 5 月 13 日，詹某锋出具《声明》载明："现恒大房产由汪某出全款购买，詹某锋挂名，所有权归汪某所有。"2011 年 5 月，四川省成都市国力公证处出具公证书，证实："案涉房屋系以被告詹某锋的名义购置，案涉房屋的所有购置款以及银行按揭月供款均系汪某个人支付，结案款项也全部由汪某承担。案涉房屋结案并注销抵押登记后，詹某锋同意将该房产过户至汪某或汪某指定人员名下。"2017 年 5 月 5 日，詹某锋与蔡某明签订《房屋买卖合同》，约定詹某锋将其名下位于眉山市彭山区房屋出让给蔡某明。蔡某明依约向詹某锋支付了 70 万元房款，但案涉房屋因违章搭建而被查封，詹某锋一直未履行拆除义务，导致蔡某明无法取得案涉房屋的不动产登记证书，因此蔡某明作为原告，以詹某锋为被告向法院起诉，要求按前述买卖合同的约定将案涉房屋过户至自己名下。汪某申请作为有独立请求权的第三人参加该案诉讼，请求确认詹某锋与蔡某明签订的《房屋买卖合同》无效、确认案涉房屋的真实权利人为汪某并由詹某锋协助将房屋过户至自己名下。

【分析】

对涉及交易第三人的借名买房行为效果，司法实践中存在分歧。第一种观点认为，出名人擅自将房屋处分给第三人，因借名人享有物权期待权，故出名人对房屋的处分权会受到限制，此时须考察第三人的主观状态以决定其能否获得房屋所有权。第二种观点认为，借名人仅依据借名买房合同享有债权，则借名人的权利对第三人不具有对抗效力，故出卖人出让房屋属于有权处分，此时借名人与第三人处于平等地位，谁能获得房屋所有权依相关规则处理。

我们倾向认为，出名人出让房屋系有权处分，无须考虑交易第三人之善意或恶意。实际出资的购房人不能要求确认出名人与第三人签订的房屋买卖

---

① 参见四川省高级人民法院（2018）川民申 5358 号民事判决书。

合同无效。借名人实际出资并享有对出名人的债权，同时承担房屋产权纠纷、交易纠纷等风险，系当事人意思自治的选择。对信赖不动产登记公示效力的交易主体而言，其预期法律利益也可在出名人对房屋享有所有权的前提下较为顺利地实现。借名买房合同引发的风险应在当事人之间消化，不应影响到第三人。一旦风险发生，借名人希望通过借名实现自身某种利益的预期落空，虽然不能直接要求确认房屋所有权归自己所有，但仍可依据借名买房合同请求出名人转移房屋所有权或请求违约损害赔偿，通过权利义务的分配，其合法利益仍能得到债法的支持。

本案中，再审法院认为，案涉房屋系以詹某锋的名义购买并登记在詹某锋名下，即案涉房屋登记的权利人是詹某锋。虽然汪某提供了证据证明房屋实际系汪某出资购买，但根据不动产物权登记主义，詹某锋系案涉房屋登记的权利人，并且将房屋登记在詹某锋名下也是汪某与詹某锋2011年5月17日签订并经公证的《协议书》的真实意思。故在蔡某明与詹某锋签订房屋买卖协议时詹某锋对案涉房屋享有处分权。汪某与詹某锋之间的借名买房行为属于二者之间的内部行为，借名人汪某仅享有对被借名的詹某锋的债权而不享有房屋的物权，依法享有物权的詹某锋与蔡某明之间的《房屋买卖协议》合法有效。至于詹某锋违反其与汪某之间协议约定将案涉房屋出售的行为侵犯了汪某作为房屋出资人的权利，汪某可另循法律途径救济。

【规范指引】

《民法典》第208–209条。

问题15：借名人提起执行异议时如何处理？

【案例】徐某欣诉中集哈深公司、曾某外案外人执行异议之诉①

2012年12月20日，徐某欣与曾某外签订《房产代持协议》约定：案涉房屋所有权、使用权、收益权、处分权等一切权利均属于徐某欣；徐某欣以曾某外名义签订案涉购房合同及其他相关配套法律文件，交房时案涉房屋的房产证、土地使用证登记在曾某外名下；曾某外仅代替徐某欣持有房产，并不享有任何权利，未经徐某欣书面同意，曾某外不得单方处分房产。2013年

---

① 参见最高人民法院（2020）最高法民再328号民事判决书。

5月8日，徐某欣向某房地产公司刷卡支付购房款。2013年3月8日，某房地产公司与曾某外签订《北京市商品房现房买卖合同》，约定曾某外购买案涉房屋。2016年2月19日，案涉房屋所有权登记在曾某外名下。2016年10月至12月期间，徐某欣交纳了案涉房屋的车位租金、燃气费、供暖费。另外，徐某欣名下已有两套住房。根据《北京市人民政府办公厅关于贯彻落实国务院办公厅文件精神进一步加强本市房地产市场调控工作的通知》的规定，徐某欣当时属于限购对象范围。2014年4月25日，中集哈深公司作为委托人、兴业银行某分行作为贷款人与某天然气有限公司作为借款人签订《委托贷款借款合同》，约定委托借款人民币2910万元。2014年4月25日，兴业银行与曾某外等人签订《最高额保证合同》，约定曾某外等人对2910万元借款承担连带保证责任。2016年5月16日，一审法院作出（2015）沈中民三初字第00152号民事判决书，判决某天然气有限公司返还中集哈深公司借款本金及利息；曾某外等人承担连带给付责任。判决生效后，中集哈深公司向一审法院申请强制执行。2016年10月17日，一审法院作出（2016）辽01执579号民事裁定书，查封登记在曾某外名下的案涉房屋。2017年4月11日，徐某欣向一审法院提出案外人执行异议，一审法院于2017年4月24日作出（2017）辽01执异422号执行裁定书，驳回徐某欣的执行异议。徐某欣向一审法院提起案外人执行异议之诉，请求中止执行（2016）辽01执579号民事裁定书。

【分析】

关于借名买房人作为案外人能否排除出名人的金钱债权人针对房屋申请的强制执行，在司法实践中存在分歧。

第一种观点认为，借名人基于借名买房合同取得的是债权请求权，其以借名买房合同请求排除执行，人民法院不予支持。[①] 此观点着眼于维护物权登记、公示公信与维持市场交易秩序，借名买房合同仅对合同双方产生约束力，在借名人与出名人内部产生债权债务关系而不发生物权效力，不能据此认定借名人为不动产的所有权人，因此，借名人作为案外人仅享有对被执行人的债权请求权，不能阻碍案涉房屋的执行。

第二种观点认为，借名人系实际权利人，其权利应当优先于申请执行人享有的一般债权，实际权利人请求排除执行，人民法院应当予以支持。支

---

① 参见四川省成都市中级人民法院（2020）川01民终17860号民事判决书。

持借名人享有排除强制执行民事权益的亦有不同立场：其一，借名人享有物权期待权。不动产物权登记产生的公示公信效力，系对社会公众产生的外部效力，但仅是一种推定效力，当事人有证据证明真正权利人时，可以推翻这种推定，维护事实上的真实权利。借名人实际支付了购房款，实际占有使用房屋并交纳了居住费用，虽然借名人不是登记簿上的房屋产权人，但可依据《执行异议和复议规定》第 28 条享有“物权期待权”，足以排除强制执行。[①]其二，借名人享有物权。首先，不动产登记行为并非行政赋权行为，行政登记行为只能产生权利推定效力，登记行为本身并不产生物权。当不动产登记与真实权利状态不一致时，仍然要依据权利的实际归属情况来确定物权权利人。根据《民法典物权编解释（一）》第 2 条之规定，当物权登记与实际权利状况不符时，要以实际权利状况为依据认定事实。“借名买房”系“不动产登记簿的记载与真实权利状态不符”的一种情形。借名人能证明其是案涉房屋实际出资人和占有人，并主张案涉房屋物权归属于自己的，法院应予支持或对真实权利主体予以审理认定。其次，房屋的代持行为不能导致物权丧失。双方通过借名买房的外在形式，将真实物权登记于借名人名下，是对物权的处分方式，当借名买房的物权归属发生争议时，真实权利人可直接向法院请求确认物权归属。[②]

我们倾向于认为，借名人提起案外人执行异议之诉，主张其为被执行房屋的实际所有权人以排除强制执行的，一般不予支持。理由如下：第一，案外人与被执行人之间的借名协议仅在当事人之间产生法律效力，“房屋属于借名人所有”的约定不能产生对抗第三人的法律效果。因此案外人享有的债权只能对抗被执行人（出名人），而不能对抗申请执行人。第二，借名人不能依照借名买房合同享有物权期待权。案外人对被执行的财产享有的物权期待权如欲产生排除强制执行的效力，应当符合《执行异议和复议规定》第 28 条规定的要件，此规定的保护对象是正常市场交易中符合特定条件的房产买受人，案外人与申请执行人之间就执行标的享有的权益相比，善意的申请执行人自身并不存在过错，而借名协议若旨在规避限购政策或行政规章，其本身具有不正当性，且在此情形下案外人通常是基于自身原因而未办理过户登记，不符合前述规定的要件。第三，借名人不能以其为真实权利人为由请求确认其享

---

① 参见辽宁省沈阳市中级人民法院（2017）辽 01 民初 352 号民事判决书。

② 参见辽宁省高级人民法院（2018）辽民终 211 号民事判决书。

有物权。《民法典物权编解释（一）》第2条之规定系适用于利用虚假资料骗取登记、登记机关人员错误登记、非基于法律行为导致物权变动后未及时更正登记等情况下，已经过法定程序取得权利的真实权利人与登记簿记载不一致导致的登记错误等情形。在借名买房合同关系中，系借名人出于规避房地产调控政策的目的，故意将房屋登记在出名人名下，并不符合前述解释规定的情形。第四，从法律审判的价值引导作用与影响来看，在法律没有明确规定的情况下，须在一定程度上考虑判决的社会影响，有必要在个案裁判时评估利益平衡所带来的影响。一方面不支持借名人的执行异议是为了避免变相鼓励借名买房的存在和发展；另一方面则是对物权登记与公示公信原则的维护，降低故意借名买房类型执行异议主张的可能性。

本案中，再审法院认为，仅依据借名买房合同，徐某欣并不能直接成为案涉房屋的所有权人，不享有排除执行的合法权益。徐某欣借用曾某外名义签订商品房买卖合同、办理相关手续，故意将案涉房屋登记在曾某外名下，不属于《最高人民法院关于适用〈中华人民共和国物权法〉若干问题的解释（一）》第2条[①]规定的登记错误情形。在借名买房并不违反公序良俗原则、不存在无效事由的情况下，借名人可以依据实质上的代持关系要求出名人将房屋过户至其名下，但此项权利系基于合同关系所产生的债权请求权，在经法定变更登记程序完成物权公示之前，借名人尚不能依据借名买房的合同关系未经公示程序即直接被确认为房屋的物权人，其所享有的债权请求权也不具有对世效力、排他效力和绝对效力。这不但符合我国法律关于物权变动的实然规定，也是借名人故意制造名义买房人与实际买房人不一致时应面临的权利风险。[②]

我们认为，借名人之债权不能排除强制执行存在一种例外情形。考虑到借名人已经实际占有使用房屋，在符合保障生存权的条件下，可赋予该债权排除强制执行的效力。如在再审申请人易某江与被申请人王某鑫、一审第三人彭某执行异议之诉案中，王某鑫与彭某签订借名买房合同，约定以彭某名义购买案涉房，该合同签订于法院查封之前，且当时王某鑫在成都市范围内名下无任何房产，其购买案涉房屋目的是用于居住生活。易某江申请执行应限于彭某个人财产，案涉房屋虽然登记在彭某名下，但有充分证据证明实际

---

① 对应《民法典物权编解释（一）》第2条。

② 参见最高人民法院（2020）最高法民再328号民事判决书。

权利属于王某鑫的情况下，应有条件地例外优先保护借名买房人基本生存和居住权利。因此，再审法院维持了停止对案涉房屋的执行的判决。[①] 另外，审判过程中，不仅要保持对案外人债权阻却强制执行的审慎态度，还应考察申请执行人是否存在受法律保护的信赖利益。执行债权人的信赖利益何以成立，是基于对不动产登记簿的公示情况而申请查封，还是仅对该债务人的责任财产存在一般期待。若申请执行人申请查封不是基于信赖房屋登记在被执行人名下而作出商事交易行为、支付对价，则其并非商事外观主义原则中保护信赖利益债权人的范围，并无信赖利益保护的必要。[②] 由此可见，这一问题的解答并非完全系于借名人权利性质的逻辑推导，还需要在利益衡量上进行更为精细化的分析。

【规范指引】

《民法典物权编解释（一）》第 2 条；《执行异议和复议规定》第 28 条。

问题 16：在买方不具备购房资格情况下，开发商与其签署房屋买卖合同后，因买方不具备购房资格而无法继续履行房屋买卖合同，买方是否需要承担全部违约责任？

【案例】刘某国诉某房地产公司房屋买卖合同纠纷案[③]

2019 年 10 月 17 日，刘某国（乙方）、某房地产公司（甲方）签订了《认购协议书》，约定乙方须于 2019 年 10 月 21 日前携带认购书、购房资格等文件与甲方签署购房合同。2019 年 10 月 24 日，刘某国向某房地产公司支付了定金 500 000 元、房款 1 110 223 元。同日，刘某国签署了《广州市商品房买卖合同》（预售），并向某房地产公司出具《承诺书》，内容为：（1）本人鉴于自身原因，申请并确认双方暂不办理网签手续、预告登记手续及预售商品房抵押登记手续；（2）本人愿意先行支付该房产全部首付款，同时承诺在 2021

---

① 参见四川省高级人民法院（2021）川民申 597 号民事判决书。

② 在（2019）最高法民终 370 号民事判决书中，最高人民法院明确表示，“对于案外人排除强制执行的主张能否成立，应当……通过对相关法律规范之间的层级关系、背后蕴含的价值以及立法目的的探寻与分析，并结合不同案件中，相关当事人的身份职业特点、对于执行标的权利瑕疵状态的过错大小，与执行标的交易相关的权利行使状况、交易履行情况，乃至于进一步探寻执行标的对于相关当事人基本生活保障与秩序追求的影响等具体情况，综合加以判断”。

③ 参见广东省广州市中级人民法院（2021）粤 01 民终 2464 号民事判决书。

年10月24日前解决自身问题并到贵司指定地点办理网签等手续；（3）如本人未能在上述承诺时限届满前解决自身问题并办妥网签等手续，本人同意贵司有权解除双方签署的与该房产有关的文件，将该房产出售给他人，同时本人愿承担该房产总房款20%的违约金。同日，刘某国出具《完全履约承诺函》，承诺确保在2021年10月24日前取得购房资格，并支付全部购房款。如前述两项任一项逾期，同意每日按该房屋总房价款的万分之五支付违约金，逾期超过30日，某房地产公司可解除合同，且刘某国按房屋总价款的20%承担违约责任。2020年1月19日，刘某国向某房地产公司支付了第一期房款和房屋维修基金。2020年4月30日，某房地产公司向刘某国邮寄敦促函，要求刘某国支付第二期房款。2020年5月，刘某国向某房地产公司邮寄告知函，要求解除《认购协议书》，并要求退还已付款项和利息。2020年6月4日，某房地产公司向刘某国邮寄《解除合同通知书》，要求解除购房合同等全部相关合同协议文件，并要求刘某国支付违约金。对此，某房地产公司主张，依照补充协议的规定，因刘某国逾期支付房款导致解除合同的，刘某国应按总房款的20%支付违约金，并另行支付逾期付款部分至合同解除前的违约金。刘某国则认为其无购房资格故不能实现合同目的，且双方对此均有过错，故其无须承担违约责任。双方就此争议诉至法院。

【分析】

本案中，关于《广州市商品房买卖合同》和补充协议解除的法律后果，涉及在买方不具备购房资格而无法继续履行合同的情形下，对买方违约责任的认定问题，在司法实践中存在分歧。第一种观点认为，买方因限购等宏观调控政策不具备购房资格影响致房屋买卖合同无法履行的，属不可归责于合同双方的事由，房屋买卖合同解除后，双方互不负违约责任。第二种观点认为，买受人明知自己不符合购房条件仍与开发商签订购房合同，而开发商对购房人是否具备购房资格负有审慎审查义务，双方对于合同无法履行，均有过错，应当各自承担由此产生的风险。因此，对于开发商要求买受人承担不具备购房资格的违约责任不予支持。

我们倾向于认为，确认自身是否具有购房资格是房屋买受人的合同义务，买受人因购房资格限制导致无法履行房屋买卖合同的应承担违约责任，但违约金的数额应当综合实际损失、合同履行情况、当事人过错程度以及预期利益等因素，根据公平、诚信原则予以确定。

其一，应合理考量买卖双方对合同无法履行的过错程度。房地产调控政策是公示信息，在房屋买卖交易过程中，买卖双方均应对此予以合理注意、审慎审查。一方面，买受人在购房之前应当充分了解相关限购政策，应在签订合同前对自身是否具备限购区域住房购房资格予以充分评估后再作决策，并应将此情况如实披露给售房者。换言之，买受人有能力且有义务自行判断其是否具备购房资格并合理评估相应的交易风险。由于无购房资格导致合同客观上不能履行是合同解除的根本原因，买受人应对此承担违约责任。另一方面，开发商作为专业从事开发销售商品房的房地产公司，对购房政策更为熟悉，理应如实告知并提醒购房人相关政策，规范自己的销售行为。若开发商明知买受人不具备购房资格，仍与其签订房屋买卖合同，往往会约定待买受人取得购房资格后再办理相关手续，其行为亦是规避限购政策、导致交易风险提高的重要原因。事实上买受人能否实际取得购房资格、办理过户登记等手续均存在极大不确定性，开发商应对合同极有可能无法履行已有预见且存在过错，不能仅凭双方约定将合同解除的风险和责任完全转移给买受人承担。其二，应具体判断开发商因买受人违约解除合同遭受损失的大小。实践中，此类房屋买卖合同存在的履行障碍可能并未影响到开发商的债权实现，对开发商在该合同项下最主要的收取房款的权利并无影响，但对买受人依据该合同取得房屋所有权的重要步骤，如网签、预售登记以及产权登记等，则因买受人的购房资格问题全部无法履行。违约金的判定应当以损失填补为原则，故在开发商主张的违约金数额，明显超过买受人违约解除合同所致的损失时，法院应对其主张的数额酌情予以调整，若买受人已向开发商支付购房定金款的，可以支持开发商对该购房定金款不予返还。

本案中，二审法院认为，刘某国在应知或明知其不符合购房条件下，仍然签订房屋买卖合同，该行为已构成违约，刘某国主张免除违约责任没有依据。刘某国按照某房地产公司要求出具《承诺函》，承诺如果未能解决自身购房资格问题导致未在2021年10月24日前办理网签手续，某房地产公司可以将房屋另售他人，由刘某国承担按总房价20%计算的违约金。从上述约定可以看出，某房地产公司在明知刘某国暂时不具备购房资格的情况下，仍与刘某国签订案涉购房合同，收取房款，而刘某国将来能否取得购房资格的风险则全部由刘某国承担，权利义务明显失衡。综合上述情况，考虑到本案系刘某国签订案涉合同支付部分房款后又以自身不具备购房资格不再继续履行所引发，同时结合刘某国购房至今案涉房屋所在地区和楼盘的市场价格上涨趋势，某房地产公司主张按照总房价的20%计算违约金并主张刘某国支付逾期付款部分的利息，该主张远远超过某房地产公司因刘某国违约解除合同所致的损失，且支持如此高昂的违约金，使开发商获得巨额利益，也不利于开发商在房产销售过程中规范销售行为，遵守国家政策，故参考案涉认购书约定的刘某国如未按照认购书的约定签订案涉房屋买卖合同应支付50万元定金，酌定刘某国向某房地产公司支付50万元作为解除案涉合同的违约金。

【规范指引】

《民法典》第588条。

问题17：人民法院经审查，认为买受人要求解除商品房买卖合同的诉请能够成立，应否同时判决解除按揭贷款合同?

【案例】王某诚诉某房地产公司金融借款合同纠纷案[①]

2015年8月12日，王某诚与某房地产公司签订《商品房预售合同》，约定了购房价格及款项支付方式，交付时间为2015年10月30日前。2015年8月14日，王某诚、王某博、王某宝与建行某分行、某房地产公司签订《借款合同》，约定了借款金额、借款期限、贷款年利率等。同日，王某诚与建行某分行、某房地产公司签订《房地产抵押合同》(以下简称《抵押合同》)，约定：王某诚以其购买的位于西宁市城东区房屋为前述贷款提供抵押担保；抵押贷款期限自2015年8月25日至2025年8月25日止；某房地产公司应按预售合同约定期限向王某诚交房，交房时须经建行某分行书面同意；某房地产公司不按期交房而间接影响建行某分行利益时，某房地产公司应代替王某诚承担赔偿建行某分行损失的责任。2015年8月18日，建行某分行取得案涉房屋他项权利证书。截至2016年12月29日，某房地产公司仍未能依约交付房屋，王某诚支付购房首付款73 983 124元，偿付贷款本息13 104 000元，并通过建行某分行借款分8笔向某房地产公司支付贷款7397万元。基于某房地产公司逾期交房已构成根本违约，王某诚诉请法院判令解除签订的《商品房预售合同》《个人住房（商业用房）借款合同》。建行某分行辩称，王某诚与某房地产公司之间是商品房预售合同纠纷，建行某分行与王某诚之间系借款

① 参见最高人民法院（2019）最高法民再245号民事判决书。

合同关系，王某诚诉求解除借款合同不当，某房地产公司不是借款合同的主体，王某诚不应将还款义务转移至某房地产公司。

【分析】

关于商品房买卖合同解除情况下贷款合同的处理。本案中，能否支持买受人主张同时解除商品房买卖合同和按揭贷款合同，涉及在按揭模式下对商品房买卖合同与贷款合同是否应具备解除上关联性的讨论，司法实践中存在两种不同立场。否定观点坚守严格的合同相对性原则，认为对于两份合同是否应被解除应结合当事人的合意或是否选择行使解除权各自进行判断。肯定观点以两份合同在经济上的一体性论证二者具有解除上的关联性，理由如下：一是两份合同在整体上存在共同的交易目的，事实上构成了一个交易整体；二是基于两份合同的出卖人与信用提供者这两个合同主体的结合而认定其具有经济上的一体性。

我们倾向于第二种观点，商品房买卖合同被解除，致使按揭贷款合同的目的无法实现的，按揭贷款合同也应当予以解除。首先，两份合同具有紧密结合的相互依存关系，一方面，买受人所贷的款项均支付给出卖人作为购房款，办理揭贷款合同的目的是买卖合同目的的实现；另一方面，银行在与买受人签订贷款合同的同时都会要求买受人将其所购商品房作为担保物为贷款合同提供担保，买卖合同的标的物与贷款合同的担保物也具有同一性。其次，借款人将贷款用于购房并以房屋提供抵押担保已成为贷款合同项下双方共同的主观目的，而在商品房买卖合同已因出卖人违约被解除导致借款人确定无法取得房屋的情况下，无论贷款人还是借款人，其主观合同目的均无法实现。最后，赋予借款人解除按揭贷款合同的权利仍在于经济效益与利益平衡的考虑。在商品房买卖合同被解除的情况下，如果强求借款人继续履行按揭贷款合同，不仅给借款人造成巨大的经济负担，也为按揭银行的贷款收回造成巨大风险。相反，赋予借款人解除按揭贷款合同的权利，免除了其无谓的履行负担，于银行而言，并无造成巨大损失的可能，因为银行提前收回贷款后可另行放贷，客观上反而促进了整个社会的资源配置。

关于贷款合同解除的后果及还款责任主体问题。在商品房按揭贷款商业模式下，因开发商逾期交房，购房人行使解除权，解除与开发商的商品房买卖合同，进而导致购房人与银行的贷款合同亦被解除。此种情况下，对于购房人是否需要向银行履行还款义务，司法实践中有两种不同观点。

第一种观点认为，剩余按揭贷款应由开发商偿还，但不免除购房人的还款义务，在开发商不能偿还贷款时，银行可以要求购房人还款。理由如下：根据合同相对性原理，购房人才是借款合同的借款人，商品房出卖人不是借款合同的借款人，其不负有还款义务。就借款合同而言，商品房出卖人将其收到的购房贷款本息返还银行，从法律关系上来说是受购房人的委托向银行归还贷款本息，其所还款项就是购房人的还款，但还款义务人仍然应当是借款合同的借款人。因此，即使开发商承担偿还按揭贷款本息的责任，但不免除购房人的还款责任。

第二种观点认为，剩余按揭贷款应由开发商偿还，购房人没有还款义务。理由如下：按揭贷款合同具有特殊性，因开发商直接接受了银行支付的贷款，在商品房买卖合同和贷款合同都解除后，就没有必要由开发商将银行支付的贷款先归还给购房人，然后再由购房人归还给银行，而是应当直接由开发商归还给银行。

我们倾向于认为，应由出卖人（开发商）将收受的购房贷款本息返还担保权利人（商业银行）。其一是为了减少不必要的重复、烦琐和当事人的诉累，充分发挥诉讼资源解决纠纷的功能，将商品房买卖合同纠纷和按揭抵押贷款合同纠纷合并审理，由贷款的实际收取方即开发商直接将购房贷款返还银行，并直接向银行承担购房人应当承担的责任。其二是为了实现商品房按揭贷款商业模式下各合同主体权利义务关系的平衡。在商品房买卖合同中，购房人支付房款，开发商交付房屋；在商品房按揭贷款合同中，银行将购房人所贷款项直接支付给开发商，开发商实际用款。购房人并不支配购房贷款，但需偿付贷款本息。如果案涉合同正常履行，购房人取得房屋，各方权利义务亦可保持平衡，但因开发商不能交付房屋而致使合同解除，无过错的购房人未取得房屋，却仍要承担还款责任，会造成合同约定的各方权利义务严重失衡。

本案中，再审法院认为，开发商违约不能交房导致各方合同解除，却实际占有使用购房人支付的首付款及银行按揭贷款；银行依据合同约定既享有抵押权，又同时享有对开发商、购房人的债权；购房人未取得房屋，却既支付了首付款，又需偿还按揭贷款。若按合同约定的权利义务关系处理，则在购房人对合同解除无过错的情况下，仍要求其对剩余贷款承担还款责任，即明显不合理地加重了其负担，各方权利义务失衡，有违公平原则。因此，贷款合同中关于解除合同后由购房人返还剩余贷款的条款，不合理地加重了购房人的责任，属于无效的格式条款，对购房人不具有约束力。[①]

【规范指引】

《商品房买卖合同解释》第 20–21 条。

① 参见最高人民法院（2019）最高法民再 245 号民事判决书。

第四章　存量房屋买卖合同纠纷

第一节　存量房屋买卖合同纠纷概述

一、存量房屋买卖合同纠纷的审理现状

所谓“存量房”，是法律上对房屋的一种分类，与增量房相对而言。1993年4月，《建设部关于贯彻〈国务院关于发展房地产业若干问题的通知〉有关问题的通知》（建房字第298号）首次以部门规范的形式提及“存量房”一词。2003年3月17日公布的建设部《房地产业基本术语标准》（JGJ/T30-2003）第7.0.2规定：“房屋一级市场，commodity houses market，新开发的商品房预（销）售市场，是增量房屋产权交易市场。”第7.0.3规定：“房屋二级市场，second-hand houses market，存量房屋的产权交易市场。”增量房俗称“一手房”，存量房俗称“二手房”。

伴随着中国城市化进程的推进，房屋在其满足人民居住的属性之上，又增加了生活便利、户籍入户、学区划分、医疗就诊等各项附加属性，逐渐展现出越发强大的投资价值，成为近年来较为稳妥、获利颇丰的一种投资方式。但受限于各类政策限制和逾期风险，部分购房者更青睐成熟可控、风险较小的二手房屋，激发着房屋买卖二级市场的活力，但也催生出一系列问题，导致近年来涉二手房屋买卖合同纠纷案件数量大幅增长。近年来，随着房地产业的不断发展和房价涨跌因素的影响，房屋交易日趋活跃，交易方式日趋复杂，商品房买卖合同纠纷大量涌现，存量房买卖合同纠纷案件也呈强力增长态势，都市圈建设、城市更新、现代社区建设、城乡融合发展和“房住不炒”的总原则给房地产行业带来新的机遇与发展，同时不断调整变化的政策也引发更多新类型的房屋买卖合同纠纷，且此类案件争议标的大，可能涉及多个诉讼主体，而交易中诚信缺失现象时而出现，审判实践中涉及的新问题、难点问题也逐渐增多。

存量房买卖引发的纠纷主要可以概括为交易主体引发的纠纷、交易标的物引起的纠纷、政策变动引起的纠纷。

（一）交易主体因素

司法实践中，因交易主体因素引起的纠纷包含了交易主体主观违约、无权代理、无权处分等问题。实务中常见的纠纷是出卖人与房屋所有权人系夫妻、父母子女、亲戚关系，其在无书面授权的情况下代理所有权人签订房屋买卖合同并签订承诺书承诺具有授权，而后因房价上涨等各种事由所有权人否认曾授权代理人处理房屋事宜，导致双方争议。

（二）交易标的物因素

存量房买卖合同标的物即房屋，系存量房屋的买卖中的核心内容，也是常引起纠纷的部分。实践中常见的纠纷点主要包括房屋被查封纠纷、房屋质量纠纷、房屋涉租约纠纷、特殊纠纷（如“凶宅”）问题。（1）涉诉查封纠纷。房屋涉诉被查封系引起纠纷最多的原因，一部分是在签订合同之前就被查封，而在签订合同时未进行严格的审查而导致；另一部分是签订合同时未被查封，在签订合同之后过户之前房屋被查封。（2）房屋质量问题纠纷。二手房因经历一定时间的使用，必然会存在一定程度上的损耗。实践中通常表现为房屋漏水、结构更改等问题带来的隐蔽性较强的问题，买受人在粗略看房时很难发现问题，事后发现方引发纠纷。（3）房屋涉租纠纷。根据《民法典》相关规定，房屋的承租人在同等条件下对房屋享有优先购买权。实践中存在大量的卖房人对该规定并不了解或者虽了解但出于其他目的，未处理承租人优先购买权的问题而将房屋出售的情况。多数系买受人事后知晓房屋带有租约，便请求解除合同；而少数案件系承租人在知晓后，可能会依据法律规定主张优先购买权，从而使得购房者合同目的难以实现。（4）“凶宅”类特殊问题纠纷。实践中部分购房者在完成房屋交易程序入住后，通过周围邻居得知房屋曾经发生过非自然死亡事件，此类房屋被定义为“凶宅”。按照我国的文化传统，此类住宅被多数人定义为不祥，鲜有人对此能够接受，由此买受人通常会以出卖人隐瞒该信息为由提出解除合同。对此，实务中并无统一意见。

（三）政策变化

政策变化引发的纠纷多表现为买受人因政策变化失去买房资格引起的纠

纷。其中部分案件是政策变化导致买房人失去购房资格，部分案件系居间方未严格审查买受人购房资格或者说不熟悉限购政策规定引起。其实，多数买受人并不了解政策变化下自己是否具备买房资格，而居间方是专业的房屋中介机构，却部分存在疏于审查的情形。另外，政策的变化带来的必然是房价的波动，许多在政策调控时间节点上的房屋买卖合同，常因政策变化出卖人或者买受人便借此作出有利于自身的选择，从而引发了纠纷。

当前存量房买卖合同纠纷的审理现状可以归纳如下。

（一）案件数量增多

随着房地产市场的发展，存量房买卖合同纠纷的案件数量也呈现出增多趋势。这既反映了市场交易的活跃，也暴露出一些问题和矛盾。

（二）纠纷类型多样化

存量房买卖合同纠纷的类型多种多样，包括但不限于合同效力问题、房屋权属纠纷、合同解除和违约责任等，这些纠纷往往涉及复杂的法律关系和事实认定。

（三）审理难度大

由于存量房买卖合同纠纷往往涉及多方当事人和复杂的法律关系，加之相关证据材料的缺失或矛盾，使得案件的审理难度较大，需要法院审慎核查证据，厘清法律关系，作出公正的裁决。

（四）裁判标准难统一

存量房市场受政策调整影响较大，由其引发的新类型纠纷往往无法在现有法律法规中找到明确的裁判规则，在法律法规具有一定滞后性的情况下，容易出现类似情况在不同法院、审判人员中存在不同观点的情况。

二、存量房屋买卖合同纠纷的基本特点

（一）纠纷数量、标的额增长与宏观调控政策和市场供需状况的关系紧密

房地产市场一直存在着自由市场与政府调控的博弈，自 1998 年住房体制改革以后，国家已经进行了多次调控。政策调控往往伴随着房价的拐点，因

而伴随而来的纠纷也会增多。加之近年来买房的热潮几乎未曾减少，有需求就有市场，再加上炒房的因素，房价波动曲线总体趋势是上升的。对于卖房者而言，卖房者发现在合同履行期限内房屋涨价幅度大，便公然要求加价否则拒绝履行合同；对于买房人而言，房价下跌，买房人不再愿意购买。在巨大的利益面前，买卖双方缺失契约精神，诚信缺位。

（二）存量房买卖法律关系复杂

一个案件中可能会有多个当事人、多份合同、多种法律关系，不仅仅涉及买卖法律关系，往往还包括财产权属的确定、家庭共有财产的分割、委托代理的成立与否，中间可能还夹杂着居间关系、担保关系。任何一项约定不清、任何两个法律关系产生竞合，都容易发生纠纷。

（三）矛盾突出、化解难度较大

存量房买卖不同于商品房预售，其具有对于普通人来讲非常复杂的程序。整个交易大致有如下流程：选房看房⟶磋商⟶订合同⟶网签⟶申请贷款⟶支付首付款（通常通过资金监管）⟶过户缴税⟶领取房产证⟶交房。如卖家房屋贷款未结清的，中间还需增加卖方先行结清贷款，解除房屋抵押的程序。整个过程程序较多，并且在审查购房资格、贷款资格、房屋隐蔽质量问题等方面又需具备一定的专业知识。每一个环节一有不慎便可能成为引发买卖双方纠纷的导火索，最终致使买房或卖房目的难以实现。这里面蕴含的原因是案涉房屋的标的额较大，房屋往往承载着一个买方家庭的绝大部分积蓄，且因近些年房价的增长翻倍，对于卖方而言其中利益巨大，双方的争议往往都涉及了自身的根本生存利益，故决定了双方的争议难以轻易调和。另外，在履约过程中双方的法律意识不强，合同的变更缺乏书面的证据，导致诉讼时对于履约的事实情况往往产生较大分歧，均认为系对方违约，对立性很强。法院尽管积极组织双方进行调解，仍然收效不大。因为牵涉利益巨大，买卖双方矛盾激烈，无论是提高房屋价款继续履行合同，还是解除合同支付违约金，双方的诉求预期差距较大，调解难度大。

（四）以自然人之间的纠纷为主

一方面，二手房交易主要的需求来自自然人，故自然人之间二手房交易基数本身是更大的，自然纠纷也会随之增多。另一方面，由于自然人主体交易过程中法律意识较为薄弱，从合同签订到过户、交房的过程中，对按合同履约的要求并不足够重视，尤其是当合同出现需要变更的情形时，往往仅凭口头达成的约定而缺少书面的协议，导致产生争议时双方各执一词。另外，由于自然人主体在交易的过程中证据意识不强，对于交易过程中的书面证据、电话短信记录等未予以留存的比例较高，导致发生争议时难以认定事实。法人主体相较于自然人之间的交易更加审慎，通常都会严格按约履行合同，出现合同变更情形时多数法人主体也都懂得以书面形式固定双方协商之后的方案。再者，交易主体对纠纷处理方式的选择倾向不同。通常，法人主体之间产生纠纷更愿意选择协商解决的高效率方式，即使无法协商也更倾向于选择仲裁方式解决纠纷。较之诉讼，仲裁由当事人自愿选择仲裁机构，更加灵活，且仲裁实行一裁终局，更能节约当事人的时间和精力成本。根据审判实践的情况来看，自然人由于对仲裁缺乏了解，相对更信任通过法院解决纠纷，故更倾向于选择诉讼的方式解决争议。

（五）居间方参与度高但居间关系矛盾凸显

在存量房买卖交易中，由于二手房交易流程复杂，买卖双方更倾向于委托房屋中介机构进行交易，存量房买卖居间市场极大，但由居间关系引发的存量房买卖纠纷却日益增长。买卖双方在订立合同过程中，对于二手房交易中介机构的服务满怀期待，然而实际上二手房交易中介机构却并未达到买卖双方的期待，由于市场准入门槛较低，中介机构增长迅速，出现鱼龙混杂的局面：专业人员增长速度落后于行业的发展，许多经纪机构存在超范围经营、为促成交易隐瞒真实情况，甚至搞欺诈（如中介机构提供的合同文本的主要条款约定不明确），忽视甚至是刻意回避本应当明确约定的期限，比如首付款的支付时间、办理还款解押手续的时间、办理银行面签的时间等等。由于期限约定不明确，导致房屋买卖合同不能顺利履行，引发买卖双方争议。

三、存量房屋买卖合同纠纷的审理原则

（一）诚信原则

诚信，是市场经济活动中形成的道德规则，也是民法中的“帝王条款”，诚信原则作为民法的基本原则之一，也是审理存量房买卖合同纠纷的重要原则。在审理过程中，法院应当要求当事人遵守诚信原则，履行合同义务，包

括当事人为缔结合同在磋商过程中的说明、告知义务，在合同履行过程中的保护、协助义务，以及合同终止后的通知、保密义务等，不得恶意违约或欺诈。附随义务并非源于合同当事人的约定，而是诚信原则在合同履行过程中的具体体现，由法律对当事人的相关履行行为细节进行规范。基于诚信原则的要求，人民法院应当从维护稳定、保护交易、保障经济发展秩序、促进社会健康发展出发，审慎处理此类案件中的合同效力、法律责任等问题，通过合理运用赔偿房屋差价等违约救济制度，保障守约方不因对方过错蒙受损失，判令恶意违约的当事人承担相应责任，使其无利可图，以倡导整个社会的诚信。

（二）公平原则

公平原则作为合同法的基本原则，是社会公德的体现，符合商业道德的要求，将公平原则作为存量房买卖合同纠纷审理中的裁判准则，有利于维护和平衡当事人之间的利益，防止权利滥用，保护当事人的合法权益。一是主动审查。合同效力问题属于法院依职权审查的范围，即便当事人对合同效力无争议，法院也应主动予以审查认定。二是正确理解与适用强制性规定，审慎认定合同效力，避免不当否定合同效力。三是注意适时释明，保障当事人程序权利。不让违约者因违约而获得利益，通过调整违约金、支持守约方“溢价损失”等可得利益，加重违约方违约成本，维护守约方的利益，发挥司法裁判的导向作用。

（三）平等原则

平等原则是指地位平等的合同当事人，在权利义务对等的基础上，经充分协商达成一致，以实现互利互惠的经济利益目的的原则。

（四）当事人自愿原则

在存量房买卖过程中，当事人可以通过协商的方式自主选择存量房买卖合同的形式和内容，只要不违反法律法规的强制性规定，法院应当尊重当事人的意思自治。在审理纠纷时，应当充分考虑当事人之间的约定和协议，从鼓励交易的角度出发，尽量有效、从严认定合同无效范围，如果合同中有明确的约定，且不违反法律法规的强制性规定，应当优先适用合同约定。

（五）不得损害社会公共利益原则

遵守法律，尊重公德，不得扰乱社会经济秩序，不得损害社会公共利益是合同法的重要基本原则。法院应根据在案证据探究当事人之间真实的交易目的，综合案件事实审慎判定真实法律关系。一是从维护交易安全的角度，保护善意合同相对人的合法权益；二是从促进交易行为规范化的角度，引导各方诚信经营。人民法院应综合考虑所有权的静态保护和交易安全两种价值取向，维护登记、交付等物权公示方法的公信力，保护善意第三方，实现当事人之间的利益衡平。如果规章的内容涉及金融安全、市场秩序、国家宏观政策等公序良俗的，可能导致合同无效。

（六）维护市场秩序原则

在审理存量房买卖合同纠纷时，应注重维护房地产市场秩序。对于违反市场规则和秩序的行为，法院应当依法予以制裁，以保障市场的公平竞争和健康发展。

存量房买卖合同纠纷的审理原则是保障当事人合法权益、维护市场秩序的重要保障。在审理过程中，应当遵循尊重合同约定、当事人自愿、公平公正、诚信和维护市场秩序等原则，依法公正地处理纠纷，促进房地产市场健康发展。同时，对于违反法律法规和合同约定的行为，应当依法予以制裁，维护市场的公平竞争和公共利益。

四、存量房屋买卖合同纠纷的审查要素

（一）立案审查

1. 审查案件的诉讼标的

存量房屋买卖合同通常被称为“二手房”，是指市场上已有的房屋资源，这些房屋可能已经被购买或自建，并且已经取得了相关的所有权证书。

2. 审查诉讼主体的合法性

原告应当符合以下情况之一：（1）房屋买卖合同中的交易双方当事人；（2）房屋产权证上登记的当事人；（3）夫妻关系存续期间购买的房屋的，可以为夫妻之间的任何一方。

被告应当为明确的被告。

3. 审查案件的管辖

一是审查是否为法院主管。对于单位内部购房、建房引起的房地产纠纷，不属于人民法院的主管范围。二是约定管辖。如合同约定管辖符合法律规定，则由约定的法院管辖。三是法定管辖。如政策性房屋应当由不动产所在地专属管辖，其他类型房屋应当为被告所在地法院和合同履行地法院管辖。另外，合同履行地依照《民事诉讼法解释》第 18 条关于“合同约定履行地点的，以约定的履行地点为合同履行地。合同对履行地点没有约定或者约定不明确，争议标的为给付货币的，接收货币一方所在地为合同履行地；交付不动产的，不动产所在地为合同履行地；其他标的，履行义务一方所在地为合同履行地。即时结清的合同，交易行为地为合同履行地。合同没有实际履行，当事人双方住所地都不在合同约定的履行地的，由被告住所地人民法院管辖”之规定进行审查。

4. 审查是否符合起诉条件

按照《民事诉讼法》第 122 条的规定，起诉必须符合下列条件：（1）原告是与本案有直接利害关系的公民、法人和其他组织；（2）有明确的被告；（3）有具体的诉讼请求和事实、理由；（4）属于人民法院受理民事诉讼的范围和受诉人民法院管辖。

5. 审查起诉材料是否完整

（1）起诉状。起诉状应当按照“被告人数 +1 份”准备。起诉状正文应当包括主体、诉讼请求、事实与理由三个部分。主体应当明确载明原、被告的足以区别于他人的身份信息。诉讼请求应当具体、明确。事实与理由应当围绕诉讼请求进行阐述。起诉状落款应有原告签名或加盖公章，不得使用复印件。

（2）原告主体材料。原告为自然人的：身份证复印件；原告为法人或其他组织的：营业执照复印件 / 组织机构代码证、法定代表人 / 负责人身份证明书、法定代表人 / 负责人身份证复印件。

（3）被告主体材料。应在诉状中载明被告足以区别于他人的信息，证明性文件不作强制要求。

（4）证据材料。应当提供能够支持诉讼请求及事实与理由的基础证据材料。如房屋买卖合同。如确无法提供买卖合同的，应当提供其他足以证明原、被告之间的房屋交易行为的基础证据材料

（5）代理手续。公民代理：委托书、委托人社区开具的推荐信、代理人身份证复印件；员工代理：委托书、劳动合同或社保缴存证明、代理人身份证复印件；律师代理：委托书、律师函、律师证复印件。

（二）原告诉请的审查

1. 审查诉讼请求文义的精确性

在审查原告诉讼请求时，应当引导原告准确固定诉请内容。首先，需要审查原告对于案涉存量房屋买卖合同是请求继续履行，还是终止履行。其次，如果原告请求终止履行，应当进一步明确终止履行的情形是合同不成立，合同可撤销，合同无效，还是合同解除，还应当明确具体产生解除效果的时间。如果原告请求继续履行案涉存量房屋买卖合同，在审查履行主体、履行时间、履行方式、履行对象等诉请基本要素外，应进一步细化请求履行的内容，包括引导原告明确请求支付房款的构成明细（原告主张的总价款、应达到的付款比例、原告自认被告已付款金额等据此计算出被告尚欠款项的相关事实），利息、违约金的具体金额或计算方式（计算方式需明确计算基数、计算标准和起止时间），赔偿损失的计算明细（包括损失类型、金额构成、计算公式）等信息。最后，如原告同时起诉了多名被告，还应当引导原告明确各被告的责任承担方式（按份责任、连带责任、补充责任、替代责任等）。

2. 审查诉讼请求的合理性

在准确固定原告各项诉请内容的同时，应当一并审查原告的诉请是否合法合理，对于不属于诉请范围、诉请事项错误、前后矛盾，以及诉请内容无法实际执行的，应当要求原告剔除或变更。例如，原告诉请确认购房款已与其他案外款项进行抵销的，应当告知原告该事项属于事实查明部分内容，确认之诉仅限于确认某种法律关系。又如，原告请求确认案涉存量房屋买卖合同无效，同时主张被告支付违约金的，应告知原告主张违约金的前提是合同有效，不得同时进行相反主张。再如，合同因无效、撤销、解除等原因终止履行后，原告仍然请求被告支付剩余购房款的，应告知原告变更诉讼请求为主张被告赔偿损失或者承担违约责任。此外，原告请求合同继续履行，如交付房屋、办理过户手续、支付逾期交房违约金，但案涉房屋因查封、抵押等客观原因在事实上无法履行的，应引导原告变更诉讼请求，选择终止合同权利义务关系，并要求被告承担违约责任。

3. 审查诉讼请求的完整性

除审查原告各项诉请是否明确且有效外，还应当注重审查原告诉请是否周延，包括确认、形成之诉与给付之诉是否合并处理，诉请对象是否遗漏，诉请内容是否完善，力求在一个案件审理中尽力化解全部争议，避免纠纷判而不息。审查时，发现原告有明显遗漏的诉讼请求，引导并请原告确认是否加以补充。例如，案件可能涉及多个被告，如被告为一人有限公司、公司股东与公司人格混同、房屋为多人共同共有，而原告仅起诉其中部分的，应当主动询问原告是否追加诉请其他主体作为被告承担相应责任。又如，在原告仅主张存量房屋买卖合同解除或无效的情况下，应主动释明并询问原告是否请求返还购房款、退还房屋、赔偿损失，以便一并处理合同无效或解除合同的法律后果。原告仅主张逾期交房违约金而不请求交付房屋的，人民法院应当询问原告是否增加诉讼请求。

4. 审查确定支持原告诉讼请求的请求权基础规范

（1）原告请求被告按约履行合同义务的，其请求权基础规范为《民法典》第 509 条。

（2）合同继续履行，原告请求被告承担违约责任的，其请求权基础规范为《民法典》第 577 条。

（3）原告请求撤销合同的，其请求权基础规范为《民法典》第 147 条、第 148–151 条。

（4）原告请求确认合同无效的，其请求权基础规范为《民法典》第 146 条、第 153–154 条。

（5）原告请求确认合同解除的，其请求权基础规范为《民法典》第 562–563 条。

（6）合同无效或被撤销后，原告请求退还购房款或返还房屋、赔偿损失的，其请求权基础规范为《民法典》第 157 条。

（7）合同解除后，原告请求被告承担违约责任、赔偿损失的，其请求权基础规范为《民法典》第 566 条。

（三）被告及第三人抗辩的审查

1. 识别抗辩以及抗辩类型

对于原告提出的各项诉讼请求，被告或第三人可能会提出防御性主张，如不存在逾期交房的违约行为、已支付完毕购房款，存量房屋买卖合同无效、不发生效力等，此系诉讼请求的抗辩。理论中，抗辩既有实体抗辩与程序抗辩之分，也有事实抗辩与权利抗辩之分。审查时，首先，应审查是否提出程序性抗辩，如主张原告重复起诉，或者提出管辖权异议，主张案件并非存量房屋买卖合同，而是民间借贷的担保，应由其他法院管辖。经审查，若程序性抗辩成立的，则无须进入实体审理。其次，当被告或第三人未提出程序性抗辩或程序性抗辩不成立的，应审查是否行使了抗辩权。若被告或第三人基于法律规定的权利主张可以阻止对方行使请求权，如已过诉讼时效，原告未按约足额支付购房款，或原告已陷入重大财务困难无法继续支付剩余购房款等情形，此系权利抗辩，由被告或第三人行使法律赋予的抗辩权，应当重点审查抗辩权行使的条件是否成就。最后，当被告或第三人未行使抗辩权或抗辩权行使条件不成就的，应审查被告是否提出事实抗辩。若被告基于一定要件事实主张原告的请求权自始不发生或归于消灭的，如被告认为存量房屋买卖合同系无权代理、无效、不发生效力，或已经支付完毕购房款、解除权消灭，此系事实抗辩，应当重点审查该主张事实是否成立。

2. 抗辩、抗辩权的请求权基础规范

（1）被告或第三人提出程序性抗辩的，其请求权基础规范为《民法典》第146条、《民事诉讼法》第122条。

（2）被告或第三人行使抗辩权的，其请求权基础规范为《民法典》第152条、第192条、第525–527条等。

（3）被告或第三人提出事实抗辩的，其请求权基础规范为《民法典》第147–151条、第153–154条、第171条、第541条等。

（四）基础规范构成要件的审查

1. 原告权利请求基础规范分析

（1）原告请求被告按约交付房屋、办理过户、支付购房款，以及履行其他合同附随义务。其请求权基础为《民法典》第509条第1款。审理过程中，应当结合存量房屋买卖合同的具体约定，以及原告自身提供的证据，审查原告请求被告履行合同义务的条件是否成就，如是否已经足额向被告或被告指定的第三人支付全部或相应比例的购房款，是否已经具备符合当地房屋交易政策要求的购房资格，是否已经办理银行按揭贷款，是否已经完成房屋交付及过户登记等。如上述条件有不满足的，原告诉讼请求不成立。如上述条件均满足的，则需要对被告的抗辩进行审查。

（2）原告请求继续履行合同，并同时主张迟延履行违约责任，其请求权基础为《民法典》第577条及第585条。在发生解除合同的场合，请求继续履行与违约金不能同时适用，守约方只能二者选其一请求。在迟延履行场合，该违约金应为对迟延履行产生的损失赔偿的事先约定，此时继续履行与违约金并不矛盾，守约方可同时主张。审理过程中，应当重点审查被告是否存在违约行为，以及合同对违约责任是否有明确约定。有约定的从其约定，没有约定的，损害赔偿范围应以因违约所造成的损失为限，不得超过违约一方订立合同时预见到或者应当预见到的因违约可能造成的损失。

（3）原告请求撤销存量房屋买卖合同，其请求权基础为《民法典》第147–151条。审理过程中，应当结合案件查明事实，审查是否存在“重大误解”“被告或第三人实施欺诈行为”“被告或第三人采取胁迫手段”“被告利用原告处于危困状态、缺乏判断能力状况”等情形，以及原告在此种情形下违背自己真实意思签订了存量房屋买卖合同。如果被告虽然实施了存在欺诈、胁迫等行为，但原告明确知晓且自愿签订存量房屋买卖合同，则原告诉讼请求不成立。

（4）原告请求确认存量房屋买卖合同无效，其请求权基础为《民法典》第153–154条。审理过程中，应当结合案件事实，审查案涉房屋是否能够转让，转让行为是否违反了国家法律、行政法规的强制性规定，如用地规划许可、建设工程规划许可手续缺失的情形，但该强制性规定不导致该民事法律行为无效的除外，如买卖涉查封房屋。转让行为是否违背公序良俗、损害国家安全，如基于违反伦理道德的目的将房屋低价转让给他人。转让行为是否存在恶意串通且损害第三人合法利益情形，如房屋共有人之一与第三人恶意串通损害其他房屋共有人利益的。

（5）原告请求确认存量房屋买卖合同解除，其请求权基础为《民法典》第533条、第562条第2款、第563条。审理过程中，应当结合合同约定和其他基础事实，审查合同约定解除事由是否成就，如迟延支付购房款、逾期交付等情形。如果合同履行过程中出现了合同约定的解除事由，但违约情节显著轻微，不影响守约方合同目的实现的，不宜直接解除。合同没有约定解除事由的，应当审查双方签订合同目的，以及是否存在不可抗力、迟延履行债务等致使合同目的无法实现的情形。此外，若因购房政策变化，合同继续履行对于原告明显不公，并且在合理期限内双方协商不成的，也可以应当事人请求解除合同。

（6）存量房屋买卖合同无效或被撤销、解除后，原告请求被告退还购房款或返还房屋、赔偿损失，其请求权基础为《民法典》第157条、第566条。除返还购房款或房屋占有使用外，原告可能请求支付被告承担违约金或赔偿房屋涨跌损失。关于房屋涨跌损失的认定，双方在合同中约定有计算方法的，从其约定；双方经协商达成一致意见的，以双方协议为准；当事人无约定又无法达成一致意见的，可参照同地段、同期间、同楼层、同户型等与转让房屋最为类似的房屋市场成交价或政府指导价酌情确定。当事人申请委托专业评估机构对房屋涨跌损失进行评估的，可予准许。依据上述方法认定房屋涨跌损失时，还应综合考虑合同的履行情况、双方的过错程度、守约方是否采取必要措施防止损失扩大、违约方因违约行为所获利益以及违约方签订合同时对因房屋价值涨跌而产生损失的预见范围等因素。

2. 被告权利请求基础规范分析

（1）被告主张应由其他法院管辖。被告主张案涉房屋为政策性房屋买卖合同，或合同系其他类型纠纷，应由其他法院管辖，其基础规范为《民法典》第 146 条、《民事诉讼法》第 34 条。审理过程中，应当结合案件事实审查双方隐藏的真实意思表示，并根据双方真实意思表示形成的法律关系确定具有管辖权的法院。如被告主张房屋买卖合同实为民间借贷合同的担保的，应当审查是否有证据证明民间借贷合同关系的存在，如双方的借贷合同、款项流动、交易习惯、本金偿还或利息支付等事实。如果能够证明上述事实存在，应当按照民间借贷关系确定纠纷管辖法院。

（2）被告主张诉讼时效已经届满，其基础规范为《民法典》第 192 条。审理过程中，应当根据原告诉请事由审查诉讼时效起算日期，以及是否存在诉讼时效中断及中止情形，最终判断是否已经超过 3 年诉讼时效。

（3）被告主张行使先履行抗辩权、同时履行抗辩权、不安抗辩权，其基础规范为《民法典》第 525–527 条。审理过程中，应当结合存量房屋买卖合同约定和其他案件事实，审查原告所负义务履行情况。原告未同时履行或未先履行合同主要义务，如支付房款、办理按揭贷款、取得房屋权属证书、涤除房屋权利负担等情形，或履行内容与约定不符的，被告有权拒绝原告履行请求。虽然被告作为先履行合同义务一方，但审查发现有确切证据证明原告存在丧失或者可能丧失履行债务能力的情形，如原告经营困难已无力支付剩余购房款、案涉房屋已被查封扣押无法完成过户，被告仍然有权拒绝原告的履行请求。需要注意的是，原告合同主义务已经履行，被告不得仅以附随义务未全部履行为由进行抗辩。

（4）被告主张解除权消灭，其基础规范为《民法典》第 564 条。审理过程中，应当审查存量房屋买卖合同是否对解除权行使期限有约定，有约定的从约定，没有约定的，应审查解除权人知道或者应当知道解除事由的起算日期。

（5）被告主张存量房屋买卖合同或合同附随义务无效，拒绝履行合同，其基础规范为《民法典》第146条、第153–154条。审理过程中，应当结合案件事实，审查原被告双方签订存量房屋买卖合同的真实目的，如是否存在名为房屋买卖，实为民间借贷合同的担保的情形。案涉房屋是否能够转让，转让行为或合同其他附随义务是否违反了国家法律、行政法规的强制性规定，如用地规划许可、建设工程规划许可手续缺失，约定迁移户籍的情形，但该强制性规定不导致该民事法律行为无效的除外。被告仅以无权属证书、土地性质为划拨等为由主张合同无效的，不予支持。房屋连环买卖中，前一手买卖合同无效并不当然影响后一手买卖合同的效力。后一手买卖合同的效力需依据是否存在其他法定无效情形判定。

（6）被告主张不可抗力，应免除或减轻违约责任、赔偿损失。其基础规范为《民法典》第180条、第590条。审理过程中，应当审查被告主张事由是否同时满足不能预见、不能避免、不能克服三个条件，如楼市调控政策变化不能简单认定为不可抗力，需要结合案件具体情况判断是否属于不可抗力、情势变更、商业风险等情形。此外，即便构成不可抗力，还应当审查被告是否及时将不可抗力情形通知原告，以减轻可能给原告造成的损失。

（7）被告主张原告有过错或对损失扩大负有责任，应减轻违约责任、赔偿损失，其基础规范为《民法典》第591条、第592条。审理过程中，应结合案件事实，审查原告就合同被撤销、无效、解除等原因直接产生的损失是否存在过错，对损失的扩大是否存在过错。若原告对损失的发生有过错的，可以减少相应的损失赔偿额。原告没有采取适当措施致使损失扩大的，不得就扩大的损失请求赔偿。

（8）被告主张违约金过高，请求酌情减少。其基础规范为《民法典》第585条。审理过程中，应当坚持违约金以补偿性为主、惩罚性为辅的基本原则，以实际损失为基础，兼顾合同的履行情况、当事人的过错程度以及预期利益等综合因素，根据公平原则和诚信原则予以确定。

（9）被告或第三人主张无权代理，存量房屋买卖合同不发生效力，其基础规范为《民法典》第171条第1款。审理过程中，应当审查出卖人签订存量房屋买卖合同时是否取得代理权。没有代理权的，是否具有代理权外观。如果出卖人既没有代理权，也不具备代理权外观，则存量房屋买卖合同对房屋实际所有权人不发生效力。

（10）连环买卖合同中，被告或第三人主张并非合同相对人，无义务履行合同，其基础规范为《民法典》第465条第2款。审理过程中，应注意不能突破合同的相对性，合同的法律约束力，除另有规定外，原则上仅限于合同当事人之间。连环买卖中，如果各方均未办理房屋产权变更登记的，最后一手买受人直接以登记权利人作为被告起诉要求协助办理过户手续的，不宜支持。但是，连环买卖的前手对后手均负有协助办理权属转移登记的义务。基于买受人的请求，根据合同相对性法理、国家契税政策、平衡债权人利益考虑，可判决逐级依次过户。

（11）一房数卖纠纷中，第三人主张对讼争房屋享有优先顺位，基础规范为《民法典》第154条、第209–210条、第214条；《商品房买卖合同解释》第7条；《第八次全国法院民商事审判工作会议（民事部分）纪要》第15条。审理过程中，应注意一般应按照已经办理商品房所有权登记、合法占有房屋以及商品房买卖合同履行情况、商品房买卖合同成立先后等顺序确定权利保护顺位。但恶意办理产权登记的买受人，其权利不能优先于已经合法占有该商品房的买受人。对商品房买卖合同的成立时间，应综合主管机关备案时间、商品房买卖合同载明的签订时间以及其他证据确定。

第二节　争点整理与认定

争点1：因出卖人违约解除，合同解除前买受人占有房屋取得的使用利益是否应当返还？

【案例】陆某与黄某1、柏某某、黄某2房屋买卖合同纠纷案[①]

上海市浦东新区××路××弄××号××室房屋（以下简称系争房屋）原是黄某某等人通过动迁分配的安置房，相应的动迁协议于2010年4月签订。2013年7月15日，陆某（乙方）与黄某1、柏某某、黄某2（甲方和

① 参见上海市第一中级人民法院（2016）沪01民终3250号民事判决书。

共有人）签订《房屋买卖合同》，约定黄某1、柏某某、黄某2将系争房屋出售给陆某。约定房屋总价款为169万元（人民币，下同），房款分期支付。甲方和共有人应于2013年10月30日前将系争房屋腾空，并交付乙方。待房屋具备办理房屋产权转移过户条件时，甲方和共有人或其所有法定继承人应出具申请房屋产权转移给乙方的书面报告，如因甲方和共有人或其所有法定继承人的延误，影响产权过户登记，因而遭受的损失，甲方和共有人或其所有法定继承人除应负赔偿责任外，还应按每日房屋总价的5%，从乙方明确向甲方和共有人或其所有法定继承人提出办理房屋产权转移过户登记之日起向乙方承担违约责任。待房屋具备办理产权转移过户登记条件时，甲方和共有人或其所有法定继承人若不同意办理房屋产权过户登记手续的，则甲方和共有人除全额退回已收取的乙方的购房款并承担违约责任外，还应按乙方所付购房价款金额与届时该房屋市场价值增值部分及房屋装潢费用予以赔偿，同时按合同总价款的15%/年支付利息（计息日自乙方付清全部房款起至甲方退还其所有款项之日止，包括购房款、违约金、房屋的增值部分及装潢费用）。甲方和共有人及其所有法定继承人对上述行为承担连带责任。在具备办理房产证条件时应及时予以办理，如甲方拖延或拒办，甲方自乙方告知其可办理房产证之日起按合同总金额的3%/天支付违约金。甲方和共有人保证其出卖给乙方的房屋产权清楚，且绝无其他项权利设定或其他纠纷。乙方买受后，如该房屋产权有纠葛，影响乙方权利的行使，概由甲方和共有人或其所有法定继承人负责清理，并赔偿乙方损失。其中，黄某纯的名字由黄某1代签，签在甲方共有人处。黄某2对代签的情况是知情并认可的。陆某分别于2013年7月9日支付2万元，2013年7月16日支付36万元，2013年9月7日支付40万元，2013年9月9日支付10万元，2013年10月11日支付81万元。陆某共计支付房款169万元。2013年10月底，黄某1、柏某某、黄某2将系争房屋（毛坯状态）交付陆某，陆某装修后入住至今。2015年5、6月期间，陆某多次通过微信与黄某1联系，要求尽快办理产权登记。黄某1表示其弟媳妇拒绝配合签字，无法办理相应的产权登记。2015年7月，陆某委托律师向黄某1、柏某某、黄某2发送律师函称，系争房屋已经具备办理产权登记的条件，但自2014年3月23日起陆某多次催告，黄某1、柏某某、黄某2仍拖延、拒绝办理房屋登记，要求黄某1、柏某某、黄某2在5日内办理房屋产权登记。原审另查明，系争房屋于2012年2月14日办理了商品房房地产权证（大产证）的核准登记，产权登记在案外人上海A有限公司名下。黄某1、柏某某、黄某2尚未办理系争房屋的房地产权证（小产证）。目前，系争房屋已经具备过户条件。现系争房屋由陆某实际居住。合同解除后，陆某愿意将系争房屋退还给黄某1、柏某某、黄某2。

陆某诉至原审法院，请求判令：（1）解除陆某与黄某1、柏某某、黄某2签订的《房屋买卖合同》；（2）黄某1、柏某某、黄某2连带向陆某退还房款169万元；（3）黄某1、柏某某、黄某2连带向陆某支付违约金（以同期银行存款利率为标准：以2万元为本金，从2013年7月10日起计算；以36万元为本金，从2013年7月17日起计算；以40万元为本金，从2013年9月8日起计算；以10万元为本金，从2013年9月10日起计算；以81万元为本金，从2013年10月12日起计算，上述利息均计算至黄某1、柏某某、黄某2实际支付之日止）；（4）黄某1、柏某某、黄某2连带向陆某赔偿房屋增值损失54万元。

原审认为，依法成立的合同对当事人具有法律约束力。陆某与黄某1、柏某某、黄某2签订的《房屋买卖合同》系双方真实意思表示，合法有效，双方均应按约履行。双方约定，待房屋具备办理产权转移过户登记条件时黄某1、柏某某、黄某2应当协助办理产权过户登记手续。系争房屋于2015年3月就已经具备产权转移过户登记条件，陆某多次催告要求协助办理，黄某1、柏某某、黄某2辩称黄某1的弟媳妇拒绝配合签字导致系争房屋的小产证无法办出，进而导致无法将房屋产权过户至陆某名下。双方合同约定，甲方和共有人（黄某1、柏某某、黄某2）保证其出卖给乙方（陆某）的房屋，产权清楚，绝无其他项权利设定或其他纠纷；乙方买受后，如该房屋产权有纠葛，致影响乙方权利的行使，概由甲方和共有人或其所有法定继承人负责清理，并赔偿乙方损失。因此，黄某1、柏某某、黄某2未履行合同义务，构成违约。据此，陆某要求解除合同并要求黄某1、柏某某、黄某2赔偿，符合合同约定。合同解除后，尚未履行的，终止履行；已经履行的，根据履行情况和合同性质，当事人可以要求恢复原状、采取其他补救措施，并有权要求赔偿。陆某要求黄某1、柏某某、黄某2退还169万元房款以及相应存款利息，原审法院予以准许。当事人一方不履行合同义务或者履行合同义务不符合约定，给对方造成损失的，损失赔偿额应当相当于因违约所造成的损失，包括合同履行后可以获得的利益。本案合同约定，若黄某1、柏某某、黄某2违约，甲方和共有人除全额退回已收取的乙方的购房款并承担违约责任外，还应按乙方所付购房价款金额与届时该房屋市场价值增值部分及房屋装潢费用予以赔偿。因此，陆某要求黄某1、柏某某、黄某2赔偿差价损失54万元，符合合同约定及法律规定，原审法院予以支持。

原审法院判决后，上诉人黄某1、柏某某、黄某2不服，共同向本院提起上诉称：（1）上诉人并不是个人主观上拒绝给被上诉人办理房产证，开发商角度也没有问题，而是因为系争房屋是拆迁安置房，办理产权证涉及上诉人亲属之间的争议，现在由于个别亲属不同意签字，导致无法给被上诉人办理。因此，被上诉人提出解除合同，是其违约，不能归责于上诉人，上诉人不同意赔偿损失及支付利息。（2）被上诉人从2013年10月就开始入住房屋，其也不能免费使用房屋，应支付费用。对合同解除与返还房款没有异议。请求二审法院撤销原判第3项、第4项，改判上诉人返还169万元房款，但不支付利息，不赔偿损失，并请求判令被上诉人支付2013年11月1日至本判决生效之日止的房屋使用费（按照同地段同时期租金标准）。二审审理中，双方当事人均表示同意本院在二审程序中对上诉人提出的房屋使用费请求一并审理并裁判。二审认为，原审法院判决正确，本院予以维持；上诉人的上诉请求及二审程序中增加的反诉请求，均缺乏事实与法律依据，二审法院不予支持。

【分析】

1. 占有不当得利的问题

交付房屋是房屋买卖合同中的主给付义务之一，被上诉人自2013年10月底开始占有房屋原系基于合同约定的正常履行行为，但该项占有并非持续性合同中可分段计取对价的期间行为。占有是所有权的基本权能，在房屋买卖合同的主给付义务结构中，房屋交付系以房屋所有权转移为前提或预期的附属行为，买受人支付的购房款系房屋所有权转移的价格，其中并不直接包含房屋有偿使用的对价。现系争房屋买卖合同已经解除，原有给付目的消灭，被上诉人占有房屋自始丧失合同依据，构成无权占有。已经发生的占有期间虽然是无法回复的客观事实，但被上诉人占有房屋所对应的金钱使用利益却没有合法根据，符合《民法通则》第92条[①]规定的不当得利构成要件，并具体体现为使用房屋所应付出的成本或已取得的收益。本案中，被上诉人占有房屋系用于自住，因此在合同解除的前提下，上诉人确实具有主张被上诉人以市场租金标准承担房屋使用费的不当得利请求权基础。

---

① 对应《民法典》第122条。

2. 占有可得利益损失的问题

《合同法》第 113 条[①] 规定，当事人一方不履行合同义务或者履行合同义务不符合约定，给对方造成损失的，损失赔偿额应当相当于因违约所造成的损失，包括合同履行后可以获得的利益，但不得超过违反合同一方订立合同时所预见到或者应当预见到的因违反合同可能造成的损失。系争房屋买卖合同虽已解除，但守约方有权主张违约损失赔偿。该部分损失中即包含了在合同正常履行情况下能够获得的利益。本案中，如果合同继续正常履行，被上诉人将获得房屋所有权，继续合法自主地占有系争房屋，而被上诉人此前已经实现的房屋占有均为其根据合同约定合法获取的利益。现系争房屋买卖合同因上诉人违约而解除，被上诉人已经实现的占有失去了合法依据，并为此承担不当得利返还义务。因此，从违约损失的角度，被上诉人也随之产生了应由上诉人赔偿的占有型可得利益损失，在买受人未实际占有房屋的情况下，该项损失体现为使用房屋可取得的收益；本案中，该项损失则直接体现为被上诉人所承担的占有不当得利返还内容，上诉人应赔偿的量化金额也是以市场租金标准计算的房屋使用费。需要说明的是，本案中，被上诉人原审主张的房屋增值差价系根据合同约定计算的交易价值可得利益，而房屋占有利益系标的物的使用价值可得利益。二者均属违约行为导致的可得利益损失，但并不等同，也未互相涵盖。因此，被上诉人主张的房屋差价损失并不导致其占有可得利益损失赔偿请求权的消灭。结合以上两点分析，在系争房屋买卖合同解除的前提下，至本判决生效之日止，关于被上诉人已占有房屋的期间，上诉人对被上诉人享有不当得利返还请求权，而被上诉人对上诉人享有可得利益损失赔偿请求权。

3. 损益相抵原则的适用问题

《最高人民法院关于审理买卖合同纠纷案件适用法律问题的解释》第 31 条[②] 规定，买卖合同当事人一方因对方违约而获有利益，违约方主张从损失赔偿中扣除该部分利益的，人民法院应予支持。根据该项规定，一方违约造成相对人损失并同时产生相应利益的，应当采取“损益相抵”的处理方式。本案中，系争房屋买卖合同因上诉人违约而解除，被上诉人的房屋占有构成不当得利，并同时产生了可得利益损失，两项债务的给付内容均体现为支付房

---

① 对应《民法典》第 584 条。

② 对应《最高人民法院关于审理买卖合同纠纷案件适用法律问题的解释》（2020 年 12 月 29 日修正）第 23 条。

屋占有期间的市场使用费，且金额相等。因此，基于上述“损益相抵”的规定，至本判决生效之日止，被上诉人占有房屋期间所产生的不当得利债务与可得利益损失债务互相抵销，双方均不再对此承担给付义务，故上诉人主张被上诉人支付2013年11月1日至本判决生效之日止的房屋使用费，法院不予支持。

【规范指引】

《民法典》第566条、第583条、第985条；《最高人民法院关于审理买卖合同纠纷案件适用法律问题的解释》第23条。

争点2：在房屋买卖合同订立及履行过程中，因一方违约导致合同解除，守约方房屋增值损失、房屋涨跌损失如何确定？

【案例1】黎某菊与河北某房地产开发有限公司房屋买卖合同纠纷案[①]

被告河北某房地产开发有限公司（以下简称某公司）在将涉案房屋出卖给原告黎某菊后，又将其出售给案外人冯某强。一审法院认为，被告一房二卖出售给案外人冯某强商品房的价格774 709元比出售给原告黎某菊商品房的价格380 058元高出394 651元，即使赔偿黎某菊已付一倍购房款160 058元，还能得到盈利234 593元。某公司根本违约行为已使黎某菊在事实上不能取得购买的房屋，被告某公司需要赔偿原告黎某菊的全部损失（包括可得利益损失即房屋溢价损失），才能使其在经济上得到相当于合同正常履行时的同等收益。结合原告黎某菊的房屋溢价损失的计算方法即按每平方米价差3054元/㎡ × 建筑面积129.89㎡ × 已付房款占总房款比例42.11% ≈ 167 043元，黎某菊的房屋溢价损失约为167 043元。二审法院同样认为，从案涉房屋取得商品房预售许可证时的房屋价格高于认购协议时的房屋价格衡量，结合上诉人将案涉房屋提升价格销售他人获取利益的情况，足以得出上诉人将房屋已出卖他人的事实，一审根据某公司（违约人）过错程度、行为方式、违约获利能力、造成的损失后果等情况，考虑到某公司不能因违约行为而获取额外利益因素，根据公平原则和诚信原则予以衡量，裁量认定按照某公司二次商品房销售的价格标准确定黎某菊损失，未造成某公司依法享有的民事权益的损害，不违

① 参见河北省邢台市中级人民法院（2021）冀05民终266号民事判决书。

反法律规定。

【案例 2】陈某丽与黄某银房屋买卖合同纠纷案[①]

原告陈某丽和被告黄某银签订房屋买卖合同后，黄某银将案涉房产另行出售给案外人。一审法院认为，2016 年 1 月黄某银将协议房屋转售给开发商，被告自称转售价为 3500 元 / 平方米，协议房屋面积为 100 平方米，依此计算出被告转售价为 350 000 元，与卖给陈某丽差价为 200 000 元，结合当时本区房价，黄某银陈述基本符合市场行情，予以采信。因此，黄某银违约所获收益为 200 000 元，审理中黄某银也表示愿意补偿 200 000 元，根据该标准计付违约金也符合不让违约者得到非法利益的精神，且超过获益部分损失是被告违反合同时无法预见到的损失。其次，陈某丽在得知被告已转售案涉房屋时，应及时主张解除合同，赔偿损失，此时可以防止另购房差价损失的扩大，而陈某丽未采取适当措施防止损失的扩大，陈某丽不得就扩大的损失要求赔偿。因此，黄某银不履行合同赔偿陈某丽的损失，以黄某银违约后超出本协议转让价 150 000 元部分，即违约获益 200 000 元为计算违约损失的依据，较为合理，一审法院酌定违约损失为 200 000 元。二审法院认为，一审法院结合黄某银将涉案房屋转让给开发商的售价与卖给陈某丽的差价，以及违约金的计付标准不超过违约方违反合同时能预见到的损失范畴，并结合公平原则，酌定陈某丽的损失为 20 万元，该标准亦未超出陈某丽一审关于违约金和差价损失的诉讼请求范围，并无不当，二审法院予以维持。

【案例 3】刘某泽与曹某、张某房屋买卖合同纠纷案[②]

2017 年 1 月 8 日，原告刘某泽与被告曹某、张某签订了一份《房屋买卖合同》，后曹某、张某将案涉房屋转售给他人并已办理产权过户。对于案涉房屋损失，一审法院委托了湖南某房地产评估咨询有限公司进行评估，对坐落于长沙县房屋在 2017 年 1 月 8 日至 2017 年 5 月 24 日期间的市场价格评估差价为 166 500 元。在向双方当事人分别送达了评估公司出具《评估咨询报告（征求意见稿）》后，曹某、张某两次对该咨询报告提出书面异议，评估公司亦针对曹某、张某的两次异议分别作出了回复，并于 2017 年 11 月 17 日出具正式的《评估咨询报告》。一审法院认为，对于房屋差价损失 166 500 元，依据一审法院委托的湖南某房地产评估咨询有限公司对涉案房屋涨幅差价所作

---

① 参见广东省惠州市中级人民法院（2021）粤 13 民终 672 号民事判决书。

② 参见湖南省长沙市中级人民法院（2019）湘 01 民终 1459 号民事判决书。

的评估报告，涉案房屋涨幅差价为166 500元，曹某、张某并无充分证据推翻该评估报告的证明效力，对刘某泽的该项主张，二审法院予以支持。

【案例4】陈某与蒲某丞、汤某房屋买卖合同纠纷案[①]

原告陈某与被告蒲某丞、汤某于2016年7月3日签订房屋买卖合同，后被告蒲某丞、汤某将房屋出售给案外人。一审审理中，经陈某申请，一审法院依法委托四川某房地产土地资产评估有限公司对案涉房屋2017年7月10日时点的市场价值进行评估，评估结论为案涉房屋房地产价值总价为2 132 500元。陈某对评估的时间节点提出异议，认为评估房屋价值的时间节点应以2017年12月30日为准。一审法院认为，陈某因合同不能履行造成的损失即为可得利益损失，该损失应为房屋溢价损失。人民法院在计算和认定可得利益损失时，应当综合运用可预见规则、减损规则、损益相抵规则以及过失相抵规则等，从非违约方主张的可得利益赔偿总额中扣除违约方不可预见的损失、非违约方不当扩大的损失、非违约方因违约获得的利益、非违约方亦有过失所造成的损失以及必要的交易成本。关于溢价损失应如何确定的问题，陈某在得知蒲某丞、汤某将案涉房屋出售给案外人后已于2017年7月10日向一审法院提起诉讼，陈某在起诉时已知晓案涉房屋已无法实际交付，其诉讼请求亦主张了解除合同，因此陈某在知悉被告根本性违约行为后，就应当采取适当措施防止损失扩大，依照《合同法》第119条[②]规定，陈某因怠于行使合同解除权利导致后续损失扩大的部分不应当由被告承担。故关于房屋价值的损失评估，一审法院将陈某提起诉讼的时间2017年7月10日作为房屋价值的评估时点符合公平原则和相关法律规定。陈某因被告违约遭受的损失应参照评估报告所确定的房屋价值来认定。该评估报告的鉴定程序合法，鉴定所采纳的事实依据充分，一审法院依法予以采信。二审法院同样认为，陈某向蒲某丞、汤某主张解除合同并要求赔偿损失的请求权，是基于原告知道或应当知道案涉合同已实际无法履行，因此，陈某向法院提起诉讼之日，即作为陈某明确知晓合同无法履行的时间点，以此时间点作为固定损失的时间节点更具合理性，且陈某在得知被告蒲某丞、汤某将案涉房屋出售给案外人后，已于2017年7月10日向一审法院提起诉讼，在起诉时已知晓案涉房屋已无法实际交付，其诉讼请求亦主张了解除合同，因此陈某在知悉被告根本性违约行为后，

---

① 参见四川省成都市中级人民法院（2019）川01民终19875号民事判决书。

② 对应《民法典》第591条。

依照《合同法》第 119 条[①]之规定就应当采取适当措施防止损失扩大，一审法院将原告提起诉讼的时间 2017 年 7 月 10 日作为房屋价值的评估时点符合公平原则和相关法律规定，二审法院予以维持。

【案例 5】王某梅与山西某房地产开发有限公司房屋买卖合同纠纷案[②]

原告王某梅与被告山西某房地产开发有限公司于 2016 年 3 月 3 日签署的《芳草园内部分房确认单》为商品房买卖合同。商品房买卖合同订立后，被告又将该房屋出卖给第三人。一审法院认为，关于期待利益一项，王某梅所购房屋时价 4900 元 / 平方米的房价符合当地商品房实际，在提出解除双方合同时当地房价均价在 8000 元 / 平方米以上也是不争的事实。因山西某房产开发有限公司违约造成期待利益 3000 元 / 平方米损失，共计 277 170 元（92.39 平方米 ×3000 元 / 平方米）客观存在、符合实际。

【分析】

守约方可以主张房屋增值部分损失。房屋涨跌损失系因房价上涨或下跌，一方违约导致合同解除时与合同签订时的房屋价格差。当事人一方根本违约导致合同解除的，应当赔偿损失。按照《民法典》第 584 条之规定，损失范围包括合同履行后的可得利益。一方违约且房屋涨跌的，房屋涨跌损失源于违约方的违约行为，该损失是守约方的期待利益，只要合同能正常如约履行就会由守约方享有。故，涨跌差价即属于可得利益的损失，守约方要求赔偿房屋涨跌损失的，应予以支持。

房屋涨跌损失认定遵循意思自治及客观标准。意思自治优先，即当房屋买卖合同中明确约定了违约金时，则违约金的数额以双方约定为主。也即，对于当事人共同认可的价格，如果双方当事人能协商确定的，尊重当事人的意思自治，从其约定，以双方协议为准。客观标准辅助，即若房屋买卖合同中未明确约定违约金时，房屋涨跌损失的金额则应分别从房屋涨跌损失赔偿计算方法和计算时点两个维度进行辅助确定：房屋涨跌损失的认定要确立“意思自治优先，客观标准辅助”的裁判规则。客观标准涉及损失计算方法和计算时点，计算方法结合案件情况灵活适用，即鉴定法 > 市场标准替代法 > 差价法；计算时点则要以房屋买卖合同是否具备继续履行的条件、守约方是否知道或者应当知道合同已经实际无法履行情形来分情况讨论确立不同的计

① 对应《民法典》第 591 条。

② 参见山西省晋中市中级人民法院（2020）晋 07 民终 184 号民事判决书。

算时点。

客观标准一：房屋增跌损失赔偿计算方法。实践中存在市场标准替代法、鉴定法、差价法等三种计算方法：（1）鉴定法。例如案例 3、案例 4，当事人申请委托专业机构评估的价格。通过专业机构评估确定房屋涨跌损失，其优点在于：第一，《民法典》第 584 条规定的“损失”是指守约方的损失而非违约方的损失，“合同履行后可以获得的利益”应指市场价与合同价之间的差额。其中，市场价应以公允价格进行认定。评估价是有资质的独立第三方根据相同地区相关数据作出的专业判断，在没有证据证明评估违反相关规定的情况下，其结论应视为公允价格。第二，评估得出的结果最符合数学原则，最能够确保客观合理性，在类似案件中采纳评估价而不是当事人主张的转让价计算损失，有利于客观认定损失，防止违约方故意以低价转让房产以规避违约风险，弘扬诚信履约的精神。基于遵循诚信原则、公平原则，我们认为，采用鉴定法来确定房屋的市场现值，能够在房屋买卖合同纠纷中普遍使用，在一房二卖中也能够避免阴阳合同的情况发生。（2）市场标准替代法。如案例 5，依据公开信息估算价格。原则上可比照最相类似房屋的市场成交价（以同一个小区或就近地段小区的相近面积房屋进行比较，或者参考中介机构报价）与买卖合同成交价之差确定房屋涨跌损失，即参照同地段、同期间、同楼层、同户型等与转让房屋最为类似的房屋市场成交价或政府指导价酌情确定。其缺点在于：相较于鉴定法，此种证明力度略小于委托专业机构评估的价格，在当事人均不申请委托专业机构评估的情形下依此方法估算案涉房屋市场价具有合理性。（3）差价法。如案例 1、案例 2，亦即转卖差价的价格，此类方法多适用于一房二卖情形。此方法不合理处在于：第一，无法排除出卖人与第二买受人签订“阴阳合同”的可能性。相较于鉴定法、市场标准替代法，若适用差价法，在一房二卖情形中，即使二卖交易是真实的，因该交易与其有切实的利益关联，价格缺乏公允性，不能作为认定市场价格的依据。第二，出卖人的违法获益与买受人实际所受到的损失二者之间并非能够直接对等，此外还受到人为因素的干扰，比如房屋价格的谈判会涉及买卖双方的议价能力、谈判技巧，或者是合同双方是熟人、亲戚等特殊关系的情况下，价格一般会低于市场价。第三，该方法并不能普遍适用，除了出现一房二卖，其他解除情景不能使用。故而，该计算方法不可控因素太多，不具备客观合理性。

鉴于上述方式各有优劣，在具体个案中判断房屋涨跌损失时，应当结合案件情况灵活适用上述方法，约定法 > 鉴定法 > 市场标准替代法 > 差价法。双方协商确定的，从其约定。在当事人无法协商一致的情况下，对于房屋市场价格的确定原则上应优先采用鉴定法，委托专业机构评估以最大程度确保计算结果的客观公正，对于原被告双方而言是最为可以接受的结果。在双方当事人不同意鉴定法委托专业机构评估的情况下，退而求其次选择市场标准替代法，根据公开信息估算当前市场价格。最后一步，才适用差价法。在认定涨跌损失时，同时应遵循可预见性规则、减轻损失规则、损益相抵规则、与有过失规则的限制。

客观标准二：房屋增跌损失赔偿计算时点的确定。实践中存在三类房屋增跌损失赔偿计算起点的标准。第一种是违约之日为计算起点，例如案例 3、案例 4，该观点的理论基础在于买受人的减损义务，以该时间点作为计算起点具有明显的缺点：其一，违约之日过于宽泛，违约方拒绝履行合同之日、签订转售合同、将房屋过户登记至第三人名下之日等均属违约行为，以哪一个时间点为准并无充分的依据；其二，在合同一方违约时，守约方不能立马知晓另一方违约行为何时发生，即无法在第一时间采取应对措施，因此，如“一刀切”地采用违约之日作为计算时点，在受损害一方的角度来看无疑是显失公允的，甚至使得违约方非法获益。第二种是违约意思到达之日为计算起点。如案例 5，该计算时间点相较于违约之日确定房屋增跌损失赔偿计算时点更为合理，以一般理性人的标准进行判断，与减损义务相关联，该观点需区分非违约方是否明知合同无法履行的情形。第三种是起诉之日为计算起点。如案例 4，提起诉讼的时间作为房屋价值的评估时点属于“请求赔偿标准时”以守约方的积极维权行为作为基础，有一定的合理性，但也存在不合理之处，如果守约方故意拖延起诉时间，将使得损失赔偿数额被守约方人为控制。

因此，对房屋涨跌损失赔偿计算时点的确定应当分情况讨论。首先，需明确该房屋买卖合同是否具备继续履行的条件，若当事人已将案涉房屋转卖给案外人，也即该房屋买卖合同已实际明确无法继续履行，无法履行之日即可作为房屋涨跌损失赔偿计算时点。该时间起点在一房二卖情形中客观存在且违约行为实际认定有充分依据。其次，若房屋买卖合同仍存在继续履行的条件，则应当以守约方知道或者应当知道合同已经实际无法履行之时，亦即违约意思到达之日作为房屋增跌损失赔偿计算时点。该时间起点可以有效督促守约方在发现对方不能履约后积极行权。再次，若房屋买卖合同仍存在继续履行的条件，但守约方不知道或者难以知道合同已经实际无法履行，则推定起诉之日作为房屋增跌损失赔偿计算起点。最后，认定房屋增跌损失的计算起点还应从保护守约方的利益出发，以守约方的请求为基础，结合合同的履行情况，双方的过错程度、守约方是否采取必要措施防止损失扩大、违约方因违约行为所获利益以及违约方签订合同时对因房屋价值涨跌而产生损失的预见范围等因素综合考虑。

【规范指引】

《民法典》第584条;《商品房买卖合同解释》第13条。

争点3：夫妻一方未经另一方同意，以夫妻名义转让登记在夫妻双方名下的共有房屋，房屋买卖合同的效力应如何认定?

【案例】唐某与谢某房屋买卖合同纠纷案①

2016年12月1日，唐某作为买受人、谢某作为出售方、案外人成都某不动产经纪公司作为居间方签订了《房屋买卖合同》，约定唐某购买位于成都市武侯区某房屋；该房屋已设定抵押权，谢某承诺于2017年1月20日前办理完成该房屋抵押解除手续；唐某于签订合同时支付购房定金，购房定金委托居间方收取，首付款在递件之前监管到银行账户在满足支付条件时给卖方，剩余110万元唐某以向银行贷款的方式支付，尾款2万元在做完物业交割当时支付；双方应当在2017年1月20日前往房管部门办理过户手续。该房屋系谢某与吴某夫妻共同共有，并登记在二人名下。合同补充条款约定谢某承诺出售该房屋且本合同约定条款已征得共有人吴某同意，并承担由此引起的一切法律后果；双方协商同意，上述房屋带抵押过户，在办理过户递件前将首付款在银行做资金监管，取得新产权且解除相关抵押后支付等。同日，谢某向唐某出具《收据》一张，载明收到唐某的购房定金。谢某在约定的期限没有解除案涉房屋的抵押，也未能办理过户，故唐某起诉至法院，要求继续履行合同。吴某认为合同签订时其并不知情，也不同意出售房屋，故合同无效。

【分析】

根据《民法典》第一编第六章的规定，合同无效的情形包括以下情形：

---

① 参见四川省成都市双流区人民法院（2017）民初10204号民事判决书。

无民事行为能力人订立的合同、双方以虚假意思表示订立的合同、违反法律行政法规效力性强制性规定的合同、违反公序良俗的合同、恶意串通损害他人利益的合同等。上述案件中，出卖人以共有人之一未签订合同、不知情为由主张合同无效，而未取得共有人的授权将房屋出售的行为实质是无权处分的一种行为。《民法典》第597条第1款规定："因出卖人未取得处分权致使标的物所有权不能转移的，买受人可以解除合同并请求出卖人承担违约责任。"按照该规定，出卖人未取得处分权处分房屋的，并不影响合同的效力。但若经查明，另一登记共有人确实不知情且不同意出售的，出卖人因未取得其另一共有人共有部分的处分权，导致合同无法履行，买受人可以据此向出卖人主张违约责任。

【规范指引】

《民法典》第144条、第146条、第153条、第597条第1款；《最高人民法院关于审理买卖合同纠纷案件适用法律问题的解释》第3条第1款。

争点4：夫妻一方未经另一方同意将登记在自己名下的共有房屋出售给第三人，房屋买卖合同的效力应当如何认定？

【案例】曾某诉张某、陈某房屋买卖合同纠纷案[①]

原告张某（男）与被告陈某（女）系夫妻，双方因感情不和而分居，原登记于被告陈某名下的为原被告共有的一处128平方米的房产由原告张某居住，被告陈某一直与女儿居住在外。2020年11月，被告陈某以148万元的价格将此共有房产卖给第三人曾某，被告陈某与第三人曾某签订房屋买卖合同，第三人曾某向被告陈某支付房款148万元，之后办理了不动产权过户手续。次月，第三人曾某欲入住装修时，原告张某才得知房屋已被被告陈某出售，遂以不知情且被告陈某未经其同意为由诉至法院，要求确认房屋买卖合同无效。

【分析】

目前，司法实践中存在三种观点。第一种观点认为，合同无效。夫妻共同所有财产亦为共有财产，根据《民法典》第301条规定，处分共有的不动

① 参见四川省成都市武侯区人民法院（2017）川0107民初2990号民事判决书。

产或者动产以及对共有的不动产或者动产作重大修缮、变更性质或者用途的，应当经占份额 2/3 以上的按份共有人或者全体共同共有人同意，但是共有人之间另有约定的除外。若共同共有人之间无另外约定，共有人处分共有财产一般要征得其他共有人同意，否则就可能损害其他共有人的不动产所有权。陈某未征得另一共有权人同意而擅自处分共有房屋构成无权处分。另一共有权人主张与第三人签订的买卖合同应属无效，第三人应当返还该共有房屋。

第二种观点认为，效力待定。原《合同法》第 51 条规定，无权处分的人处分他人财产，经权利人追认或者无处分权的人订立合同后取得处分权的，该合同有效。根据该条规定，无处分权的人处分他人财产的合同，并非当然无效。如果得到权利人追认或者无处分权的人订立合同后取得处分权的，该合同有效。因而，如果夫妻一方事后取得处分权或者得到另一方的追认，夫妻一方对外出售的房屋则属于有效的行为。

第三种观点认为，合同有效。根据原《最高人民法院关于适用〈中华人民共和国婚姻法〉若干问题的解释（三）》第 11 条规定，表面上是房屋买卖合同效力及房屋所有权最终归属方面的法律适用分歧，但究其实质则是如何衡平房屋共有人与受让房屋的第三人之间的利益，或者更抽象地说是在交易安全与所有权安全之间的取舍。之所以引发不同利益主体之间的冲突，皆由夫妻一方的无权处分行为引致。《民法典》第 597 条改变了原《合同法》第 51 条关于合同效力的规定，通过"解除合同"的表述事实上认可了无权处分人签订合同有效，但标的物所有权并不因此发生变动。第三人曾某不知原告张某与被告陈某之间的纠纷，完全有理由相信被告陈某卖房的行为系原被告的共同意思表示，买受人不存在过错，故而被告陈某的行为构成表见代理。第三人曾某系善意第三人，以合理的价格购得系原被告共同所有的房产一套，且双方办理了房屋产权过户手续，完成了房屋所有权的交付，故应取得该房屋的所有权。

我们倾向认为，第三种观点更具合理性。在婚姻关系存续期间，夫妻双方对共同财产具有平等的权利，一方擅自将共有房屋售予他人，是否构成无权处分。首先，要明确与之关联的物权变动模式。有研究认为，不同物权变动模式下，同为无权处分，却产生不同之合同效力，这与物权变动模式本身有关，也就意味着无权处分合同效力与其物权变动模式存在一定关联：在法国的意思主义下，意思表示直接导致物权变动效果发生的内涵决定了无权处分合同只能是无效的；在奥地利的折中主义下，合同效力与物权变动效力相区分，合同行为仅产生债权关系而并不能引起物权变动的特点注定了无权处分合同应该是有效的；在德国的物权形式主义下，债权行为与物权行为相区分，债权行为仅产生负担义务而并不导致物权变动效果发生的实质，决定了无权处分合同必然是有效的。由上可知，从逻辑上讲，物权变动模式决定着物权处分合同的效力。[①]我国《民法典》第215条采纳区分原则将物权变动与其基础关系或者说原因关系进行区分。订立以转移所有权为目的的买卖合同行为系负担行为，该行为发生在买卖合同订立阶段。合同成立并生效的法律后果是出卖人负有将权利客体即买卖标的物交付买受人的义务。此阶段，权利客体即买卖标的物的所有权并不发生变化。真正产生物权变动的是合同履行阶段。所谓有权处分还是无权处分，应是合同履行阶段而不是合同订立阶段需要解决的问题。只要夫妻一方与买受人具有相应的民事行为能力、意思表示真实、不违反法律、行政法规的强制性规定，不违背公序良俗，则双方所签订的房屋买卖合同应当认定为有效。

【规范指引】

《民法典》第143条、第215条。

争点5：未成年人的监护人共同或者单独出售登记在未成年子女名下的房屋，房屋买卖合同的效力应如何认定？

【案例】张某诉刘某、李某买卖合同纠纷案[②]

2016年6月，张某与刘某（李某母亲）签订房屋买卖合同，约定刘某将拆迁安置在李某（未成年）名下的一套安置房按照市价出售给张某。合同签订后，张某支付了全部购房款并实际占有居住案涉房屋。2022年2月，安置房具备过户条件，张某要求李某（已成年）协助办理过户。李某以合同签订时自己未成年且不知情为由拒绝协助过户。张某遂诉至法院。审理过程中，刘某表示自己收入有限，难以负担李某生活学习费用，售房款项均用于李某教育、生活。

---

① 参见李军：《无权处分合同效力与物权变动模式之关联》，中国政法大学2011年博士学位论文。

② 参见蔡俭熔：《监护人出售未成年人名下的房产是否有效》，载《江苏法治报》2022年7月8日，第A07版。

【分析】

我国实行不动产登记制度，不动产物权的设立、变更、转让和消灭经依法登记后发生法律效力。父母以子女名义购买的房屋，不动产权登记在子女名下，该房屋一般视为子女的个人财产。为保护未成年人的利益，一般不能将此类房屋视为家庭共同财产。即使是夫妻出资购买的房产，若登记在子女名下，在赠与事实确定的情况下，应视为父母对子女的赠与。因此，案涉房屋系李某的个人财产。

根据《民法典》第35条的规定，监护人除为维护被监护人利益外，不得处分被监护人的财产。故监护人应当按照最有利于被监护人的原则履行监护职责。本案中，结合刘某家庭客观情况，虽然刘某负有对李某抚养、教育和保护的义务，但其独自抚养李某，收入不足以支撑家庭开支，其虽未告知李某房屋出售的事实，但本意是为了让李某享受更好的教育和生活，且其依照市价处置了李某房产，并全部用于李某教育和生活，李某亦充分享受了房屋出售带来的益处，并未受到损失。故刘某的行为符合《民法典》第35条规定情形，案涉《房屋买卖协议》有效，李某应当按照《房屋买卖协议》配合过户。

父母以监护人的身份出售登记在未成年子女名下的房屋，其所签订的房屋买卖合同一定有效吗？一般情况下，作为未成年子女的法定监护人，父母有权代理未成年子女实施民事法律行为，父母可以代为处分未成年人名下的房产，但不能损害未成年子女的权益。如果买卖双方订立的房屋转让价款符合市场价格，合同条款的约定也符合交易习惯，买卖合同一般是有效的。但若父母与其他人之间达成交易意愿，以明显低于市场价格的金额出售房产，或者采取不合理的交易形式，损害了未成年人的利益，合同很可能被认定为无效，存在巨大的交易风险。

我们倾向认为，父母以监护人身份共同出售，或者离异父母中随子女生活的一方以监护人身份单独出售登记在未成年子女名下的房屋，若其签订的房屋买卖合同未损害被监护人利益，不违反法律强制性规定和公序良俗的，应当认定合同有效。

【规范指引】

《民法典》第35条;《民法典婚姻家庭编解释（一）》第29条。

争点6：出售房屋所涉土地性质为划拨的，房屋买卖合同是否有效？

【案例】刘某有诉农工商公司确认合同无效纠纷再审案[①]

1994年，农工商公司与刘某有签订《协议书（代合同）》，约定农工商公司为解决综合楼建房资金不足问题，决定在公司内部以及合作单位集资，经协商，刘某有投资与农工商公司同建综合楼，刘某有按协议规定金额付清全部款项后，即拥有协议规定的房屋产权，刘某有有权转让出售本协议规定的房产。案涉房屋建成后，刘某有接收房屋并于2008年将房屋转卖。农工商公司事后起诉请求确认《协议书（代合同）》无效。经查，案涉房屋已经取得房屋所有权登记，登记房屋所有权人为农工商公司，但土地使用权为划拨取得。

再审法院经审理认为：第一，原判决依据的《城镇国有土地使用权出让和转让暂行条例》等相关规定均未明确违反该条文的行为无效。且在以划拨方式取得土地使用权的房屋转让纠纷中，认定划拨土地上的房屋买卖合同有效，继续履行合同，不会侵害国家利益和社会公共利益。即便《协议书（代合同）》违反前述规定，亦不属于违反法律、行政法规的强制性规定的情形。第二，经有批准权的人民政府审批、批准并非《协议书（代合同）》生效的条件，批准、审批行为仅是物权变动的必要条件，并不影响房屋买卖合同的效力。故，《协议书（代合同）》基于双方真实意思表示签订，并不违反法律强制性规定，合法有效。

【分析】

题述问题的实质在于，由于“地随房走”原则，房屋买卖可能导致划拨土地使用权未经批准而发生流转，进而该情形是否影响房屋买卖合同效力。因此，解决题述焦点问题的关键在于考察划拨土地流转的审批制度对房屋买卖合同效力的影响。根据现行法律、行政法规规定，若无其他导致合同无效的法定情形，未经批准的划拨土地使用权流转合意原则上并不直接导致该房屋买卖合同被认定无效。理由如下：

① 参见最高人民法院（2019）最高法民再235号民事判决书。

1. 现行法律、行政法规并未明确规定未经批准出售划拨土地上房屋的合同无效

《城市房地产管理法》第 40 条并未一律禁止转让划拨土地上的房地产，只要经过有批准权的人民政府的准允，当事人即可流转划拨土地上房地产的产权。《城镇国有土地使用权出让和转让暂行条例》第 44 条虽然规定，除该条例第 45 条规定的情形外，不得转让划拨土地使用权，但结合《城市房地产管理法》第 40 条以及该条例第 45 条规定来看，该第 44 条规定应当意在强调人民政府对划拨土地使用权流转的审批权限的禁止性范围。第 40 条和第 45 条通过正反两面的规定，明确了政府机关对划拨土地使用权流转的审批权限，进而规范划拨土地使用权流转的行政管理。因此，从现行房地产以及划拨土地使用权流转的管理性规定来看，前述法律、行政法规并未在房屋买卖双方的民事权利义务层面否认未经批准导致划拨土地使用权流转的民事协议的效力，而是通过在房地产的产权变更登记环节设置审批流程的方式，实现对划拨土地使用权流转的行政管理。

司法解释层面，2005 年 8 月 1 日起施行的《最高人民法院关于审理涉及国有土地使用权合同纠纷案件适用法律问题的解释》（法释〔2005〕5 号）第 11 条规定，未经批准的转让划拨土地使用权的合同应当认定无效。司法实践中，人民法院对该条款的适用存在不同观点。部分裁判文书[①]援引该条规定，认定未经批准流转的划拨土地上的房屋买卖合同无效；也有部分裁判文书[②]认为该条款规范的是直接以国有土地使用权为合同标的的买卖行为，不适用于房屋买卖合同效力的认定，进而认定划拨土地上的房屋买卖合同有效。2020 年 12 月，最高人民法院审判委员会对前述司法解释的第 11 条规定予以修订，删除了有关未经批准的划拨土地使用权转让合同效力的规定，转而要求人民法院根据人民政府审批的不同情形，按照补偿性质的合同处理，这势必有利于人民法院进一步统一法律适用和司法裁判结果。

2. 出卖人对划拨土地使用权的处分权瑕疵不应当影响房屋买卖合同的效力

划拨土地使用权是土地使用者通过各种方式依法无偿取得的土地使用权，根源于人民政府对国家安全、政治安全、公益事业等国家利益、社会公共利

---

① 参见最高人民法院（2017）最高法民再 70 号民事裁定书。

② 参见最高人民法院（2017）最高法民再 87 号民事判决书。

益的特别安排，使用权人对划拨土地的流转、使用应当服务于维护国家利益、社会公共利益的需要。因此，《城镇国有土地使用权出让和转让暂行条例》第44条的禁止性规定主要是为了限制划拨土地使用权人的处分权，这一精神同样体现于《城镇国有土地使用权出让和转让暂行条例》第47条以及《最高人民法院关于破产企业国有划拨土地使用权应否列入破产财产等问题的批复》。但根据《民法典》第215条规定，除法律另有规定或者当事人另有约定外，房屋买卖合同应自成立时生效，出卖人对案涉划拨土地使用权欠缺处分权的瑕疵仅影响该合同能否继续履行、能否最终达到房地产物权变动的缔约目的，不应当直接决定该房屋买卖合同的效力。

3. 可以由当事人承担行政责任实现强制性规定的立法目的，据此认定房屋买卖合同不因违反强制性规定而无效

当事人未经批准流转划拨土地使用权而未经处理的，人民法院可以向有权批准划拨土地使用权流转的土地管理部门提出司法建议，通过由当事人承担行政责任的方式，实现划拨土地使用权流转相关强制性规定的立法目的，并维持房屋买卖合同的效力。如前所述，划拨土地使用权是人民政府出于国家利益、社会公共利益需要而无偿供给的，房屋买卖合同所涉的划拨土地使用权能否流转、流转造成的国家利益与社会公共利益损失能否弥补，以及损失如何弥补等问题，依法应由人民政府决定。根据《城市房地产管理法》第40条规定，如需流转划拨土地使用权，除须经人民政府审批外，还应按照规定补缴土地使用权出让金。除此之外，按照《城镇国有土地使用权出让和转让暂行条例》第46条规定，当事人未经批准擅自转让划拨土地使用权的，应由市、县人民政府土地管理部门没收其非法收入，并根据情节处以罚款。故，遵循《民法典合同编通则解释》第16条第1款以及第3款的规定和精神，如当事人擅自流转划拨土地使用权而未经处理的，人民法院可以基于当事人的真实意思维持合同效力，并向管理案涉划拨土地的土地管理部门提出司法建议，由土地管理部门通过行使行政权力，维护《城市房地产管理法》等法律、行政法规的立法目的以及国家利益、社会公共利益，以期达到维护诚信原则、当事人利益平衡与维护国家利益、社会公共利益的一举两得的司法效果。

【规范指引】

《民法典》第215条；《民法典合同编通则解释》第16条、第18条；《城市房地产管理法》第40条；《城镇国有土地使用权出让和转让暂行条例》第44–45条。

争点 7：连环买卖中，后一手房屋买卖合同的效力是否受前一手房屋买卖合同效力的影响？

【案例】马某诉李某等合同无效案[①]

2012年10月20日，马某自其父母处继承了312号房屋，该房屋未办理不动产登记，建设单位为四方公司。2014年10月29日，马某向任某转让312号房屋；同月30日，任某向李某转让312号房屋，转让价款135万元；11月3日，任某向李某出具收条载明收到房款135万元。四方公司于历次转让中均配合办理买受人更名手续。2015年6月，法院宣告马某为限制民事行为能力人，2018年3月12日，生效判决确认马某与任某签订的房屋过户协议无效。2019年2月28日，生效判决认定任某与四方公司签订的购房协议无效。马某以任某与四方公司签订的购房协议无效为由提起诉讼，主张后续其他相应协议无效。经法院审理认定，312房屋处于连环买卖关系中，前一手房屋买卖合同被确认无效，并不必然影响后一手房屋买卖合同的效力。任某与四方公司签订的协议无效，任某向李某处分312房屋属于无权处分，无权处分虽有可能导致所有权不能转移，但不影响合同效力，马某提供的证据未能证明任某与李某的协议存在其他法定无效情形，因此马某的诉请主张不能成立。

【分析】

在房屋连环买卖中，存在多个合同关系，大致可分为三种情形：（1）前一手合同有效且房屋权属已办理至该合同买受人名下，该合同买受人进一步处分；（2）前一手合同有效但房屋权属未办理至该合同买受人名下，该合同买受人进一步处分；（3）前一手合同无效，该合同买受人进一步对外处分房屋（处分结果又可进一步分为房屋权属已办理至最终买受人名下及未办理至最终买受人名下）。

对于第（1）种情形，前一手合同有效且该合同买受人已取得房屋权属，其进一步对外处分房屋属于有权处分，在无其他法定无效情形时，该合同应属合法有效；对于第（2）、（3）种情形，因前一手合同的买受人在订立合同时均无标的房屋的处分权，后一手合同属于无权处分合同，讨论后一手合同的效力即是讨论无权处分合同的效力问题。根据《民法典》第597条以及

① 参见北京市第一中级人民法院（2021）京01民终9613号民事判决书。

《民法典合同编通则解释》第19条的规定，实际权利人、合同当事人仅以出卖人在订立合同时无处分权为由主张无权处分合同无效的，人民法院不予支持。无权处分合同虽然可能导致物权无法变动的法律后果，但就合同本身而言，在不存在法定无效情形时，无权处分行为本身并不影响合同效力。即房屋连环买卖中，前一手合同无效导致前一手合同买受人在后一手合同中成为无权处分人，但后一手合同并不因无权处分而无效。

因此，房屋连环买卖中，前一手合同无效并不必然影响后一手合同效力，应当依据法律法规规定独立审查各个合同的效力。后一手买受人能否实际取得房屋所有权应当依据《民法典》第311条规定的善意取得制度进行判断。若因无权处分导致后一手合同无法实际履行的，后一手合同买受人有权主张后一手合同出卖人承担违约责任。

由该问题及上述规定也可知，出卖人在订立房屋买卖合同时未取得房屋权属证书构成无权处分亦不影响房屋买卖合同效力，在无其他法定无效情形时，前述房屋买卖合同应属有效。

【规范指引】

《民法典》第146条、第153–157条、第311条、第597条；《民法典合同编通则解释》第19条。

争点8：“凶宅”应如何认定？

【案例】蒲某与陈某、魏某房屋买卖合同纠纷案[①]

2022年6月25日，原告蒲某与被告魏某、陈某在某经纪公司的居间服务下签订《存量房屋买卖合同》，蒲某以146万元的价格购买魏某、陈某的房屋，魏某、陈某确认该房屋未发生过自杀、他杀等非正常死亡事件。合同签订后，蒲某支付了房屋首付款并办理了按揭贷款。双方于2022年7月15日完成过户交房。蒲某于2022年7月23日了解到所购房屋中曾有人死亡后，便向魏某、陈某提出撤销合同，并要求银行暂缓放贷。后蒲某起诉到法院要求撤销合同，魏某、陈某退还购房款、税费等共计949 780元。

---

① 参见四川省成都市青羊区人民法院（2022）川0105民初16923号民事判决书。

法院经审理后查明：2021年7月30日20时22分许，派出所接到报案称有人于2021年7月30日17时35分许在案涉房合租屋内死亡，该案件作为刑事案件受理。派出所调查发现：（1）死者于2018年7月3日因诊断有顽固性心衰，心功能Ⅳ级，原发性高血压3级，极高2型糖尿病等多病症入院治疗。同日，医院因该租户病情危重，随时有生命危险，向病人亲属签发《病危通知书》。（2）死者在合租时，作息时间十分不规律，晚上打游戏到凌晨1–2点，白天睡觉，平时点外卖比较多。（3）死者女友于2021年7月19日提出分手，其不同意还打人，女友报警，在派出所时死者心脏病突发被送去医院，治疗结束后双方返回派出所签订调解协议后就此离开，再未联系。公安局经审查该死亡案件认为无犯罪事实，决定不予立案，并于2021年8月3日作出《不予立案通知书》。

蒲某主张案涉房屋内租客属非正常死亡，魏某与陈某故意隐瞒构成欺诈，法院经审理认为非正常死亡的概念在法医学上指由外部作用导致的死亡，包括火灾、溺水等自然灾害，或工伤、医疗事故、自杀、他杀、受伤害等人为事故致死。本案中，蒲某提交的证据不能证明案涉房屋租客死亡属于非正常死亡，虽然案涉房屋存在过租客死亡的事实，该事件可能会影响买家的心理，但该情况并未达到普通民众认知中的“凶宅”程度，蒲某关于魏某、陈某故意隐瞒租客非正常死亡，构成欺诈的主张不成立。

【分析】

所谓“凶宅”交易引发的民事纠纷，在我国二手房交易市场中亦非少数，且与人们生活密切相关，容易引起社会公众的广泛关注。“凶宅”并非法律概念，而是因发生非正常死亡事件导致人们负面评价的房屋。将房屋命名为“凶宅”，是日常生活中人们追求喜庆吉祥、忌讳死亡和趋利避害心理而演化的产物。房屋买卖活动中的凶宅禁忌到底属于封建迷信，还是正当的民俗信仰，存在不同的观点，绝大多数人赞同或不否认“凶宅”禁忌为民俗、习惯，凶宅禁忌作为一种行之既久且影响深远的文化现象和行为规范，不仅会决定买受人的购买意图，还会影响买受人的居住意愿，更会影响房屋的市场价值和个人心理；而少部分人认为凶宅禁忌属于封建迷信或主观上的不良心理认知，不是我国法律明文保护的权利对象。

我们倾向认为，“凶宅”虽并不降低房屋本身客观使用，但对于房屋买卖交易而言显属重大信息，不但影响房屋的价值，且对大众群体是否购买房屋起决定性作用，出卖人基于诚信原则以及公平原则，对于确属“凶宅”的，应尽到合理的告知义务，此类信息应属公序良俗范畴，应受法律规制。凶宅在大众中难以被接受，这主要是由于文化的影响。在中国的文化习俗中，凶宅被视为禁忌，其背后的文化意义与中国人的生死观、哲学思想和传统习惯密切相关。传统文化中的凶宅禁忌属于正常且普遍的民俗信仰，是社会公众的共同信仰和价值共识，法律尊重、认可凶宅禁忌并非认可该类信仰所依赖的终极力量，而是对因信仰而产生的心理认知、道德精神的价值识别，此时法律所保护的对象并非外在的“物”，而是内在的“人”。在“凶宅”交易中，出卖人不得将自己的认知或信仰强加于买受人。如果出卖人认为“凶宅”有害却故意隐瞒，则可能构成欺诈；而如果出卖人认为世上根本不存在“凶宅”，纯粹是买受人自我不良心理认知，那么这种以个人信仰否定买受人信仰的行为，不仅违背了道德规范，也无视甚至侵犯了买受人的人格尊严和信仰自由。因此，“凶宅”的判断不能以出卖人的主观心理感受为依据，应以公序良俗大原则下的社会共识为判断基准。

何为“凶宅”？日常交易实践对是否为“凶宅”的认识不断累积，最终汇聚形成相对明确的判断共识，此时方具备类型化判断的可能。司法实践中，“凶宅”的认定标准主要从以下几方面综合考量：

1. 死亡形式

应为非正常死亡事件，即由外部作用导致的死亡，包括火灾、溺水等自然灾害，或工伤、医疗事故、自杀、他杀、受伤害等人为事故致死，自然生老病死属于人之常情不属于此种范围，但如果自然死亡后长时间无人过问，导致尸体在房屋中停留时间较长，根据社会大多数人的认识，可以将房屋认定为“凶宅”。此外，买受人在主观上对房屋内存在死亡事件（包括自然死亡和非正常死亡）难以接受，并就此明确告知出卖人的，发生正常自然死亡事件的房屋对于该买受人来说也属于“凶宅”，出卖人应具有相应的告知义务，所以“凶宅”的具体认定标准以及对房屋买卖的影响，应当结合具体个案予以认定。买受人对“凶宅”的界定标准高于通常标准，出卖人对此明知，双方发生争议时，以买受人的意思表示为准。在某些个案中，非正常死亡事件并未发生在房屋内，但尸体藏匿于房屋或经过房屋停放的，也可能被认定为“凶宅”。“凶宅”并非确定之概念，“凶宅”的判断主要看是否影响住户的心理和房屋的交易价格，如果足以影响，则可以认定。

2. 死亡地点

需发生在房屋内，即房屋专有部分。多数情况下，非正常死亡事件发生在室内是“凶宅”的判断因素之一。对于从房屋内坠楼死亡的，因死亡事件发生在房屋专有部分之外，是否认定为“凶宅”需要个案判断，需要根据死亡的地点与房屋是否具有较强的空间关联性和时间连续性进行综合判断。另外，对于死亡地点与案涉房屋相距不远的其他地点，需要综合考虑是否是房屋使用人日常生活必经之路，是否会对使用人心理上产生不利影响，该影响与死亡地点在房屋内的情形相比是否略显轻微，综合以上因素从社会共识范畴判断是否认定为“凶宅”。

3. 死亡时间

死亡时间与交易时间的间隔对出卖人应主动告知“凶宅”的判断有影响，相距时间超出一定合理范围便无法归入与订立合同有关的重要事实。如果死亡时间较为久远的，在“凶宅”的认定上则需要结合死亡事件的具体情形综合考量，需要考虑死亡事件与死亡时间是否会直接影响买受人对房屋的恐惧和不安心理。

本案中，双方对于死者是否属于非正常死亡争议较大。该案裁判者认为，“凶宅”的认定应严格限定在“非正常死亡的房屋”。案涉房屋虽发生过租户死亡，但公安机关并未对此定性，且租户身患严重疾病，医院已多次下发病危通知书的情形下，房东认为租户系正常死亡是符合常识理解的。因此，被告对所发生的事实不认为是“凶宅”，那么其就没有隐瞒的故意了，原告不主动询问时，被告也没有主动告知的义务。

【规范指引】

《民法典》第6–8条。

争点9：出卖人在订立合同时未披露房屋系“凶宅”的，房屋买卖合同是否可撤销？

【案例】黄某某、卢某某诉张某房屋买卖合同纠纷案[①]

2017年1月16日，黄某某、卢某某与张某通过中介签订《房屋买卖协

① 参见江苏省南通市中级人民法院（2021）苏06民终4220号民事判决书。

议》，协议约定张某将坐落于南通市的案涉房屋以 616 000 元的价格出售给黄某某、卢某某，当日黄某某、卢某某向张某支付了房屋价款。2017 年 1 月 28 日，房屋过户至黄某某、卢某某名下。张某于 2011 年购买了案涉房屋，并于 2012 年办理了房屋产权证，后将案涉房屋出租给张某 1、张某 2 母子。2014 年 1 月 26 日，在该房屋内，张某 1 因琐事与张某 2 发生争执，张某 1 用水果刀将张某 2 杀害。原告黄某某、卢某某认为被告张某故意隐瞒所售房屋系“凶宅”这一重大瑕疵，故诉至法院，要求撤销案涉《房屋买卖协议》，退还黄某某、卢某某购房款。

【分析】

买受人可以基于欺诈行为行使撤销权。迥异于无效或有效，法律行为的可撤销不是指法律行为的一种效力形态，而是指可使法律行为最终确定有效或无效的一种程序或机制。享有撤销权的一方如果在规定的期限内行使了撤销权，本已生效的法律行为被视为自始无效。[①] 发生撤销权事由，才能行使撤销权。撤销权事由主要表现为意思表示存在瑕疵，包括意思表示错误或传达不实（误传）形成的重大误解，意思表示受欺诈形成的欺诈行为和意思表示受胁迫三类。《民法典》第 147–151 条规定了因重大误解、欺诈、胁迫、显失公平而行使撤销权的四种事由。《民法典》第 152 条规定了行使撤销权的除斥期间。《民法典》第 155 条、第 157 条规定了民事法律行为的后果。民事法律行为被撤销后，自始无效，行为人因该行为取得的财产，应当予以返还。本案中，分析房屋买卖合同是否可撤销，需分析黄某某、卢某某与张某通过中介签订《房屋买卖协议》的行为是否属于可撤销的民事法律行为。

《民法典总则编解释》第 21 条规定了民事欺诈行为。民事欺诈行为包含积极欺诈和消极欺诈的行为，积极欺诈是指以积极的言辞，主动提供虚假情况，使得相对方陷入错误认识而作出意思表示。消极欺诈是基于法律规定、双方约定或者诚信原则，行为人负有告知义务但故意不告知，使得相对方陷入错误认识，以为自己的行为是建立在真实的情况下而作出意思表示。在房屋已经被认定为“凶宅”的前提下，若买受人询问出卖人标的物是否是“凶宅”时出卖人否认，或出卖人明确告知买受人房屋不是“凶宅”的，出卖人或构成积极欺诈。但若双方在交易过程中未提及此事，出卖人故意隐瞒的，出卖人或构成消极欺诈。

---

① 参见朱广新：《论可撤销法律行为的变更问题》，载《法学》2017 年第 2 期。

本案中，被告张某在知晓房屋内发生非正常死亡案件的情况下，未主动向黄某某、卢某某披露该等信息，构成消极欺诈行为，满足《民法典》第148条基于欺诈行为行使撤销权的情形。因此，黄某某、卢某某有权行使撤销权。但撤销权应当在除斥期间内行使，黄某某、卢某某于2020年12月22日才知晓案涉房屋曾发生非正常死亡事件，其于2021年2月提起诉讼行使撤销权，未超过法律规定的1年或者3个月的期限，且自民事法律行为发生之日即2017年1月16日签订买卖合同之日也不超过最长时间5年。因此，黄某某、卢某某主张撤销案涉《房屋买卖协议》，退还黄某某、卢某某购房款的诉请应予支持。

买受人可以基于重大误解行使撤销权。司法实践中，若不能认定出卖人构成民事欺诈，对于能否撤销房屋买卖合同，存在不同的观点。第一种观点认为，出卖人对房屋内发生过非正常死亡不知情的，买受人的撤销权或解除权不应得到支持。第二种观点认为，即使出卖人不知情，但买受人基于错误的认识购买房屋，成立重大误解，买受人也可以请求撤销合同。在未获特别告知的情况下，买受人在购房时有理由相信该房屋未曾发生非正常死亡事件，故买受人基于对房屋的错误认识作出的意思表示与其真实意思相悖为由，有权因重大误解而请求撤销合同。①

《民法典总则编解释》第19条规定了重大误解的认定，需满足“行为人对行为的性质、对方当事人或者标的物的品种、质量、规格、价格、数量等产生错误认识”这一条件。我们倾向认为，“凶宅”会影响房屋的交易价格和社会大众对房屋的购买意愿，因此，若买受人误以为“凶宅”是正常房屋，系对房屋重要性质的认识错误。若出卖人构成民事欺诈，则构成欺诈和重大误解的竞合，若在无法证明出卖人构成民事欺诈时，可以重大误解为请求权基础撤销房屋买卖合同。

除行使撤销权外，买受人的其他救济途径。撤销权需在除斥期间内行使，若超过除斥期间，买受人存在因除斥期间消灭而丧失胜诉权之虞。此外，若买受人知道房屋系“凶宅”后，其并非想撤销合同，而是拟向出卖人主张减少购房价款或赔偿损失的，买受人可以要求出卖人承担瑕疵担保责任或缔约过失责任来实现自己的主张。

一是买受人要求出卖人承担瑕疵担保责任。《民法典》第615条规定了出

---

① 参见福建省厦门市中级人民法院（2019）闽02民终5456号民事判决书。

卖人交付标的应符合质量要求，第 617 条规定了出卖人交付的标的物不符合质量要求的，买受人的救济途径。“凶宅”是否构成物之瑕疵，有肯定或否定两种观点。多数持肯定说，认为在认定物的价值瑕疵和效用瑕疵时，不应限于物的本身，凡是影响物的价值或效用的，都构成物的瑕疵。[①]“凶宅”为典型的价值瑕疵，[②]我们也倾向肯定说的观点。出卖人的瑕疵担保责任为无过错责任，并不以出卖人有主观过错为前提，房屋内曾发生非正常死亡事件，按照通常社会观念，该房屋构成瑕疵物，买受人可以根据《民法典》第 617 条的规定，要求出卖人承担瑕疵担保责任，以寻求救济。

二是买受人要求出卖人承担缔约过失责任。《民法典》第 500 条规定了缔约过失责任条款，出卖人在订立合同时未披露房屋系“凶宅”的，其行为或构成“故意隐瞒与订立合同有关的重要事实或者提供虚假情况”的情形。由于房屋系“凶宅”，若买受人知晓，则可能不会缔结合同，且正常房屋的市值与“凶宅”的市值通常存在较大差异，会给买受人造成损失。因此，买受人可以要求出卖人承担缔约过失责任，并要求其赔偿损失。

【规范指引】

《民法典》第 147–148 条、第 155 条、第 157 条、第 500 条、第 615 条、第 617 条；《民法典总则编解释》第 21 条。

争点 10：买卖双方共同向不动产登记中心申请撤回过户递件的行为能否视为双方自愿终止房屋买卖合同的履行？

【案例】邓某诉魏某渊房屋买卖合同纠纷案[③]

2016 年 7 月 4 日，魏某渊（卖方）与邓某（买方）签订《预约合同》，约定：“魏某已购买位于成都市成华区一套房屋。鉴于该房屋尚未办理完成房屋所有权证及国有土地使用证，尚不具备出售条件，故约定魏某渊将案涉房屋在取得正式所有权证书后 10 个工作日内以 76 万元出售于邓某，双方正式

---

① 参见金晶：《〈合同法〉第 111 条（质量不符合约定之违约责任）评注》，载《法学家》2018 年第 3 期。

② 参见郭歌：《〈民法典〉物之瑕疵规范的解释与适用研究》，载《江西社会科学》2022 年第 2 期。

③ 参见四川省成都市中级人民法院（2021）川 01 民终 15517 号民事判决书。

签订房屋买卖合同。邓某于本合同公证的当日支付履约保证金70万元（成功递件后自动转为购房款），同时魏某渊将房屋交付邓某。在过户当日，邓某一次性支付剩余房款6万元。"合同签订当日，邓某支付购房款70万元，魏某渊同日将案涉房屋交付给邓某。2019年7月3日，案涉房屋登记至魏某渊名下，房屋无抵押、限制登记情况，其后，邓某按约付清购房尾款。同日，双方前往成都市不动产登记中心办理案涉房屋转移登记手续。因在核税时发现案涉房屋产权登记时间未满2年，不符合免收增值税的交易条件，且双方对产生的增值税承担发生分歧，故双方自愿撤回了案涉房屋的过户登记手续。此后，邓某与魏某渊多次协商未果，未再去办理案涉房屋过户手续。邓某在该案中提出诉讼请求：魏某渊为邓某办理案涉房屋过户登记手续，并支付违约金。该案两级法院经审理均认为，买卖双方已建立合法有效的房屋买卖合同关系，应按照合同约定履行义务。双方因案涉房屋缴纳增值税问题产生分歧，于递件当天自愿撤回过户手续，该行为系当事人双方就合同履行再次协商一致的意思自治行为，且在案证据不能证明邓某有不愿继续购买案涉房屋的意思表示，故邓某请求魏某渊协助办理案涉房屋产权过户手续的诉讼请求于法有据，应予支持。

【分析】

审判实务中，对于"买卖双方共同撤回过户递件申请"这一行为的法律后果认定，主流观点认为：双方共同向不动产登记中心申请撤回过户递件的行为不宜简单地视为双方自愿终止房屋买卖合同的履行，应结合双方合同履行中的多种因素考虑。我们亦倾向此种观点，过户递件属行政审批程序中的行为，就该递件行为本身而言并不能引起民事法律关系的变动，撤销递件行为的性质及法律后果同样。现实生活中，买卖双方可能会基于多种原因撤销过户递件，如手续不完善、购房资格存在瑕疵等，故撤销递件并不当然引起法律关系的终止。对于"共同撤回过户递件"，应以买卖双方是否有变更法律关系的真实意思表示为基础综合实际履行情况认定。现实交易中，主要存在三种情形：（1）双方解除合同意思明确，合同终止。买卖双方明确表示或以实际行为推定一致同意终止合同履行的，共同撤回过户递件则是双方终止变更房屋物权的意思合意，此时该行为应当视为双方共同终止合同；（2）双方均有意愿继续履行合同，合同不因撤回过户递件而终止。买卖双方过户申请系办理登记转移手续的前提，登记转移系为了保障购买方通过债权交易享有物权，登记转移仅是买卖双方进行交易的其中一个环节。在案证据显示双方均有意愿继续履行合同的情况下，双方申请撤回过户申请仅能表示不同意在当时的条件下转移登记，并非对整个交易的反悔，合同仍应继续履行；（3）无明确意思表示和证据证明双方是否同意继续履行合同，推定合同终止。合同的成立和终止均依赖于买卖双方意思合意，在意思表示不明确且无证据显示双方是否有继续履行合同意愿时，因过户递件是完成交易的最后一环，亦是实现双方合同目的的关键一环，故此时双方共同撤回过户申请的行为，宜推定为双方自愿放弃合同权益，均同意终止合同。

需要注意的是，买卖双方进行过户是其房屋交易的最后一关，撤回过户后将失去合同履行的一项保障，双方能否仍然按照合同约定履行二次过户，在实践中常出现纠纷。因此，双方均应谨慎对待撤回过户行为。与此同时，人民法院在审理房屋买卖合同纠纷案件时，要坚持鼓励交易原则，充分尊重当事人的意思自治，依法审慎认定合同履行状态，根据诚信原则合理理解合同条款，确定履行内容及当事人的权利义务关系，审慎适用合同解除制度，确保对守约者诚信行为的保护力度，促进诚信社会构建。

【规范指引】

《民法典》第 509 条、第 562 条。

争点 11：合同对房屋交付、过户时间等事项没有约定或约定不明且事后无法达成补充协议时，当事人一方能否以此主张解除合同？

【案例】黄某婵诉黄某录、淮安某房地产经纪有限公司房屋买卖合同纠纷案[①]

2021 年 1 月 14 日，原告黄某婵与被告黄某录、淮安某房地产经纪有限公司签订《存量房买卖及居间服务合同》，卖方拟转让房地产坐落于淮安市的某处房产，转让总价款为 108 万元（不含税费），合同约定买方须于 2021 年 1 月 22 日之前将除 1 万元定金之外的 107 万元房款支付至卖方账号，过户时间以卖方手续齐全为准。之后，原告未在 2021 年 1 月 22 日付清剩余的购房款，而被告也一直没有和原告办理房屋过户手续。2021 年 2 月至 3 月期间，原、被告就先付款还是先过户多次进行了沟通，但沟通未果。

① 参见江苏省淮安市清江浦区人民法院（2021）苏 0812 民初 3122 号民事判决书；江苏省淮安市中级人民法院（2021）苏 08 民终 3799 号民事判决书。

2021年3月份，被告黄某录、李某茹将涉案房屋出售给案外人程某，并于2021年3月26日将产权变更登记至程某名下。原告遂诉至法院要求解除房屋买卖合同。关于在合同履行过程中，原告是否存在未按约付款导致合同解除的根本性违约行为的问题。一审法院认为，涉案合同虽然明确约定了付款时间，但没有约定具体的过户时间，只是在备注条款中约定“过户时间以卖方手续齐全为准”，从原、被告陈述可以看出，双方一致认可对过户没有约定具体的日期，需要被告办理相关的公证手续，而手续何时完成无法确定，应视为过户时间约定不明。由于涉案合同对过户和付款的先后履行顺序并没有明确约定，不能因为对过户时间约定不明就认定付款在先，过户在后。而在房屋买卖合同中，原告作为买受方的主要义务就是给付房款，被告的主要义务就是交付房产并将房产过户至原告名下，在原告给付购房款的义务与被告办理房屋变更登记的义务没有约定先后顺序的情况下，应同时履行。从法律规定来看，《民法典》第525条规定，“当事人互负债务，没有先后履行顺序的，应当同时履行。一方在对方履行之前有权拒绝其履行请求。一方在对方履行债务不符合约定时，有权拒绝其相应的履行请求”。本案中，原告虽没有在合同约定的时间付清房款，但是被告也没有提供证据证明其在合同履行过程中办理了与过户相关的委托公证手续。从被告提供的录音也可以看出，原告在合同约定的付款时间前已经在和居间方联系付款的事宜，是因为被告相关公证手续没有完成以及没有相应的付款账号才没有付款，说明原告并无拒绝付款的故意。在被告没有协助原告过户或者提供办理相关过户手续的情况下，原告有理由不付款。从双方交易风险负担上看，被告主张出于交易安全考虑，在原告逾期未支付房款的情况下，无法继续办理过户手续。如上所述，原告的付款义务以及被告办理房产变更登记都是双方应履行的合同主要义务，对原告而言，其在房屋未办理过户的情况下即先行支付全额房款，同样存在交易风险。不管是先付款，还是先过户，对原、被告双方来说都存在交易风险。致使涉案房屋买卖合同解除的责任应在被告。在过户时间未定的情况下，被告可与原告进一步协商付款及过户时间，如果被告认为存在交易风险，可以要求原告先提供担保，或者要求同时履行。被告称其曾给原告期限付款，但是从其提供的证据来看，其只是和原告协商付款问题，并没有要求原告在具体期限内付款。在双方未协商一致的情形下，被告擅自将涉案房屋另行出卖给案外人，且已办理不动产权变更登记，导致合同无法履行，其行为显属违约，应当承担合同解除的违约责任。

二审法院认为，虽然合同对支付房款的时间作了明确的约定，而对于过户时间约定是以卖方手续齐全为准，没有明确具体的时间，但从合同的签订之日到约定的付款日这段期限与办理委托公证手续正常所需时间比较来看，在没有特殊原因的情况下两个行为基本上可以同步进行。被上诉人作为购买方，要一次性支付高达上百万元的房款，从安全交易、防范风险的角度，其必然要求上诉人出示能够办理房屋产权变更手续的相关公证文书，在得到确认后并在合理期限内支付房款，符合一般人的交易习惯，在上诉人未能在合理的期限内办理好相关公证手续，使其信赖利益得不到保障的情况下，被上诉人通过中介催告上诉人抓紧办理公证手续，并言明待上诉人手续办好后一边过户一边付款，是依法行使抗辩权，并无过分不当之处，且被上诉人并未向上诉人明确表示其不履行支付购房款的义务，该行为不属于合同法定解除的情形。而相反，上诉人在被上诉人迟延付款的情况下，一方面未依法定程序书面催告被上诉人在合理期限内履行付款义务；另一方面其自己也不再办理相关委托公证手续，在买卖合同未依法解除的情况下，擅自将涉案房屋又出卖给第三方，并已办理了不动产权属变更登记手续，导致合同无法履行，已构成根本性违约，理应按照合同的约定承担违约责任。二审维持原判。

【分析】

非必要条款约定不明不影响合同的成立与生效。合同条款是合同条件的表现和固定化，是确定合同当事人权利和义务的根据。因此，合同条款应当明确、具体、完整，而且条款之间不能相互矛盾，否则将影响合同成立，生效和履行以及实现订立合同的目的。根据合同条款的地位和作用，合同条款分为必要条款和非必要条款。必要条款又称主要条款，是指根据合同的性质和当事人的特别约定所必须具备的条款，缺少这些条款将影响合同的成立。非必要条款又称普通条款，是指合同的性质在合同中不是必须具备的条款，即使合同不具备这些条款也不应当影响合同的成立，如有关履行期限、数量、质量等条款。在缺少这些条款情况下，完全可以根据法律的规定填补漏洞。《民法典》合同编第 470 条第 1 款规定了各类合同应具备的 8 项一般条款，包括：（1）当事人的姓名或者名称和住所；（2）标的；（3）数量；（4）质量；（5）价款或者报酬；（6）履行期限、地点和方式；（7）违约责任；（8）解决争议的方法。《民法典》第 596 条规定，买卖合同的内容一般包括标的物的名称、数量、质量、价款、履行期限、履行地点和方式、包装方式、检验标准和方法、结算方式、合同使用的文字及其效力等条款。一般来说，关于履行期限、地点和方式的合同约定条款为非必要条款，对合同非必要条款的缺失，可以通过合同补充的方法予以确定。

协议补充是填补合同漏洞的优先方式。合同条款的补充，又称合同漏洞的填补。合同漏洞是指合同当事人对合同条款没有约定或约定不明确的情形。审判实践中，法官应本着鼓励交易的原则，对于具备了当事人名称或者姓名、标的和数量条款的合同，认定合同成立，在认定合同成立后，对欠缺、遗漏的合同其他条款，可以依据《民法典》第510条、第511条规定的填补漏洞的步骤和方法予以确定。依据《民法典》第510条规定："合同生效后，当事人就质量、价款或者报酬、履行地点等内容没有约定或者约定不明确的，可以协议补充；不能达成补充协议的，按照合同相关条款或者交易习惯确定。"《民法典》第511条规定："当事人就有关合同内容约定不明确，依据前条规定仍不能确定的，适用下列规定……（四）履行期限不明确的，债务人可以随时履行，债权人也可以随时请求履行，但是应当给对方必要的准备时间。"房屋买卖合同对过户时间及其他内容没有约定或约定不明的，由买卖双方协商解决，协商不成的，依据合同有关条款或交易习惯确定。履行期限仍不能确定的，权利人可随时要求义务人履行，但应给对方必要的准备时间。

1. 当事人协议补充，当事人对没有约定或者约定不明确的合同内容通过协商的办法订立补充协议，使合同具体化和明确化，并与原合同共同构成一份完整的合同。

2. 按照合同有关条款或交易习惯确定，约定不明合同在履行中产生纷争时：首先，当事人可进行协议补充。其次，当不能达成补充协议时，按照合同有关条款或者交易习惯来确定合同的履行。合同当事人就没有约定或者约定不明确的合同内容不能达成补充协议时，结合合同的其他方面的内容加以确定，使合同具体化和明确化。然而在房屋买卖合同中，一般很难根据某些合同条款确定其他的合同条款（如不能根据合同总价来确定价款支付方式、支付期限、违约责任、过户时间、交房时间、户口迁移问题等）。至于交易习惯，倒是可以确定一些没有约定或者约定不明的合同条款（如房屋买卖合同中没有约定银行放款的时间，但是一般而言，自过户到银行放款按照交易习惯是一个比较明确的时间，如1个月）。但是，交易习惯也不是万能的（如合同中没有约定过户时间、交房时间、逾期多久构成根本违约、付款方式、付款期限，没有所谓的交易习惯来确定这些合同内容）。

3. 当事人不能通过协商订立补充协议，也不能按照合同有关条款或交易习惯来进行确定时，适用下列规定：（1）质量要求不明确的，按照国家标准、行业标准履行；没有国家标准、行业标准的，按照通常标准或者符合合同目的的特定标准履行。（2）价款或者报酬不明确的，按照订立合同时履行地的市场价格履行；依法应当执行政府定价或者政府指导价的，按照规定履行。（3）履行地点不明确，给付货币的，在接受货币一方所在地履行；交付不动产的，在不动产所在地履行；其他标的，在履行义务一方所在地履行。（4）履行期限不明确的，债务人可以随时履行，债权人也可以随时要求履行，但应当给对方必要的准备时间。（5）履行方式不明确的，按照有利于实现合同目的的方式履行。（6）履行费用的负担不明确的，由履行义务一方负担。

审理时，还应区分要求解除合同的是违约方还是守约方，若要求解除合同的为违约方，一般不享有单方解除权，但可根据《全国法院民商事审判工作会议纪要》第48条规定，若形成了合同僵局，有时对双方均不利，在此前提下，可以解除合同，但违约方本应当承担的违约责任不能因解除合同而减少或免除。

【规范指引】

《民法典》第470条第1款、第510–511条。

争点12：出卖人在房屋买卖合同履行过程中单方提出涨价请求，是否构成违约？

【案例】翟某发、高某超诉胡某东房屋买卖合同纠纷案[①]

翟某发与高某超是夫妻，二人向胡某东购买房屋。2016年6月11日，双方连同中介方共同签订《房产交易合同》。后在中介协助下双方到房管局签署了《房产买卖协议》。当日翟某发、高某超交付胡某东定金，并将首付款存入房地产交易资金监管中心的账户，且于当日即就余款申请办理贷款手续。9月13日，银行通知贷款已经审核批准。其后，胡某东与中介联系询问该房屋此时市场价格，并要求涨价，后因双方分歧较大未能达成协议，胡某东没有配合办理过户手续，亦未交付房屋。翟某发、高某超起诉至法院要求继续履行合同，胡某东辩称案涉房屋同一地段的房价上涨88%，如果按照原价格履行合

① 参见天津市东丽区人民法院（2016）津0110民初7261号民事判决书。

同，胡某东的损失利益太大，且翟某发、高某超没有在约定时间将首付款存入监管账户，属于违约，同时胡某东提起反诉主张解除合同。法院经审理认为，在翟某发、高某超办理了贷款后，胡某东以房屋市场价格上涨为由要求涨价，在未得到满意答复后即不履行交付房屋义务以及拒绝协助翟某发、高某超办理涉诉房屋所有权转移登记手续均已构成违约，故应承担违约责任。对于翟某发、高某超起诉要求胡某东继续履行《房产交易合同》《房产买卖协议》以及由胡某东配合其办理涉诉房屋的所有权转移登记手续的请求予以支持，胡某东主张解除合同并无法定的事由，其反诉请求并无事实和法律依据，予以驳回。

【分析】

本案系典型的出卖人因单方涨价而违约的情形。胡某东作为存量房交易中的出卖人，在已经签订房屋买卖合同并约定了明确的成交价款的前提下，以房屋市场价格上涨为由要求涨价，并在双方协商不成的情况下拒绝继续履行合同，其行为已经构成根本违约。即使胡某东主张房价上涨其利益损失较大，但房屋的价格变动实质属于商业风险，无论是出卖人和买受人都应对房地产市场上房屋价格变动的风险有心理预期，即使房屋价格上涨过猛，也不能认为是情势变更的情形，卖房人不得以此为由拒绝履行合同。

房屋买卖合同依法成立生效以后，对买卖双方就产生了法律约束力。双方均应当按照合同的约定全面履行自己的义务。但是司法实践中，随着房地产市场日新月异，房价上涨也带来了二手房交易纠纷的大幅增加，卖房人在签订房屋买卖合同后对房价上涨所带来的巨大预期利益容易产生心理失衡感，从而提出房屋涨价的请求，但单方涨价是否构成违约，此问题的争点在于出卖人实施了什么样的客观行为。

根据《民法典》第577条对违约责任的规定："当事人一方不履行合同义务或者履行合同义务不符合约定的，应当承担继续履行、采取补救措施或者赔偿损失等违约责任。"违约行为的形态主要是：（1）不履行合同义务。主要形态是拒绝履行，是义务人对自身约定的义务表示不履行的违约行为，具体到存量房买卖合同纠纷中通常表现为拒绝交付房屋、不配合办理过户手续等；也包括履行不能，义务人失去了履行义务的能力或者法律禁止义务的履行，具体到存量房买卖合同纠纷中通常表现为出卖人已经失去了房屋所有权或所有权瑕疵。（2）履行合同义务不符合约定。一是延迟履行，义务人能够履行但在履行期限届满时却未履行义务的违约行为，表现为延迟交房、延迟办理过户手续等；二是瑕疵履行，指义务人虽然履行了义务，但其履行不符合义务本质的违约行为。本案中，导致法院最终判定胡某东违约的行为就是其在提出涨价不成后不履行交付房屋、办理过户的义务的行为。

司法实践中，遇到此类案件时，法院应审查出卖人提出涨价的行为性质，如果出卖人请求涨价仅为合同履行过程中的磋商，是基于友好协商的基础上，在征求合同相对方意愿的前提下预期变更合同条款的正常履约行为，且未对买受人的权益造成损失，亦不影响合同履行及合同目的的实现，并不构成违约。但若出卖人请求涨价的同时明确表示买受人不同意就终止合同履行，其该行为性质就构成违约，有违诚信原则，也会影响正常市场经济秩序，不利于房地产市场平稳健康发展，不利于社会诚信建设。这种情况下，买受人有权要求继续履行合同或者主张损失赔偿。

因此，出卖人提出涨价请求的行为本身并不构成违约，买受人仅以出卖人请求涨价而主张构成违约的，人民法院不予支持。构成违约的情形如下：出卖人要求涨价未得到对方同意后不履行合同或导致合同延迟履行，应承担相应的违约责任。其中，若导致合同不能履行及合同目的无法实现，出卖人即构成根本违约。

【规范指引】

《民法典》第 7 条、第 509 条第 1 款、第 577 条。

争点 13：安置房买卖不存在过户障碍的情况下，是否有必要追加征地搬迁主体作为利害关系人参与诉讼？

【案例】李某某、解某某与邢某某、尤某某、第三人某建设发展有限公司房屋买卖合同纠纷案[①]

2015 年 4 月 8 日，原告李某某与案外人尤某签订《售房定金协议书》，约定原告向其购买涉案房屋。2015 年 4 月 24 日，原告李某某与原告解某某作为乙方与被告邢某某、尤某某作为甲方签订《动迁安置房买卖合同》，约定：甲方将位于某镇的动迁安置房出售给乙方，在本住宅小区只要有动迁户能过户办理产权证后，无论什么原因，甲方在 180 日内没有配合乙方办理过户手

---

① 参见上海市松江区人民法院（2023）沪 0117 民初 18708 号民事判决书。

续即视为甲方违约。目前房屋由二原告自住。案外人尤某因死亡注销户口，被告邢某某系尤某配偶，被告尤某某系尤某女儿。现案涉房屋已满足过户条件，经二原告多次催告，二被告至今未配合办理房屋过户手续。涉案房屋的拆迁补偿安置协议签订于2012年6月2日，被拆迁人为尤某。涉案房屋目前仍登记在第三人某建设发展有限公司名下。

【分析】

安置房买卖能否过户，影响因素可以概括为四点：建造安置房的土地性质、限制安置房交易的政策文件、安置房是否具有权属证书以及当事人是否有权处分。

首先，需明确安置房是指因城市规划、土地开发等原因进行拆迁，而安置给被拆迁人或承租人居住使用的房屋，是国家对被征收土地及房屋的所有权人、使用权人给予补偿的方式之一。安置房主要分为两类：第一类是国家征收农村宅基地而补偿的安置房。根据《土地管理法》有关规定，宅基地属于农民集体所有。因此，农村居民对宅基地享有使用权而非所有权，该使用权来源于特定的集体经济组织的公益性分配。因宅基地被征收而获得的安置房，是农民因失去宅基地使用权而获得的相应补偿，仍然具有专属性质和公益性质，不能买卖。第二类是对国有土地上房屋进行拆迁而补偿的安置房。对于原属国有土地上的房屋，该房屋被拆迁而获得的安置房属于财产权，依法可以处分。对安置房交易进行限制的政策基本都是地方政府作出的，不属于法律和行政法规的范畴，不是认定合同效力的依据。

《不动产登记暂行条例实施细则》第24条规定，不动产首次登记，是指不动产权利第一次登记，未办理不动产首次登记的，不得办理不动产其他类型登记，但法律、行政法规另有规定的除外。

《城市房地产管理法》第38条规定："下列房地产，不得转让……（六）未依法登记领取权属证书的"该规定系从不动产物权变动角度进行规定和限制，而非对合同行为的规定和限制。安置房上市交易时间限制系从过户时间上对该类房屋进行规制，并不意味着该类房屋一概不得进行交易。因此，案涉房屋买卖行为并不为国家法律或行政法规所禁止，即使房屋未办理物权登记，也不影响合同的效力。

许多拆迁安置房是以户为单位、由家庭成员共同共有的。卖方在共有人未经全体共有人同意或其他共有人不知情的情况下出卖安置房，因当事人签订的买卖合同并未违反法律法规的强制性规定，因而不具有合同无效的情形，以此来维护善意相对人权益。案涉合同不存在现行《民法典》第144条、第146条、第153-154条、第505条、第508条等规定的无效情形，应为合法有效，对签订方具有拘束力。

其次，即使合同有效，但是我国采用合同效力与物权效力相区分原则，即设立、变更、转让、消灭物权的合同效力和物权的设立、变更、转让、消灭是两种情形。物权是对标的物的直接支配权，具有排他性和优先性，所以物权的存在及变动，应当有一定的外在表现形式，使不特定第三人能够从外部认识物权的存在及变动，否则无法保障交易安全。对于不动产物权的变动，我国采取"登记生效主义"，即不动产物权依法律行为变动时，不仅需要当事人具备物权变动的合意，并且必须将该合意予以登记，否则物权变动行为不能生效。根据《民法典》第209条规定，不动产物权的设立、变更、转让和消灭，经依法登记，发生效力；未经登记，不发生效力。这表明，原则上不动产物权登记是不动产物权的法定公示手段，是不动产物权设立、变更、转让和消灭的生效要件，也是不动产物权依法获得承认和保护的依据。不动产登记簿是判断不动产物权权属状态的依据，设立或转让物权，必须采用法律规定的方式，才能取得对抗第三人的效果。

最后，根据《民事诉讼法》的规定，追加第三人是指在诉讼过程中，由于诉讼标的发生变化，或者第三人与本案有利害关系并可能对原告、被告造成影响，而请求法院将其加入诉讼的一种程序。追加第三人的目的是保障当事人权益、明确诉讼主体和完善诉讼程序。安置房在地方不动产登记中心不存在过户障碍，即根据安置房土地的性质能够转让、不存在政策限制及卖方有权转让，即安置房进行了产权登记，卖方为不动产登记簿上记载的所有权人。结合上述分析以及《民法典》第240条规定，所有权人对自己的不动产或者动产，依法享有占有、使用、收益、处分的权利。卖方作为安置房屋的所有权人，有权处分其所有的房屋。因此没有必要追加征地搬迁主体为利害关系人参与到诉讼中来。

【规范指引】

《民法典》第209条、第240条；《城市房地产管理法》第38条第6款；《不动产登记暂行条例实施细则》第24条。

争点 14：拆迁安置房屋连环买卖中，房屋未登记到安置户名下，是否追加行政职能部门参加诉讼？

【案例】王某某诉李某某、某土地储备中心房屋买卖合同纠纷案[①]

2009 年 7 月，某土地储备中心（拆迁人及安置房出售人）与李某某（被拆迁人及安置房购买人）签订了《拆迁安置补偿协议》及《拆迁安置购房协议》，约定李某某向某土地储备中心购买拆迁回迁安置房，由李某某自愿选择了位于北京经济技术开发区某小区安置用房一套。2012 年 6 月 29 日，李某某（出卖人）与王某某（买受人）签订《北京市房屋买卖合同》，将前述安置房出卖给王某某，合同约定房款为 130 万元，出卖人应当在收取全部房款后当日将房屋交付给买受人，出卖人在取得房产证后第一时间通知买受人，并在 30 日内双方到有关部门办理房屋过户手续。王某某已经实际支付涉案房屋全部价款，涉案房屋已于 2012 年 9 月底交付。由于李某某未在合同约定时间内将房屋过户至王某某名下，王某某向法院提起诉讼，请求判令某土地储备中心协助李某某办理北京市大兴区某小区某号房屋的房屋产权登记手续，将该房屋登记在被告李某某名下并主张李某某在取得上述房屋不动产权证书之日起 30 日内协助王某某办理该房屋的过户手续，将该房屋过户至王某某名下。

【分析】

对于该问题，司法实践中存在多种观点。第一种观点认为，案涉土地储备中心虽然不是涉案房屋买卖合同的相对方，但其作为与安置户签订《拆迁安置购房协议》的安置房出售人，负有协助配合将涉案房屋的所有权登记至安置户名下的义务，且涉案房屋登记在安置户名下亦是涉案房屋所有权转移至最后一手买受方名下的前提条件，若涉案房屋未能先行登记至安置户名下，将影响最后一手买受方实体权利的实现。因此，法院允许将土地储备中心列为被告，并最终判决土地储备中心协助办理房屋所有权的转移登记手续。

第二种观点认为，房屋登记在行政职能部门名下未登记到安置户名下的不用追加行政职能部门参与诉讼，买卖双方签订的《房屋买卖合同》真实有效的前提下，最后一手房买房当事人已经按照合同约定履行全部义务，房屋

---

① 参见北京市大兴区人民法院（2018）京 0115 民初 5702 号民事判决书。

约定过户条件达成的情况下，法院可以直接判决卖方协助买方办理房屋不动产登记证过户手续，具体如何办理由当事人之间协商处理。

第三种观点认为，行政职能部门先与安置户订立了《房屋买卖合同》，后安置户又与案涉买方签订《房屋买卖合同》，房屋尚登记在行政职能部门名下未登记到安置户名下的，现安置户与房屋最后一手买受人出现纠纷，案涉房屋最后一手买受人可以将行政职能部门列为被告，但因行政职能部门并非后一合同相对方，因此房屋最后一手买受人直接要求行政职能部门将涉案房屋过户至其名下的诉讼请求无法得到法院支持。

我们倾向于第一种观点，在拆迁安置房连环买卖中，在各买卖合同均合法有效的前提下，为保障买房人合法民事权益的最终实现，作为房屋产权人的行政职能部门应作为被告参加诉讼，法院应判决其协助办理安置房产权转移登记手续。理由如下：第一，在连环买卖中，取得房屋的所有权是买房人的交易目的，也是各方当事人签订房屋买卖合同的根本目的。根据《民法典》第 214 条“不动产物权的设立、变更、转让和消灭，依照法律规定应当登记的，自记载于不动产登记簿时发生效力”、《不动产登记暂行条例》第 5 条规定“下列不动产权利，依照本条例的规定办理登记……（二）房屋等建筑物、构筑物所有权”以及第 14 条规定“因买卖、设定抵押权等申请不动产登记的，应当由当事人双方共同申请”的规定，安置房的买房人通过交易方式取得房屋所有权，需要安置房的原产权人与买房人到不动产登记部门申请办理房屋所有权的转移登记，经不动产登记部门登记公示后，买房人方可取得房屋的所有权。本案中，虽然第一手买房人并未向原房屋所有权人土地储备中心提出申请，共同向不动产登记部门申请办理安置房的产权过户手续，土地储备中心对目前第一手买房人未取得房屋产权并无过错，也非第二手房屋买卖合同的相对人，但根据《民法典》的上述规定，以及不动产权登记暂行条例的相关规定，若无安置房产权人协助向不动产权登记部门申请办理产权转移登记，第二手房屋买卖合同中关于将产权过户给最后一手买受人的约定将不可能继续履行，不利于对各合同当事人合法权益的保护。从维护交易秩序、维护交易稳定、保障当事人的合法权益的角度出发，应通知交易安置房的产权人行政职能部门作为诉讼主体参与诉讼。第二，根据产权人行政职能部门与安置户签署的《拆迁安置购房协议》，行政职能部门负有协助安置户办理安置房产权过户的合同义务，故依据合同约定及法律规定，权利人行政职能部门均应协助办理安置房的产权过户。

【规范指引】

《民法典》第 208 条、第 509 条、第 214 条;《不动产登记暂行条例》第 5 条、第 14 条。

争点 15：房屋买卖合同由买卖双方及中介方共同签订，应否追加中介方为第三人参加诉讼？

【案例】李某诉彭某、第三人某中介公司房屋买卖合同纠纷案①

李某通过某中介公司居间服务于 2020 年 11 月 17 日和彭某签订了房屋买卖合同。该合同约定，彭某出售其名下位于双流区东升街道银河路一段某房屋给李某，房屋成交价 121 万元。李某委托祝某某通过转账的方式向彭某支付了定金 21 万元，彭某应在 2021 年 1 月 20 日前解除抵押，但彭某至今未履行合同义务，构成违约。李某为维护自身权益，诉至法院，要求解除双方之间的合同，并要求彭某双倍退还定金。法院审理过程中，彭某未到庭参加诉讼，中介公司作为第三人参加诉讼，向法院陈述了案涉合同签订的过程及具体情况。双方合同约定李某于签订合同当日向彭某支付定金 21 万元，余款以贷款的方式支付，李某承诺在 2020 年 12 月 31 日前将所有应付房款支付完毕，彭某应当在 2021 年 1 月 20 日前解除完毕抵押。但彭某收到李某支付的定金 21 万元后，仅涤除了权利价值为 100 万元的抵押权登记，从彭某与中介公司工作人员的聊天记录显示，彭某表明不能涤除案涉房屋上的抵押，且直至合同约定涤除抵押权的期限（即 2021 年 1 月 20 日）到期之日，彭某亦未涤除案涉房屋的所有抵押。并且彭某也未在合同约定的过户期限届满时履行完毕房屋过户义务，构成违约，应当承担违约责任。彭某的上述行为足以表明自身已不履行合同约定的主要义务，其与李某所签的房屋买卖合同的合同目的不能实现，李某要求解除合同、双倍返还定金的诉讼请求符合法律的规定，法院予以支持。

【分析】

实践中，越来越多的房屋买卖由中介机构促成，在这些交易中，买卖双方与中介机构往往签订同一合同，即房屋买卖合同与中介合同，包含了两个

---

① 参见四川省成都市双流区人民法院（2021）川 0116 民初 3616 号民事判决书。

法律关系的混合合同。在这种合同中，房屋买卖双方之间建立了买卖合同法律关系，中介机构与房屋买卖双方之间分别建立了中介合同法律关系。中介机构在房屋交易中的法律地位，要由中介机构与买卖双方之间签订的合同来确定。实践中，中介机构在参与房屋买卖过程中，不仅要充当买卖双方的媒介，往往还要接受其中一方的委托从事赎楼、房产过户等民事活动，因此中介机构在这里充当的既是居间人，又是委托代理人的角色。

在房屋买卖合同案件的审理中，经常出现买卖双方对交易细节尤其是谁是违约方的陈述各执一词，且双方均可能存在证据不足的情况。而中介机构作为全程参与的第三方，对合同的签订过程、双方的争议情况有最为直接的了解，将中介方列为第三人参与诉讼，便于法院查明案件事实。且由于合同是由买卖双方及中介三方共同签订，买卖条款和中介条款可能存在交叉和互相牵制的情况，合同的理解和适用可能对中介机构的权益产生影响，故从该角度，也可追加中介机构参与诉讼。

【规范指引】

《民事诉讼法》第 59 条；《民事诉讼法解释》第 73 条、第 81 条。

争点 16：父母处分涉及未成年人子女权益的房屋，应否追加未成年人子女为共同被告参加诉讼？

【案例】郭某诉高某 1、高某 2 房屋买卖合同纠纷案①

高某 1 系高某 2 的法定监护人，其将与未成年子女高某 2 共有的房屋出卖给郭某，双方签订了《北京市存量房屋买卖合同》，买受人处郭某签字捺印，出卖人处由高某 1 和高某 1 替未成年子女高某 2 代为签字捺印。后高某 1 反悔，称出售房屋是因为做生意资金周转，并非为了高某 2 的利益，主张所签合同无效，拒绝继续履行合同。后郭某将高某 1 诉至法院，要求继续履行合同。案件审理过程中，郭某向法院 申请追加高某 1 的未成年子女高某 2 作为被告参加诉讼。

【分析】

目前的司法实践中，存在两种观点。一种观点认为，未成年人属于限制

① 参见北京市第三中级人民法院（2017）京 03 民终 4667 号民事判决书。

民事行为能力人，没有经济来源，也没有能力购买房产，不能仅按照房屋产权登记的情况将其认作为未成年人的财产，如父母并没有表达出将案涉房屋赠与其未成年子女的意思表示，那该房屋的真实产权人并不是未成年人，则无须追加未成年人为被告参加诉讼。

另一种观点认为，根据《民法典》物权编第217条之规定，“不动产权属证书是权利人享有该不动产物权的证明”。现案涉房屋登记在未成年人的名下，其为实际权利人，现买受人主张继续履行合同并办理房屋所有权转移登记的，应当追加未成年人为共同被告参加诉讼。同时根据《民法典》第35条规定，监护人处分被监护人的财产时，应以维护未成年人的利益为前提，父母作为未成年人的监护人，在处分房屋过程中若没有损害未成年人的利益行为，与第三人的交易行为应受法律保护。

我们倾向于第二种观点。首先，从形式上看，不动产物权登记具有物权公示公信原则，第三人基于对不动产物权登记的信赖而与登记权利人发生的不动产交易行为应当受保护。未成年人作为不动产物权登记的共有人之一，第三人发生的交易对象中包含有未成年这一主体，可以作为必要的诉讼主体之一。其次。从实体上看，父母在处分未成年子女的权属财产时，是否存在有损害未成年子女合法权益的情况，也是案件审理必须查明的事实之一。案件的审理结果与未成年人的利益有利害关系，未成年人应作为案件的诉讼当事人。最后，从案涉财产实际权属上看，未成年人是否存在赠与、继承等情形，将房屋产权登记在其名下，也是查明案件事实的一部分。未成年人作为诉讼主体参与，有利于保护未成年人的权益。综上，应当追加未成年子女作为被告参与诉讼。

【规范指引】

《民法典》第23条、第34–35条；《民事诉讼法》第55条、第59条；《民事诉讼法解释》第72–73条、第135条。

第三节　法律适用中的疑难问题

问题 1：出租人出售租赁房屋，侵害承租人优先购买权的，能否支持承租人直接购买房屋的诉请？

【案例】郭某某诉杨某某房屋租赁合同纠纷案[①]

郭某某与杨某某于 2014 年 7 月 1 日签订房屋出租协议，约定杨某某将其所有的某房屋租赁给郭某某。到期后双方未续签合同，但继续履行原房屋出租协议至 2021 年 7 月 1 日。郭某某已向杨某某支付截至 2021 年 7 月 1 日的房屋租金。后杨某某欲出卖案涉房屋，郭某某表示愿以 20 万元价格分期购买，杨某某同意。后杨某某告知郭某某需一次性支付购房款。郭某某筹款过程中，杨某某将案涉房屋另售给他人。郭某某以杨某某侵犯其优先购买权为由向法院提起诉讼，主张确认杨某某与第三方的房屋买卖合同无效，郭某某行使优先购买权以等额 20 万元价格购买案涉房屋，杨某某承担租赁期间届满后郭某某另行购买或租赁房屋而支出的不必要的交易成本即搬家费、误工费及房屋差价等损失 3 万元。

【分析】

1. 关于能否支持承租人直接购买房屋的诉请的问题

承租人优先购买权是基于承租人与出租人之间合法有效的租赁合同而派生出的民事权利，是在出租人租赁物上附加的一项合法负担，因此，承租人行使优先购买权必须以合法有效的租赁合同为基础。如果双方之间不存在合法有效的租赁合同，则承租人不应享有优先购买权。

本案中，郭某某与杨某某签订的房屋租赁合同期满后，未续签租赁合同，但郭某某与杨某某履行原合同约定的义务，视为郭某某与杨某某之间为不定期租赁合同。郭某某系租赁房屋的承租人，杨某某出售案涉房屋时，郭某某表示欲以分期付款方式购买租赁房屋，杨某某对此未提出异议，郭某某对租赁房屋享有优先购买权。后因他人以一次性支付方式购买租赁房屋，杨某某

---

① 参见辽宁省铁岭市中级人民法院（2022）辽 12 民终 93 号民事判决书。

将租赁房屋出售给他人，系违约行为，应承担违约责任，但不影响杨某某与他人之间的房屋买卖合同效力。郭某某交纳给杨某某的租金至 2021 年 7 月 1 日，之后双方亦未继续签订房屋租赁合同，杨某某已将涉案房屋出售他人，并且郭某某已经与买受人协商后搬离了租赁房屋，郭某某提出诉讼请求无事实和法律依据，郭某某主张确认杨某某与第三人的房屋买卖合同无效，由郭某某行使优先购买权，优先购买涉案房屋的上诉请求不能成立。

在承租人与出租人之间存在合法有效的租赁关系时，承租人享有优先购买权。但如果出租人侵害承租人的优先购买权，将租赁房屋另售第三人，并与第三人签订了房屋买卖合同的，第三人并不具有核实承租人是否行使优先受偿权的义务，不论第三人是否已经受让标的物，其与出租人之间成立的买卖合同的效力都不应因优先购买权的行使而受影响，故出租人与第三人签订的合同应认定为有效。在此情况下，承租人请求直接购买房屋，该请求已无履行的基础，故不应得到支持。

2. 关于出租人与第三人签订合同的效力问题

《民法典》第 728 条规定："出租人未通知承租人或者有其他妨害承租人行使优先购买权情形的，承租人可以请求出租人承担赔偿责任。但是，出租人与第三人订立的房屋买卖合同的效力不受影响。"在认定出租人与第三人买卖合同的效力时，应在坚持合同相对性的原则基础上，按照《民法典》有关合同效力规定判断，结合承租人优先购买权的性质来考量。根据前述规定，出租人与第三人签订的合同的效力不因承租人未行使优先购买权而受影响，只要双方签订合同的意思表示真实，且无虚高定价排除优先购买权人行使权力等行为的恶意，就应当认定为有效。

3. 关于承租人能否请求出租人承担赔偿责任的问题

优先购买权是法律规定的特定权利，该权利受到侵害时，损害赔偿请求权是承租人享有的权利之一。因出租人的妨害行为导致承租人未能行使其优先购买权，使承租人丧失了以与第三人同等的条件购买租赁房屋的机会，出租人应当对由此给承租人造成的损失予以赔偿，承租人可以就损害提出赔偿请求。

出租人因其妨害行为致使承租人不能行使优先购买权，系对财产权利的侵害，使财产权的客体遭到破坏，其使用价值和价值的贬损、减少或者完全丧失，或者破坏了财产权人对财产权客体的支配关系，使财产权人的财产利益受到损失，从而导致权利人拥有的财产价值的减少和可得财产利益的丧失。

财产损害赔偿以全部赔偿为原则，赔偿范围既包括因侵权行为导致的财产价值的减少，也包括可得利益的丧失。根据差额说，损害赔偿的范围应当为房屋目前的市场价值减去合同中约定的房屋售价之差与承租人另找新房等必要花费之和。具体而言，包括两方面内容：其一，包括承租人在优先购买权受到侵害后，不能享有直接从优先购买权人转为所有人可带来的便利而必须支付的额外费用，包括另行寻找、购买或租赁房屋而支出的必要费用；其二，承租人优先购买权实现的可得利益损失，即由于房屋市场价格的变化，在出租人侵害承租人优先购买权时，因市场价格上涨而致使承租人如替代购买类似房屋而多支付的费用。这一部分费用实际上是正常履约状态下本可以避免的损失，或者说是当事人正常预期不必支付的费用，故亦在期待利益的范围之内。

【规范指引】

《民法典》第 728 条。

问题 2：连环买卖中，仍登记在政府委托的国资管理公司名下的拆迁安置房，最后一手买受人能否要求直接将房屋过户至其名下？

【案例】罗某诉罗某某、廖某某等四人、第三人某投资公司、第三人成都市某区某建设办公室房屋买卖合同纠纷案[①]

2000 年 12 月，某区某建设办公室（拆迁单位）与罗某某 、廖某某、周某某等四人（被拆迁人）签订了《征地拆迁住房安置协议书》，载明四被拆迁人自愿选择现房安置，选择了安置房的套型及面积。2011 年 4 月，某区政府某街道办事处出具《农户分户结果确认单》，确认了户主罗某某分得位于龙潭都工业园区拆迁安置第二期四套房屋的楼栋号及房号。2016 年 10 月，罗某（买方）与罗某某、廖某某等三人（卖方）签订了《房屋买卖协议》，约定罗某某等人将因拆迁安置取得的位于上述工业园区某小区某号的房屋（未办理产权）出卖给罗某，房屋卖价为 20 万元，其中尾款 1 万元在办理产权过户后支付，并约定在该房屋产权证办理后 1 个月内，罗某某等人必须及时无条件配合罗某到房管部门办理房屋产权过户。协议签订后，罗某向罗某某、廖某

① 参见四川省成都市中级人民法院（2023）川 01 民终 24237 民事判决书。

某三人支付了购房款 19 万元，罗某占有使用房屋至今。现案涉房屋登记的权利人为第三人某投资公司。由于罗某某等四人未能协助罗某办理房屋过户手续，罗某向法院提起诉讼，请求判令案涉房屋符合办理过户手续条件时，罗某某、廖某某等四人及某投资公司、某建设办公室相互配合罗某办理不动产权过户登记，将案涉房屋产权登记至罗某名下。

【分析】

对于该问题，司法实践中存在多种观点，第一种观点认为，在各方当事人签署的拆迁安置购房协议、房屋买卖合同均合法有效、买房人已经按照合同约定履行全部义务、该房屋具备办理转移登记条件的前提下，买方要求将房屋过户到自己名下的，卖方有义务协助买方办理案涉房屋过户登记手续。拆迁安置房屋的产权人为政府机构或政府委托的国资管理相关公司的，原告可将产权人政府机构或相关公司作为被告参与诉讼，法院可以判决由安置房登记产权人协助办理产权过户登记至被安置人（即安置房转让人）名下，再由安置房转让人协助最后一手买房人办理房屋产权过户登记手续，不宜越过被安置人，由安置房登记权利人将房屋产权直接协助过户至最后一手购房人名下。

第二种观点认为，只要安置房转让双方签订的《房屋买卖合同》真实有效，买房人已经按照合同约定履行全部义务，在安置房的权利人（如街道办事处、国有土地储备中心等）同意协助办理过户、合同约定过户条件已成就的情况下，街道办事处等产权主体可以不参与诉讼，可以判决安置房转让人协助将安置房的产权过户至最后一手买房人名下。

我们倾向于第一种观点，第一，在前述连环买卖中，第二手房屋买卖合同的出卖人（即被安置人）实际并未取得安置房的产权，因为连环房屋买卖合同均是独立合同，根据合同相对性原则，与被安置人签署相关安置房购房协议的拆迁安置人（如某建设办、街道办等等）仅仅负有协助被安置人将安置房产权过户至被安置人名下的合同义务，并没有将安置房产权直接过户给最后一手买房人的合同义务，最后一手出卖人（被安置人）才负有向最后一手购房人协助办理产权过户的合同义务，故由各合同主体依据合同约定依次办理房屋所有权转移登记手续更为合理、合法，第一种观点有充分的理论依据及法律依据。目前，第二种突破合同相对性，直接将安置房产权由原产权人政府机构直接过户给最后一手买房人的观点，虽然可以减少当事人诉累，但缺乏相关法律支撑。第二，因房屋产权交易涉及国家税款的缴纳，安置房连环买卖的行为按照税法的相关规定均应进行相关的纳税，如法院判决将安置房产权直接由原产权人政府机构协助过户给最后一手买房人，将会产生漏税的隐患，可能会与国家税收政策不符。

【规范指引】

《民法典》第 208 条、第 509 条。

问题 3：连环买卖中，出卖人尚未将房屋产权办理至第一手买受人前，第一手买受人死亡时，如何保护后续买受人的权益？

【案例】李某与某房地产开发公司房屋买卖合同纠纷案[①]

某房地产开发公司与王某于 2018 年 1 月签订《商品房买卖合同（预售）》及附件、补充协议，约定由王某购买某房地产开发公司开发的房屋。王某通过按揭贷款方式支付完毕购房款。2020 年 2 月，王某因资金周转急于出售该房屋，随后与李某签订《商品房买卖合同》，李某当年分三期支付完毕购房款。2021 年 1 月，某房地产公司取得案涉房屋初始登记，王某符合办理不动产权登记条件但并未办理。同年 10 月，王某因病死亡。李某遂要求其唯一继承人王某全（王某之子）协助其办理不动产权转移登记手续，却遭到王某全拒绝。李某无奈之下以王某全怠于履行协助义务为由提起代位诉讼，主张某房地产开发公司将不动产权登记至李某名下。

【分析】

本案属于房屋连环买卖，即出卖人将房屋出卖给第一手买受人后，在第一手买受人尚未完成房屋产权变更登记前，又将房屋出卖给后续买受人的行为。就本案而言，案涉房屋已经具备办理不动产权过户登记条件，李某有权主张办理不动产权变更登记。但因王某已故，其继承人王某全怠于履行协助义务导致李某办证权利受阻。

第一，关于后续买受人以第一手买受人的继承人怠于履行义务为由，以出卖人为被告提起代位诉讼，要求出卖人将房屋产权办理至手续买受人名下，是否可以支持。对此，实践中存在两种观点：第一种观点认为，基于合同相对性原则，后续买受人只能要求合同相对人协助办理房屋不动产权变更登记，不能直接向开发商主张权利。第二种观点认为，前后合同处于连续状态，后续买受人代替了第一买受人的位置，为交易便捷，可以在判决书中省略登记，

---

① 参见广东省梅州市中级人民法院（2022）粤 14 民终 664 号民事判决书。

最终买受人可直接要求开发商协助办理不动产变更登记。

我们倾向于第一种观点。理由有二：一是符合合同相对性的法理。根据《民法典》第119条的规定，依法成立的合同，对当事人具有法律约束力。合同在相对人之间发生效力，除法律明确规定外，一般不能约束合同以外的第三人。对于房屋连环买卖，虽然针对同一标的物，且交易彼此连续，但仍属于不同的主体和不同的法律关系。故后续买受人李某不能突破合同相对性直接向开发商某房地产开发公司主张权利。二是合理平衡债权人利益。如果允许后续买受人直接向开发商请求过户，第一买受人的债权人利益可能会受损。特别是在第一买受人恶意逃债时，其与后续买受人虚构房屋买卖合同，由后续买受人通过法院裁判获得房屋所有权，可能使第一手买受人的债权人的利益落空。

当然，由于本案出现了不可预见的事件，如果严苛遵循上述理由或规则，有可能出现李某权益得不到保障的问题。因此，为更好地保护各方当事人合法权益，可依据《民法典》第535条第1款“因债务人怠于行使其债权或者与该债权有关的从权利，影响债权人的到期债权实现的，债权人可以向人民法院请求以自己的名义代位行使债务人对相对人的权利，但是该权利专属于债务人自身的除外”的规定，李某在起诉王某全的同时，可一并将某房地产开发公司作为第三人主张权利。

第二，关于后续买受人以第一买受人的继承人为被告，要求办理房屋过户登记，是否可以支持。如前所述，合同的相对方为李某与王某。虽王某死亡，但根据《民法典》第1070条的规定，父母和子女有相互继承遗产的权利。若王某全在庭审中明确表示对该房屋不放弃继承，则可以王某全为被告，判决王某全协助李某办理不动产变更登记手续。

第三，第一买受人的继承人均放弃继承时，又该如何处理。若王某全明确表示放弃继承，法院在查明事实后，可以判决由某房地产开发公司将不动产权证逐次转移到王某全名下，再由王某全变更到李某名下。

【规范指引】

《民法典》第119条、第535条第1款、第1070条。

问题 4：连环买卖中，如果各方均未办理房屋产权变更登记的，最后一手买受人能否直接请求登记权利人协助其办理过户手续？

【案例】王某诉某房产公司、李某房屋买卖合同纠纷案①

李某以工程款抵债的方式从某房产公司获得房屋一套，随后将该房屋出售给王某并交付。但案涉房屋不动产权仍在某房产公司名下。现王某诉至法院，要求某房产公司和李某办理不动产权过户登记。某房产公司表示同意过户给王某。

【分析】

本案中，法院能否判决将不动产权直接过户至王某名下？根据《民法典》第 215 条“当事人之间订立有关设立、变更、转让和消灭不动产物权的合同，除法律另有规定或者当事人另有约定外，自合同成立时生效；未办理物权登记的，不影响合同效力”的规定，物权登记只是物权变动的成立要件，而不是买卖合同的生效要件。买卖合同的效力与物权变动的效力是相区分的，即未办理房屋过户登记手续只是不发生物权变动，并不影响买卖合同的效力。因此，在连环买卖合同中，如无违反法律、行政法规的强制性规定，各方之间的买卖合同均为有效，对当事人具有法律约束力，故某房产公司、李某与王某应按约履行各自义务。

虽某房产公司表示愿意将案涉不动产权过户至王某名下，但某房产公司与王某不能突破合同相对性原则，王某不能直接主张某房产公司将案涉不动产权过户至其名下，只能判决由某房产公司将不动产权逐次转移登记到李某名下，再由李某变更到王某名下。

【规范指引】

《民法典》第 215 条。

---

① 参见江苏省昆山市人民法院（2020）苏 0583 民初 19709 号民事判决书。

问题5：安置房连环买卖中，合同约定过户费用由买受人负担。安置房主拒不办理第一手产权证，可否直接判决安置房主协助将案涉房屋登记至最后一手买受人名下?

【案例】薛某诉王某房屋买卖合同纠纷案[①]

2010年，王某因家中老宅拆迁，拿到了某小区的三套拆迁安置房。拿房后几个月，王某就与孟某签订房屋买卖合同，约定王某将某小区某房屋以总房款为23万元的价格卖给孟某。协议签订后，孟某一次性付完房款23万元，王某将该房屋及车库交付孟某居住、使用。2016年3月，孟某与薛某签订房屋转让协议，约定孟某将上述房屋出卖给薛某，房款为33.2万元。合同签订后，薛某付清了房款，孟某交付了房屋。

为了方便房屋过户，2016年6月，薛某经孟某介绍，与王某签订了房屋购买协议，约定王某将某小区某房屋出卖给薛某，房价款为33.2万元。因王某暂无房产证、土地证，一时无法办理过户领证手续，为确保薛某权益，付款、交房协议成立后，王某承诺房产及土地归薛某所有。该房屋转让协议尾部另注明房款于2016年6月5日全部付清。

2016年下半年，该房屋已满足过户条件。薛某多次要求王某过户，但王某不予配合。薛某无奈，将王某诉至法院，要求其配合过户。法院经审理认为，本案中，王某将涉案房屋出卖给孟某，后孟某又将该房屋出卖给薛某，该房屋实际上经过了两次买卖，依法应当缴纳两次税费。但薛某为了房屋过户之需与王某签订房屋买卖合同，约定由王某直接将房屋过户给薛某，该行为损害了国家利益，应属无效，故薛某诉至法院要求王某配合过户并赔偿损失的诉讼请求，于法无据，法院不予支持。

【分析】

本案是因安置房连环买卖均未办理过户手续引发的纠纷，既涉及双方约定直接办理转移登记协议的法律效力认定，也涉及房屋连环买卖中当事人合法权益救济路径的选择。其一，关于房屋连环买卖中均未办理转移登记的，能否通过协议约定方式直接转移登记至最终买受人问题。在不动产交易中，登记作为产权实现的最后环节，是对已有基础法律关系中明确的产权归属进

---

① 参见江苏省无锡市中级人民法院（2020）苏02民终3819号民事判决书。

行确认与公示，办理登记的依据是交易过程中形成的生效买卖协议。在买卖协议无效的情形下，显然无法据此办理登记手续。关于合同的效力，《民法典》规定了认定合同无效的原则，其中包括：行为人与相对人以虚假的意思表示实施的民事法律行为无效；违反法律、行政法规的强制性规定的民事法律行为无效（该强制性规定不导致该民事法律行为无效的除外）；违背公序良俗的民事法律行为无效等。由此可见，不动产连环交易中最终买受人能否依合同约定请求登记权利人协助办理转移登记手续，最为关键的是看双方约定是否合法有效。对此，需要结合法律规定的原则综合判定。首先，根据《契税法》的规定，转移土地、房屋权属，承受的单位和个人应当依法在办理登记前缴纳契税。可见，不动产连环买卖中每一手交易的买受人都应当缴纳契税，最后一手买受人与第一手出卖人订立合同约定直接办理转移登记，将导致中间环节买受人逃避纳税义务，客观上造成税收损失，损害了国家利益和公众利益。其次，此种买卖协议，实际上双方并无真实买卖房屋的合意，也不存在交付房屋的事实，仅仅是为了满足登记要件，应属于虚假的意思表示，或恶意串通情形。基于以上原因，该类协议的法律效力在司法实践中难以得到法律支持，在合同无效情形下，当事人一方要求相对方协助直接办理转移登记，显然将被人民法院驳回。本案中，薛某与王某签订的案涉房屋买卖协议即属于此类情况。案涉房屋在 2010 年由房屋所有权人王某出售给孟某，后孟某又出售给薛某，经过了两次买卖，按规定应当缴纳两次税费，现王某与薛某签订的案涉房屋买卖协议约定直接过户至薛某，将导致孟某逃避纳税义务，损害了国家利益；王某与薛某之间并无买卖房屋合意以及交付房屋与价款的事实。一审法院认定案涉房屋买卖协议因恶意串通而无效，王某无须履行配合办理转移登记义务，符合法律规定。其二，关于安置房连环买卖中当事人均未办理过户的，最终买受人权利救济路径的选择问题。司法实践中，对于房屋连环买卖而均未办理转移登记问题的处理，原则上应由当事人依据相应合同逐次办理转移登记，这既是对不动产交易中真实法律关系和交易合同相对性原则的尊重，也是对不动产登记簿记载权利内容真实性、完整性、连续性、权威性的客观要求。对此，部分省高级人民法院通过办案指引等文件进行了明确。例如，《广东省高级人民法院关于审理房屋买卖合同纠纷案件的指引》规定，房屋连环买卖均未办理不动产转移登记，最终买受人以其合同相对人为被告提起诉讼，请求协助办理不动产转移登记的，人民法院可以通知参与房屋买卖的其他当事人作为第三人参加诉讼；被告以及第三人不提出抗辩或者抗辩理由不成立的，可以判决当事人依次办理不动产转移登记。《北京市高级人民法院关于审理房屋买卖合同纠纷案件适用法律若干问题的指导意见（试行）》规定，对于房屋经多次转手买卖均未办理转移登记的，也明确了判决当事人依次办理所有权转移登记的要求。本案中，薛某寻求法律救济的正确做法，应是以孟某为被告提起诉讼，由人民法院依薛某申请或主动追加孟某作为第三人参加诉讼。在孟某和王某未提出抗辩或者抗辩理由不成立时，判决王某、孟某依次办理不动产转移登记，即先由王某协助孟某将案涉房屋所有权转移登记至孟某名下，再由孟某协助薛某完成转移登记手续。本案二审法院经审理后认可了一审法院观点，维持了一审判决。

关于办证费用、过户费用，则应根据合同的相对性，依照合同约定，由连环交易中每个环节的当事人分别承担。如果各方对房屋买卖过户时的税费承担发生纠纷，在税费尚未缴纳、不确定税费金额的情况下，可依法到相关税务机构进行调查核实以后予以判决；如经调查核实仍难以确定税费种类及具体的金额，则不宜直接判决买卖各方应承担的税费种类，应待税费实际缴纳后另行处理。

同理，如果安置房主已收到下家全部购房款，虽然中间买受人的房款未结算，但最后一手买受人已付清房款，且已合法占有房屋，如果连环房屋买卖合同均有效，且均不存在导致合同不能履行的情形，为维护交易的稳定，则不会影响最后一手买受人的办证请求。而中间买受人未结算的房款可根据合同相对性原则依法另行主张。但如果中间买受人的房屋买卖合同无效或存在交付或履行障碍等因素导致合同不能履行的情形，根据《民法典》第580条“当事人一方不履行非金钱债务或者履行非金钱债务不符合约定的，对方可以请求履行，但是有下列情形之一的除外：（一）法律上或者事实上不能履行；（二）债务的标的不适于强制履行或者履行费用过高；（三）债权人在合理的期限内未请求履行。有前款规定的除外情形之一，致使不能实现合同目的的，人民法院或者仲裁机构可以根据当事人的请求终止合同权利义务关系，但是不影响违约责任的承担”的规定，则最后一手买受人的办证请求不能得到支持。

【规范指引】

《民法典》第154条、第509条；《契税法》第1条。

问题 6：按户补偿的拆迁安置房，部分权利人办理了权利证书并将房屋出售，被遗漏权利人是否有权撤销合同？

【案例】钱某某等诉徐某 4 等房屋买卖合同纠纷案[①]

2007 年 2 月 28 日，甲方徐某某与乙方钱某某、许某某签订《购房合同》一份，约定甲方将位于苏州太湖国家旅游度假区的拆迁安置房香山花园 × 幢 × 室（面积为 73.89 平方米）房屋卖给乙方，房屋总价 160 000 元（包括车库和公摊面积），此时该房屋尚未办理权属证明。合同签订后钱某某将 155 000 元现金和 5000 元尾款交付徐某某，徐某某将钥匙和住宅使用书和质量保证书交付钱某某。该不动产权于 2012 年 1 月 6 日办理产权证明后登记于徐某某名下。徐某某与朱某某育有二子徐某 1、徐某 2、一女徐某 3，徐某 1 与姚某某育有一子徐某 4，2017 年 3 月 23 日，徐某某死亡。2021 年，钱某某、许某某向一审法院起诉请求判令徐某 4、徐某 2 协助其将香山花园 × 幢 × 室不动产及车库权属转移登记至其名下（共同共有）。被告徐某 4、徐某 2 辩称涉案房屋涉及多个共有人，不动产登记处载明徐某某个人所有与涉案房屋的真实权利人不一致，且安置补偿协议书证明徐某 1、徐某 4、徐某某和朱某某 4 人为被拆迁人，徐某 4 为独生子女，享受独生子女多拆迁 20 平方米的拆迁政策，故徐某某属于无权处分。

【分析】

实务中，因拆迁安置房权利证书遗漏权利人引起的房屋买卖合同纠纷较为常见。权利受损害一方通常会以到人民法院起诉的方式请求撤销房屋买卖合同，或确认房屋买卖合同无效并追回被处分房屋。该问题的争议焦点在于，被遗漏权利人是否具备行使撤销权的主体资格。依据《民法典》关于撤销权之规定，除当事人约定的撤销权外，涉及房屋买卖合同纠纷的撤销权主要有如下几类。

1. 善意相对人撤销权

善意相对人撤销权，是指无权代理人实施的行为被追认前，善意相对人享有的撤销权。《民法典》第 171 条规定：行为人没有代理权、超越代理权或者代理权终止后，仍然实施代理行为，未经被代理人追认的，对被代理人不

---

① 参见江苏省苏州市中级人民法院（2022）苏 05 民终 9386 号民事判决书。

发生效力。相对人可以催告被代理人自收到通知之日起30日内予以追认。被代理人未作表示的，视为拒绝追认。行为人实施的行为被追认前，善意相对人有撤销的权利。撤销应当以通知的方式作出。需要注意的是，此时撤销权的行使权利在作为房屋买受人的“善意第三人”手中，被遗漏权利人不具备善意相对人的撤销权资格。

2. 债权人撤销权

债权人撤销权，是指债权人对债务人所实施的危害债权的行为，可请求人民法院予以撤销的权利。(1)《民法典》第410条规定：债务人不履行到期债务或者发生当事人约定的实现抵押权的情形，抵押权人可以与抵押人协议以抵押财产折价或者以拍卖、变卖该抵押财产所得的价款优先受偿。协议损害其他债权人利益的，其他债权人可以请求人民法院撤销该协议。(2)《民法典》第538条规定：债务人以放弃其债权、放弃债权担保、无偿转让财产等方式无偿处分财产权益，或者恶意延长其到期债权的履行期限，影响债权人的债权实现的，债权人可以请求人民法院撤销债务人的行为。(3)《民法典》第539条规定：债务人以明显不合理的低价转让财产、以明显不合理的高价受让他人财产或者为他人的债务提供担保，影响债权人的债权实现，债务人的相对人知道或者应当知道该情形的，债权人可以请求人民法院撤销债务人的行为。债权人撤销权的行使主体是债权人，本案中，徐某4与徐某某属于房屋共有关系，不属于本条规定的债权人，不具备债权人撤销权的主体资格。

3. 当事人撤销权

当事人撤销权，是指在合同成立后，因当事人意思表示不自由或不真实，而赋予合同当事人向人民法院或仲裁机构申请撤销，使合同自始无效的权利。(1)《民法典》第147条规定：基于重大误解实施的民事法律行为，行为人有权请求人民法院或者仲裁机构予以撤销。(2)《民法典》第148条规定：一方以欺诈手段，使对方在违背真实意思的情况下实施的民事法律行为，受欺诈方有权请求人民法院或者仲裁机构予以撤销。《民法典》第149条规定：第三人实施欺诈行为，使一方在违背真实意思的情况下实施的民事法律行为，对方知道或者应当知道该欺诈行为的，受欺诈方有权请求人民法院或者仲裁机构予以撤销。(3)《民法典》第150条规定：一方或者第三人以胁迫手段，使对方在违背真实意思的情况下实施的民事法律行为，受胁迫方有权请求人民法院或者仲裁机构予以撤销。(4)《民法典》第151条规定：一方利用对方处于危困状态、缺乏判断能力等情形，致使民事法律行为成立时显失公平的，受损害方有权请求人民法院或者仲裁机构予以撤销。当事人撤销权的主体仅限于与另一方当事人作出要约与承诺、意思表示的合同当事人。本案中，虽然徐某 4 作为被遗漏权利人之一，具有房屋共有份额，但徐某 4 不是签订房屋买卖协议的当事人之一，故不能以当事人身份行使撤销权，主张撤销安置房买卖合同。

在不具备撤销权主体资格的情况下，较多权益受损害方会选择合同无效之诉，主张确认房屋买卖合同无效、返还被处分房屋。然而，当事人或者真正权利人仅以让与人在订立合同时没有财产所有权或处分权为由主张合同无效的，人民法院不予支持。这一点在《民法典合同编通则解释》第 19 条中有所规定。不动产登记簿是物权归属和内容的根据，本案涉香山花园 × 幢 × 室不动产及 × 幢 × 号车库登记在徐某某名下，对外具有公示效力，徐某 4 认为其为案涉房屋共有人之一系其与徐某某的内部问题，不能据此对抗不知情的钱某某、许某某。即使徐某 4 对房屋的共有权能够成立，也不能仅以徐某某无权处分房屋为由认定房屋买卖合同无效或认定共有人有权追回共有物。

此外，若当事人适用《民法典》第 154 条“恶意串通，损害第三人合法权益”为由主张确认遗漏权利人的房屋买卖合同无效的，则“恶意串通”的认定成为案件的审查重点和难点。在保护被遗漏权利人合法权益的同时，也要平衡对善意相对人的权益保护，维护市场交易秩序。若合同被认定有效的情况下，根据《民法典合同编通则解释》第 19 条第 2 款规定，合同被认定有效，且让与人已经将财产交付或转移登记至受让人，真正权利人请求认定财产未发生变动或者请求返还财产的，人民法院应予支持。但是，受让人依据《民法典》第 311 条等规定善意取得财产权利的除外。因此，如果房屋已经办理了转移登记的情况下，还应依据善意取得之规定，对买受人是否取得物权进行认定。

【规范指引】

《民法典》第 311 条；《民法典合同编通则解释》第 19 条。

问题7：法定监护人对外直接出售安置给其与未成年子女的安置房是否影响买卖合同的效力？在具备过户条件的情况下，未成年人能否以自己的权益受到侵害阻却房屋过户？

【案例1】郭某某诉叶某房屋买卖合同纠纷案[①]

刘某某与叶某系夫妻，育有一女刘某。刘某1系刘某某的父亲，因津南区辛庄镇柴辛庄村拆迁整合，刘某某及其女儿刘某享有拆迁安置面积30平方米。2015年9月，因案外人冯某某申请人民法院强制执行刘某某欠付货款的民事判决书，上述拆迁安置面积中，20平方米被法院依法查封。2016年，郭某某多次找到刘某1，催要刘某某欠付的钢材款14.5万元。刘某1决定以刘某某还迁楼房抵债。经刘某某、刘某1与郭某某协商，预将上述还迁房以每平方米6000元的价格出售给郭某某，其中以部分房款抵偿货款，此外由郭某某负责替刘某某支付冯某某案件的执行款。2016年6月22日，郭某某依约替刘某某向法院缴纳执行款51 086元及执行费914元，一审法院解除了对刘某某还迁待遇的查封措施。2016年6月23日，刘某某与柴辛庄村委会签订《天津市津南区住宅房屋拆迁安置协议》，选取了林锦花园某安置房屋。2016年6月24日，刘某某、刘某1与郭某某补签《房屋买卖协议》，约定刘某某、刘某1自愿将涉案房屋出售给郭某某，待满足过户条件后，自郭某某要求之日起30日内刘某某、刘某1应无条件配合办理过户手续。2019年12月12日，刘某某妻子叶某基于家庭成员身份取得涉案房屋不动产权证。后，郭某某向一审法院起诉，请求判令叶某协助郭某某办理房屋产权变更手续，将案涉房屋产权变更至郭某某名下。法院判令叶某配合郭某某办理涉案房屋的产权转移登记。

【案例2】林某诉王某某房屋买卖合同纠纷案[②]

2007年12月30日，被拆迁人王某某与拆迁人福州市某建设开发公司、拆迁实施单位福州市某拆迁工程处签订《拆迁补偿安置协议书》，约定拆迁王某某坐落于福州市仓山区房屋；福州市某建设开发公司配给王某某购买安置房指标（购买安置房180㎡），安置房单价为2800元/㎡；王某某在以上安

---

① 参见天津市第二中级人民法院（2021）津02民终801号民事判决书。

② 参见福建省福州市中级人民法院（2020）闽01民终6989号民事判决书。

置点选择购买 120 ㎡户型、60 ㎡户型住宅各一套。2009 年 8 月 22 日，王某某与林某签订《拆迁安置房买卖合同》，约定王某某将其安置所得的 120 ㎡户型、60 ㎡户型住宅出售给林某；合同中所述房屋为王某某与高某某的家庭共同财产，为拆迁安置房，现同意出售；成交价为 1833 元 / ㎡，面积按 180 ㎡计算，总成交价为 330 000 元；双方约定林某于合同签订后将第一期购房款 230 000 元支付给王某某，余款 100 000 元由林某到交房过户时支付给王某某；同日，王某某出具收到林某购买上述安置房购房款现金 230 000 元的收条。讼争房屋现尚未交房，也未办理权属登记。另，王某某与高某某于 2014 年 1 月 10 日协议离婚，王某 1（1995 年 10 月 13 日出生）、王某 2（1998 年 12 月 5 日出生）系其二人子女。一审法院查明，讼争拆迁安置房系依据王某某、高某某、王某 1、王某 2 每人享受人口基本保护面积 45 ㎡安置而得，四人对所安置房屋均享有 45 ㎡的权益。林某向一审法院起诉请求判令林某与王某某于 2009 年 8 月 22 日签订的《拆迁安置房买卖合同》合法有效。高某某、王某 1、王某 2 向一审法院提出反诉请求：（1）确认其三人享有讼争拆迁安置房 135 ㎡的所有权；（2）确认林某与王某某于 2009 年 8 月 22 日签订的《拆迁安置房买卖合同》无效。一审法院判决林某与王某某于 2009 年 8 月 22 日签订的《拆迁安置房买卖合同》（除涉及王某 1、王某 2 的权益）有效；驳回高某某、王某 1、王某 2 的其他诉讼请求。二审认定王某某对王某 1、王某 2 的各 45 ㎡的处分应属无效，但王某某转让高某某所享有的 45 ㎡有效。

【分析】

法定监护人对外直接出售涉未成年人份额的房屋是否影响安置房买卖合同的效力，应当通过买卖动机、出售价格、对未成年人的权益侵害程度等因素进行综合判断。

根据《民法典》规定，父母系未成年子女的法定监护人，监护人应当按照最有利于被监护人的原则履行监护职责，监护人除了维护被监护人利益外，不得处分被监护人的财产。监护人应当确保未成年人的人身、财产以及其他合法权益得到充分保障。与此同时，父母作为未成年人的法定代理人，有权代理未成年人签订合同，且法律并未规定父母双方需共同行使法定代理权，故实务中常出现以未成年人为安置对象的拆迁安置房买卖合同纠纷。在具体案件中，应当综合对未成年人权益的保护、诚信原则、维护正常的市场交易秩序和对善意相对人的合法权益等具体因素进行审慎判断，充分体现法律对公平、秩序与效率的价值追求。

本案中，在没有证据证明涉案安置房屋买卖合同存在明显不合理的低价等损害未成年人合法权益的情形时，不应仅以出卖人在缔约时对标的物无所有权或处分权为由主张合同无效，须对监护人出卖房屋的动机进行充分考察。监护人以合理的市场价格出售房屋，且出售房屋的目的是缓解家庭债务、用于家庭开支或抚养被监护人时，监护人擅自出售房屋的行为不应当简单认定为监护权的不当行使。对于如何认定监护人"为被监护人利益"处分被监护人财产，《民法典》中并无准确定义，当事人的陈述意见较为主观，往往难以确定其真实性。对此，应当考虑其是否以合理价格转化未成年人财产价值，且处分所得利益是否充分为未成年人所用。

监护人出售以未成年人为安置对象的拆迁安置房的，受制于《民法典》中"监护人除为维护被监护人利益外，不得处分被监护人的财产"的禁止性规定。然而，本禁止性规定的根本目的在于规制监护人与被监护人的内部关系而非对外关系，监护人滥用代理权，但并未明显损害成年人合法权益的，未成年人或该未成年人的其他监护人可以向处分其财产的监护人主张赔偿，但并不能以此对抗善意的房屋买受人。

当拆迁安置房屋买卖合同中存在明显不合理低价、恶意串通等情形，对未成年人合法权益造成明显侵犯时，则须考虑合同因监护人违反法律禁止性规定而无效。如果不存在不合理价格等导致合同无效的明显外观，且房屋已经转移至买受人名下，也应当对买受人的善意进行认定，充分考察是否并不符合善意取得制度的构成要件，保护未成年人的合法财产份额。（1）相对人是否尽到审慎的注意义务，即"无重大过失"。买受人在交易过程中，应当展现出足够的谨慎，合理地信赖现有的权利状况。例如，受让人在交易前是否查阅不动产登记簿，了解不动产的登记情况，是否实际考察不动产的使用状况，确认是否存在其他明显的权利瑕疵。拆迁安置房往往涉及复杂的拆迁安置对象和登记瑕疵，对拆迁安置房的买受人调查责任要求应当更为严格。（2）除无重大过失外，不知情也是善意取得的一个重要条件。不知情，是指在交易时买受人真的不知道并且也不应当知道不动产的权利瑕疵。在主观上，应当调查受让人在交易时的实际认知状态；在客观上，应当根据当时的实际情况判断受让人是否应当知道权利瑕疵。如在一般人都会注意到的情况下，买受人却忽视了瑕疵警示，那么不能认定为"不知情"。善意的认定是一个高度复杂且具有特殊性的问题，需要综合各种因素，谨慎且灵活地进行个案分析。同时，为充分保障未成年人合法利益，在确有法定监护人故意侵害未成年人合法权益的情况下，应当呼吁和联动其他社会组织积极启动监护变更程序，对未成年人进行及时保护。

【规范指引】

《民法典》第35条；《民法典合同编通则解释》第19条。

问题8：因出卖人未配合买受人提交房屋过户所需材料导致案涉房屋未能登记至出卖人名下的，能否直接判决将房屋转移登记至买受人名下？

【案例】樊某诉蒋某某、蒋某1房屋买卖合同纠纷案[①]

2015年10月31日，樊某与蒋某某、蒋某1签订房屋买卖合同一份，约定蒋某某、蒋某1将其二人共有地处无锡市惠山区某房屋出售给樊某，总价272 000元。合同约定：樊某购买该房屋后，在国家政策允许时，蒋某某、蒋某1必须配合、协助樊某办理该房屋的房地产权登记，并提供办理房地产权登记所必需的材料。签完合同当日，樊某已按约交付了所有购房款，也取得了该房屋，后进行了装修入住。该房实际所有权人确为蒋某某、蒋某1。樊某提供钱桥街道拆迁安置房交接通知单一份，该房已具备办证条件，但二被告至今未办证。以上事实有房屋买卖合同、照片、安置房交接通知单、保单、发票及双方当事人的陈述笔录等证据在卷佐证。2021年7月5日，樊某诉至法院，请求判令蒋某某、蒋某1协助将坐落于无锡市惠山区某房屋不动产所有权过户登记至原告名下。法院判决蒋某某、蒋某1判决发生法律效力之日起15日内办理案涉房屋相关产权登记证书，相关办证费用由蒋某某、蒋某1承担，蒋某某、蒋某1办理好上述房屋产权登记证书后15日内，再协助樊某将该房屋过户登记至樊某名下，相关土地出让金、税费等所有过户费用均由樊某承担。

【分析】

首先，办理首次登记是符合法律规定的必要程序，同时，判决先办理首次登记是对登记机关职权的尊重与保护。根据《城市房地产管理法》第38条和《民法典》物权编的规定，未依法登记领取权属证书的房地产不得转让。

---

① 参见江苏省无锡市惠山区人民法院（2021）苏0206民初4337号民事判决书。

房屋合法建造即取得物权，如需处分则需先办理登记。上述规定体现了无首次登记无其他登记，无前手登记无后手登记的原则。国务院颁布《不动产登记暂行条例》等行政法规，将不动产登记列为行政管理事项。最高人民法院关于转发《住房和城乡建设部关于无证房产依据协助执行文书办理产权登记有关问题的函》的通知（法〔2012〕151号）中明确规定，各级法院在工作中既要依法履行强制执行职责，又要尊重房屋登记机构依法享有的行政权力。《民法典》第333条把原《物权法》中“县级以上地方人民政府应当向土地承包经营人发放土地承包经营权证”修改为“登记机构应当向土地承包经营权人发放土地经营权证”，从立法上保证了不动产登记机构的统一性，体现了登记机构的权威性。登记机构所作出的不动产登记，对交易合意及其法定效果具有确认效力，对登记机关行政权利的尊重与保护，也是对市场交易中房屋买受方第三人信赖利益的合理保护。判决先办理首次登记，能够充分发挥登记机关的行政效能，维护良好的市场经济秩序。

其次，安置房买卖纠纷案件，后续一般会产生办理产权过户的需求，如果直接判决将房屋登记在买受人名下，可能会产生执行受阻的不利后果。以广东省茂名市电白区法院于2019年11月12日作出的民初3111号民事判决为例，蔡某与郑某因所有权确认产生纠纷，电白区法院判决被告郑某配合原告蔡某，将涉案土地使用权和房屋所有权登记至蔡某名下，但此时上述不动产尚未登记在郑某名下。判决生效后，蔡某于2020年5月13日向电白区人民法院申请执行。2020年8月，电白区法院分别传唤双方到庭，经询问发现案件执行受阻主要原因：被执行人郑某需先将涉案房地产过户到其名下，但因郑某过户到其名下需要缴纳土地出让金以及税费，但法院并未对被告首次登记作出判决，故双方就上述费用的承担产生争议。2020年10月30日，电白区法院作出执行裁定书，以双方当事人对过户登记费用由谁负担产生争议为由驳回了蔡某的执行申请。蔡某不服，向电白区法院提出执行异议，电白区法院驳回其异议，蔡某向茂名市中院申请复议，茂名市中院裁定驳回其复议。本案中，原告的民事诉讼请求均被法院判决支持，但该判决在后续执行程序中受阻甚至无法执行。法院裁判文书绕不开合法性审查，根据《最高人民法院、国土资源部、建设部关于依法规范人民法院执行和国土资源房地产管理部门协助执行若干问题的通知》第2条规定，人民法院在裁判房屋所有权前应当审查其合法性：“人民法院对土地使用权、房屋实施查封或者进行实体处理前，应当向国土资源、房地产管理部门查询该土地、房屋的权属。”该类案件起诉前需查清涉案房产的产权登记情况，并考虑若被告拒绝配合履行判决，如何在前置审判程序中明确相关争议事项。如果在拆迁安置房前手登记尚未完备的情况下，直接判决转移登记至买受人名下，则容易忽略对产权登记条件的审查，引发执行难题。

最后，无登记房屋在实务中如果不办理首次登记，在技术上也会遇到一些问题，如登记内容确定的问题，按照《不动产登记暂行条例》第 8 条规定，不动产登记簿应当记载不动产的坐落、界址、空间界限、面积、用途等自然状况；不动产权利的主体、类型、内容、来源、期限、权利变化等权属状况。以上种种内容都依赖于首次登记或者上手登记来确定，如果没有办理房屋出卖方的首次登记，则相关内容的合法性、真实性和准确性都无法得到有效保障。故对未进行前手登记的拆迁安置房买卖纠纷，应当判决出卖人先登记至自己名下，再由出卖人配合转移登记至买受人名下。

【规范指引】

《民法典》第 216 条、第 212 条；《城市房地产管理法》第 38 条。

问题 9：被继承人死亡后，其法定继承人直接起诉要求办理过户手续，权利登记人同意过户且具备过户条件的，可否直接将房屋过户至被继承人名下？

【案例】尹某彬、尹某冬、尹某华诉某商品房开发公司房屋买卖合同纠纷案[①]

1992 年 7 月 6 日，李某与某商品房开发公司签订《商品房合同书》，约定李某购买该商品房开发公司出售的房屋一套。合同签订后，李某支付了全部房款，某商品房开发公司向其交付了房屋，但一直未协助李某办理房屋权属证书。李某与尹某（丈夫）系夫妻关系，共生育三女，分别为尹某华、尹某冬、尹某彬。2020 年 6 月 26 日，尹某去世；2023 年 1 月 20 日，李某去世。2023 年 11 月 3 日，尹某华、尹某冬、尹某彬诉至法院，请求判令某商品房开发公司立即协助其办理房屋的不动产权登记证书。

---

① 参见四川省成都市双流区人民法院（2023）川 0116 民初 13508 号民事判决书。

【分析】

《民法典》第1122条规定："遗产是自然人死亡时遗留的个人合法财产。依照法律规定或者根据其性质不得继承的遗产，不得继承。"遗产范围是指被继承人在其死亡时遗留的可以作为遗产由继承人继承的财产范围。尹某华等人是否可以依照被继承人与某商品房开发商签订的《商品房合同书》要求其协助办理房屋权属证书，将房屋直接过户到继承人名下，实务中有两种不同的意见：一种意见认为，尹某华等人要求办理房屋权属证书，实际是继承该房屋的所有权，但房屋权属尚未登记至被继承人名下，被继承人尚未取得房屋的物权，故不能直接主张将该房屋过户至继承人名下；第二种意见认为，尹某华等人主张的依据是被继承人与某商品房开发公司所签订的《商品房合同书》，故尹某华等人实际上是要求继承属于被继承人应享有的合同权利，故尹某华等人的诉讼请求应当得到支持。

我们倾向于第二种意见。《民法典》第209条规定"不动产物权的设立、变更、转让和消灭，经依法登记，发生效力；未经登记，不发生效力，但是法律另有规定的除外"，故不动产物权变动必须依照法律规定进行登记，只有经过登记，才能发生物权变动的效果，取得不动产物权变动的公信力。本案中，李某购买某房地产开发公司的房屋后，一直未办理房屋权属变更登记，李某尚未取得该套房产的所有权，故尹某华等人不能直接继承该房屋的物权。但李某与某房地产开发公司签订的《商品房合同书》系双方当事人真实意思表示，内容不违反法律、行政法规的强制性规定，合法有效，双方当事人均应按照合同约定全面履行各自的义务。现李某及其配偶尹某、父母均已去世，《商品房合同书》约定的相关合同权利义务并未消失，某商品房开发公司仍应继续履行自己的合同义务，故尹某华等人作为继承人接受继承的情况下，其实际继承的是李某在《商品房合同书》中的权利义务，故在权利登记人同意过户且具备过户条件的情况下，可直接将房屋过户至被继承人尹某华等人名下。

【规范指引】

《民法典》第209条、第465条、第509条、第1122条。

问题10：被公安机关查封的房屋能否确权或者办理过户？

【案例】黄某诉某天公司商品房预售合同纠纷案[①]

2018年4月初，原告黄某与被告某天公司签订一份《商品房买卖合同（预售）》，约定：某天公司将三套房屋出售给黄某，双方同意共同向房屋登记机构申请办理上述商品房的房屋所有权转移登记。2018年4月16日，黄某按合同约定支付了全部购房款，某天公司为黄某开具了3张购房发票。合同签订后不久，某天公司将房屋交付给黄某，黄某随后对房屋进行装修并出租给他人使用至今。后虽黄某多次催促某天公司将诉争房屋过户到黄某名下，但某天公司至今仍未履行办理过户义务。2022年1月，黄某得知该诉争房屋已被某天公司抵押给第三人并办理了抵押登记手续。同时，因某天公司的法定代表人黄某某涉嫌犯罪，该公司名下的部分房屋已被公安机关查封。故黄某诉至法院要求判令某天公司与第三人协助办理诉争房屋的抵押权登记注销手续并判令某天公司协助其将诉争房屋的所有权登记到黄某名下。

【分析】

对于该问题，实践中存在两种观点。第一种观点认为，被查封的房屋可以确权办理过户。本案中黄某与某天公司签订了《商品房买卖合同（预售）》，黄某按照约定完成了交付房款的义务，且某天公司也将房屋交付给了黄某占有使用多年，黄某对于案涉房屋享有使用权及期待物权。黄某至今未取得房屋权属证书的原因在于某天公司的违约行为，而非黄某本人原因所致。此后，某天公司擅自将房屋抵押给他人，且因其自身原因导致涉案房屋被公安机关查封。黄某作为善意购房人，有权要求某天公司协助其办理房屋所有权过户登记手续。对于房屋所有权，则因该房屋尚未登记在某天公司名下，未完成所有权的转移登记，不应确认所有权。

第二种观点认为，不动产所有权的取得依据是登记，本案中房屋一直未过户登记至黄某名下，黄某未取得涉案房屋的物权，涉案房屋的所有权人仍然是某天公司，公安机关依法对涉及刑事案件的某天公司名下违法所得房产进行查封，有法可依。被查封的房屋不得进行所有权变更登记和权属确认，黄某的诉讼请求不能得到支持。

---

① 参见河南省商城县人民法院（2022）豫1524民初767号民事判决书。

我们倾向于第二种观点，理由如下：查封是人民法院、人民检察院、公安机关等司法机关及其他有权机关作出的限制不动产权利人处分不动产的一种强制措施。一般来说公安查封的不动产为涉案财物，比如系犯罪所得或犯罪所得赃款购置。一般情况下，对于查封的不动产，非依法定程序不得直接解封。《城市房地产管理法》第38条规定："下列房地产，不得转让：（一）以出让方式取得土地使用权的，不符合本法第三十九条规定的条件的；（二）司法机关和行政机关依法裁定、决定查封或者以其他形式限制房地产权利的；（三）依法收回土地使用权的；（四）共有房地产，未经其他共有人书面同意的；（五）权属有争议的；（六）未依法登记领取权属证书的；（七）法律、行政法规规定禁止转让的其他情形。"司法机关和行政机关依法裁定、决定查封或者以其他形式限制房地产权利的、未依法登记领取权属证书的房产禁止转让，只有公安机关将被查封的房屋解封后，才能继续进入确权和办理过户登记的程序，故案涉房屋无法直接办理确权和过户，黄某可以待刑事案件作出处理后再行主张自己的权利。

【规范指引】

《城市房地产管理法》第38条。

问题11：出售已被司法机关依法查封或行政机关已办理抵押登记等以其他形式限制房地产权利的房屋，房屋买卖合同是否有效？

【案例】某科技公司诉某置业公司房屋买卖合同纠纷案①

某科技公司与某置业公司经协商于2011年7月签订了房屋买卖合同，某置业公司将总建筑面积为11 286.9平方米的1177号房屋整体出售给某科技公司，出售总金额2760余万元，该房屋在交易时尚存在银行抵押，双方约定支付方式为某科技公司向某置业公司直接支付一小部分出售金额，剩余大部分出售金额由某科技公司代某置业公司向某银行偿还贷款本息的形式支付。某科技公司代偿了某置业公司在某银行的逾期贷款本息后，发现因某置业公司法定代表人魏某个人在该行尚有逾期贷款600万元没有清偿，银行未解除该房屋的抵押登记。另经查明，房屋买卖合同签订前1177号房屋已经于2010

① 参见最高人民法院（2015）民提字第130号民事判决书。

年10月被集安市人民法院查封，2010年11月被通化市中级人民法院轮候查封，2011年6月被通化市中级人民法院轮候查封。房屋买卖合同签订后，1177号房屋因某置业公司原因又分别于2013年1月、2013年7月、2013年12月被人民法院查封。此后，某科技公司因无法转移1177号房屋产权而向人民法院提起诉讼，诉请解除房屋买卖合同、要求某置业公司返还已付购房款及利息。本案再审中，某科技公司依据《城市房地产管理法》第38条规定主张涉案房屋买卖合同无效。经人民法院审理认定，该规定系对房地产被查封期间所有权转移进行的限制，并不因此影响房地产转让合同的效力，案涉房屋买卖合同不存在无效事由，合法有效。

【分析】

限制房地产权利情形的法律规定及疑点。关于查封、抵押等限制房地产权利情形在诸多法律、法规中均有规定，其中司法实践中最常被援引的规定为《城市房地产管理法》第38条“下列房地产，不得转让：（一）以出让方式取得土地使用权的，不符合本法第三十九条规定的条件的；（二）司法机关和行政机关依法裁定、决定查封或者以其他形式限制房地产权利的；（三）依法收回土地使用权的；（四）共有房地产，未经其他共有人书面同意的；（五）权属有争议的；（六）未依法登记领取权属证书的；（七）法律、行政法规规定禁止转让的其他情形”，以及原《担保法》（已被废止）第49条亦曾规定在转让已办理登记的抵押物时，抵押人未通知抵押权人或者未告知受让人的，转让行为无效。

关于限制房地产权利情形不影响房屋买卖合同效力的法律规定分析。上文所述规定通常会对判定房屋买卖合同的效力造成阻碍。然而，仅仅依据前述规定并不能当然得出房屋买卖合同无效的结论。根据《民法典合同编通则解释》第18条相关规定，虽然《城市房地产管理法》第38条载明了“不得转让”的表述，但其规定旨在限制民事权利中物权发生变动，因而并不影响房屋买卖合同的效力。同样地，针对原《担保法》第49条所载明的“不得转让”之规定，原《最高人民法院关于适用〈中华人民共和国担保法〉若干问题的解释》第67条作出了补充解释：抵押人转让抵押物未通知抵押权人或者未告知受让人的，如果抵押物已经登记的，抵押权人仍可以行使抵押权，受让人可以通过行使涤除权代替债务人清偿其全部债务，使抵押权消灭。该补充解释不但没有否认转让合同的效力，还基于合同有效的基础上进一步给予受让人救济的途径（涤除权）。该立法意旨同样在《民法典》第406条“抵押期间，抵押人可以转让抵押财产。当事人另有约定的，按照其约定。抵押财产转让的，抵押权不受影响”、《民法典担保制度解释》第43条“当事人约定禁止或者限制转让抵押财产但是未将约定登记，抵押人违反约定转让抵押财产，抵押权人请求确认转让合同无效的，人民法院不予支持……”、原《物权法》第15条“当事人之间订立有关设立、变更、转让和消灭不动产物权的合同，除法律另有规定或者合同另有约定外，自合同成立时生效；未办理物权登记的，不影响合同效力”等法律规定中得以印证和体现。

本案限制房地产权利情形不影响房屋买卖合同效力的分析。本案中，某科技公司在与某置业公司签订房屋买卖合同前，案涉房屋已存在抵押登记且已被法院查封，某科技公司知悉该抵押及查封情况。该抵押及查封从法律后果上来看直接导致案涉房屋无法办理所有权转移登记，但并不导致房屋买卖合同无效。某置业公司作为案涉房屋出卖人，在转让的房屋因其与案外人纠纷原因被查封时，依法负有消除标的物上存在的限制权利转让情形、履行转移房屋所有权的义务，如某置业公司能够履行该义务，案涉房屋买卖合同不仅效力不受影响，还可能得以全面履行。然而，某置业公司不仅未消除房屋上限制权利转让的情况，还因其他纠纷导致合同签订后该房屋又被多次查封、案涉房屋买卖合同长期无法履行，其行为构成根本违约并导致某科技公司的合同目的无法实现，案涉房屋买卖合同最终依据原《合同法》第94条第4项被依法解除。

因此，如房屋已存在查封、抵押、预告登记、异议登记等限制房屋物权变动权利情形的，该等权利限制情形不影响房屋买卖合同效力，房屋买卖合同是否有效应依据《民法典》第143条、第502条等规定进行评判。在房屋买卖合同有效的情况下，再依据房屋买卖合同约定及法律规定，判定该权利限制情形所导致的法律后果。

【规范指引】

《民法典》第143条、第215条、第406条；《民法典合同编通则解释》第18条；《民法典担保制度解释》第43条。

问题 12：买受人为保障房屋买卖合同的履行而申请人民法院对涉案房屋进行首查封时发现房屋还存在其他轮候查封的情形的，能否请求继续履行合同?

【案例】杨某、李某东诉王某斌、陈某房屋买卖合同纠纷案[①]

2017 年 1 月 15 日，杨某、李某东与王某斌、陈某签订《房屋买卖合同》，约定杨某、李某东购买王某斌所有的位于成都市的房屋。合同总价款为 81 万元，杨某、李某东以商业贷款方式支付房款，双方对房款的具体支付时间进行了约定且约定注销抵押后 5 个工作日内到产权交易中心办理房屋产权过户手续，约定交房时间为 2017 年 2 月 20 日前。杨某、李某东保证征信良好，所提供的资料符合银行贷款要求，签订买卖合同后，王某斌必须在 3 个工作日内向银行申请还款并告知中介还款时间。合同签订当日，杨某、李某东按约定支付了定金 3 万元。2017 年 2 月 13 日，杨某、李某东向王某斌支付购房款 28 万元。2017 年 2 月 23 日，本案诉争房屋抵押登记办理了注销手续。合同签订后，王某斌、陈某配合杨某、李某东办理房屋贷款手续，但至今杨某、李某东未能举证证明其贷款申请已经相关机构审核通过。后双方因过户事宜产生争议，杨某、李某东向法院起诉请求：（1）判令王某斌、陈某将位于成都市房屋过户给杨某、李某东，并协助杨某、李某东办理产权过户手续；（2）判令王某斌、陈某将位于成都市房屋交付给杨某、李某东。诉讼过程中，杨某、李某东为保障房屋买卖合同的履行而申请人民法院对涉案房屋进行保全首查封。后经生效判决认定：本案双方争议主要在于：（1）关于案涉《房屋买卖合同》是否继续履行问题。杨某、李某东在合同中的主要义务是向王某斌、陈某支付购房款，而在履行过程中，因房屋贷款未审核通过，导致双方在支付购房款方面产生争议。本案在审理中，杨某、李某东明确表示愿以现金方式支付全部房款，其变更房款的支付方式不影响王某斌、陈某的合同权利实现。审理中，杨某、李某东提供的个人银行资信证明可以证明具有支付房屋尾款的能力，法院予以采信。（2）关于案涉房屋存在案外人查封保全是否影响合同履行问题。因杨某、李某东对案涉房屋是首查封，案外人的查封是轮候查封，在杨某、李某东的首查封未解除前，轮候查封并未生效，杨

---

① 参见四川省成都市中级人民法院（2017）川 01 民终 14203 号民事判决书。

某、李某东申请查封财产的目的是保障实现合同的权利，故案外人的轮候查封不影响杨某、李某东主张继续履行合同的权利。综上，杨某、李某东主张继续履行合同的请求，法院予以支持。故判决：（1）杨某、李某东于本判决生效后10日内支付王某斌、陈某剩余购房款50万元；（2）王某斌、陈某于本判决生效后30日内协助杨某、李某东办理案涉房屋的产权过户手续；（3）王某斌、陈某于本判决生效后30日内将案涉房屋交付给杨某、李某东。

【分析】

本案的典型性在于存量房买卖双方因房屋交易产生争议，购买一方向人民法院提起诉讼，要求出卖人继续履行过户义务，一般情况下，为保障后续交易的正常履行，购买方会在诉讼过程中申请财产保全，对争议的房产进行查封。正常情况下，如最终法院判决继续履行过户义务，购买人便可依据生效判决要求过户。本案特殊在于，在保全查封之后，房屋因出卖人的其他纠纷而被再次查封，此时，购买人的首查封权益是否会受到影响。目前普遍的认定是：买受人为保障房屋买卖合同的履行而申请人民法院对涉案房屋进行首查封的，即使该房屋还存在其他轮候查封的情形，买受人要求继续履行合同的请求不受影响。

首先，根据《最高人民法院关于人民法院民事执行中查封、扣押、冻结财产的规定》第26条规定："对已被人民法院查封、扣押、冻结的财产，其他人民法院可以进行轮候查封、扣押、冻结。查封、扣押、冻结解除的，登记在先的轮候查封、扣押、冻结即自动生效。其他人民法院对已登记的财产进行轮候查封、扣押、冻结的，应当通知有关登记机关协助进行轮候登记，实施查封、扣押、冻结的人民法院应当允许其他人民法院查阅有关文书和记录。"也即为了解决多个债权对同一执行标的物受偿的先后顺序问题，只要不是同一债权，不论是不是同一债权人，受理案件的法院是不是同一个法院，都是被允许对已被查封、扣押、冻结的财产进行轮候查封、扣押、冻结。

其次，关于首查封与轮候查封之间的效力，《最高人民法院关于查封法院全部处分标的物后轮候查封的效力问题的批复》规定："根据《最高人民法院关于人民法院民事执行中查封、扣押、冻结财产的规定》第二十八条第一款（备注：现为第二十六条）的规定，轮候查封、扣押、冻结自在先的查封、扣押、冻结解除时自动生效，故人民法院对已查封、扣押、冻结的全部财产进行处分后，该财产上的轮候查封自始未产生查封、扣押、冻结的效力。"也即轮候查封在性质上不属于正式查封，并不产生正式的查封效力，轮候查封产生的仅是一种预期效力，类似于效力待定的行为，在性质和效力上属于临时性措施，主要目的是防止债务人转移财产，在客观上并未对保全的标的进行处置。因此，在首查封未解除前，轮候查封并未生效，购买人在本案诉讼过程中对案涉房屋采取保全措施后，案涉房屋因出卖人的其他债务而受到法院轮候查封，此时购买人仍然可以要求继续对案涉房屋办理转移登记。

综上，在法院支持买受人继续履行合同并办理过户的请求后，存在该房屋上的轮候查封自始不产生查封效力，不影响买受人上述请求的实现。购买人可以依据生效判决向法院申请强制执行，有权依据法院的过户裁定、协助执行通知书到登记机关办理财产过户，也无须轮候查封法院对查封财产的轮候查封进行解封。需要特别注意的是，此处讨论的是买受人为保障房屋买卖合同的履行而申请人民法院对涉案房屋进行首查封的情形，注意区别于在签订房屋买卖合同前已经被司法机关依法查封的情形，此种情况，在查封或者其他限制措施解除前，买受人请求办理权属转移登记的，法院不予支持。

【规范指引】

《最高人民法院关于人民法院民事执行中查封、扣押、冻结财产的规定》第 26 条；《最高人民法院关于查封法院全部处分标的物后轮候查封的效力问题的批复》。

问题 13：房屋买卖合同中当事人针对户籍迁入或迁出所作出的约定是否有效？一方能否起诉要求强制履行户籍迁入或迁出义务、赔偿损失？

【案例】曾某华诉单某敏房屋买卖合同纠纷案[①]

2013 年 12 月 7 日，原告曾某华（买受方）与被告单某敏（出售方）签订《北京市存量房屋买卖合同》（经纪成交版）及补充协议，双方约定单某敏将涉诉房屋出售给曾某华，房屋总价款为 300 万元；出售方应当在该房屋所有权转移之日起 10 日内，向房屋所在地的户籍管理机关办理原有户口迁出手续。如因出售方自身原因未如期将与本房屋相关的户口迁出的，应当向买受方支付已付房款的千分之五的违约金；逾期超过 10 日未迁出的，自期限届满

① 参见北京市高级人民法院（2017）京民申 2389 号民事判决书。

之次日起，出售方应当按日计算向买受方支付全部已付款万分之五的违约金。合同签订后，双方依约履行，曾某华已将房款付清，涉诉房屋于 2014 年 3 月 3 日过户至曾某华名下。然而截至原告起诉之日，涉诉房屋内仍登记有案外人王某及其家属共 4 人的户口，因此原告无法将其户口迁入涉诉房屋。2016 年 1 月 19 日，原告起诉要求被告 10 日内将涉诉房屋内的户口迁出，并承担违约金共计 19.9 万元。该案经北京市东城区人民法院一审、北京市第二中级人民法院二审、北京市高级人民法院再审，认为户口迁移问题属公安机关户籍管理事宜，不属于人民法院民事案件受理范围，但被告未按约履行约定的户口迁出义务，构成违约，应当承担违约责任。

【分析】

针对房屋买卖合同中有关户籍迁移的常见约定，主要分为两部分：（1）约定合同一方附条件或附期限履行户籍迁移义务；（2）约定合同一方未按约履行户籍迁移义务应承担的违约或赔偿责任。两部分约定内容的法律效力以及可诉性问题，应当根据是否符合相关法律规定的形式以及是否存在法定无效的情形进行认定和判断，同时还应厘清相关诉求是否属于民事案件受理范围。

针对约定附条件或附期限履行户籍迁移义务的效力和可诉性问题。界定此类合同约定条款是否有效，应当根据相关法律法规规定，核实约定条款是否与强制性规定相抵触，以及是否属于法定无效的情形。根据《民法典》第 158 条“民事法律行为可以附条件，但是根据其性质不得附条件的除外。附生效条件的民事法律行为，自条件成就时生效。附解除条件的民事法律行为，自条件成就时失效”以及第 160 条“民事法律行为可以附期限，但是根据其性质不得附期限的除外。附生效期限的民事法律行为，自期限届至时生效。附终止期限的民事法律行为，自期限届满时失效”之规定（与原《合同法》第 45 条、第 46 条规定相同），附条件、附期限要求出售方将房屋上户籍进行迁移的约定，符合前述法律规定的约定方式，且并不违反法律法规强制性规定，应属有效。

但根据《户口登记条例》第 3 条第 1 款“户口登记工作，由各级公安机关主管”以及第 10 条第 1 款“公民迁出本户口管辖区，由本人或者户主在迁出前向户口登记机关申报迁出登记，领取迁移证件，注销户口”之规定，户口登记和迁移属于公安机关管理范畴，不属于人民法院民事案件受理范围，原则上在起诉时应当不予受理；若已经受理的，应当依照《民事诉讼法解释》第 208 条第 3 款“立案后发现不符合起诉条件或者属于民事诉讼法第一百二十七条规定情形的，裁定驳回起诉”之规定，裁定驳回起诉。

约定合同一方未按约履行户籍迁移义务应承担的违约或赔偿责任的效力和可诉性问题。根据《民法典》第 577 条“当事人一方不履行合同义务或者履行合同义务不符合约定的，应当承担继续履行、采取补救措施或者赔偿损失等违约责任”之规定（与原《合同法》第 107 条规定相同），约定合同一方未按约履行房屋上户籍迁移义务应当承担违约或赔偿责任的条款，与前述法律规定相契合，应属有效，合同相对方有权起诉向其主张违约或赔偿责任。

司法实践中，除了因出售方未能将其户口及时迁出引发纠纷的情况外，也不乏存在如曾某华诉单某敏案，由于案外人未迁出户口导致买受方追究出售方责任的情况，多为出售方此前购买房屋后前手出卖人遗留的问题所致。但无论滞留在案涉房屋上的户口系出售方还是案外人，都将导致买受方无法将其户口迁入房屋，根据《民法典》第 593 条“当事人一方因第三人的原因造成违约的，应当依法向对方承担违约责任。当事人一方和第三人之间的纠纷，依照法律规定或者按照约定处理”之规定（与原《合同法》第 121 条规定相同），原则上应当基于合同相对性原则，仍应由出售方对户口迁出不能承担违约后果，出售方在承担相应责任后，可以依据其与前手出售方签订的房屋买卖合同主张权利。

针对该类纠纷所涉的违约责任的类型，主要包括要求解除买卖合同、承担违约金或损失赔偿。

关于出售方未能按约迁出户口，买受方是否有权主张解除合同问题，应当分情况判定。首先，房屋买卖合同关系下，双方交易的标的系房屋，而户籍迁移原则上仅作为附随义务，若在合同中并未赋予买受方因此享有解约权的情况下，判定解除合同在逻辑上不具有合理性，亦缺乏法律依据。其次，若双方在房屋买卖合同中，明确赋予了买受方在出售方违约未能迁出户口情况下的解除权，或将出售方需迁出户口作为双方交易房屋的前提条件，则买受方主张解除买卖合同，法院应当予以支持。

关于违约金或损失赔偿的主张，原则上应按照合同约定为准，若合同未作约定，或约定标准过高或过低，人民法院可综合买受方无法迁入户口对其产生的影响和损失等因素，酌情判定和调整。

【规范指引】

《民法典》第 158 条、第 160 条、第 577 条、第 593 条；《户口登记条例》第 3 条第 1 款、第 10 条第 1 款；《民事诉讼法解释》第 208 条。

问题 14：房屋买卖合同具备继续履行条件，买受人请求继续履行的，违约方能否选择其他违约责任承担方式？

【案例】杜某诉罗某某房屋买卖合同纠纷案①

2016 年 12 月 12 日，罗某某与杜某签订《房产买卖合同》，约定由杜某购买罗某某单独所有的位于成都市高新区天府二街某楼盘住宅，总价 235 万元。合同约定：杜某在合同签订的同时支付罗某某购房定金 50 万元，首付款 20 万元双方未约定付款期限，剩余房款由杜某以银行贷款的形式支付，该房屋在合同签订时尚未取得产权证，罗某某承诺在开发商大产权下后 15 个工作日提交自办产权资料取得该房屋的房产所有权证。合同签订当日，杜某向罗某某转账支付了定金 50 万元，罗某某向杜某出具收据予以确认。房屋办理初始登记后，因罗某某向杜某明确表示不愿意继续履行合同，杜某故诉至法院，请求判令：罗某某继续履行《房屋买卖合同》，将案涉房屋的权属转移登记到杜某名下并办理产权证。罗某某提出反诉，以合同成立以后客观情况发生了当事人在订立合同时无法预见的、非不可抗力造成的不属于商业风险的重大变化，继续履行合同对于罗某某明显不公平，请求判令解除《房屋买卖合同》。庭审中，罗某某表示其不愿意继续出卖房屋，对于给杜某造成的损失愿意适当赔偿。

四川省成都高新技术产业开发区人民法院认为，《合同法》第 93 条以及 94 条规定的合同解除权，都是赋予的守约一方，只有守约一方能够依据合同约定或法律规定选择继续履行合同或者解除合同、赔偿违约金，而违约一方不具有上述权利，因此，在守约方明确要求继续履行合同的情况下，合同应该继续履行。故依法判决杜某与罗某某签订的《房产买卖合同》继续履行，在杜某向罗某某一次性支付剩余购房款 185 万元的情况下，罗某某取得房屋不动产权证后 7 日内协助杜某办理产权过户登记手续。

【分析】

此种情况多为买受人请求出卖人交付房屋并协助办理不动产权登记，而出卖人拒绝，希望通过承担定金罚则、损害赔偿金、违约金或者其他违约责任承担方式代替继续履行。

---

① 参见四川省成都高新技术产业开发区人民法院（2018）川 0191 民初 1695 号民事判决书。

对此应从以下几方面进行考量：第一，继续履行是法律明确规定的违约责任承担方式，具有国家强制性。《民法典》第 577 条规定："当事人一方不履行合同义务或者履行合同义务不符合约定的，应当承担继续履行、采取补救措施或者赔偿损失等违约责任。"该条明确规定当违约方违约时，相对方可以选择继续履行或要求解除合同由违约方赔偿损失、支付违约金等。其中，继续履行是指违约方不履行合同时，由国家强制违约方继续履行合同债务，使守约方尽可能地取得约定的标的的违约责任方式，合同的继续履行与原合同债务履行相比，增加了国家的强制，不再是单纯的合同义务履行，带有对债务人惩戒的性质，因此不以违约方的意志为转移，违约方无权选择。

第二，继续履行是诚信原则的具体要求，有利于市场交易秩序的维护。诚信原则是民法的基本原则，是市场交易秩序的基石所在。在履行合同不存在无法继续履行或强制履行成本过高的情况下，如果任何一方当事人均可以通过不履行合同或者预期违约的方式达到解除合同的目的，不仅背离合同规范民商事主体诚实信用之本意，而且丧失法律的预测、指导作用，不利于实现交易的安全和市场交易秩序的维护。

第三，违约方是否有违约责任承担方式选择权应尊重意思自治。合同是当事人意思自治的体现，如果双方在合同中已经约定违约方以承担定金、损害赔偿或违约责任为条件享有合同约定解除权的，应充分尊重当事人的真实意思适用该条款，此时违约方主张以承担约定的其他违约责任为条件解除合同的，法院应予支持。

综上，在合同具备履行条件的情形下，除非合同中明确约定违约方可以以承担定金罚则、损害赔偿金或者其他违约责任的方式代替继续履行，否则违约方对违约责任的承担方式不享有选择权。

【规范指引】

《民法典》第 509 条第 1 款、第 577 条。

问题 15：合同履行时出现了合同约定的解除事由，但违约情节不影响守约方合同目的实现的，守约方能否行使约定解除权？

【案例】施某诉金某等人房屋买卖合同纠纷案[①]

2020 年 4 月 20 日，施某与金某二人经中介方居间服务后签订房屋买卖合同一份，约定：（1）施某以 800 万元将系争房屋转让给金某二人；（2）买卖双方于 2020 年 8 月 31 日前共同向房地产交易中心申请办理转让过户手续；（3）逾期超过 15 日仍未完全履行付款义务的，施某有权单方解除合同。金某等二人承担违约责任除应支付逾期付款赔偿金外，还应按照房屋总价的 20% 支付违约金。根据合同附件三《付款协议》约定：金某二人于签约当日交付房款 5 万元，于买卖双方至房地产交易中心办理过户手续前支付房款 785 万元，于买卖双方办好过户手续当日支付房款 10 万。施某于 2020 年 4 月 23 日出具《收据》确认收到金某等二人房款 5 万元，施某按约将房屋交付金某等二人。2020 年 8 月 31 日，金某等二人未能按约支付后续房款，原、被告因此没有按约办理产权过户手续。2020 年 9 月 2 日，金某等二人支付施某房款 400 万元。2020 年 9 月 22 日，因金某等二人逾期支付房款已过 15 日，施某要求按约解除其与金某等二人所签买卖合同。另查明，2020 年 10 月 23 日，金某等二人收到其房屋征收款并于同日向施某转账房款 525 万元。一审法院认为，金某逾期未支付房款的行为使施某获得约定解除权判决原被告房屋买卖合同解除。二审法院认为，应当审查违约方违约程度是否显著轻微，本案中金某未按期付款是因为其房屋征收款因疫情原因迟延发放，而非金某故意拖延。施某至起诉时已全额收到购房款，合同目的已经实现。从维护交易稳定性来看，依诚信原则继续履行合同更为公平合理。因此判决撤销一审判决，判决原、被告双方继续履行合同。

【分析】

对于该问题实践中存在两种观点：一种观点认为，基于意思自治的原则只要合同双方当事人约定的解除条件成立，无论违约方的违约程度严重与否，守约方都可以行使约定解除权。因此不宜限制约定解除的条件，也不能以情节显著轻微排除约定解除权的行使。另一种观点认为，应当综合考虑违约行

---

① 参见上海市第二中级人民法院（2021）沪 02 民终 4091 号民事判决书。

为的程度、后果等因素基于诚信原则对约定解除权进行限制。综合考量，我们更倾向于第二种观点。理由如下：虽然《民法典》第 562 条规定："当事人协商一致，可以解除合同。当事人可以约定一方解除合同的事由。解除合同的事由发生时，解除权人可以解除合同。"但《民法典》第 132 条也同时规定："民事主体不得滥用民事权利损害国家利益、社会公共利益或者他人合法权益。"

在违约情节显著轻微，不影响守约方合同目的实现，且守约方并不因继续履行合同遭受损害的情形下，若违约方已经为合同履行付出一定经济成本，此时严格遵守意思自治解除合同，可能会导致违约方负担较大成本损失，此种处理结果显然有失公平。因此，在尊重意思自治原则的前提下，需要体系化适用《民法典》第 562 条第 2 款和第 132 条的规定，在意思自治和权利不得滥用之间寻找平衡，运用权利不得滥用的规则对约定解除权做必要限制，从而维护合同正义，鼓励交易开展。首先，要对显著轻微违约行为做严格认定，避免对意思自治原则造成过大冲击。其次，要综合考虑当事人约定所针对合同义务的严格程度、当事人的过错程度、此违约行为对解除权人所造成的损害、对此损害进行救济的可替代性以及一旦解除合同对对方当事人造成的损失和对社会财富造成的浪费等因素判断合同解除的利弊。最后，关于守约方的救济问题。在违约方显著轻微违约的情形下，守约方虽未能通过合同解除得到救济，但有权请求对方承担违约责任或者采取其他补救措施。在具体案件处理中，如果守约方损害大小不够具体或者存在违约金的约定时，人民法院在依法行使裁量权时有必要按照对守约方更有利的倾向裁量。①

这里延伸出一个问题怎么判断"显著轻微违约"，有以下几个参考因素：（1）违约方的主观过错：虽然我国合同归责为严格责任体系，不以过错为要件，但是可以通过考察违约方的主观过错程度判断违约方是否有意违约。（2）违约行为的程度：判断违约方的行为是否构成根本违约导致合同目的难以实现、是否会造成守约方利益损失。（3）违约的行为形态：如果约定解除条件为合同的附随义务，在认定解除条件是否成就时要更加谨慎。（4）当事人对违约行为的态度：当事人违约后是否愿意主动继续履行合同。

---

① 最高人民法院民事审判第二庭、研究室编著：《最高人民法院〈民法典合同编通则司法解释〉理解与适用》，人民法院出版社 2023 年版，第 590 页。

本案中，首先，金某二人未按约支付房款是由于其房屋征收补偿款迟延发放，属于客观原因可见其主观过错小。其次，金某二人与施某协商后积极筹款400万元，并且在征收补偿款到账当日支付给施某，可见其对合同义务的履行抱有积极态度。再次，金某二人虽然有违约行为但是施某已经收到全部房款，其作为守约方的合同主要目的已经实现。最后，金某二人延迟履行期间该房屋的市场价值没有下跌即违约行为没有造成守约方利益损失。并且金某二人自愿在购房款之外补偿40万元。综上，依据诚信原则从维护交易稳定性的角度出发判决双方继续履行合同是合法合理的。

【规范指引】

《民法典》第7条、第132条、第509条、第562条。

问题16：一方迟延履行合同义务，守约方未行使合同解除权而以实际行动与违约方继续履行合同，能否又以同一违约事实主张解除合同？

【案例】郭某、顾某金、郭某维与张某房屋买卖合同纠纷案[①]

原告（反诉被告）郭某、顾某金、郭某维与被告（反诉原告）张某签订《房屋买卖合同》，约定郭某、顾某金、郭某维应于2016年3月31日前与张某办理过户，在郭某、顾某金、郭某维逾期过户及支付房款之后，张某仍于2016年4月5日配合郭某、顾某金、郭某维办理公积金贷款手续，后2016年4月21日，张某向郭某、顾某金、郭某维发函要求行使解除权，解除合同。一审法院认为，郭某、顾某金、郭某维因自身贷款未及时办妥造成过户延期，亦未按约支付房款，已先构成违约。郭某、顾某金、郭某维逾期过户及支付房款之后，张某仍于2016年4月5日配合郭某、顾某金、郭某维等办理公积金贷款手续，可视为张某同意原告延迟支付房款。张某之后再以郭某、顾某金、郭某维迟延支付房款为由要求解除合同，法院不予准许。二审法院认为，仅基于张某配合办理贷款手续的行为，不足以推导出双方已经达成延期履行合同合意的结论。张某按照合同约定于该款项逾期支付的20日之后行使合同解除权，符合法律规定和合同的约定，鉴此，本院对张某要求解除案涉合同

---

① 参见上海市第二中级人民法院（2017）沪02民终2844号民事判决书。

的上诉请求予以支持。

【分析】

对于该问题的认定，需结合违约方迟延履行合同义务的具体情形，以及守约方是否以明示的行为表示接受等内容，从“保护”及“限制”两个角度出发，结合下文诚信原则、合同稳定性、营商环境建设、除斥期间功能定位、策略性行使解除权、审慎认定等六个具体因素进行综合认定和判断。

本案中，一审法院观点为守约方同意违约方迟延履行合同付款义务，之后守约方再以违约方同一违约事实迟延履行合同付款义务为由要求解除合同，法院不予准许；二审法院观点为在约定的解除权行使条件成就后，守约方继续接受违约方部分履行的，只要解除权仍在双方约定或法律规定的行使期间内，不宜直接认定守约方放弃解除权。另有裁判观点认为一方当事人拒绝履行房屋买卖合同约定的主要义务，致使合同目的不能实现，对方当事人享有合同解除权。守约方未在合理期限内行使合同解除权，同时要求对方继续履行合同义务的，解除权应予消灭。解除权消灭后，又以同一违约事实主张解除合同，应不予支持。[①]

对于该问题，上述裁判观点都在围绕解除权的行使期间讨论，因此应分为以下几种情况讨论：第一种情况，守约方未在解除权合理期间内行使解除权，又以同一违约事实主张解除合同的情形。依据《商品房买卖合同解释》第 11 条第 2 款，若未在解除权合理期间内行使解除权，解除权当然消灭，再以同一违约事实主张解除合同，应当不予支持。第二种情况，尚在解除权行使期间内，守约方以实际行动与违约方继续履行合同，又以同一违约事实主张解除合同的情形。前者观点为，若违约方迟延履约，解除权行使条件成就后，守约方仍以实际行动与违约方继续履行合同，此时意味着守约方因同意违约方迟延履约的同时放弃解除权，故不予支持后续守约方再以违约方该违约事实要求违约方解除合同。后者观点为，违约方迟延履约，解除权行使条件成就后，在解除权行使期间内若守约方接受违约方继续履行，不当然视为守约方放弃解除权。

本节讨论的重点应当围绕上述第二种情况。我们认为，应当从“保护”及“限制”两个方面、六个具体因素进行综合认定。（1）强化合同“保护”，有效维护交易稳定性。①遵循诚信原则。诚信原则具有填补法律漏洞、确立

---

① 参见广西壮族自治区桂林市中级人民法院（2017）桂 03 民终 1283 号民事判决书。

行为规则、树立价值导向和合理平衡利益的功能。如守约方接受了违约方部分履行后，一直在催促对方继续履行，但直到合同约定的履行期届满，解除权已经成就，违约方仍未履行；有的甚至在诉至法院后仍不具备履约能力，则守约方在合同履行过程中已尽到应有的诚实和善意促成交易，法院应当支持守约方行使解除权。但如果违约方已经支付绝大多数房款，或有证据证明双方确已同意变更履行期限，后守约方又因房价短期高涨而行使解除权，则应认定解除合同违背诚信原则，可推定守约方放弃了解除权。②有效维护合同稳定性。要充分维护合同的稳定性、可预期性和当事人之间的信赖利益。若解除权人要求违约方继续履行的同时，相对人继续按照合同的约定已经准备甚至已经履行合同给付义务，花费了时间、精力和财力，解除权人在接受了相对方的履行，法律还为其继续保留解除权，这不但使相对方之前准备继续履行和实际已经继续履行的行为归于徒劳，甚至还会增加相对方的负担。这无疑损害了相对方的利益。另外，若因同一事由允许解除权人多次行使约定的解除权，可能导致交易的不稳定性，影响交易秩序正常运转。因此，在具体案件中，对于当事人是否享有解除权，还应当从维护合同的稳定性进行判断，避免双方当事人的法律关系长期处于反复和不稳定状态。③助推营商环境建设。当合同仍具备继续履行的基础条件时，应当尽量促成市场达成交易，避免不必要的损失发生。（2）厘清“限制”范围，不宜过于扩大对于守约方行使解除权的限制。①解除权的放弃应从除斥期间功能定位理解。从解除权的内涵出发，明确解除权是法律赋予解除权人以单方意思表示改变与相对人法律关系的权利，而除斥期间是平衡各方当事人利益的结果。根据《民法典》第 564 条之规定，在具体案件中，对于解除权人的权利不做过于严苛的限制。②何时行使解除权是一种策略性安排。在房屋买卖合同中，守约方在对方违约的情况下，想继续促成交易完成，就需要策略性地决定是否行使解除权及何时行使解除权。如果违约方迟延付款，守约方当即表示解除合同，可能会使违约方产生抵触情绪，不仅不利于促使违约方尽快消除瑕疵继续履行，还可能导致合同解除后返还障碍。事实上，守约方对交易进程认识也有个逐步的过程，在刚逾期时接受部分履行，可能是在等待、期待对方继续履行。因此，不宜简单以守约方接受了违约方的部分履行，即径直认定守约方放弃行使解除权，还应当结合当事人的具体行为表现综合认定。③解除权的放弃应当明示，但沉默、接受行为是否构成意思表示还需要审慎认定。若守约方明确表示放弃解除权，后又以同一违约事实主张解除合同，考虑到诚信原则和维护合同稳定性，不宜认可守约方的诉请。但沉默、接受行为是否构成放弃解除权的意思表示还需要审慎判断认定。单纯的沉默或不作为本身不构成意思表示。沉默只有在有法律规定、当事人约定或者符合当事人之间的交易习惯时，才可以视为意思表示。而单纯的付款和受领本身是事实行为，要推定其为意思表示时，需综合考量该行为的各种可能性。接受部分履行可能是暂时等待观望能否继续履行，待宽限期满再解除合同；也可能是配合变更履行期限。在该行为只有一种可能的意思时，如存在多种解释可能性时，则宜作出不利于违约方的推定。如守约方配合办理贷款行为至少具有两种解释可能性时，法院应审慎判断认定。综上，应在具体案件中具体分析，结合违约方迟延履行合同义务的具体情形，以及守约方是否以明示的行为表示接受等内容，从上述“保护”及“限制”两个方面、六个具体因素进行综合认定和判断守约方能否又以同一违约事实主张解除合同。

【规范指引】

《民法典》第 6–7 条、第 562–564 条；《商品房买卖合同解释》第 11 条第 2 款。

问题 17：当事人一方迟延履行合同义务，守约方请求继续履行的同时，能否主张迟延履行违约金？

【案例】陈某诉张某及、三门峡市某咨询有限公司房屋买卖合同纠纷案[①]

2006 年 3 月 21 日，原告陈某与被告张某经第三人三门峡市某咨询有限公司介绍，自愿签订房屋买卖协议一份，合同约定：（1）甲方张某将坐落于三门峡六峰路南段湖滨区某房屋出售给乙方陈某，该房屋面积为 154.99 平方；（2）经双方协商，该房的成交价为 131 741.50 元；（3）甲、乙双方同意在签订本协议当日起，乙方分四次将全部购房款交付给甲方：第一次于签订本协议当日乙方向甲方支付房款人民币 50 000 元；第二次于签订本协议 1 个月后即 2006 年 4 月 21 日，乙方交付甲方房款人民币 30 000 元；该房屋竣工后，被告将房屋钥匙交予原告，原告给付被告第三批购房款 40 000 元。合同

---

① 参见三门峡法院网，https：//smxzy.hncourt.gov.cn/public，最后访问时间：2024 年 7 月 1 日。

第 8 条约定:（1）甲方在收到乙方购房定金后，不得以任何理由将该房屋再转卖他人或拒绝出售，如若违约，甲方赔偿乙方一切经济损失（装修、房款）及违约金人民币 40 000 元;（2）乙方在支付购房定金后，不得以任何理由拒绝购买该房屋，如若违约，乙方赔偿甲方一切损失及违约金人民币 40 000 元。合同签订后，原告陈某按约支付了第一批购房款 50 000 元和第二批购房款 30 000 元。但房屋竣工后，被告张某因建房集资款增加，要求增加房屋价款，原告不同意，双方为此发生纠纷，后被告在未征得原告同意的情况下，将该套房屋卖与另一人，致使与原告之间的房屋买卖合同无法履行，原告无奈之下，诉至法院，要求被告张某继续履行合同，并承担违约责任。

湖滨区法院经审理认为：原告陈某与被告张某所签订的房屋买卖合同系双方真实意思表示，合同合法有效，本院予以确认。第三人三门峡市某咨询有限公司作为居间人，促使原、被告双方房屋买卖行为成立，履行了自己的居间义务。由于被告张某拒收第三批购房款，并违约要求涨价，原告方不同意，后被告将房屋卖与他人，使原、被告双方的房屋买卖合同无法继续履行，合同目的无法实现，因此，被告应按约承担违约责任。被告因自己的违约行为给原告造成了一定损失，故应承担从房屋发放钥匙通知之日起的利息损失责任。判决被告张某返还原告陈某购房款 80 000 元及利息（从 2007 年 3 月 12 日起至付款之日止，按中国人民银行同期贷款利率计息），并赔偿原告陈某违约金损失 40 000 元。

【分析】

在房屋买卖合同中，房屋作为不动产，合同的生效与所有权转移是相分离的。通常，双方签字之日起合同成立并生效，但作为合同标的物所有权并没有发生转移，必须到房屋登记主管部门办理过户手续，该套房屋所有权才最终发生转移。一方违约存在两种情况：一种情况为非根本性违约，如迟延履行等，该种违约行为并不能从根本上阻断合同的继续履行；另一种情形为根本违约，即一方的违约行为从根本上阻碍了房屋买卖合同的继续履行。

如果不是根本违约，另一方可以要求继续履行合同并承担相应违约责任，也可以直接要求对方承担违约责任，这在司法实践中并不存在争议。即在迟延履行场合，该违约金应为对迟延履行产生的损失赔偿的事先约定，此时继续履行与违约金并不矛盾，守约方可同时主张。

如果是根本违约，另一方可否要求继续履行合同并承担相应的违约责任，在实践中存在两种观点：

一种观点认为，在根本违约的情形下，继续履行已不存在合同继续履行的可能，守约方请求的继续履行合同因合同已不存在继续履行的可能性，该请求自然不能得到司法的支持，同时其基于请求继续履行提出的基于合同约定的继续履行违约金，也是建立在合同有继续履行的基础之上，故其请求的继续履行违约金亦不应当得到支持。

另一种观点认为，在继续履行的主张不能得到支持的情形下，如果不支持继续履行的违约金，将助长违约方的违约行为，不利于合同双方的诚信履约，在合同对继续履行违约金有明确规定的情况下，应当严格按照合同的约定进行支持。但是，在这种情况下，即在发生解除合同的场合，请求继续履行与解约违约金不能同时适用，守约方只能二者选其一请求。

如在前述案例中，被告将房屋转售给他人，恶意违约事实明确，被告对转售事实认可，其行为已构成根本违约。在被告根本违约的情况下，违约金和赔偿损失可以并行适用。原告损失由两部分组成：一是实际损失，即现实财产的减少，又称直接损失；二是预期利益的损失，指缔约时可以预见到的履行权益，又称可得利益或间接损失。本案中，原告方的实际损失的计算，通常以交付 8 万元房款后导致利息损失为限。关于间接损失，以违约金部分对原告进行了相应补偿。我们倾向于第二种观点。

关于违约金的调整。在双方合同中对继续履行的违约金或者合同解除的违约金有明确约定的情形下，原则上有约定从约定，没有约定的可参照《商品房买卖合同解释》第 13 条的规定进行，对继续履行的违约金，在合同客观上已不存在履行条件的情形下，支持迟延履行违约金的截止时间如何确定呢？这在司法实践中是一个难点问题，如在逾期办证的情况下，守约方主张的逾期办证违约金，在房屋事实上守约方已无法取得房屋不动产权证的情形下，逾期办证的违约金计算到什么时间截止？我们认为，应当计算到守约方知道或者应当知道房屋不动产权证不能办理之日，在此之后，守约方基于诚信原则，因已明知合同无法继续履行，则不能再行主张继续履行的违约责任。

【规范指引】

《民法典》第 577–580 条、第 585 条；《商品房买卖合同解释》第 13 条。

问题 18：房屋买卖合同约定的定金不足以弥补一方违约造成的损失，对方能否同时请求赔偿超过定金部分的损失？

【案例】张某与徐州市某房地产有限公司房屋买合同纠纷案[①]

2003 年 10 月，某房地产公司开始建设橙黄时代小区。建设的房屋部分用于安置某村拆迁居民，其他部分作为商品房对外出售。2004 年 2 月 16 日，某房地产公司与张某签订《橙黄时代小区彩园组团商品房预订单》，约定张某预订某房地产公司开发的橙黄时代小区彩园组团某商品房，该房屋建筑面积预计为 123 平方米，双方约定房屋单价为 2568 元 / 平方米，签订合同时单价不变；预交购房款 50 000 元，合同签订时再交付剩余房款 258 484 元。同日，张某按上述约定向某房地产公司交纳房款 50 000 元。

拆迁安置过程中，某房地产公司将橙黄时代彩园区某号楼作为拆迁安置房对拆迁户进行了安置，并于 2008 年 3 月 19 日将其与张某签订的预订单中约定的橙黄时代小区彩园组团某商品房（89 平方米）安置给拆迁户徐某某。2010 年 1 月 21 日，某房地产公司取得橙黄时代小区彩园组团某商品房预售许可证。2010 年 11 月 16 日张某起诉，要求某房地产公司按原合同（预订单）价格赔偿不低于 90 平方米的房屋一套并赔偿其他损失 100 000 元。审理过程中，张某表示，如某房地产公司确实无房可交，要求某房地产公司一次性给付 33 万元。

一审法院认为，某房地产公司在未取得商品房预售许可时即对尚未开工建设的商品房进行出售，违反了有关规定，同时在与张某签订商品房认购单时对于上述情况估计不足，其后又将认购书中列明的房号安置给他人，致使双方失去了进一步协商并签订本约合同的可能性，双方签订的商品房预订单终止履行，对此结果某房地产公司应承担相应责任。因此，某房地产公司应将原来收取张某的 50 000 元予以退还，并应对张某承担违约责任，即某房地产公司应对张某因此而造成的损失承担赔偿责任。在违约责任中，承担责任的一方应对给对方造成的利益损失进行赔偿。某房地产公司因违约造成的损失应根据订立预订单时商品房的市场行情和现行商品房价格予以确定，综合

① 参见《最高人民法院公报》2012 年第 11 期（总第 193 期）；《人民司法 · 案例》2013 年第 8 期。

考量商品房市场的价格变动过程以及张某向某房地产公司交纳房款的数额，对于某房地产公司因违约给张某造成的损失确定为 150 000 元。

【分析】

关于定金责任。双方当事人在签订房屋买卖合同时一般会约定一方向另一方交付一定数额的定金，目的在于保证双方签订正式合同。给付定金的一方违反合同，无权要求返还定金；收受定金的一方违反合同，应当双倍返还定金。定金既是一种担保方式，又是一种违约责任形式。只有在给付定金方或者接受定金方发生违约行为时，才适用定金罚则。

关于信赖利益损失。相比损害赔偿金的补偿性，定金则具有一定的惩罚性。而且定金的适用不以实际发生的损害为前提，定金责任的承担不能替代损害赔偿。根据《民法典》的规定，当事人一方不履行合同义务或者履行合同义务不符合约定的，在履行义务或者采取补救措施后，对方还有其他损失的，应当赔偿损失。损害赔偿责任是因债务人不履行合同债务所产生的责任。损害赔偿应以赔偿当事人实际遭受的全部损害为原则。因此，定金是独立于损害赔偿的一种责任形式，二者是可以并用的。

《民法典》第 577 条中规定的承担违约责任的方式为继续履行、采取补救措施和赔偿损失，并没有支付违约金的说法。根据合同理论，违约金和损失赔偿额的计算方法可以通过当事人预先在合同中进行约定，二者在性质上都是弥补违约行为给守约方造成的损失，支付合同约定的违约金和赔偿损失均应纳入“赔偿损失”的违约责任承担方式。如果合同约定的违约金不足以赔偿实际损失的，根据《民法典》第 585 条的规定，当事人可以请求调高，所以二者不应该并存主张。在当事人同时提出两个主张的情况下，人民法院应当告知当事人作出选择，如果拒绝选择的，考虑到赔偿损失需要当事人举证证明实际损失的存在，加大了当事人举证责任，而优先适用违约金条款可以更简便、快捷地解决纠纷，故多数意见认为应当优先选择违约金条款进行处理。

故，合同约定了违约金条款，当事人就同一违约行为既主张违约金又请求赔偿损失的，人民法院应当告知当事人在二者之间作出选择。当事人拒绝选择，人民法院应当优先适用违约金条款作出处理。当事人坚持主张赔偿损失并申请损失评估的，人民法院可对损失进行调查并依法认定，也可以通过评估确定损失。在合同履行过程中，因一方违约导致合同解除，守约方请求支付违约金或赔偿房屋涨跌损失的，人民法院应予支持。违约金以房屋涨跌损失为参照标准。关于房屋涨跌损失的认定，双方在合同中约定有计算方法的，从其约定；双方经协商达成一致意见的，以双方协议为准；当事人无约定又无法达成一致意见的，可参照同地段、同期间、同楼层、同户型等与转让房屋最为类似的房屋市场成交价或政府指导价酌情确定。当事人申请人民法院委托专业评估机构对房屋涨跌损失进行评估的，可予准许。评估的基准点为守约方知道或者应当知道合同已经实际无法履行之时。依据上述方法认定房屋涨跌损失时，还应综合考虑合同的履行情况、双方的过错程度、守约方是否采取必要措施防止损失扩大、违约方因违约行为所获利益以及违约方签订合同时对因房屋价值涨跌而产生损失的预见范围等因素。

在房屋买卖合同纠纷领域，违反预约和缔约过失，违约方承担的都是守约方信赖利益的损失。预约违约损失相当于本约的信赖利益损失。一般来讲，信赖利益损失包括：缔约费用、准备履行所需费用、已付购房款及其利息和机会损失。故预约合同解除后，守约方请求违约方支付已付购房款及其利息、缔约费用、准备履行所需费用的，应予支付。在案件的处理中，通常可以综合考虑违约方的违约程度、房地产市场环境、同期房屋交易价格等因素。

【规范指引】

《民法典》第585条、第587–588条。

问题19："连环买卖"中的房产被人民法院依法执行的，次买受人对未登记在被执行人名下的房产是否享有足以排除强制执行的民事权益？

【案例】任某诉雷某申请执行人执行异议之诉案[①]

2016年8月，陈某从某房地产公司购买房屋一套，双方签订商品房预售合同并进行了备案，因某房地产公司未办理产权初始登记，该房屋未登记至陈某名下。2018年4月，陈某将案涉房屋出卖给雷某，雷某支付了全部房款并实际居住至今。因陈某尚欠任某工程款，任某将其诉至法院，人民法院于2019年8月作出调解书，确认陈某应支付任某工程款28万元。后因陈某未按期支付工程款，任某申请强制执行，法院于2019年12月裁定查封了案涉房屋。雷某对此提出执行异议，人民法院审查后裁定中止了对案涉房屋的执行。

① 参见重庆市高级人民法院（2023）渝民再275号民事判决书。

任某对该裁定不服，遂提起执行异议之诉。

重庆市开州区人民法院于2021年3月22日作出（2020）渝0154民初6142号民事判决：驳回任某的全部诉讼请求。任某不服，提起上诉。重庆市第二中级人民法院于2021年11月18日作出（2021）渝02民终1957号民事判决：（1）撤销重庆市开州区人民法院（2020）渝0154民初6142号民事判决；（2）准予对案涉房屋的执行。雷某不服，申请再审。重庆市高级人民法院于2022年5月31日作出（2022）渝民申1315号民事裁定：驳回雷某的再审申请。雷某不服，向重庆市人民检察院申诉，重庆市人民检察院向重庆市高级人民法院提起抗诉，重庆市高级人民法院依法提审，于2023年12月14日作出（2023）渝民再275号民事判决：（1）撤销重庆市第二中级人民法院（2021）渝02民终1957号民事判决；（2）维持重庆市开州区人民法院（2020）渝0154民初6142号民事判决。

【分析】

本案系因房屋连环买卖所发生的纠纷。本案争议焦点在于房屋“连环买卖”的次买受人在上一手买卖因法院查封而履行不能的情况下，无过错不动产买受人是否享有物权期待权，进而足以阻却执行。

1. 不动产买受人物权期待权的一般构成要件

我国不动产物权变动采取登记生效原则，买受人办理登记取得产权的时间往往滞后于签约或付款时间，存在过户前不动产被当作出卖人名下责任财产被强制执行的风险。针对该问题，《执行异议和复议规定》第28条赋予了不动产买受人物权期待权，并规定该权利具有排除金钱债权执行的效力，为其提供了超越债权规格的“准物权”保护。据此条款，不动产买受人物权期待权的构成要件有四，即在查封前已签订合法有效的书面买卖合同、在查封前已合法占有不动产、已支付全部或部分价款以及非因买受人自身原因未办理过户登记。在典型交易情形下，该条款的适用及要件审查标准相对较为明晰。但实践中，不动产买受人可能出于各种原因还未办理过户就将不动产再次转手，即发生“连环买卖”。在此情形下，次买受人能否享有足以排除执行的物权期待权，如何进行要件审查，值得研究。

2. 次买受人可受《执行异议和复议规定》第28条保护

有观点认为，次买受人受让的“二手权利”系债权请求权而非物权期待权，且其明知前手买受人无产权而无视风险进行交易，不应受《执行异议和复议规定》第28条保护。亦有观点主张，物权期待权与特定当事人的特定因素相关联，具有明显身份属性，不能被次买受人通过受让合同权利所承继。我们倾向认为，因为《执行异议和复议规定》第 28 条旨在避免“登记生效原则”所造成的不可归咎于买受人的制度性固有交易风险完全由买受人承担，从而损及实质公平、交易安全和秩序稳定。次买受人在查封前购置占有不动产但未办理过户的，其所享有的物权期待利益，或者承担的风险，与一般买受人并无二致。故将次买受人纳入《执行异议和复议规定》第 28 条保护范围之内合乎规范意旨。否则，势必造成新的问题。假设前手买受人未转卖或不披露转卖情况，其可以自己名义请求排除执行，而其转卖后，次买受人却不得排除执行，必然转而主张解除转售合同并要求前手买受人赔偿。此时前手买受人将处于不利境地。况且，转售合同解除后，前手买受人又将回归“物权期待权人”地位，其再以自身权利请求排除执行，仍受《执行异议和复议规定》第 28 条保护，但徒增各种成本。

3. 次买受人物权期待权的要件审查

“连环买卖”中，前后手合同的签约、付款、交付占有以及法院查封等案件事实要素相互穿插，情况异常复杂。在要件审查上，应进行综合性审查，不能割裂前后手合同之间的密切联系。具体而言：在合同要件上，需前后手买卖合同均合法有效，但仅需限定前手买卖合同必须在查封前签订。在合法占有要件上，前后手买受人任意一人于查封前已合法占有即为满足。在付款要件上，审查对象应为前手买卖合同的付款情况，即作为被执行人的出卖人是否收到价款。即便次买受人已足额支付前手买受人价款，而前手买房人分文未支付出卖人的，物权期待权显然无从谈起。在过错要件上，需同时考察未办理过户登记是否系出于前后手买受人自身原因，可归咎于任意一人的，二者均失去法律破格优待之资格。本案中，前后手买卖合同均符合《执行异议和复议规定》第 28 条要件，整体来看亦符合，故次买受人雷某有权基于物权期待权请求排除对涉案房屋的强制执行。

【规范指引】

《民法典》第 509 条、第 577 条、第 580 条；《执行异议和复议规定》第 28 条。

第五章　商品房委托代理销售合同纠纷

第一节　商品房委托代理销售合同纠纷

一、商品房委托代理销售合同纠纷的审理现状

商品房委托代理销售合同是商品房开发商将开发的商品房委托给具有商品房行业专业销售能力的中介机构进行代理销售，中介机构收取相应佣金的合同，中介机构承担的不仅是中介服务义务，往往更多地承担商品房的代理销售服务。近年来，各级法院审理商品房委托代理销售合同纠纷的基本情况为：相较于其他常见的合同纠纷，商品房委托代理销售合同纠纷总体体量较小，案件数量排在各级法院民商事纠纷的后半段。住宅类房地产开发商一般不会委托中介机构进行全权代理销售，商品房委托代理销售合同纠纷主要集中在商业用房领域，如购物广场、商业街等项目。该项纠纷的产生原因主要集中在开发商单方解除合同、开发商未足额支付佣金、开发商或中介机构违约、开发商或中介机构不当履行合同造成开发商损失等。

在该纠纷项下，诉请主要包括以下几类：一是以解除委托代理销售合同为目标，即开发商主张享有委托合同的任意解除权，诉请单方解除合同；二是以获取佣金为目标，即中介机构主张已履行完毕合同义务，佣金的支付条件已经达成，诉请开发商进行结算并支付剩余的佣金；三是以承担违约责任为目标，即开发商或中介机构主张合同相对方违反合同义务，诉请违约方按照合同约定承担违约责任；四是以赔偿损失为目标，即开发商或中介机构不当履行合同的行为造成了对方损失，对方诉请承担赔偿责任。

二、商品房委托代理销售合同纠纷的基本特点

（一）合同约定的销售模式不断迭代，案件复杂度呈上升趋势

随着房地产行业的历史演变和高速发展，实践中商品房委托代理销售的商业模式已经从最初的场内直接代理模式进化到场外直接代理模式，再至如今已经转变为包销——分销代理模式。包销——分销代理模式指随着代理商的数量和商业规模的不断发展壮大，出现一级销售代理方（包销）与二级销售代理方（分销）多层代理环节，并最终形成"开发商——包销——分销"的代理模式。此种模式是当下房地产销售行业的主流商业模式，随着销售环节的进一步细分，商业主体越来越多元并在商品房销售过程中均扮演着较为重要的角色，各主体对于合同的主动全面履行尤为重要。此外，商品房的委托代理销售过程中，我国相关法律法规存在有关商品房委托代理销售主体的专门性规定，认可了房地产开发企业（开发商）外包销售商品房的正当性，但对于商品房委托代理销售关系的具体规定较为简单，对于合同的性质、履行、佣金支付等缺乏明确的法律规定，实践中的相关行为难以监控和预先规范。除此之外，房地产行业发展迅速，利润空间较大，使得更多人加入商品房委托代理销售行列，容易出现履行不规范等情况，导致商品房委托代理销售合同纠纷出现一定的复杂性，且复杂程度随着商品房委托代理销售合同的介入主体、履行程度、行业发展态势等的变化而呈现上升趋势。

（二）纠纷案件成因单一，主要集中在开发商拒绝支付剩余佣金

实践中，商品房销售模式改变、房价上涨引发购房人的不满影响商品房销售合同履行或者房地产行业的宏观调控政策改变，都会影响商品房委托代理销售合同履行，房地产开发企业将房产委托给中介机构代理销售，作为委托方往往以代理销售方未实际提供代理服务、尚未完全履约、无法认定客户系其推介等为由，拒绝支付佣金等款项，引发商品房委托代理销售合同纠纷。因此，商品房委托代理销售合同纠纷主要为代理销售方起诉要求房地产开发企业按照合同约定支付佣金、违约金、销售溢价款、可得利益等，且纠纷类型主要有商品房委托代理销售合同的性质认定及任意解除权行使、当事人之间溢价约定及兑现、销售代理方在商品房委托代理销售合同解除后是否可主张可得利益等问题。在法律规范不明确、各地法院对于商品房委托代理销售

合同纠纷案件的审理较为混乱的背景下，房地产开发企业作为委托方具有天然优势，在商品房委托代理销售合同履行存在问题或对某些问题合同约定不明时，会优先选择采取拒绝支付佣金等款项方式避免自身损失，故而引发此类纠纷。

（三）合同是否约定、是否履约完毕、是否不当履约等问题难以认定，认定难度呈上升趋势

商品房委托代理销售环节较多，多级主体关系复杂，主体相互间合同是否约定、是否履约完毕、是否不当履约情况本身复杂，合同履约认定较为困难。实践中，合同主体履约往往采用较为便利和简单的方式，相互主体间的简单事项来往或采用电话、微信等便捷方式进行，或采用书面材料但存在形式、内容等不规范情形，合同履约情况认定的证据材料不足。此外，房地产开发企业与代理销售方签订的商品房委托代理销售合同涉及合同标的极大，委托代理销售方履行合同对外销售商品房时，来往流程及资料繁多。纠纷产生后，当事人间来往资料多且不规范等情形都将直接影响当事人在诉讼阶段的举证效果，进而影响法院对当事人是否履约的认定。当然，对于分销的末级代理销售方，往往多为小公司，公司本身多缺乏法律知识储备完善和证据意识较强的员工或法务人员，使得公司在履行合同时对于行为是否规范、履约是否符合要求等的证据资料因法律意识淡薄留存不规范或者未留存，增大法院对当事人间合同履行情况认定难度。当事人举证不充分往往导致代理销售商合同义务完成情况难以认定，实践中法院需要综合考量受托方居间作用大小、合同履行实际情况等，兼顾公平原则和诚信原则来确定履约程度。

（四）案件涉及的证据较多，时间跨度较长，结算难度大

商品房委托代理销售合同虽然对佣金结算条件多有约定，但因当事人法律意识淡薄或对合同条款理解存在差异等原因，实践中结算依据可能因双方具体履约而发生改变，如合同约定以佣金结算单或者成销确认书为结算依据，但实际履行中往往并无相关材料，却在微信记录、客户带看确认单、房屋认购书、商品房预售合同等文件中载有已售套数、销售面积、成交价格等主要结算佣金的数据，当事人间结算往往出现问题。此外，实践中房地产开发商与代理销售方签订商品房委托代理销售合同，由代理销售商代为销售并促进开发商与购房者间的交易，具体环节包括带客、身份确认、签订合同、成交

确认、各方结算、回访确认等环节，且因为商品房委托代理销售合同涉及对外销售的商品房数量大，合同履行时间跨度较长，房地产开发商与代理销售方之间的资料往来和资金流转较多。若房地产开发商与代理销售方发生争议诉至法院，案件涉及的证据往往较多，当事人间合同履行情况难以认定，也增加了法院认定当事人之间结算金额的难度。

三、商品房委托代理销售合同纠纷的审理原则

（一）诚信原则

在审理商品房委托代理销售合同纠纷案件中，应当充分运用诚信原则，制裁不守信用、见利忘义、不守合同、毁约的一方，保护诚实守信一方的合法权益。对于以自己不履行合同约定的义务，违背诚信原则，反而主张合同无效的，如商品房委托代理销售合同纠纷中开发商以包销人无房地产经营资格为由主张合同无效的，应当认真分析其是否属于恶意抗辩，不能草率予以支持。总之，审判实践中应当用好、用足诚信这一原则，充分保护诚实守信方的合法权益，促进全社会诚信体系建设和完善。

（二）鼓励交易原则

民法是调整社会交易关系的基本法律，以“鼓励交易”为价值取向。在民商事活动中，每个民商事主体都是自身利益的最佳判断者，法院对民商事主体意思表示应当给予充分的尊重，不能轻易地以司法判断替代民商事主体的自主判断。“尽可能使合同有效，不轻易认定合同无效”，不轻易否定合同效力，审慎处理合同解除及违约归责问题。实务中对于包销合同的法律性质认定仍存有不同观点，但不论是哪种观点都未直截了当否认包销合同的效力，而是对包销合同的性质进行理论探讨。法院在处理包销合同解除及违约责任问题时，亦应当秉持审慎态度，处理方式及处理结果应能有效促进经济社会发展。

（三）合同相对性原则

依法成立生效的合同，该合同关系只能发生在特定的主体之间，只有合同当事人一方能够向合同的另一方当事人基于合同提出请求的原则。即合同订立主体相对、合同内容相对、违约责任相对。商品房委托代理销售合同纠

纷中，存在三方及以上的主体，开发商与包销人之间、开发商与买受人之间、包销人与买受人之间均可能存在合同关系，因此严格审查当事人的诉讼请求，合理适用合同相对性原则，公平公正作出裁判。

四、商品房委托代理销售合同纠纷的审查要素

（一）立案审查

1. 商品房委托代理销售合同纠纷的管辖

《民事诉讼法解释》第28规定的适用专属管辖的不动产纠纷仅限于因不动产的权利确认、分割、相邻关系等引起的物权纠纷，而商品房委托代理销售合同纠纷系因房屋买卖引起不动产权属变动，属于因合同关系产生的债权类纠纷，不适用专属管辖的规定，而属于因合同纠纷提起的诉讼。当事人有合法有效的约定管辖的，按照双方约定确定管辖法院。当事人未约定管辖，由被告住所地或者合同履行地人民法院管辖。

【规范指引】

《民事诉讼法》第24条、第34–35条；《民事诉讼法解释》第28条。

2. 商品房委托代理销售合同纠纷的诉讼主体

商品房委托代理销售合同纠纷的主体一般情况下为合同约定主体。但是涉及包销的情况下，对于买受人因商品房买卖合同与开发商发生的纠纷，人民法院应当通知包销人参加诉讼；开发商、包销人和买受人对各自的权利义务有明确约定的，按照约定的内容确定各方的诉讼地位。

【规范指引】

《商品房买卖合同解释》第18条、第22条。

（二）当事人的诉辩审查

商品房委托代理销售合同是指房地产开发企业将开发的商品房委托给中介机构代理销售，并向中介机构支付酬金的合同。在商品房委托代理销售合同的履行过程中，酬金的结算支付、违约认定及违约金的支付、损失认定及损失的赔偿等是该类合同纠纷的主要争议。

1. 包销人诉请支付酬金的审查要素

包销人诉请支付酬金，具体体现为要求支付佣金、违约金、现金奖、溢价提成等，请求权基础应为《民法典》第579条。酬金的确定和支付条件一

般根据合同约定，因此开发商的抗辩一般也根据合同约定进行抗辩。抗辩理由包括但不限于包销人未实际提供代理销售服务；无法确定代理销售客户推介关系按约定不应支付酬金；尚未完全履约，支付期限尚未届满、暂不具备支付条件；已结算酬金约定支付期限尚未届满等。对于双方的诉辩，首先应当审查确定双方是合同约定条款的争议还是事实认定的争议。对于合同约定的争议，例如对有效客户的认定约定、客户保护期约定、佣金计付确认的约定等容易发生争议。由此，应当以词句的通常含义为基础，结合相关条款、合同的性质和目的、习惯以及诚信原则，参考缔约背景、磋商过程、履行行为等因素确定争议条款的含义。对于事实认定的争议，应当依照“谁主张、谁举证”的原则分配举证责任，对于当事人提交的证据法院应当按照法定程序，全面、客观地审查核实证据，认定事实。商品房委托代理销售合同对酬金结算一般都有约定，但是受限于当事人法律意识、文字表述、合同条款理解存在差异等原因，实践中结算依据可能因双方具体履约行为而发生改变。如合同约定以佣金结算单或成销确认书为计算依据，但实际履行中双方并未按照合同严格履行没有相关材料，却在微信聊天记录、客户带看确认单、房屋认购书、商品房预售合同、网络平台带看记录等文件中载有相关销售数量、销售面积、成交价格等结算佣金的数据，因此在审查诉辩双方意见时要综合考量认定。

【规范指引】

《民法典》第466条、第579条。

2. 开发商在包销模式下诉请包销人购买剩余房屋的审查要素

随着商品房市场的发展和房地产调控政策的出台，对于商品房委托代理销售的模式也在不断地变换。包销模式出现一般是在商品房处于买家市场的时候出现，出卖人为了更快地回款而选择包销模式进行售房。开发商主张包销人购买剩余房屋，包销人抗辩为履行购买义务的约定条件是否具备以及是否存在履行受限因素。此时，应当审查的要素为包销标的、包销期限、购买约定是否成就以及购买标的是否受限等。如在一定特殊时期部分城市对购房人购房资格、数量有政策限制，不得不审查购买约定是否存在履行障碍，双方能否约定变更履行方式等。

【规范指引】

《商品房买卖合同解释》第16条。

3. 包销人在包销模式下诉请开发商因自行销售房屋需赔偿损失的审查要素

开发商自行销售已经约定由包销人包销的房屋，包销人请求开发商赔偿损失的，请求权基础为《商品房买卖合同解释》第 17 条。开发商的抗辩一般为包销未禁止自行销售、包销期限已经届满、销售行为未造成损失、包销人主张损失过高、主张抵销等。此时，审查应当结合诉辩双方的意见及案件事实，审查包销标的范围、包销期限、有无销售特别约定、出卖人销售行为是否与包销人商议、是否造成损失、是否符合抵销的条件等。

【规范指引】

《商品房买卖合同解释》第 17 条。

第二节　争点整理与认定

在商品房委托代理销售合同纠纷中，争点问题主要涉及包销人资质认定、包销合同中对包销收益进行限制的效力认定、开发商与包销人单方解除权认定等问题。

争点 1：如何认定包销与整体销售的性质？

实务中对于包销合同的法律性质认定大致存在四种观点，观点一和观点二是大多数所采用的观点。

观点一：包销合同属于委托合同。持该观点的理由是包销合同的内容可以涵盖为开发商将商品房销售事务委托给包销人处理，双方对于互相的资质、市场地位、经营能力等均知悉且肯定，互相之间亦具有一定的信任基础，这符合委托合同的基本特征。同时，虽然包销人负责销售事务，但最终与购房者成立买卖合同关系的相对方仍然为开发商，因此并不具备代理的性质，而仅具有委托的性质。根据《民法典》第 933 条的规定，委托人或者受托人可以随时解除委托合同。因解除合同给对方造成损失的，除不可归责于该当事人的事由以外，应当赔偿损失，即法律规定了在委托合同关系中，委托人和受托人均享有任意解除权。

观点二：包销合同属于委托代理合同。该观点理由是包销合同关系并非典型的委托合同关系，其在前述委托的基础上，包销人可以在开发商委托权限范围内以开发商的名义销售房屋，授权范围包括自主定价、决定销售方案、优惠等事项，房屋出售给买受人后产生的合同责任由开发商向买受人承担，定义为委托代理法律关系更为准确。实践中，虽然包销合同具备了委托合同的性质，但委托合同和委托代理合同在委托事务承担以及佣金支付方式等均存在差异，如委托关系中，委托人处理事务的费用由委托人（即开发商）承担，但在委托代理关系中，销售代理的费用一般由代理人（即包销人）自行承担。而从案由认定上看，实务中包销合同纠纷大多将案由定义为“商品房委托代理销售合同纠纷”，其中虽然有“委托”二字，但其与合同法、《民法典》规定的合同仍有不同，二者在最高人民法院的《民事案件案由规定》中属于并列关系：商品房委托代理销售合同纠纷属于第82个案由中的第4项，而委托合同纠纷则属于案由规定中第104个案由，二者不存在包含与被包含的关系。作为委托合同，当事人一方可以随时主张解除合同，但因解除合同造成对方损失的，应予以赔偿。

观点三：包销合同既包含委托代理法律关系，也包含买卖合同法律关系，属于复合合同。但认可该种观点的法院较少，大多仅作为原告或被告的抗辩意见提出。观点四认为包销合同为无名合同。该观点认为既然包销合同具备双重特征，则不必固定属于某种性质的合同，应作为无名合同，遵从按照《民法典》第467条之规定。

包销合同是指开发商与包销人签订的，约定包销人支付包销价款以获得固定包销基价，并由包销人以开发商的名义在合同期限内承包销售商品房，如包销期限届满后商品房未出售完毕的，由包销人将未售完的商品房自行购入的合同。包销合同性质认定对于双方权利义务的界定及合同履行均具有重要影响。双方享有的权利和承担的义务分为约定的权利义务和法定的权利义务。包销合同约定的权利义务包括双方在订立合同时磋商明确的各种权利义务，如何约定则取决于双方的交易地位、市场环境等因素；法定权利义务指的是根据法律关系性质对应适用的法律规则所设置的权利义务，其中较为重要的如合同的法定任意解除权。如果包销合同性质被定义为委托合同，则根据《民法典》第933条规定，委托人（开发商）或者受托人（包销人）在合同履行的过程中可以随时解除委托合同，在合同并未设置约定解除权的情况下，此项为合同双方的重要权利。而包销合同双方是否享有法定任意解除权，则要视法院如何认定合同性质，以及适用何种法律。第四种观点亦获得不少认同。《民法典》中对于合同类型的定义本身是抽象的，法典是对法律关系的概括性归纳，不可能具体到每一种特征，就诉讼而言，法院在法律适用问题上的观点较为一致，大多认为包销合同属于委托合同和委托代理合同，司法实践中，即便认定为无名合同，也可以参照适用委托合同的相关法律规范，支持合同双方享有法定任意解除权。

整体销售类合同，是开发商与包销人之间框架性地约定所交易房源的套（单元）数和整体价款，并约定买受人在一定期限内完成签署买卖合同、备案和回款以及一些双方相互配合事项，该类合同的性质既不是包销合同关系也不是买卖合同关系，而是预约合同。

【规范指引】

《民法典》第467条、第933条；《商品房买卖合同解释》第20条；《民事案件案由规定》第74条。

争点2：包销人未取得房地产经营资格的，是否影响包销合同的效力？

【案例】某标点房地产行纪有限公司与戴某明商品房委托代理销售合同纠纷案[①]

某标点房地产行纪有限公司（以下简称标点公司）因与戴某明商品房委托代理销售合同纠纷一案，不服湖南省郴州市中级人民法院（2019）湘10民终3676号民事判决书决定，故申请再审。湖南省高级人民法院认为，本案争议的主要问题之一是关于包销人资质对合同效力的影响。从标点公司与戴某明签订的《房地产楼盘代理销售合同》《代理销售桂阳拱极明都补充合同》《桂阳拱极明都销售代理合同补充协议》内容来看，双方在合同中约定了房屋销售数量、佣金、溢价分成等内容，即委托方将销售的房屋事务委托代销方进

① 参见湖南省高级人民法院（2020）湘民申633号民事裁定书。

行销售，受托人即代销方按照合同约定的事项或根据委托人的指示进行活动，并收取一定费用，双方就新楼盘房屋销售建立委托与被委托代理关系明确，标点公司系包（代）销商地位。《商品房销售管理办法》第25条规定："房地产开发企业委托中介服务机构销售商品房的，受托机构应当是依法设立并取得工商营业执照的房地产中介服务机构"，该规定虽要求包销人须有房地产中介资质，但未取得房地产中介资质的公司或个人包销商品房，法律和行政法规并无禁止性规定，即现在并无法律或行政法规对于包销人或房地产销售点代理人的主体资格要求作出强制性规定，故本案中代销方的资质对本案合同效力并无影响。涉案标点公司虽未取得房地产中介资质，但其签署的包销合同仍应具有法律效力。

【分析】

目前我国关于规范商品房销售的法律规定中并无包销的内容，《商品房买卖合同解释》（2020年修正）第16–18条中规定了包销的问题，但该司法解释也并未明确包销人的主体资格问题。房地产开发商需要具备特定的主体资质，其开发建设与销售过程均受诸多法律规制，而包销作为商品房销售的一种模式，包销人是否需要具备特定主体资格，如果包销人不具备特殊主体资格，包销是否会被认定为无效？

对这一问题实务中存在不同观点。第一种观点认为，包销人应当具备房地产开发经营（销售）资格，这符合房地产开发市场准入的基本原则，有利于保护买受人合法权益，有利于规范房地产开发销售行为，如果包销人不具备开发经营（销售）资格，则合同无效。第二种观点认为，包销人应当具备房地产开发中介资格，否则合同无效。《商品房销售管理办法》规定，开发商委托中介服务机构销售商品房的，受托机构应当是依法设立的中介服务机构。故包销人应当纳入中介机构资格管理体系，取得相应的房地产经纪资格，没有相应资格属于主体不适格，合同无效。第三种观点认为，商品房包销合同是商品房销售的一种重要方式，是房地产市场传统销售方式的重要补充，对商品房的销售和流通有重要作用。商品房包销合同只要符合民事法律行为的有效要件即属于有效合同，至于主体资格问题，现行法律、行政法规并未作出明确的限制，不能因为包销方不具备某种特定资格而否认合同效力。

房地产开发领域实施市场准入，开发企业必须取得相应的房地产开发资质，并且房地产开发行为既包含工程建设也包含房屋销售，开发企业除了取得房地产开发资质以外，在销售房屋前还需要获得专门的销售经营许可，即商品房预售许可证或者商品房销售许可证。虽然这样看来，包销似乎应当纳入准入管理，但是商品房预售或销售许可，仅是对开发企业提出的许可要求，并非要求包销方申办销售许可。目前，包销作为一种商品房销售方式，法律或行政法规并未明确规定要求包销方办理某项具体经营资格。因此，不能因为包销属于商品房销售的一种方式，就推定认为包销方需要和开发企业一样取得销售许可或者经营许可。换言之，包销方不具备特定的经营资格，并不违反法律或行政法规的强制性规定。至于包销行为是否要纳入行政许可管理范畴，则属于另一维度的行政管理问题，在没有法律或行政法规作出相应主体资格规定前，不能因主体资格问题而否定包销合同效力。因此，前述第一种观点值得商榷。

《商品房销售管理办法》第25条规定，房地产开发企业委托中介服务机构销售商品房的，受托机构应当是依法设立并取得工商营业执照的房地产中介服务机构。因此，第二种观点认为包销方从事房地产销售中介服务，应当具备中介机构资格。房地产中介业务的法律性质属于居间服务，通过撮合交易双方达成交易获得佣金。商品房包销明显不同于居间服务，包销方并非居间撮合，而是以开发企业名义销售房屋，这一点最类似于委托代理；包销期满后包销方需购买剩余未售房屋，显然非居间合同应有之义。因此，以房地产中介相关规范规制商品房包销行为，属于法律适用错误问题。退一步看，即便包销需要遵守房地产中介资格管理的观点成立，但是相关强制规范的效力级别只达到部门规章，违反部门规章并不导致合同无效。

开发企业出售所开发的房屋前，需要取得预售许可或销售许可，前者是出售期房的许可，后者是出售现房的许可。预售许可或销售许可是法律为了保护不特定的购房人的合法利益，要求开发企业达到一定条件取得许可后方可销售房屋。在包销房屋情况下，开发企业并不能规避或绕开预售许可或销售许可要求。换言之，开发企业委托包销，首先应当自行取得预售或销售许可，然后才能委托包销方销售，包销方也才能以开发企业名义对外销售，因此，包销方是否具备销售资质，实际上并未减损、降低开发企业销售房屋的前置条件。在法律、行政法规并未要求包销方取得具体资格的情况下，不能因包销方主体资格问题导致合同无效。

【规范指引】

《商品房买卖合同解释》第2条；《商品房销售管理办法》第25条。

争点3：开发商将应由包销人销售的商品房擅自出售，应否赔偿包销人的损失？

【分析】

商品房包销行为的风险性决定了包销行为具有独占性和排他性，开发商和包销人签订的商品房包销合同一旦成立生效，商品房的销售权即归包销人所有，开发商不得再把商品房授权给他人销售或自行销售，否则构成违约，应承担违约责任。合同约定了违约金或者损失赔偿计算方法的，按照合同约定的方式处理。没有约定的，依照《民法典》第584条规定，当事人一方不履行合同义务或者履行合同义务不符合约定，造成对方损失的，损失赔偿额应当相当于因违约所造成的损失，包括合同履行后可以获得的利益；但是，不得超过违约一方订立合同时预见到或者应当预见到的因违约可能造成的损失。包销人请求开发商赔偿的损失包含实际发生的损失和可得利益损失。

包销人的实际损失为包销人为包销商品房所作的先期投入费用，例如广告宣传费、房屋的装修费等。包销人为包销合同项下商品房的知名度与美誉度，可能会投入一定费用进行必要的宣传，开发商擅自销售包销商品房导致包销人的目的或部分目的落空，开发商要对包销人这部分费用承担赔偿责任。需注意的是，对于实际发生的损失的赔偿责任，在认定上应当区分开发商擅自销售全部的包销合同项下房产及部分销售包销合同项下房产予以处理，如果开发商自行销售商品房的数量为包销合同项下全部商品房，那么开发商应当承担包销人投入宣传和装饰的费用，如果仅是自行销售其中一部分，那么开发商承担的赔偿数额应根据自行销售商品房占包销合同项下的商品房的比例计算。同时，开发商承担的宣传和装饰的费用赔偿损失应当是必要费用，如果是包销人营销策略的失败导致费用不必要地增加，那么这部分费用不应承担。

包销人的可得利益损失即如果履行包销合同本来可以获得的利益。要确定本应获得的利润就必须有参照价格，而价格在市场上并非绝对的稳定，参照什么样的价格，怎样参照价格确定可得利益损失，司法实务中存在较大争议。需要强调的是，可得利益损失在审判实务中通常要受到严格的限制，只有具备以下条件才能得到赔偿：（1）必须是当事人已经预见或者应当预见到的利益，即损害赔偿额不得超过违反合同一方订立合同时预见到或者应当预见到的因违反合同可能造成的损失；（2）必须是真实的、可以得到的利益；（3）利益的损失必须与违约行为有直接的因果关系；（4）必须科学合理地计算可得利益的损失数额。

实践中，开发商自行销售包销人包销的房屋，应区分不同情况予以处理：（1）以高于包销人销售的价格出售：开发商应将销售溢价作为包销人的损失支付包销人，溢价是多少，就应赔偿多少。（2）以高于包销基价但低于包销人销售的价格出售：由于市场的因素，包销人销售的房屋价格不一定是一样的，可能有高，也可能有低。如果开发商的销售价格在包销人销售的平均价以上（这里指包销基价以上的价格），可以将溢价作为损失赔偿包销人；如果开发商的销售价格低于包销人销售的平均价，应参照包销人已售房屋的平均价格予以赔偿。（3）以包销基价出售或低于包销基价的价格出售：开发商出于某种原因，将房屋低价出售，严重侵害了包销人的利益，应参照包销人已售房屋的平均价格予以赔偿；如果包销人尚未售出房屋，则应参照市场同等房屋的销售价格，对包销人的损失予以赔偿。上述处理办法中，参照包销人已售房屋的平均价格和市场同等房屋的销售价格对包销人的损失予以赔偿，是因为开发商将房屋交由包销人销售，其已取得房屋的价款即包销基价，包销人以包销基价以上的价格进行销售，目的在于获取销售价与包销价之间的差额，开发商将包销房屋自行出售，侵害了包销人的合法利益，理应对包销人损失的可能得到的利益进行赔偿。但由于包销人对于每一套房屋的销售价格往往是不确定的，尤其是房屋尚未售出时，将来可能以什么价格售出是不可预知的，包销人既然通过包销获取了对房屋的销售权，包销房屋以什么价格售出是包销人自己的事情，即使以低于包销基价出售，其差额部分也是包销人自己承担，开发商无权干涉。而开发商擅自出售已由包销人包销的房屋，则是违反了包销合同的约定，应从公平原则出发，结合实际情况，对包销人的可得利益损失予以合理赔偿。

以上论述是当事人违约但合同继续履行前提下，开发商自行出售已由包销人包销的房屋，开发商应对包销人的损失进行赔偿的情况。当由于开发商将已由包销人包销的房屋的大部或全部自行销售，致使包销人包销房屋、获取包销差额利益的目的无法实现，包销合同被解除时，包销人也可以请求开发商对其损失进行赔偿，开发商对包销人的损失赔偿原则和内容与前述相同。如果包销人已将包销款支付，开发商应将包销款予以返还；尚未支付的，包销人不再予以支付。

【规范指引】

《民法典》第 548 条;《商品房买卖合同解释》第 17 条。

争点 4：包销合同中对包销收益进行限制的效力如何认定?

【案例】北京青某房地产经纪有限公司与北京晨某房地产开发有限公司商品房委托代理销售合同纠纷案[①]

2009 年 6 月 13 日，北京晨某苑房地产开发有限公司（以下简称晨某苑公司）与北京青某房地产经纪有限公司（以下简称青某公司）签订《包销与代理协议》，就晨某苑住宅小区项目包销与代理事宜达成本协议，约定青某公司独家包销协议约定包销范围内的房屋，协议中还对销售酬金的计取方式、结算方式、违约责任等相关事宜进行了明确约定。其中，第 10 条“销售酬金的计取”约定“别墅销售酬金由销售提成酬金与溢价分成酬金两部分组成，销售提成酬金按实际销售建筑面积与销售基价所计算的房款的 2% 计取，若实际成交价格高于销售基价时，另以实际成交价格与销售基价之间的差价房款的 50% 计取溢价分成酬金；一层商业销售酬金由销售提成酬金与溢价分成酬金两部分组成，销售提成酬金按实际销售建筑面积与销售基价所计算的房款的 2% 计取，若实际成交价格高于销售基价时，另以实际成交价格与销售基价之间的差价房款的 20% 计取溢价分成酬金”。青某公司认为，青某公司完成了全部销售任务，晨某苑公司应当支付相应款项。晨某苑公司认为，双方的佣金结算应该按照相关部门规章的规定，以成交总价款的 2.8% 为限。

【分析】

国家发改委、住建部联合发布的《关于放开房地产咨询收费和下放房地产经纪收费管理的通知》要求，下放房地产经纪服务收费定价权限，由省级人民政府价格、住房城乡建设行政主管部门管理，各地可根据当地市场发育实际情况，决定实行政府指导价管理或市场调节价。但实践中，此类案件的当事人往往在合同中约定高于政府指导价的酬金，合同履行中又以该约定违反行政强制性规定为由请求法院判定超过政府指导价部分条款

① 参见北京市高级人民法院（2018）京民终 596 号民事判决书。

无效。

司法实践中的主流观点认为，政府指导价的规定属于部门规章或者行政规范性文件范畴，是政府在履行管理市场的行政职能，而并非使合同无效的“法律、行政法规”，因此，不能据此否定当事人之间基于合意签订的合同的效力。

同时，包销合同中对包销收益进行限制的效力认定，还需要基于民法典的基本原则以及相关法律规定进行判断。一般来说，缔约主体有权自由约定合同条款，包括对收益的限制，但这些约定必须符合以下几个关键要素：一是合法性，任何合同条款，包括对收益的限制，都必须符合法律规定。如果某项条款违反了法律的效力强制性规定，那么该条款可能被认为无效。二是公平性和合理性，合同中的条款应当是公平合理的。如果对包销收益的限制过于苛刻或不公平，导致一方承担不合理的风险或损失，这样的条款可能会被法院视为无效。三是明确性，收益限制的条款应当明确且易于理解，以便于当事人准确理解其权利和义务。四是自愿性，合同的签订应基于缔约主体的真实意愿，没有胁迫、欺诈等不当行为。

本案中，一、二审法院均认为，包销合同是指开发商与包销人之间订立商品房包销合同，约定开发商以包销基价，将其开发建设的房屋交由包销人以开发商的名义进行销售，包销期满，对包销人未销售的房屋由包销人按照合同约定的包销价格购买的行为。包销人赚取的是包销基价与销售价之间的差价。包销的法律关系不同于代理关系，也不同于中介服务关系，其风险远大于代理关系和中介服务关系。包销人根据市场情况，对房屋的销售定价，不受国家对商品房中介、经纪佣金收费标准的限制。且北京市物价局、北京市房屋土地管理局《关于房地产中介服务收费的通知》中有关 2.8% 上限的规定主要针对二手房交易提供中介服务的情形。故本案包销酬金不应适用北京市物价局、北京市房屋土地管理局《关于房地产中介服务收费的通知》规定中 2.8% 的上限。

【规范指引】

《民法典》第 153 条。

争点5：开发商擅自销售包销商品房，包销人是否具有单方解除权？

【案例】武汉新某房地产代理有限公司与武汉中某房地产开发有限公司商品房委托代理销售合同纠纷案①

2013年3月1日，武汉新某房地产代理有限公司（以下简称新某公司）与武汉中某房地产开发有限公司（以下简称中某公司）签订一份《包销协议书》约定，由新某公司包销中某公司开发的某商品房项目，中某公司不得自行委托其他单位或个人销售该项目。该协议达成后，新某公司依中某公司的指令将500万元履约保证金支付至中某集团公司账户内，并积极组织项目营销。同年7月，因地铁项目征收拆迁就近安置的需要，中某公司将该房屋整体出售给武汉市江岸区人民政府。2014年1月17日，新某公司与中某公司、中某集团公司签订《关于中某国际晶K4商品房项目补充协议书》，约定于2014年4月30日前返还保证金500万元，并补偿新某公司600万元。如不能履约，则按《包销协议书》的相关条款承担相应责任。但该协议签订后，中某公司及中某集团公司并未履行相应支付义务。原告新某公司认为，中某公司将本应由新某公司包销的房屋另售他人，属于违约行为，依法应承担违约责任。被告中某公司认为，由于政府系为安置拆迁户而与中某公司签订的购房合同，故中某公司不存在违约。原告新某公司认为，双方签订的《包销协议书》约定中某公司不得自行销售或委托其他单位或个人代理该项目的房屋销售，但中某公司却在未通知新某公司的情况下，将涉案房屋全部自行销售给某区城乡统筹发展工作办公室。中某公司的该销售行为，属民事交易行为，不属于行政行为。涉案的房产属于商品房，不属于拆迁还建房屋，中某公司的上述行为属违约行为。双方就此争议诉至法院。

【分析】

《商品房买卖合同解释》第17条规定，出卖人自行销售已经约定由包销人包销的房屋，包销人请求出卖人赔偿损失的，应予支持，但当事人另有约定的除外。通常情况下，双方当事人都会在包销合同中约定“不得指定其他代理销售商或自行销售包销房屋，否则应当承担相应责任”的条款，开发商

---

① 参见湖北省高级人民法院（2015）鄂民一终字第00192号民事判决书。

私自出售包销房屋的行为违反合同约定。但司法实践中，能否认定包销人具有单方解除权仍存在一定的争议。

一种观点认为，开发商私自出售包销商品房的行为构成违约，开发商和包销人一旦签订商品房包销合同，整个包销商品房的销售权即为包销人所享有，开发商不得再把该商品房委托给其他主体销售，也不得擅自自行销售。这种独占销售的权利是包销人的合同权利，应依法予以保护。如果开发商擅自对外销售被包销的商品房，将使包销人获得包销溢价的缔约期待落空，其合同目的也无从实现。因此，只要开发商有私自出售包销房屋的行为，无论出于什么目的，销售的数量多少，包销人均具有单方解除权。

另一种观点认为，开发商只有擅自销售包销商品房达到一定数量，并且对包销人的履约造成实质性影响的，才能构成根本违约，包销人才具有单方解除权。

我们倾向认为，开发商销售包销商品房是否构成根本违约，包销人是否具有单方解除权，需要考察两个方面：一方面是违约部分的金额与整个合同价金之间的比例；另一方面是违约部分与合同目的实现之间的关系。以上两点也可以简单概括为"数量"及"质量"的问题。数量上一般是开发商擅自销售大部分包销商品房；质量上应考虑开发商销售包销商品房在整体包销合同的商品房中是否优惠，以及对于包销人以后销售的影响程度。

本案中，一审法院认为中某公司将本案所涉标的物整体出售给某区城乡统筹发展工作办公室后，其未能严格履行包销合同中关于"不得指定其他代理销售商进行销售，亦不得自行销售包销房屋"的约定，从而导致新某公司无法实现合同目的的违约行为属根本性违约。中某公司认为，该出售行为是因某区政府拆迁还建住房的需要，政府出面协调将洪山区徐东村 K4 项目商品房销售给政府作为拆迁安置住房。但在本案一、二审期间，中某公司并未向法院提交涉案的包销房产属于政府拆迁还建安置房产的相关证据，其二审委托代理人在本案二审庭审中也确认涉案房产并不属于政府拆迁还建安置房产，故中某公司向某区城乡统筹发展工作办公室的销售行为，其合同内容及目的仅涉及商品房买卖，至于买受人购得房产后的用途，与中某公司的销售原因并无关联性。中某公司以买受人购买房产后的用途作为合同违约的免责事由，缺乏合同依据和法律依据。故二审仍然支持一审的判决，认定中某公司构成违约。

关于新某公司主张的损失应否支持的问题。《商品房买卖合同解释》第17 条并没有对损失的具体构成进行规定。根据《民法典》第 584 条的规定，包销人请求开发商赔偿的损失包括实际损失和可得利益损失。从实践中看，包销人的实际损失首先应包括开发商销售房屋超出包销价格的溢价，因为包销人对包销房屋享有专销权，开发商自行将包销房屋售出，使包销人失去售房的机会和获取销售溢价的利益，这部分溢价应作为包销人的损失由开发商予以赔偿；其次应包括可能产生的其他损失，如包销人为了使包销房屋全部卖出和卖出更高的价格，往往会对房屋的销售先期进行投入，主要是广告宣传和房屋的装修等，如果开发商自行将包销房屋售出，也应对包销人在房屋上的这些投入作为损失予以赔偿。如前文所述，可得利益损失在审判实践中通常要受到严格的限制。

本案中，一审认定新某公司损失时，主要从新某公司因履行案涉包销合同而进行的营销策划工作，人员、资金的投入，以及包销人佣金损失等方面进行考虑，同时参照了中某公司同类同地段商品房的备案价格，综合得出了赔偿金额。二审法院在审理后也对此种计算方式表示支持。关于新某公司能否主张解除包销合同的问题。包销人是否可以解除合同，主要取决于合同条款和适用的法律规定。首先，需要检查包销合同中是否有关于违约和解除合同的条款。如果合同明确规定了在特定违约情况下一方有权解除合同，那么包销人可以依据这些条款行使解除权。其次，根据法律规定，如果当事人一方违约，影响合同基本目的的实现时，非违约方也可以依照法律规定解除合同。即开发商将已由包销人包销的房屋的大部分或全部自行销售，致使包销人包销房屋、获取包销差额利益的目的无法实现时，根据《民法典》第563条“当事人一方迟延履行债务或者有其他违约行为致使不能实现合同目的”的规定，另一方当事人可以解除合同的规定，对包销人请求解除包销合同的，应予支持。同时，包销人还可以根据《民法典》第566条“合同解除后，尚未履行的，终止履行；已经履行的，根据履行情况和合同性质，当事人可以请求恢复原状或者采取其他补救措施，并有权请求赔偿损失”之规定，还可以请求开发商赔偿损失。在包销合同解除的前提下，开发商对包销人的损失赔偿原则和内容与前述相同。本案中，基于涉案包销合同已无法实际履行的客观状态，结合当事人均于本案中表达了同意解除该合同意愿的情形下，一审法院对于新某公司要求解除案涉包销合同的主张予以支持。

【规范指引】

《民法典》第563条、第566条、第584条；《商品房买卖合同解释》第17条。

争点6：包销人未按合同约定的价格销售商品房，应否承担违约责任？

【分析】

实践中，包销人与开发商在合同中约定的销售包销商品房的价格标准，通常可划分为底价包销和按比例包销两种包销方式。底价包销是指开发商欲将包销房屋确定一个最低价格，交由包销人包销，包销人以上述底价与开发商结算，包销人以高于底价的价格售出房屋所获差价作为包销利润归己所有；包销人以低于底价的价格售出房屋的差价作为包销亏损自己承担。按比例包销是指开发商对包销房屋先确定一个最低价格，然后以此价格为底线确定一个提成比例而与包销人签订包销协议，包销人以高于上述底价而售出包销房屋所获差价按双方确定的比例提成后余款归开发商所有。关于包销人不按包销合同约定价格销售商品房，应否承担违约责任问题，司法实践中存在不同观点：一种观点认为，只要包销人不按包销合同约定价格销售商品房，就应当承担违约责任。另一种观点认为，只要包销合同中包销人没有自愿放弃自己根据市场需要适当调整售房价格的权利，则包销人不按包销合同约定价格销售商品房，不应当承担违约责任。

根据包销合同，包销人无论是否能将商品房售出，都应按合同约定向开发商付款，对未出售的商品房应由自己购入。因此，我们倾向认为，只要没有违反合同约定，包销人根据市场需求和预测，自动调整销售价格，自愿承担亏损风险，是其自身权利。如果以超过包销基价的价格出售，则该超额利润部分归包销人所有；如果以包销基价的价格出售，则根据双方的约定按比例提取应得部分利润；如果低于包销基价出售造成开发商预算利润损失，则包销人应向开发商补偿该部分损失。

但如果双方另有特别约定，则应当从其约定。如包销合同中约定："包销人向开发商付款时交还相应数额，已签订的正式购房合同如果开发商发现包销人低价售房时，开发商有权追究包销人的违约责任，并有权终止合同。"该条款是双方真实有效的约定，包销人自愿放弃自己根据市场需要调整售房价格的权利，应属有效。据此，包销人就只能按照双方约定的包销价出售商品房或在征得开发商同意后才有权对销售价格作出相应调整。

第三节　法律适用中的疑难问题

问题1：销售方与委托方均主张未掌握结算材料，且现有证据材料不足以完成结算时，对佣金支付条件是否成就的举证责任如何确定？

【案例】上海某网络科技发展有限公司与某置业有限公司商品房委托代理销售合同纠纷案[①]

2016年至2017年，上海某网络科技发展有限公司（以下简称某发展公司）与某置业有限公司（以下简称某置业公司）签订多份房屋委托代理销售合同，由某发展公司代理销售该置业公司的房地产项目，双方约定原告可得佣金按照约定考核周期内签约总额单独计算，并明确了佣金计算标准、结算支付条件，约定某发展公司员工在客户到达项目案场后，必须在前台当面填写《中介客户看房确认单》，《中介客户看房确认单》必须经过客户本人签字、带看发展公司员工签字、现场接待的销售员签字、现场经理签字、拓展中心对接人签字后，该组客户方为有效带看客户，其中客户签字处必须与其签订的《商品房买卖合同》签字一致。2017年6月开始，两公司就约定的某房地产项目问题单的佣金结算问题多次协商，在微信记录中，某发展公司员工按照该置业公司要求准备结佣材料，制作未结佣的问题单清单，某发展公司提交《某房地产项目中介带看三方确认单》拍照件一份，其中客户签名一栏为"王某1"；中介公司名称一栏为"某发展公司"；现场确认一栏有渠道经理、接待销售的签名，同时还有报备微信群截图一份，其中载明，客户王某2；公司"某发展公司"；看房时间2016年10月3日；看房人数4人含业务员。2016年11月12日，该置业公司（出卖人）与王某1、李某（买受人）签订《商品房屋买卖合同（预售）》，其中约定，买受人购买涉案房屋，预测建筑面积77.79平方米，房屋总价821 986元。2021年1月28日，涉案房屋权利人登记为王某1、李某共同共有；建筑面积为79.81平方米。某发展公司主张

① 参见上海市长宁区人民法院（2022）沪0105民初5260号民事判决书。

上述房屋成功成交，要求该置业公司按照约定支付佣金，该置业公司对发展公司主张的佣金计算方式无异议，但认为某发展公司提交的结算材料非原件，不认可其真实性，且该复印件上缺少现场行政、业务经理、管理经理的签名，故不能证明涉案房屋由某发展公司带看并促成交易，结算条件未成就，无须支付佣金，双方未能就佣金结算事宜达成一致合意，就此争议诉至法院。

【分析】

本案中，关于是否达到结算条件的问题。某置业公司主张现有证据系复印件，现有证据不能证明已达到结算条件，故无须支付佣金。置业公司是否应当支付发展公司相应的佣金，取决于三方面的问题：一是合同约定方面，是否约定相应的结算材料由哪一方当事人保管；二是交易习惯方面，通过其他证据、双方陈述等能否认定结算材料的原件由哪一方当事人保管；三是举证责任方面，一方提交的证据是否足以证明相关事实，从而引发了举证责任的再次调整分配。鉴于在商品房委托代理销售合同履行中，成交单等结算材料一般由委托方持有，但能否在销售方仅提交复印件时认定达到支付条件，司法实践中存在分歧。

第一种观点认为，双方当事人基于商品房委托代理销售合同建立了合同关系，均是具有一定专业能力的公司，系关系平等的商事主体，对自己的合同权利有关的相应证据材料原件，有责任自行妥善保管，故对于举证责任应当严格遵循“谁主张、谁举证”原则，销售方主张履行了合同义务，成功促成了交易，要求委托方支付相应佣金，则应当提交充分的证据予以证明，若仅提交复印件，未提供原件，则不能认定复印件的真实性，也不足以证明销售方成功促成交易的事实，销售方要求委托方支付相应的佣金，不应予以支持。

第二种观点认为，“谁主张、谁举证”仅是民事诉讼中举证责任分配的一种通俗说法，不应做绝对化的理解，举证责任分配需要结合诉讼主张所涉法律规范的性质以及关联性进行分配，并结合不同的诉讼阶段情况予以调整。销售方虽直接参与促成委托方房屋的销售，但不能当然地推导出销售方能够留存相应的结算材料原件，若双方当事人签订的商品房委托代理销售合同中约定了结算材料原件的保管方为委托方，或通过其他证据能够认定双方的交易习惯为结算材料原件由委托方保管，那么销售方仅持有结算材料的复印件则具有合理性，此时，若销售方持有的结算材料复印件能够与其他的证据（如买卖合同、过户信息等）相互印证，能够证明该复印件的真实性具有高度盖然性，则根据《民事诉讼法》第 67 条第 2 款“当事人及其诉讼代理人因客观原因不能自行收集的证据，或者人民法院认为审理案件需要的证据，人民法院应当调查收集”的规定，法院可以要求委托方提交结算材料的原件，若委托方称已经遗失或并未保管该材料原件，根据《民事诉讼法解释》第 108 条第 1 款“对负有举证证明责任的当事人提供的证据，人民法院经审查并结合相关事实，确信待证事实的存在具有高度可能性的，应当认定该事实存在”的规定，可以认定复印件的真实性，若该复印件与其他证据足以证明销售方履行了合同义务，促成了交易，则委托方应当支付相应的佣金。

我们认为第二种观点更为合理，如果商品房委托代理销售合同对结算材料的原件保管进行了特别约定的，则适用该约定，在无特别约定的情况下，若有其他证据证明结算材料的种类和样式，同时证明原件由委托方持有，则法院有权要求委托方提交结算材料原件以查清事实，若委托方无法提交应当作出合理的说明，此时，若销售方提交的结算材料复印件符合双方约定的结算材料种类及样式，并且能和其他的证据相互印证，则已经完成了举证责任，此时应当由委托方提交反证来推翻该复印件的真实性，若委托方既未提交结算材料原件，也未作出合理说明，同时也未提交反证推翻销售方的复印件的真实性，应当承担举证不利的法律后果，则应当认定销售方结算材料的真实性。同时，最终是否支持销售方的佣金主张，还是要回归到销售方提交的证据能否证明其履行了合同义务，委托方应支付佣金。若认定了销售方提交的材料的真实性，根据合同约定仍然不足以达到销售方的佣金诉求，则也不应支持。

本案中，法院认为，原被告签署的代理销售合同，系双方真实意思表示，未违反法律、行政法规的强制性规定，双方应当恪守合同约定，全面履行合同义务。双方主要争议在于：该成交客户是否满足结佣条件。按照双方合同约定，原告在履行代理销售事务中，应当履行微信报备、填写客户确认单、促成客户签约等合同义务。虽然原告提供的客户确认单非原件，但能与微信报备信息、商品房预售合同、产权登记信息相互印证，证明涉案房屋由原告带看并促成交易，已符合合同约定的结佣条件，故被告应向原告支付相应佣金。关于佣金数额，因被告对原告主张的佣金计算方式不持异议，故本院认定被告需向原告支付佣金 33 547 元。

【规范指引】

《民事诉讼法》第 67 条；《民事诉讼法解释》第 108 条。

问题 2：包销期满后剩余房屋如何处理？

【分析】

《商品房买卖合同解释》第 16 条规定："出卖人与包销人订立商品房包销合同，约定出卖人将其开发建设的房屋交由包销人以出卖人的名义销售的，包销期满未销售的房屋，由包销人按照合同约定的包销价格购买，但当事人另有约定的除外。"根据该规定，包销期满，未销售的房屋原则由包销人按包销基价购买，开发商与包销人之间由原来的包销关系转化为一种买卖关系。

但有两种例外情形：一是开发商存在过错，违约在先，如开发商没有在合同期内取得商品房预售许可证或者因开发商其他纠纷导致包销房屋被法院查封等情形，致使包销合同无法履行；二是当事人另有约定，主要是指开发商与包销人在包销合同中明确约定包销期满包销人将剩余房屋退还开发商的情况。这种情况下，包销人没有包销的风险，但包销人仍然是以包销价格得到包销房屋的销售权，仍然可以自主决定对外销售的价格，以最大限度赚取包销基价与销售价之间的差额，只是根据开发商与包销人双方之间的合意，将包销人购入剩余房屋的风险转移，这种转移风险的包销具有了更多代理的性质，但仍不同于商品房代销行为，因为代销商不需先行支付房款，也不能自主确定房屋销售的价格，代销人赚取的只是代理的佣金，而非房屋的销售差价。如果认定开发商与包销人之间的包销关系成立，即使双方在合同中没有约定对包销人尚未销售的剩余房屋如何处理，或者虽有约定，但约定不明，仍应由包销人购入全部的剩余房屋。

【规范指引】

《商品房买卖合同解释》第 16 条。

问题 3：包销纠纷中诉讼主体如何确定？

【案例】陈某豪、吴某珍诉成都中某银商业管理有限公司、肖某、丁某芹房屋买卖合同纠纷案[①]

肖某（乙方）与恒大某公司（甲方）签订《（成都恒大某广场）商品房认购书》，约定乙方自愿向甲方认购成都恒大某楼盘。2019 年 8 月 4 日，肖某（甲方、转让方）与陈某豪、吴某珍（乙方、受让方）以及成都中某银商业管理有限公司（以下简称中某银公司）（丙方、居间方）签订一份《协议书》，协议约定：甲方通过合同方式取得成都市金牛区马鞍南街 9 号商业部分《房屋认购合同》《整体购房协议书》《商品房买卖合同》受让方的权利，能自行对该房屋行使处分权；乙方请求甲方将协议约定房屋的《商品房买卖合同》买受人合同权利义务转让至乙方名下，乙方受让《商品房买卖合同》权利义务，成为商品房买受人；丙方为合法成立的房地产专业营销代理机构，具有合法房屋销售代理资质，在履行本协议过程中，为乙方提供此次购房的全程服务等。同日，陈某豪、吴某珍作为承诺人出具一份《购买商铺无异议承诺书》，内容为：案涉房屋《协议书》，实际成交价为 5 291 200 元，备案价为 2 775 472 元，二人愿意合理避税降低购房成本，知晓并自愿与开发商签订《商品房买卖合同》时备案价格低于《协议书》的合同价格，差额部分包括中某银公司转让该房屋本协议的权利义务对价款、销售服务费、反担保等相关费用，二人均已全部认可相关费用等。上述协议签订后，陈某豪、吴某珍先后转账支付 5 291 200 元，其中 405 万元系转账至丁某芹名下，另 1 241 200 元转账至中某银公司名下。中某银公司于 2019 年 8 月 16 日向陈某豪、吴某珍出具一份收款收据，金额为 2 515 728 元。后陈某豪、吴某珍认为中某银公司从未报告与订立《协议书》有关的事实甚至隐瞒重要事实，主张中某银公司返还其已支付“红星里”转让价款、中介费 2 515 728 元。中某银公司则认为陈某豪、吴某珍购买案涉商铺的价格是 5 291 200 元，并非陈某豪、吴某珍所说的 5 291 200 元减去 2 515 728 元，故不同意退还。

【分析】

根据合同相对性原则，因包销合同发生的纠纷，诉讼主体为出卖人与包

---

① 参见四川省成都市金牛区人民法院（2023）川 0106 民初 22475 号民事判决书。

销人。因买卖合同发生的纠纷，诉讼主体为出卖人与买受人，尽管商品房买卖合同是包销人出面与买受人签订的，但因包销人是以出卖人名义与买受人签订的合同，而且商品房买卖合同的主体仍是出卖人，因此，买卖合同纠纷的诉讼当事人应当为出卖人和买受人。但如果出卖人、买受人、包销人三方在买卖合同中约定包销人与出卖人共同承担合同义务，包销人也应作为当事人参加诉讼。

关于出卖人、买受人、包销人的诉讼地位。《商品房买卖合同解释》（2020年修正）第18条规定："出卖人、包销人和买受人对各自的权利义务有明确约定的，按照约定的内容确定各方的诉讼地位。"如果没有约定，包销人作为具体为民事行为的人，与案件有直接的利害关系，案件的处理结果往往涉及返还购房款、赔偿损失等，因而可将包销人作为共同被告。因为开发商与买受人为直接的合同关系，合同的相对方为开发商而非包销人，收取购房款的权利本属于开发商，包销人收取购房款是开发商基于包销合同而进行的权利转让。当各方因买卖合同的履行发生纠纷时，根据合同相对性原则，应将开发商列为第一被告，将包销人列为共同被告。

本案中，买受人为陈某豪、吴某珍，包销人（中介方）为中某银公司，出卖人为恒大某公司和肖某。本案系买受人、包销人、出卖人之间商品房买卖合同纠纷，还涉及包销领域存在一种合同权利义务转让模式，且陈某豪、吴某珍主张其退还备案价款与实际支付价款差额部分。故本案中，买受人陈某豪、吴某珍作为原告，包销人（中介方）中某银公司和出卖人肖某作为被告，恒大某公司未参与诉讼。

【规范指引】

《商品房买卖合同解释》第18条。

第六章　经济适用房转让买卖合同纠纷

第一节　经济适用房转让买卖合同纠纷概述

一、经济适用房转让买卖合同纠纷的审理现状

经济适用房转让买卖合同是指经济适用房的卖方与买方之间，就经济适用房的买卖事宜达成的协议。这份合同详细规定了双方的权利和义务，确保交易的顺利进行。其内容一般包括：（1）拟买卖房屋基本信息，房屋的具体位置、面积、结构、用途等。（2）房屋价格及支付方式，合同中应明确房屋的销售价格、付款方式、付款时间等，确保双方对交易金额和支付方式有明确的约定。（3）房屋交付与产权转移，合同中应明确房屋的交付时间、交付方式、产权转移方式等，确保买方能够按时、按约定获得房屋产权。（4）违约责任，合同中应明确双方在交易过程中可能出现的违约行为及相应的违约责任，包括违约金、赔偿方式等。

二、经济适用房转让买卖合同纠纷的基本特点

1. 政策性强。经济适用房是政府为了解决低收入家庭住房问题而推出的政策性住房，其买卖受到政府严格监管，涉及诸多政策规定。

2. 合同复杂程度高。经济适用房买卖合同通常包含更多与政策相关的条款，如购房资格、房屋转让限制等，使得合同内容相对复杂。

3. 转让存在限制。经济适用房在转让时往往受到一定限制，如转让时间、转让对象等，这些限制容易引发纠纷。涉及多方利益：经济适用房转让往往涉及购房人、开发商、政府等多方利益，利益冲突容易导致纠纷。

4. 法律适用特殊。由于经济适用房政策的特殊性，其买卖合同纠纷在法律适用上也可能具有特殊性。

三、经济适用房转让买卖合同纠纷的审理原则

1. 依法保护合同当事人的合法权益。法院在审理经济适用房转让买卖合同纠纷时，应当依法保护合同当事人的合法权益，确保各方当事人的合法权益得到公平、公正的处理。

2. 遵循合同约定。在审理过程中，法院应当遵循合同约定的内容，尊重当事人的意思自治，依法认定合同的效力，并按照合同约定处理纠纷。

3. 考虑经济适用房政策的特殊性。由于经济适用房是政府为了解决低收入家庭住房问题而推出的政策性住房，其买卖合同纠纷在审理时应充分考虑经济适用房政策的特殊性，遵循相关政策法规的规定。

4. 维护社会公共利益。经济适用房政策旨在保障低收入家庭的住房权益，因此，在审理经济适用房转让买卖合同纠纷时，法院应当维护社会公共利益，防止因个人利益损害社会公共利益的情况发生。

5. 注重调解和协商。在审理经济适用房转让买卖合同纠纷时，法院应当注重调解和协商，促进当事人之间的和解，化解矛盾，维护社会和谐稳定。

四、经济适用房转让买卖合同纠纷的审查要素

经济适用房转让买卖合同纠纷的审查要素主要包括以下几方面：一是合同有效性。审查合同是否符合法律法规的规定，是否存在无效或可撤销的情形，如欺诈、胁迫、显失公平等。二是买卖双方资格。审查卖方是否为经济适用房的所有权人，是否具备转让资格；买方是否符合经济适用房的购买条件，如家庭收入、住房状况等。三是房屋权属。审查房屋的权属是否清晰，是否存在产权纠纷或抵押等情况，确保买方能够取得完整的产权。四是合同履行情况。审查双方是否按照合同约定履行了各自的义务，如买方是否按时支付了房款，卖方是否按时交付了房屋等。五是违约责任。审查双方在合同中约定的违约责任是否明确、合理，是否存在违约行为，如延期交付、房屋质量问题等，并评估违约责任的承担方式和范围。六是政策规定。审查经济适用房转让是否符合相关政策和法规的规定，如转让时间限制、转让对象限制等。七是证据材料。审查双方提供的证据材料是否真实、完整、合法，能否支持各自的诉求和主张。

在该纠纷项下，诉请主要包括两类：一是出卖人诉请返还房屋；二是买

受人诉请继续履行合同。

（一）出卖人诉请返还房屋

其请求权基础可能有两种：一是基于《民法典》第562–563条规定，主张合同有效，但基于法定解除、约定解除、协商一致解除等情形解除合同；二是基于《民法典》第153条、第157条规定，主张合同无效，要求返还房屋。买受人可能存在的抗辩为合同有效，出卖人不享有解除权。首先，应当主动审查经济适用房转让买卖合同的效力，合同是否存在违反法律、行政法规的强制性规定的情形，是否存在可撤销的情形，如重大误解、欺诈、胁迫、显失公平等。其次，若合同有效，应当审查买受人是否存在违约行为，出卖人是否享有解除权，主张解除合同是否超过法律规定的除斥期间，进而评估应否解除合同及相应违约责任的承担。若合同无效，则应当审查双方当事人在签署及履行合同中各自的过错，以及因合同无效造成的损失。

【规范指引】

《民法典》第153条、第157条、第562–563条。

（二）买受人诉请继续履行合同的审查要素

原告继续履行合同的请求权基础为《民法典》第509条及合同约定。首先应审查合同效力，在合同有效的情况下才具有继续履行的基础。其次，审查是否具有继续履行的条件，例如原告诉请办理过户，但因政策原因等房屋不具备办理过户条件，则无法判决继续履行，可向当事人释明是否解除合同。最后，审查原告是否已经履行了义务，被告以原告未履行相关义务为由而中止履行或拒不履行的抗辩权是否成立。

【规范指引】

《民法典》第509条。

第二节　争点整理与认定

经济适用房买卖合同的主要争点集中在，经济适用房的性质认定是以产权登记为准还是以实际为准，集资房购房指标转让协议的效力认定，以及未满 5 年上市交易时间的合同效力认定问题。

争点 1：单位集资房购房指标转让协议的效力如何认定？

【案例】刘某诉陈某、南航公司确认合同无效纠纷案①

刘某与劳某于 2005 年 12 月 19 日登记结婚。2009 年 5 月 15 日，劳某与南航公司签订《南航深圳公司集资建房申购协议书》，约定劳某申购 90 平方米以下的集资房。2010 年 12 月 24 日、2013 年 3 月 7 日，劳某分别出具证明，载明南航集资建房，刘某出资 10 万元和 5 万元。

2015 年 3 月 21 日，劳某与陈某签订《集资房指标转让及房产代持协议》，约定劳某将集资房申购名额指标转让给乙方，因房屋尚未建成，还未选房，因此楼层、房号后定；由于该集资房名额基于劳某员工身份，购房名额指标转让后，仍需劳某出面并以劳某名义选房及签订合同，劳某需无条件配合陈某选房、签订合同及在未来无条件配合陈某办理房产过户，指标转让价款为 20 万元。

刘某提起本案诉讼，认为系劳某提起离婚诉讼时为转让夫妻共同财产炮制虚假证据，《集资房指标转让及房产代持协议》违反了法律法规、损害了刘某对共有财产的处分权、损害了刘某的优先购买权，应认定无效。

【分析】

对单位集资房购房指标转让协议的效力存在两种观点。一是有效说，认为单位集资房购房指标转让协议是当事人在平等自愿的基础上签订的，系双方真实的意思表示，且不违反法律、行政法规的强制性规定，也不涉及公共利益，不属于民法典关于无效合同规定的范畴。二是无效说，认为单位集资

① 参见广东省深圳市中级人民法院（2017）粤 03 民终 3462 号民事判决书。

房购房指标转让违反了《城市房地产管理法》《国务院关于解决城市低收入家庭住房困难的若干意见》《经济适用住房管理办法》等相关规定，扰乱了经济适用房管理秩序与市场正常秩序，损害了其他符合购房条件的低收入家庭的利益，损害对象属于社会公共利益的范畴。

我们倾向于第一种观点，理由如下：

首先，若未报有批准权的政府审批，单位集资房购房指标转让违反了《城市房地产管理法》第 40 条规定的“以划拨方式取得土地使用权的，转让房地产时，应当按照国务院规定，报有批准权的人民政府审批”。但该法律规定并非效力性禁止性规定，且第 2 款明确规定了有批准权的人民政府按照国务院规定决定可以不办理土地使用权出让手续的，转让方应当按照国务院规定将转让房地产所获收益中的土地收益上缴国家或者做其他处理。

其次，《国务院关于解决城市低收入家庭住房困难的若干意见》仅规定单位集资建房的购买对象必须限定在本单位符合市、县人民政府规定的低收入住房困难家庭，并未明确规定单位集资房购房指标禁止转让。单位集资合作建房在满足本单位低收入住房困难家庭购买后，房源仍有少量剩余的，还可以由市、县人民政府统一组织向符合经济适用住房购房条件的家庭出售，或由市、县人民政府以成本价收购后用作廉租住房。单位集资房购房指标转让行为可能侵犯城市低收入住房困难家庭的平等机会购买和获得房屋权利，非法占有社会公共资源，但目前的法律、行政法规并未对此种行为作出效力性禁止性规定，《经济适用住房管理办法》属于部门规章，不属于认定合同无效的法律或行政法规。因此认定单位集资房购房指标转让协议无效缺乏法律依据。

最后，《民法典合同编通则解释》第 16 条规定：“合同违反法律、行政法规的强制性规定，有下列情形之一，由行为人承担行政责任或者刑事责任能够实现强制性规定的立法目的的，人民法院可以依据民法典第一百五十三条第一款关于‘该强制性规定不导致该民事法律行为无效的除外’的规定认定该合同不因违反强制性规定无效：（一）强制性规定虽然旨在维护社会公共秩序，但是合同的实际履行对社会公共秩序造成的影响显著轻微，认定合同无效将导致案件处理结果有失公平公正；（二）强制性规定旨在维护政府的税收、土地出让金等国家利益或者其他民事主体的合法利益而非合同当事人的民事权益，认定合同有效不会影响该规范目的的实现。”转让协议的实际履行只是由不具备购房条件的人员借用指标购买房屋，对社会公共秩序造成的影响显著轻微。房屋一般由指标受让人占有使用，受让人对于房屋装修等投入较大，且指标转让人多数于房屋交付受让人占有使用多年后提起诉讼要求确认合同无效及返还房屋，如果认定合同无效，受让人可能仅能收回其支付的转让费用，可能会导致案件处理结果有失公平公正。

【规范指引】

《民法典》第153条；《城市房地产管理法》第40条；《民法典合同编通则解释》第16条。

争点2：购买经济适用房不满5年上市交易的，合同效力应如何认定？

【案例】黄某诉敖某经济适用房转让合同纠纷案[①]

2009年11月4日，某学院（出卖人）与敖某（买受人）签订《经济适用住房买卖合同》，敖某购买某学院以划拨方式取得位于双流县，建筑面积为141.92平方米房屋，该住房的用途为住宅，房屋的总金额为353 380元。

2010年11月22日，敖某（甲方）与黄某（乙方）签订《协议》，将案涉房屋转让给黄某。协议签订后，黄某向敖某支付了购房款车位款共计56 3380.8元。2011年9月15日，案涉房屋交付给敖某，并交付给黄某。此后，黄某将案涉房屋进行了装修，并使用案涉房屋及车位至今。2012年12月，敖某（甲方）与黄某（乙方）签订《房屋转让补充协议》：约定乙方考虑到甲方根据双方签订的房屋转让协议中约定的甲方须无条件协助乙方办理转让全产权的所有手续时要花费一些费用，因此乙方再给甲方40 000元；甲方办理完毕房产证交付给乙方时，乙方支付给甲方费用补贴20 000元；甲方协助乙方办理完毕全产权转让后，乙方再支付给甲方费用补贴20 000元。还约定了违约责任。

2020年4月13日，敖某向某学院出具了《住房腾退承诺书》，载明：因本人实际住房情况不符合上述政策规定，选择腾退某房屋，并承诺：解除2009年11月4日与某学院签订的《元华大道经济适用房合同》及《元华大道经济适用房地下车位合同》；按照原购房合同及车位合同签订价格退还房屋；

---

① 参见四川省成都市中级人民法院（2021）川01民终5602号民事判决书。

保证2020年4月28日前将房屋腾退完毕，原房完整无损交学院验收接管；保证在退房时房屋无任何法律纠纷。

【分析】

对购买经济适用房不满5年上市交易的，合同效力存在两种观点。一是有效说，合同的签订是当事人之间的真实意思表示，合同自由原则应该得到尊重，亦有利于维护市场秩序和交易关系的稳定。二是无效说，《经济适用住房管理办法》与《国务院关于解决城市低收入家庭住房困难的若干意见》均规定：购买经济适用住房不满5年，不得直接上市交易。《最高人民法院关于当前形势下审理民商事合同纠纷案件若干问题的指导意见》指出：如果强制性规范规制的是合同行为本身即只要该合同行为发生绝对地损害国家利益或者社会公共利益的，人民法院应当认定合同无效。我们倾向于第一种观点，理由如下：

首先，《民法典》第153条规定："违反法律、行政法规的强制性规定的民事法律行为无效。但是，该强制性规定不导致该民事法律行为无效的除外。违背公序良俗的民事法律行为无效。"《经济适用住房管理办法》与《国务院关于解决城市低收入家庭住房困难的若干意见》既非法律，又非行政法规，不能以此为由否定合同效力。

其次，经济适用房买卖合同的实际履行只是将暂不符合上市交易的房屋进行转让，对社会公共秩序造成的影响显著轻微。房屋一般由买受人实际占有使用，买受人对于房屋装修等投入较大，如果认定合同无效，出卖人与买受人对于经济适用房5年内不能上市交易的规定均应知晓，对于合同无效的过错相当，买受人可能仅能收回其支付的转让费用，会导致案件处理结果有失公平公正。

最后，关于经适房5年内不得上市交易的规定，只是对一定期间内的物权变动产生影响，从合同效力与物权变动相区分看，物权能否变动不应影响合同的效力。

【规范指引】

《民法典》第153条；《民法典合同编通则解释》第16条。

争点3：经济适用房产权登记信息与实际房屋性质不一致的，能否构成当事人否认该房屋性质的理由？

【案例】马某某等与沙某某等分家析产纠纷案[①]

1999年4月5日，马某某向南通某学校申报购买经济适用房（安居房）。《南通市市区职工购买经济适用房（安居房）申报表》（以下简称《购房申报表》）载明：申报人姓名马某某，住房要求面积最好在100平方米左右的三室一厅的套房，出资情况由本单位按政策筹集3万元左右，按政策贷款4万元，剩余的部分个人筹集资金。1999年4月7日，马某某作为乙方与卖方南通市经济适用住房发展中心签订了《预购经济适用房（安居房）协议书》，约定马某某预购经济适用住房（安居房）壹套，暂定地城东，暂定建筑面积100平方米，预售单价1200平方米，总价暂定12万元，马某某预付购房定金36 000元。

1999年12月6日，马某某申请城镇职工购房补贴。《南通市市区城镇职工购房补贴审批表》（以下简称《补贴审批表》）载明：房屋销售单位南通市经济适用房住房发展中心，房屋坐落城东，购房建面100平方米，补贴合计31 563元。2001年2月21日，纳税人为马某某的契税完税证载明：税目“房屋买卖”，房地产权属转移面积“110.88平方米”，计税金额“143 259.67元”，实纳金额“286 500元”。南通市人民政府住房制度改革办公室出具的证明载明：总售价143 259.67元，由单位出资31 563元，个人出资111 696.67元，购得房屋产权。

2001年2月23日，马某某申请办理房屋的产权所有权，《经济适用房（安居房）申请领证审批表》载明：实付房价“143 259.67元”。2001年3月9日，马某某办理了房屋的不动产登记，登记在马某某一人名下，不动产权利证书“附记”一栏标明“解困”。

2019年12月5日，南通市住房保障发展中心向江苏省南通市崇川区人民法院出具《市住房保障发展中心关于案涉房屋是否可以市场交易及缴纳收益金的复函》，内容为案涉房屋不是经济适用房，而是由个人出资和单位集资的房改房，不需要向政府缴纳经济适用房补差收益金。

---

① 参见江苏省南通市崇川区人民法院（2019）苏0602民初6180号民事判决书。

【分析】

在此类案件中，买受人多会主张以房屋产权登记记载的性质为准。根据《民法典》第209条第1款规定，不动产物权的设立、变更、转让和消灭，经依法登记，发生效力；未经登记，不发生效力，但是法律另有规定的除外。根据《民法典》第216条第1款规定，不动产登记簿是物权归属和内容的根据。按照物权公示原则，不动产登记簿具有唯一性、权威性、公开性、永久性四个基本特征。不动产登记簿是判断不动产物权归属和内容的根据，按照法律法规的要求，不动产登记簿应如实记载，故不动产登记簿记载的内容和事实上的应当是一致的。

但是实践中，因为申请人提交错误、虚假材料、登记人员失误等原因，不动产登记也会有与事实不一致的情况。虽然不动产登记具有权威性，但如果不动产登记与实际情况不一致，当事人依然有救济途径。例如，依照《民法典物权编解释（一）》第2条规定，当事人有证据证明不动产登记簿的记载与真实权利状态不符、其为该不动产物权的真实权利人，请求确认其享有物权的，应予支持。在诉讼中，不动产登记簿系作为证据，故法院仍应按照证据规则对事实予以认定，在当事人提出了相反证据证明不动产登记簿记载与事实不符时，应综合判断各项证据的真实性和证明力，以查明案件事实。故不动产登记簿的记载与房屋实际性质不一致时，应以实际性质为准，当事人不得因此否认房屋性质。

本案中，争议焦点为案涉房屋是经济适用房，还是房改房。江苏省南通市崇川区人民法院以房屋的实际性质认定案涉房屋系房改房，理由如下：1999年，马某某在申报购买案涉房屋时，我国经济适用房功能定位仍然为满足中低收入家庭住房需求，经济适用房外延范围较广，故马某某申报购房的材料与经济适用房（安居房）有关，不动产权利证书“附记”亦有“解困”字样。但之后经济适用房的范围出现收窄变化，将不同形态的房屋进行区分，案涉房屋归入房改房范畴中。案涉房屋系马某某向南通某学校申报购买，出资包括单位筹资、个人资金，具有典型的房改房特征。

但需指出的是，如果当事人在信赖不动产登记簿所记载的内容而作出民事法律行为时，其信赖利益应当保护。

【规范指引】

《民法典》第209条、第216条；《民法典物权编解释（一）》第2条。

第三节 法律适用中的疑难问题

问题：职工购买单位房改房后单位再建新房，职工取得新房后未按照约定归还旧房时，人民法院应否受理？

【案例】黄某某诉西安市某医院、某公司财产损害赔偿纠纷案[①]

黄某某系西安市某医院的退休职工，涉案房屋属于西安市某医院的房改房，被国家依法征用，黄某某起诉请求：西安市某医院和某公司共同承担赔偿强制拆迁其房屋造成的财产损失 1 709 136 元。

【分析】

1994 年，国务院发布《国务院关于深化城镇住房制度改革的决定》(国发〔1994〕43 号)，明确稳步出售公有住房，即房改房。城镇公有住房，除市(县)以上人民政府认为不宜出售的外，均可向城镇职工出售。向高收入职工家庭出售公有住房实行市场价，向中低收入职工家庭出售公有住房实行成本价，成本价应包括住房的征地和拆迁补偿费、勘察设计和前期工程费、建安工程费、住宅小区基础设施建设费（小区级非营业性配套公建费是否列入成本由各地自行确定）、管理费、贷款利息和税金等 7 项因素。职工按成本价或标准价购买公有住房，每个家庭只能享受一次，购房的数量必须严格按照国家和各级人民政府规定的分配住房的控制标准执行，超过标准部分一律执行市场价。职工以市场价购买的住房，产权归个人所有，可以依法进入市场，按规定缴纳有关税费后，收入归个人所有。

部分职工购买单位房改房后，单位再次新建房改房，单位与职工签订协议，职工向单位退还原房改房再补差价购买新房改房，职工取得新房改房后，拒绝退还旧房改房。

第一，退还旧房改房的依据是单位与职工签订的新协议，该协议是否属于平等民事主体间签订的合同？房改房买卖协议是单位与职工基于双方自愿建立的房屋买卖关系，具有一定的平等民事主体间签订的合同的性质；但是

---

① 参见陕西省西安市中级人民法院（2019）陕 01 民终 21 号民事裁定书。

单位与职工又具有人身关系的隶属性，并且购买房改房有资格条件，并且单位也会根据不同情况给予职工不同程度的政策优惠，又并非完全具有“平等性”以及足够的自由磋商空间，具有一定的政策性、管理性、福利性。我们认为，涉及房改政策的房屋买卖合同纠纷人民法院是否应当受理，应当结合当事人提出的诉讼请求作出判断。如果当事人争议的核心是房屋买卖，属于平等主体之间的民事权益纠纷，处理时涉及房改政策的，人民法院应当受理；如果当事人争议地区的核心为是否适用房改政策以及如何适用房改政策的，不属于民事权益纠纷，不符合《民事诉讼法》规定的起诉条件，人民法院不宜作为民事案件受理。如果“一刀切”地将涉及房改房买卖合同的纠纷均不纳入民事诉讼受案范围，那么购房职工的交房、过户等基于房屋买卖的基本诉求则无法通过诉讼予以实现，其权利难以得到保障。本案中，一审法院则认为，本案原告系被告单位的退休职工，原被告之间具有行政隶属关系，双方不属于平等主体。依据最高人民法院 1992 年 11 月 25 日法发〔1992〕38 号《最高人民法院关于房地产案件受理问题的通知》第 3 条“因单位内部建房、分房而引起的占房、腾房等房地产纠纷，均不属人民法院主管工作的范围”之规定，涉案的纠纷因属单位内部房产调换、集资建房引起的纠纷，且涉案房屋的补偿款在实际分配过程中单位或者主管部门起着主导作用，属于单位内部利益分配行为，不同于平等主体之间的民事行为。现因本案属单位内部行政事务，不属于人民法院民事案件的受案范围。本案中原告的诉请为要求某医院和某公司共同承担赔偿强制拆迁其房屋造成的财产损失，并非基于房屋买卖关系，而涉及单位内部的利益分配，故不属于民事诉讼范围。职工与单位签订协议，以旧换新，亦属于单位内部的利益分配，而不是平等民事主体间的民事行为，故亦不属于法院受理民事诉讼的范围。

第二,《最高人民法院关于房地产案件受理问题的通知》虽于 1992 年施行，但至今仍有效。该通知第 3 条规定：“凡不符合民事诉讼法、行政诉讼法有关起诉条件的属于历史遗留的落实政策性质的房地产纠纷，因行政指令而调整划拨、机构撤并分合等引起的房地产纠纷，因单位内部建房、分房等而引起的占房、腾房等房地产纠纷，均不属于人民法院主管工作的范围，当事人为此而提起的诉讼，人民法院应依法不予受理或驳回起诉，可告知其找有关部门申请解决。”该规定也明确了因单位内部建房、分房等而引起的占房、腾房等房地产纠纷，均不属于人民法院主管工作的范围。本案中，二审法院认为，根据该规定，本案属于单位内部分房、建房、占房、腾房所产生的纠纷，不属于法院的受案范围。

【规范指引】

《民事诉讼法》第122条。

第七章　农村房屋买卖合同纠纷

第一节　农村房屋买卖合同纠纷概述

农村房屋买卖合同纠纷是指农民将农村自有居住型房屋转让给他人，他人支付价款的合同产生的纠纷。农村房屋买卖合同，涉及农村宅基地的问题，对合同效力需严格按法律规定进行确认。[①] 自 2011 年最高人民法院对民事案由进行修订以来，农村房屋买卖合同纠纷一直作为民事诉讼的第四级案由单独予以立案审理。[②] 这表明相较于其他房屋买卖合同纠纷，农村房屋买卖有其单独的法律特征。

一、农村房屋买卖合同纠纷的审理现状

自 2011 年以来，全国农村房屋买卖合同纠纷案件数长期呈增长态势，[③] 至 2020 年左右，农村房屋买卖合同纠纷案件数量迅速回落，这与我国人口城镇化水平和政策发展息息相关。

（一）纠纷数量与政策动向息息相关

2012 年，中央经济工作会议提出“城镇化是我国现代化建设的历史任务，也是扩大内需的最大潜力所在，要围绕提高城镇化质量，因势利导、趋利避害，积极引导城镇化健康发展”，由此而来的征收拆迁为农村地区带来大

---

① 参见人民法院出版社编著:《最高人民法院民事案件案由适用要点与请求权规范指引（第二版）（上）》，人民法院出版社 2020 年版。

② 参见《最高人民法院关于印发修改后的〈民事案件案由规定〉的通知》（法〔2011〕42 号）。

③ 数据来源：中国裁判文书网，http：wenshu. court. gor. cn/，最后访问时间：2024 年 1 月 31 日。

量经济利益的同时，农村住宅交易纠纷量不断攀升，其中集体经济组织成员诉至法院要求确认农村房屋买卖合同有效 / 无效的案件占大多数。此时，该类纠纷收案数随着我国城镇化进程的加快而不断增长。

从政策层面，2018 年，《中共中央、国务院关于实施乡村振兴战略的意见》提出要探索农村宅基地所有权、资格权、使用权“三权分置”，2020 年《中共中央、国务院关于抓好“三农”领域重点工作确保如期实现全面小康的意见》继续强调要以探索宅基地“三权分置”为重点，进一步深化农村宅基地制度改革试点。2021 年、2022 年中央也均指出要进一步推动并持续深化宅基地基本制度改革，直至 2023 年提出稳慎推进农村宅基地制度改革试点，掌握改革实施的情况。

从法律层面来看，在总结整理 33 个试点地区的宅基地制度改革经验后，2019 年，《土地管理法》正式出台，该法的颁布，通过允许农民在特定条件下有偿退出宅基地，表明了立法对农村房屋住宅交易逐渐放宽的态度。

自“三权分置”改革实施以来，随着城镇化进程的加快，纠纷进入人民法院的案件数在逐渐下降，而对于农村房屋买卖合同的效力认定，司法实践也逐渐积累了足够多的样本。

（二）诉讼特征明显，诉请较为集中

从全国法院 2011–2023 年农村房屋买卖合同纠纷裁判文书数据来看，[①] 该类案件矛盾纠纷较难一次性化解。在 24 863 份涉农村房屋买卖合同纠纷裁判文书中，本类案件共有 4177 件案件经过二审及再审程序，占全部文书总数的 16.8%，上诉率居较高水平。

从地域来看，北京市（7845 件）、山东省（4206 件）、浙江省（1557 件）、辽宁省（1490 件）、江苏省（1171 件）五个省市囊括了该类案件的大多数，占全国总数的 65.43%；四川省（583 件）该类案件较少，仅占全国总数的 2.34%。

从诉请和案由来看，关键词排前列的分别是涉及合同效力 7844 件、涉及宅基地及使用权的 6645 件、涉及房屋买卖 6366 件、涉及违反法律强制性规定 4483 件、涉及确认合同无效 4090 件、涉及返还房屋 4019 件。

总体而言，农村房屋买卖合同纠纷在司法实践中根据地方经济发展水平

---

① 数据来源：中国裁判文书网，http：wenshu. court. gor. cn/，最后访问时间：2024 年 1 月 31 日。

和土地管理政策不同，在部分地区处于纠纷高发状态，在城镇化进程较慢的地区则纠纷较少。

二、农村房屋买卖合同纠纷的基本特点

（一）标的物具有特殊性

在农村房屋买卖合同纠纷案件中，大多涉及农村房屋转让问题。农村房屋系农村集体小组成员出于居住需要，在集体所有的土地上自行修建，与一般商品房不同，属于宅基地住房。除了根据《深化农村宅基地制度改革试点方案》确定的104个县（市、区）和3个地级市外，[①]宅基地住房只能在本集体组织内部转让，禁止城镇居民或集体组织外的他人购买宅基地住房。

如江苏省镇江市丹徒区人民法院审理的吴某龙诉王某忠等农村房屋买卖合同纠纷一案[②]中，原告吴某龙非槐荫村集体经济组织成员，其向被告王某忠购买槐荫村15组案涉房屋（于1985年取得宅基地使用证）并签订了《房屋转让协议》，后原告认为案涉房屋自购买后便空置未使用，要求退还房屋给被告并由被告返还购房款。法院认为原被告的房屋买卖行为违反了国家强制性规定，应属无效。民事法律行为无效的，行为人因该行为取得的财产，应当予以返还。遂判决该房屋转让协议无效，原告退还房屋、被告返还原告购房款。

试点地区的农村房屋买卖，各地开展了大胆的探索。以四川省成都地区为例，2023年1月，成都市多部门联合印发了《成都市农村产权流转交易管理暂行办法》，明确纳入《成都市农村产权流转交易目录》范围的产权都应通过农村产权流转交易平台进行交易，其中就包括“闲置农村住房及其宅基地使用权”。该暂行办法的推出，从政策层面为农村房屋产权流转提供了支撑，但截至目前，暂未检索到成交记录。此外，在江苏省农村产权交易信息服务平台，通过在交易公告中对“农户宅基地使用权”这一交易类型进行检索，检索结果也均为以出租形式对宅基地使用权进行流转，未检索到出售形式的交易公告。

---

① 位于四川境内的试点地区有成都市郫都区、泸县、彭山区、宜宾市翠屏区、西昌市。

② 参见江苏省镇江市丹徒区人民法院（2021）苏1112民初2506号民事判决书。

（二）主体具有特殊性

以买受人身份为标准，农村房屋买卖合同纠纷可分为三类：一是本集体经济组织成员之间的农村房屋买卖；二是本集体经济组织成员向其他集体经济组织成员出售农村房屋；三是城镇居民购买农村居民房屋。因房屋售出后征地征收、拆迁安置导致卖房者与购房者之间产生争议，是导致本类纠纷诉至法院的常见因素。此类纠纷在后两种主体的房屋买卖中尤为常见。

如张某平、徐某波诉杨某农村房屋买卖合同纠纷一案[①]中，张某平、徐某波于2002年自愿将案涉房屋3间带院平房以人民币40 000元的价格卖给杨某，房屋售出后，因案涉房屋被征地拆迁，杨某领取了相应的拆迁补偿款。张某平、徐某波遂以杨某不是本村村民、户口性质为非农业为由，诉至人民法院，请求法院确认双方就案涉宅基地及地上房屋的买卖行为无效。法院认为，张某平、徐某波自愿将自己农村房屋出卖给杨某已经十余年，因涉案房屋拆迁、杨某获得补偿后又提出确认房屋买卖行为无效之诉，对本案存在过错，有违诚信原则。最终判决双方于2002年签订的《房屋买卖协议书》无效，但张某平、徐某波应承担部分诉讼费用。

（三）争议焦点较为突出

通过对本类纠纷的当事人诉请和争议焦点进行梳理，主要有以下几类问题：一是不同情形下农村房屋买卖合同效力问题，如城镇居民购买农村房屋[②]、非本集体组织成员购买农村房屋[③]；二是农村房屋买卖合同被认定无效后，各方当事人相互返还义务、赔偿损失、责任比例问题，如房屋经买卖过后已非原状，请求返还房屋并赔偿损失的认定[④]、返还房屋后涉及添附部分的价值认定[⑤]。

---

① 参见山东省高级人民法院（2020）鲁民再190号民事判决书。

② 参见山东省高级人民法院（2020）鲁民再190号民事判决书；福建省福州市中级人民法院（2020）闽01民终5211号民事判决书；辽宁省大连市中级人民法院（2022）辽02民终4625号民事判决书等。

③ 参见山东省临沂市中级人民法院（2018）鲁13民终8895号民事判决书；山东省临沂市沂南县人民法院（2020）鲁1321民初3669号民事判决书等。

④ 参见北京市第二中级人民法院（2022）京02民终7603号民事判决书；北京市第一中级人民法院（2023）京01民终1120号民事判决书。

⑤ 参见广东省广州市中级人民法院（2021）粤01民终21107号民事判决书。

三、农村房屋买卖合同纠纷的审理原则

农村房屋买卖是在城乡人口流动加大、居住区域界限打破和城乡一体化的大背景产生的，相关部门监管不力、农村集体经济组织相对涣散是造成这种现状的制度诱因，而土地市场价格的持续上涨、房屋拆迁补偿等利益驱动是引起此类案件的直接原因，审理此类案件应实事求是地看待上述背景，既要尊重历史和正视现实，又要权衡买卖双方的利益，注重判决的法律效果和社会效果，在法律法规的框架内公正灵活处理。

（一）统筹公法强制和私法自治

农村房屋买卖合同的特殊性在于其标的物——农村房屋及其建造的土地的特殊性。农村土地管理属于国家公法的范畴，买卖农村房屋的行为系民事双方主体的意思自治。农村房屋在交易上受国家对于农村土地管理的强制性规定，违反相关法律法规则会导致合同无效，这就是国家公权力在特殊情况下对民事主体意思自治的限制和干预。二者都在判定农村房屋买卖合同效力时发挥自己的作用，法院在审理该类案件时应充分考虑案件性质的特殊性与复杂性，协调集体利益与个体利益，寻求公法强制和私法自治的平衡。现行法律、政策对农村房屋的流通存在诸多限制，对违法开发建设所引起的农村房屋合同买卖纠纷，应当否认其合同效力；而对符合新农村整体建设规划和农村宅基地制度改革试点要求，未根本触犯国家土地政策类纠纷，应当妥善平衡个体利益和公共利益。

（二）倡导诚信守法的良好风尚

诚信原则是民法中的“帝王规则”，对于民事审判实践具有统率作用。民事主体从事民事活动时，要以诚信和善意的方式履行法定和约定的义务，不得滥用权利及规避法律规定或者合同约定的义务。诚实信用也是构建和谐社会的基本要求。实践中，诚信原则之所以被置于高位，是由于其与交易稳定性、交易成本密切相关，民事主体缺乏诚信任意反悔造成各种交易风险，甚至恶意违约转嫁风险，既会造成不必要的难以查清的纠纷矛盾，又会造成社会整体风气的败坏，更多人在进行交易时面临着更多博弈，进而对社会上各种民事主体的交易造成额外诚信成本，影响每一个民事主体的正常活动。民法典从基本法的角度规定了诚信原则，诚信原则之后就是不得违反法律原则，

在二者之间诚信原则更笼统泛化但也具有很大的价值引导意义。

在具体案件中，如果适用某一条款的结果可能会使不守信用者获取不正当利益，就应考虑所适用法律的价值取向，是否存在两种解释，或采用体系解释方法、利益衡量方法，做有利于诚实守信方的解释，保护其合法利益。因此，法院应充分考量农村房屋买卖合同无效对双方当事人产生的实际影响，全面厘清买卖双方各自的行为过错程度及责任大小比例，权衡出卖人因土地升值、房屋拆迁、补偿安置等所获取的利益与买受人因房屋现值和原买卖价格之间的差额损失以及重置房屋成本、房屋装饰装修及附属设施价值。另外，农村房屋买卖合同被确认无效后会给作为相对守约方的买受人造成依赖利益的损失，可适当考虑买受人要求出卖人赔偿信赖利益的请求。

（三）"房地一体"原则

"房地一体"原则适用于农村房屋买卖合同纠纷时，"地"指的是宅基地使用权，而非所有权；"房"指的是流转当时宅基地上存在的建筑物所有权，并不包括处分之后新增建筑物的所有权。该原则分为两个部分，"房随地走"指地上房屋所有权应随宅基地使用权的处分而处分；"地随房走"则相反，是指宅基地使用权应随房屋所有权的移转而移转。"房地一体"原则对处理农房权属纠纷具有积极意义。一是有利于对现行宅基地使用制度的保障和维护。我国实行的土地公有制，具有保障和福利性质，家庭成员脱离本村集体经济组织后便不再享受使用本集体宅基地的待遇，也就不能实际取得宅基地上的房屋。如农房所有权人去世后，符合宅基地申请条件的家庭成员可以要求继承取得房屋所有权，各继承人若均不属于本村集体经济组织成员的，农房可由村集体组织折价收回。二是有利于增强农房所有权的公示公信效力。农房所有权的取得和变动主要依靠建造、继承等行为实现，且缺乏登记公示制度，一旦发生权属争议，事实认定难度较大。按照"房地一体"原则，宅基地使用权登记客观上将起到房屋所有权登记公示的效果，有助于防止和减少纠纷的发生。三是有利于维护既有生活秩序和善良风俗。已经脱离本村集体经济组织的家庭成员，大多数在他处已拥有稳定的住所，其回村主张析产或继承，通常是看重房产及宅基地使用权的增值。如果对房产进行实物分割，对长期管理、使用、维护房产的善良占有人不公平，也不利于维护既有生活秩序和善良风俗。依据"房地一体"原则，房产将不进行分割，由占有者拿出适当数额的货币补偿，对正常生活影响不大，其他继承人的期望值也会下降，从而降低化解纠纷的难度。

（四）注重法律效果和社会效果的有机统一

司法裁判要遵守法律法规及国家政策的规定，以有利于妥善解决现有纠纷、有利于规范当事人交易行为为指导；要充分考虑矛盾纠纷的复杂性、特殊性，避免机械适用法律，以矫正法律适用中可能带来的利益失衡问题，达到法律效果与社会效果的高度统一。在审理农村房屋买卖合同纠纷过程中，常见双方明知国家法律对土地管理的强制规定依然签订合同、违法添附建筑，一方为追求利益违反诚信原则等等，双方对于合同无效及造成损失都有不可推卸的责任，但法院仍然需要在综合考量的情况下，合理地对双方的过错进行评判，追求公正合理的处理结果。对由于历史遗留问题造成的农村房屋买卖行为，应在尊重历史、立足现实、坚持依法的前提下，综合考虑历史因素、房屋现状，综合权衡买卖双方、集体组织等各方利益，如全面考虑合同无效对双方当事人的利益影响，既要考虑出卖人因土地升值或拆迁、补偿所获利益，又要考虑买受人因房屋现值和原买卖价格的差异造成的损失。

四、农村房屋买卖合同纠纷的审查要素

农村房屋买卖合同纠纷是基于农村房屋买卖而产生的纠纷，其特殊性就在于农村房屋修建所使用的土地性质的特殊性。农村房屋买卖是一种特殊的民事法律行为，常因违反法律关于农村土地、房屋管理的强制性规定而无效。在判断其合同效力时，除一般的当事人行为能力、意思表示等，[①] 更具现实意义的是判断合同是否违反法律强制性规定，所涉农村房屋性质 [②]、双方的身份是否属于同一个集体经济组织等。审理农村房屋买卖合同纠纷，首先需要判定农村房屋的范围，除最典型的在宅基地上修建的村民居住性用房以外，土地性质变化是否导致房屋性质改变、集体经济组织经营性建房等是否属于农村房屋系需要重点审查的范畴。其次需要判定农村房屋买卖合同效力，影响其效力最核心的审理要素就是农村房屋的认定、买卖双方的身份资格、法律法规关于农村房屋买卖的规定。

---

① 参见《民法典》第 143 条、第 153–154 条。

② 参见杨万明主编、郭峰副主编、最高人民法院研究室编著：《最高人民法院新民事案件案由规定理解与适用》，人民法院出版社 2021 年版，第 279 页。农村房屋买卖合同，涉及农村宅基地的问题，对合同效力需严格按法律规定进行确认。

（一）立案审查

1. 审查案件诉讼标的及标的物

（1）诉讼标的。农村房屋买卖合同纠纷的诉讼标的是买卖合同，只要存在农村房屋买卖合同并因此产生纠纷，即使无房屋产权证也可以立案。[①]常见的诉讼请求包括继续履行合同、确认合同无效、返还原物并赔偿损失等。虽然农村房屋买卖合同纠纷标的物具有一定的特殊性，但标的物的状态不影响农村房屋买卖合同纠纷立案审查，应当予以立案。

（2）标的物是否为合法农村房屋。对合同中标的物的审查对准确确定房屋性质，确定案由是否为农村房屋买卖合同纠纷对于后续审判具有基础性的作用。若房屋及土地性质已经变更为国有土地，该合同已经不是农村房屋买卖，而应当作为一般的房屋买卖合同进行审查，不在本章讨论范围内。

①审查房屋占用土地的性质。农民在农村自有居住性房屋，[②]也就是农民在自己申请的宅基地上修建的自有住房。村集体土地整理项目中修建的村民集中居住住房也属于该项。根据房地一体原则，农村房屋买卖合同标的物既包括约定的房屋，也包括房屋的用地以及房屋配套的庭院用地等。

②农村集体经济组织为发展产业在村集体建设用地上修建的房屋，主要用于生产、经营等用房，也属于农村房屋的范围，但其买卖、担保、抵押与宅基地上的农村村民居住房屋遵循不同的规则，审理中要注意识别房屋所占用土地的不同性质和用处。

③如果该房屋系占用耕地修建的非法建筑物，不予受理。

④审查房屋权属登记证上房屋状态与房屋买卖合同记载不一致的，或实际情况不符的，驳回起诉。农村房屋权属登记与房屋现状不一致的，主要是指权属面积、位置等与实际情况不符的，因房屋的权属不明，应当驳回起诉。农村房屋在使用中常存在新增房屋面积、后续翻新加高未报批等情形，法院无权对与产权证不一致的部分进行认定，应当直接驳回。

2. 审查诉讼主体的合法性

农村房屋建设是以户为单位申请宅基地，根据房地一体原则，合同效力

---

① 参见山东省青岛市中级人民法院（2023）鲁02民终2101号民事判决书，虽无土地证及房屋产权证，依然受理并进行合同效力的判定。

② 参见杨万明主编、郭峰副主编、最高人民法院研究室编著：《最高人民法院新民事案件案由规定理解与适用》，人民法院出版社2021年版，第279页。农村房屋买卖合同是指农民将农村自有居住性房屋转让给他人，他人支付价款的行为。

会影响一户人的利益，应当尽可能将农村房屋所在“户”的全部人口纳入诉讼主体中。农村房屋买卖合同纠纷可能纠纷产生时间与房屋买卖发生时间跨度较大，可能涉及户内人口的变动，在审查诉讼主体时要全面考虑多种情形。

（1）买卖合同签订双方系适格当事人。

（2）对非买卖合同签订方但系农村房屋权属证明上登记的权属人的，对农村房屋买卖合同提出异议的，为适格的当事人。如果不是全部权利人提起诉讼，应当将房屋产权证书上的全部当事人一并追加。

（3）非前两种情况，农村房屋所有人已经去世，其继承人提起合同无效的，为适格的当事人。在继承人尚未确定的情况下，应当不予受理，已经受理的应当中止审理，待全部继承人确定后再进行农村房屋买卖合同纠纷的审理。如果不是全部继承人提起诉讼，应当将房屋产权证书上的全部继承人一并追加。

【规范指引】

《民事诉讼法》第 122 条。

3. 审查案件的管辖

农村房屋买卖合同纠纷虽然与不动产具有关联，但实践中对于其应当按照合同纠纷管辖还是按照不动产纠纷进行管辖可能具有争议。根据《民事诉讼法解释》（2022 年修正）第 28 条规定，不动产纠纷是指因不动产的权利确认、分割、相邻关系等引起的物权纠纷。农村土地承包经营合同纠纷、房屋租赁合同纠纷、建设工程施工合同纠纷、政策性房屋买卖合同纠纷，按照不动产纠纷确定管辖。农村房屋买卖合同纠纷不符合上述专属管辖的范围，应当按照合同纠纷管辖原则，由被告住所地或者合同履行地的法院管辖。

【规范指引】

《民事诉讼法》第 24 条、第 34 条。

4. 审查起诉材料是否完整

（1）起诉状。载明原被告身份信息、诉讼请求和所根据的事由。

（2）原被告身份信息。原被告的基本身份信息材料，包括其他能够判定原被告系适格当事人的相关信息，如房产证上的权利人情况与权利人的身份信息，如合同当事人一方死亡的，其继承人的情况及相关人员的身份信息材料。

（3）基础证据材料。房屋买卖合同、支付价款的基本材料、房屋的基本情况，包括房屋及土地登记情况、房屋现状等。

【规范指引】

《民事诉讼法》第 124 条。

（二）原告诉讼请求的审查

1. 审查诉讼请求文义的精确性

农村房屋买卖合同纠纷常见的诉讼请求分为请求协助办理过户登记，请求确认合同无效两大类。在诉请合同无效的情况下原告的诉讼请求或者事实理由中常包含着影响合同效力因素的列举，在审查中需注意识别原告具体的主张。

（1）原告诉请对方协助办理过户登记手续的，首先还是要对房屋买卖合同效力进行判断，对农村房屋买卖合同有效的，应当支持其诉请，若合同无效则应做好释明工作引导双方变更诉请，或者直接驳回原告诉讼请求。

【规范指引】

《民法典》第 598 条。

（2）当事人不具有民事行为能力。实践中，原告常称合同签署人不具有签署合同的能力，合同无效。审查中，要注意询问当事人确定其主张系合同签署人不具有民事行为能力还是不具有对标的物的处分权，要注意准确记载原告的诉请，对合同效力进行不同方向的审查。

【规范指引】

《民法典》第 143 条第 1 项。

（3）违反了法律强制性规定。大部分当事人能够明确表示是违反了农村宅基地管理的相关规定，有的当事人能够明确具体违反的法律法规的具体条文，有的不能。对不明确具体违反哪一项法律法规的，应当通过询问当事人明确具体是违反了具体一户一宅或者出卖给集体经济组织以外的村民等具体的规定，确定后续审查的基础。

【规范指引】

《民法典》第 143 条第 3 项。

（4）当事人意思表示不真实。对于一方提出该合同系双方共谋以虚假意思表示签署的合同，要注意询问是否以当事人意思表示不真实而主张合同无效。实践情况复杂，一方在主张合同签署时双方意思表示不真实，可能存在虚假合谋的情况，但是该虚假合谋可能并不影响双方具有买卖农村房屋的真实意思，要注意审查所称有虚假意思表示是不是要依此主张合同无效。

【规范指引】

《民法典》第143条第1项、第154条。

（5）返还原物。诉请确认农村房屋买卖合同无效是一个典型的确认之诉，合同无效会导致房屋买卖双方负有相互返还房屋和购房款等义务，为使诉讼请求完整减少诉累，双方应当一并提出相互返还的给付之诉。该类纠纷中，确认之诉与给付之诉具有补充性，可以一并进行处理。在当事人未提出给付之诉时，应当引导当事人提出并对给付内容予以明确，同时对房屋已经不存在返还可能的，应当引导当事人诉请具体在赔偿款、拆迁款等项目上。也就是在审查返还原物的诉讼请求上，应当引导当事人确定返还的具体项目包括哪些，在房屋返还已经不可能时，引导双方对返还所及之物或者款项进行明确。要注意引导当事人对房屋权属证书一并返还。

【规范指引】

《民法典》第157条；《全国法院民商事审判工作会议纪要》第36条。

2. 审查诉讼请求的合理性

农村房屋买卖合同涉诉，可能是因为经过较长时间后，一方因农村房屋大量增值或未达到预期价值而主张合同无效，此时涉及房屋经过长时间居住后有所维修、增建、改变等，对一方诉请合同无效后续的其他诉讼请求要注意辨别其合理性。诸如房屋已经拆除的，不可能恢复原状的，对原告提出的要求返还房屋的诉讼请求应当予以释明，引导当事人选择赔偿损失或者返还拆迁款等其他主张。

3. 审查诉讼请求的完整性

诉请确认农村房屋买卖合同无效是一个典型的确认之诉，合同无效会导致房屋买卖双方负有相互返还房屋和购房款等义务，为使诉讼请求完整，减少诉累，应当引导双方一并提出相互返还的给付之诉。该类纠纷中，确认之诉与给付之诉具有补充性，可以一并进行处理。在当事人未提出给付之诉时，应当引导当事人提出并对给付内容、范围予以明确，可能包括房屋、房屋拆迁款、房屋占用费用等。

【规范指引】

《民法典》第157条；《全国法院民商事审判工作会议纪要》第36条。

4. 审查确定支持原告诉讼请求的权利请求基础规范

实践中，影响农村房屋买卖合同效力最重要就是要审查该买卖行为是否违反相应的法律法规，尤其是法律的强制性规定，与其效力相关性最高的条文就是农村房屋性质和买方的身份情况。

（1）农村房屋性质。农村房屋是在村集体经济组织或村民使用乡镇土地上修建的房屋建筑，既可能是村民用宅基地修建的房屋，也可能是村集体用于兴办乡镇企业等修建的房屋，二者应该区别处理。

①对于村民的住宅，法律有严格的限定，对其买卖需要遵循法律的强制性规定。主要是对于宅基地上建造的房屋，可以进行买卖，但是对买受人身份具有限制，同时已经出卖农村房屋的村民，不能再次申请宅基地。

【规范指引】

《土地管理法》第62条。

②对集体经营性建设用地上修建的房屋，主要考察其是否按照法律规定对土地使用进行报批并缴纳相应使用费用，对于合法合规在集体经营性用地上修建的房屋，在参与到市场经营的过程中买卖、出租等更加灵活，没有强制性规定禁止对该类房屋的转让。

【规范指引】

《土地管理法》第63条。

（2）买方身份情况。买受人为城镇居民的，因违反了强制性规定而导致农村房屋买卖合同无效。实践中买方身份系影响农村房屋买卖合同效力最重要的因素，因国家在法规政策的层面上明令禁止城镇居民到农村购买宅基地以及农村房屋，其身份性质直接决定合同是否违反法律强制性规定，对交易双方的身份的审查是支持原告诉请与否的重要判定基础。

【规范指引】

《民法典》第153条、第363条。

（3）诉请返还原物。原告诉请合同无效后的原物或补偿款的返还等，是在确认之诉外基于关联性提出的给付之诉，考虑到合同无效之诉必然造成返还原物的后果，基于诉的完整性，应当对后续返还情况进行审查。值得注意的是，因农村房屋买卖的特殊性，常规合同签订后，出卖方将房屋权属证明文件一并交由买受方，在实际处理中应当一并处理权属证明文件，防止后续衍生案件产生。

【规范指引】

《民法典》第157条。

（三）抗辩的审查

1. 从当事人防御中识别是否存在抗辩

一方诉请确认合同无效，另一方答辩中称合同系双方真实意思表示、没有违反相关法律法规、合同已经实际履行、原告诉请合同无效违反诚信原则等，其实质系认为合同有效，答辩基础和诉请基础为同一法条。

进一步提出占有房屋期间对房屋进行维修、装潢、翻建等要求原告进行损失赔偿，应当一并纳入审查。

答辩称双方在签订农村房屋买卖合同时预见到可能拆迁并对可能的拆迁款进行了分配的，应当审查双方的具体约定，虽然拆迁款项基础是农村房屋，但是对拆迁款项的分配相对独立于农村房屋买卖合同纠纷，应当对拆迁款分配条款是否有效作为单独的诉请，引导当事人另案进行诉讼或者进行单独审查。[①]

2. 将当事人的抗辩权特定化

（1）合同无效。对原告提起要求被告协助办理房屋过户手续的，被告可能称房屋买卖合同无效，其无须协助办理过户登记。原告请求权基础系房屋买卖合同，被告称合同无效，系否定原告的权利基础，属于债权无效抗辩，是一种永久性抗辩。根据被告的主张需要明确其是否提出合同无效的反诉，以便对权利状态进行明确。

【规范指引】

《民法典》第 153 条、第 363 条。

（2）合同有效。对原告称合同无效，被告可能称合同有效，被告主张系基于农村房屋买卖合同纠纷的特殊性质，其合同无效的重要原因可能在于买农村房屋的一方身份违反法律强制性规定，主要合同合法的抗辩主要包括两个方面：一是房屋的性质，如土地性质已经改变，不再是农村房屋，土地已经过缴纳土地出让金等造成房屋性质转变；二是当事人身份变化，例如已经为该集体经济组织成员，不再系城镇居民，因此不违反法律的强制性规定。

【规范指引】

《民法典》第 153 条。

（3）时效抗辩。当事人称原告诉请合同无效的诉请提出时间已经过多年，超出诉讼时效，因此原告不能胜诉。该意见认为双方签订买卖合同，原告反

---

① 参见陕西省西安市中级人民法院（2021）陕 01 民终 7021 号民事判决书。

悔应该获得的是债权请求权，应当适用诉讼时效。

考虑到无效合同是因其违反了法律、行政法规的强制性规定，其自签订之日起不具有法律约束力，不能产生当事人预期的法律后果，确认合同无效的确认之诉不属于诉讼时效制度适用的范围。加之合同效力的认定实质上是国家公权力对民事行为进行的干预，是为了保护国家和社会公共利益，不因时间经过而改变无效合同的违法性。所以诉讼时效的抗辩无法适用于诉请合同无效的情形。[①]

【规范指引】

《民法典》第 153 条。

（4）反诉要求返还财产、维修款项等请求。被告在原告诉请合同无效后要求原告对自身的损失进行补偿等，其审查要素主要在于被告损失的具体项目及其合理性。对房屋价款属于合同无效后当然应当返还的部分，其他可能提出的，如房屋价款的利息，因维修房屋、被迫搬迁、重新装潢及翻建等支付的费用，对其合理性应当予以考虑。针对合同无效后，双方互相负有返还的义务，一方可能提出的损失赔偿请求，应当综合双方的过错情况予以考量。

【规范指引】

《民法典》第 157 条。

第二节　争点整理与认定

在农村房屋买卖合同纠纷中，最重要的争议焦点大都是围绕着农村房屋买卖合同的效力展开，具体而言，包括房屋产权证与土地使用证权属人员不一致情况下合同效力认定，购买人员身份为城镇居民、其他村集体成员、违反一户一宅原则的情况下合同效力认定，案涉农村房屋系非国家确定的宅基地制度改革试点地区合同效力的认定。实践中需要严格把握国家对于农村土地管理的政策要求以准确认定合同效力。

---

① 参见山东省高级人民法院（2020）鲁民再 190 号民事判决书。

争点 1：城镇居民购买农村房屋效力如何认定？

【分析】

由于我国农村土地归集体所有，村民作为集体经济组织的成员只拥有宅基地使用权，并且一户只能拥有一处宅基地，宅基地是农民的重要财产权利，农民一旦失去住房及其宅基地，将会丧失基本生存条件。因此，对于城市居民购买农村宅基地上的私有房屋，现行法律和政策的基本原则为禁止城镇居民购买农村房屋。但是，鉴于司法实践中的个案情况的纷繁复杂，出于维护交易安全、稳定的需要，在具体个案中，在与国家法律、法规、政策基本规定和精神不相冲突的情形下应当在以无效为原则的前提下考虑个案的特殊性，根据实际情况依法确认合同的效力：

1. 出卖人将宅基地上所建房屋卖与城镇居民前或同时，该房屋所占宅基地因征收已转为国有土地，原为农民身份的出卖人亦转为城镇居民，则宅基地性质已经发生转变的，可以认定买卖房屋合同有效。

2. 城镇居民购买农村私有房屋后，如果所买卖的房屋已经有批准权的机关批准和当地集体经济组织同意，办理了房屋所有权和宅基地使用权产权变动手续，并取得合法权属证书的，可以认定买卖房屋合同有效。

3. 城镇居民购买房屋后，已将其户口迁入房屋所在地，申请加入当地集体经济组织，转为农民身份的，可以认定买卖房屋合同有效。

4. 买受人、协议签字人虽然为城镇居民身份，但其配偶或父母、子女为购买房屋所在地集体组织成员，且在购买房屋时系家庭成员共同出资，亦为共同居住的，村集体经济组织同意其买卖合同内容的。可以依法认定为家庭共同购房，买卖房屋合同有效。

5. 在 1998 年《土地管理法》修订之前，农村村民将房屋转让给回乡落户的干部、职工、退伍军人以及华侨、港澳台同胞的，应认定买卖房屋合同有效。

6. 对同一房屋经过多次买卖、转让的效力，可以依据最后一手买受人的身份和交易情况，结合前述处理原则进行判断认定。若符合农村房屋连环买卖最终回归集体内部的情形，其房屋合同应当认定为有效。

7. 城镇居民购买的小产权房，已经县级以上人民政府对小产权房所在小区办理了相关征地和出让、规划、施工验收，补缴土地出让金、交易税费等，依法完善了商品房出售的合法化手续的，可以认定买卖房屋合同有效，由合同当事人合理承担有关土地出让金、交易税费等费用。该类案由不应当为农村房屋买卖合同纠纷，应为房屋买卖合同纠纷。

【规范指引】

《民法典》第153条、第363条；《第八次全国法院民事商事审判工作会议（民事部分）纪要》第19条；《土地管理法》第9条、第62条；《国务院办公厅关于加强土地转让管理严禁土地炒卖的通知》第2条。

争点2：房屋买卖合同买受方违反“一户一宅”的原则的，合同效力如何认定？

“一户一宅”原则，即一户农村村民只能拥有一处宅基地的原则，该原则来源于《土地管理法》第62条第1款的明确规定，“农村村民一户只能拥有一处宅基地，其宅基地的面积不得超过省、自治区、直辖市规定的标准”。依据该条规定，如果买受人购买他人的农村房屋后在同一个集体经济组织中拥有超过一处的农村房屋也就拥有了超过一处的宅基地，明显违反了上述法律的规定。“一户一宅”原则的原始法律规定在《土地管理法》（1998年修订）第62条第1款，在该条第4款中明确“农村村民出卖、出租住房后，再申请宅基地的，不予批准。”结合该条款整体理解，该条文系对农村村民通过“申请——审批”程序初始取得宅基地使用权的规定，其中既未禁止农村村民出卖住房，也未禁止本集体经济组织成员购买农村房屋，只是限制了出卖人通过出租、出售、赠与等方式处理自己的农村房屋后，不得再次申请宅基地。

实践中，一户村民可能因继承、购买等造成实际上拥有不止一处房屋及宅基地的情况，对于因购买造成买受人拥有两处及以上宅基地的，该情况是否会影响农村房屋买卖合同的效力？原则上，买受人仅仅违反“一户一宅”原则并不影响农村房屋买卖合同效力。“一户一宅”原则限制宅基地申请审批的原始取得方式，并非对宅基地使用权继受取得的限制。随着城镇化加速和农村土地流转制度的探索，在2019年修订的《土地管理法》中明确规定“国家允许进城落户的农村村民依法自愿有偿退出宅基地，鼓励农村集体经济组织及其成员盘活利用闲置宅基地和闲置住宅”。该条款的立法表明国家鼓励农村房屋在集体经济组织内部的流转，综合考量认为买受人有多套农村住宅不应直接影响农村房屋买卖合同效力。

【规范指引】

《土地管理法》第 62 条。

争点 3：在非国家确定的宅基地制度改革试点地区，当事人一方将其宅基地上的房屋出售给本集体经济组织以外的个人，房屋买卖合同是否有效？

非同一集体经济组织成员之间的农村房屋买卖合同由于违反了宅基地管理规定，法律对宅基地的管理规定应当系效力性强制性规定，非同一集体经济组织成员之间的农村房屋买卖合同应为无效。农村房屋所占有的宅基地系农村集体经济组织成员享有的与身份密不可分的保障性权利，农村房屋的转移必然导致宅基地使用权的相应转移，而宅基地使用权享有的主体只能是该集体经济组织成员。

因此，对非同一集体经济组织成员之间（含向城镇居民）出售农村房屋的合同原则认定无效的观点在当前一段时间内仍应坚持，买受人具备以下条件的，人民法院可以认定合同有效：（1）买受人取得该集体经济组织成员资格的；（2）经该集体经济组织同意（村民大会、村民代表大会有效决议等）的；（3）经有关部门批准落户的等。

村民资格是成员享有本集体经济组织权益的直接依据。审判中应综合考虑户籍、生产生活状况、基本生活保障的来源等各种因素来确定买卖双方是否属同一集体经济组织。至于村民资格取得的时间点，仅需在一审辩论终结之前取得即可。

【案例】钟某宁诉李某钦、廖某玉、李某斌农村房屋买卖合同纠纷案[①]

2021 年 11 月 3 日，广东省梅州市梅县区的钟某宁与李某钦一家签订《房屋买卖合同》，约定李某钦一家将农村自建房屋一栋及其土地转让给钟某宁，约定房屋总价 136 800 元。协议签订后，钟某宁支付了全部购房款，李某钦一家与钟某宁进行了房屋交接，钟某宁取得了房屋钥匙。

① 参见广东省梅州市梅县区人民法院（2023）粤 1403 民初 1815 号民事判决书。

但在房屋交付后不久，李某钦的兄弟以李某钦一家占用大家庭及其本人的宅基地修建涉案房屋及门坪为由，对涉案房屋进行围堵。涉案房屋因没有准建证、土地使用权证等证书，导致无法办理产权登记手续，也没有办理过户登记手续。钟某宁因此向法院提起诉讼，要求确认《房屋买卖合同》无效，李某钦一家返还购房款136 800元，其返还涉案房屋给李某钦一家。

【分析】

依据《民法典》第597条“因出卖人未取得处分权致使标的物所有权不能转移的，买受人可以解除合同并请求出卖人承担违约责任。法律、行政法规禁止或者限制转让的标的物，依照其规定”的规定，出卖人出卖之时无须对标的物享有处分权，出卖人可以出卖将来取得处分权之物，只要能够完成向买受人交付和转移标的物所有权即可。但是转让法律、行政法规禁止或限制转让标的物的，买卖合同的效力受到影响程度不同。对法律、行政法规禁止转让的标的物，买受人不能依据《民法典》第597条第1款的规定解除合同并要求出卖人承担违约责任。依据《民法典》第363条“宅基地使用权的取得、行使和转让，适用土地管理的法律和国家有关规定”及《土地管理法》（2019年修正）第9条“城市市区的土地属于国家所有。农村和城市郊区的土地，除由法律规定属于国家所有的以外，属于农民集体所有；宅基地和自留地、自留山，属于农民集体所有”及第11条“农民集体所有的土地依法属于村农民集体所有的，由村集体经济组织或者村民委员会经营、管理；已经分别属于村内两个以上农村集体经济组织的农民集体所有的，由村内各该农村集体经济组织或者村民小组经营、管理；已经属于乡（镇）农民集体所有的，由乡（镇）农村集体经济组织经营、管理”的规定，宅基地仅限于本集体经济组织特定的成员享有使用权，本集体经济组织以外的人员不能申请并取得或变相取得宅基地使用权；宅基地使用权只能在同一集体经济组织成员之间进行买卖，外村人不能购买本村的宅基地；农村村民一户只能拥有一处宅基地，农村村民出卖、出租、赠与房屋后，再申请宅基地的，不予批准。

我国法律对农村宅基地流转的上述限制性规定本质上是为了保证农村土地集体所有性质不变，使农民的基本生活得到保障，防止农民因流转自住的宅基地而丧失安居之所。作为我国土地制度的重要组成部分，农村宅基地制度长期以来起到了保障农民居住权和维护农村社会稳定的作用。随着我国城镇化进程的深入推进，农村人口流失严重，大量农村住房闲置。同时，随着农村经济的不断发展，农民改善居住条件的需求也在不断增强。宅基地的保障性作用已逐渐减弱，资产属性和增值收益功能逐步凸显，限制宅基地使用权流转的制度已不符合经济发展的趋势，农村大量的闲置宅基地就是这种矛盾下的产物。为了缓解这一矛盾，党的十八届三中全会在关于农村土地改革方案中明确提出“保障农户宅基地用益物权，改革完善农村宅基地制度，选择若干试点，慎重稳妥推进农村住房抵押、担保、转让，探索农民增加财产性收入渠道”。2015 年 12 月 27 日，全国人大常委会决定授权国务院在北京市大兴区等 33 个试点县（市、区）行政区域，暂时调整实施土地管理法、城市房地产管理法关于农村土地征收、集体经营性建设用地入市、宅基地管理制度的有关规定。《最高人民法院关于印发〈第八次全国法院民事商事审判工作会议（民事部分）纪要〉的通知》对于农村房屋买卖问题亦明确，在国家确定的宅基地制度改革试点地区，可以按照国家政策及相关指导意见处理宅基地使用权因抵押担保、转让而产生的纠纷。在非试点地区，农民将其宅基地上的房屋出售给本集体经济组织以外的个人，该房屋买卖合同认定为无效。合同无效后，买受人请求返还购房款及其利息，以及请求赔偿翻建或者改建成本的，应当综合考虑当事人过错等因素予以确定。农村土地制度的改革是全面深化改革的重要内容，对于培育发展新动力，优化土地要素配置，促进创新发展具有重要意义。

本案中，广东省梅州市梅县区并非国家确定的宅基地制度改革试点地区，李某钦一家将其房屋出卖给钟某宁，基于“房地一体”原则，必然涉及宅基地转让。由于钟某宁不是该集体经济组织的村民，其对该区域内的宅基地不享有使用权，也不能申请取得李某钦一家所在的集体经济组织的宅基地，也不具备在该区域内购买宅基地的权利。李某钦一家将其在村集体所有土地上建设的房屋出售给不属本村村民的钟某宁，违反了法律、行政法规的强制性规定，应认定为无效合同。依据《民法典》第 157 条规定：“民事法律行为无效、被撤销或者确定不发生效力后，行为人因该行为取得的财产，应当予以返还；不能返还或者没有必要返还的，应当折价补偿。有过错的一方应当赔偿对方由此所受到的损失；各方都有过错的，应当各自承担相应的责任。法律另有规定的，依照其规定。”合同无效后，因该合同取得的财产依法应予返还，故钟某宁诉请李某钦一家返还购买房屋的款项 136 800 元，既有事实根据，也有法律依据，应予支持。

农村宅基地具有极强的福利和保障性质，是本集体经济组织成员无偿取得的一项用益物权，与物权人特定的身份具有密切的联系。由此，取得宅基地使用权的主体应当限于本集体经济组织成员，否则将会扰乱现行的集体土地管理秩序和农村经济管理体制，且违反了集体经济组织的成员权属性。因此，对非国家确定的宅基地制度改革试点地区的本集体经济组织之外的村民购买本集体经济组织成员的宅基地和房屋的，原则上应当确认为无效。

【规范指引】

《民法典》第 157 条、第 363 条、第 597 条；《土地管理法》第 9 条、第 11 条；《最高人民法院关于印发〈第八次全国法院民事商事审判工作会议（民事部分）纪要〉的通知》第 19 条。

第三节　法律适用中的疑难问题

农村房屋买卖合同纠纷审理中的疑难问题包括：农村集体土地上未完成行政审批程序而修建的房屋是否应当作为民事案件处理；农村房屋买卖合同纠纷发生前权利人发生变化的应如何处理；合同无效后互相负返还义务的范围及过错的认定；对使用期间添附的处理；农村房屋买卖合同无效时拆迁款分配条款效力认定；买受方签订合同后身份符合法律规定的，合同效力的认定。

问题 1：农村集体土地上修建房屋引发的纠纷在行政机关尚未对占地建房的行为作出处理前，房屋相关争议问题可否由人民法院作为民事案件受理？

【案例】区某等诉全某等人确认合同无效案[①]

徐某系黄浦区某村村民，区某 1、区某 2 系其家人。全某 1、全某 2、李某、赵某（以下简称全某 4 人）非该村村民。2005 年 2 月至 3 月期间，区某 2 人与全某 1 等 4 人签署系列协议，约定将徐某所有的位于黄埔区的房屋（房屋集体所有土地及房屋登记权属人为徐某）转让给全某 1 等人，房屋及土地作价 8 万元等。2005 年 3 月 15 日，全某 1 向区某 1 支付了 8 万元，区某 1 出具《收据》。全某 4 人称由其拆除了案涉土地上原有的一层危房，自筹资金建设了 6 层房屋，但未办理规划报建手续，亦未取得权属证书。2010 年 5 月，案涉所在地的村管理小区、村经济合作社出具《证明》载明全某 1 是某村某号的屋主。2021 年，区某 1 及其家属起诉要求确认其与全某 4 人签订的系列协议无效并返还土地及现有房屋。

一审法院认为，黄埔区某村未明确同意将案涉宅基地使用权交由全某 4 人，亦未通过民主议定程序认定 4 人为集体经济组织成员，房屋及宅基地转让协议违反了法律强制性规定无效。因协议无效，全某 4 人应将涉案土地上的房屋一并返还，至于房屋"拆旧建新"是否应当得到补偿，以及购房款的返还问题，全某 4 人另行主张，同时全某 4 人应返还集体土地房产证。一审判决后，全某 4 人不服提起上诉。

二审法院认为，双方均确认《集体土地房产证》上记载的原房屋已被拆除，现涉案房屋为全某 4 人自行建造，且未经规划报建。未取得乡村建设规划许可证或者未按照乡村建设规划许可证的规定进行建设的，涉及违法建筑的认定及处理，应由相关行政机关审查。且案涉房屋与所在土地无法分离，在相关行政机关未对涉案房屋先行处理前，法院不宜对交还涉案土地及房屋作出实体处理，一审法院对此进行实体审理，处理不当；二审法院裁定撤销一审判决的第 2 项，并驳回要求全某 4 人返还集体土地房产证土地及现有地上房屋的起诉。

---

① 参见广东省广州市中级人民法院（2021）粤 01 民终 20910 号民事判决书。

【分析】

农村集体土地上修建房屋引发的纠纷包括合同类纠纷以及其他物权纠纷，如何认定占地建房的行为是审理的难点所在。而对于占地建房往往涉及行政机关对房屋占用土地的性质、建设审批等问题先予处理，那么在此种情况下的争议，行政机关作出某种具体行政行为会直接涉及产权的变动，导致对产权归属的争议。行政机关对于此类建筑物是否予以处理以及采取何种处理方式，会对该类建筑物的性质认定产生不同的法律后果，进而影响当事人之间民事权益，因此对于未取得审批手续的土地、建筑物引发的纠纷，属于应由国家有关行政主管机关先行处理的范畴，否则，会产生民事司法权与行政处理权上的冲突和混淆，并有可能产生当事人通过民事诉讼变相为违法建筑、违法用地确定合法权利的后果。

根据《城乡规划法》第 65 条“在乡、村庄规划区内未依法取得乡村建设规划许可证或者未按照乡村建设规划许可证的规定进行建设的，由乡、镇人民政府责令停止建设、限期改正；逾期不改正的，可以拆除”及第 68 条“城乡规划主管部门作出责令停止建设或者限期拆除的决定后，当事人不停止建设或者逾期不拆除的，建设工程所在地县级以上地方人民政府可以责成有关部门采取查封施工现场、强制拆除等措施”的规定，农村占地修建房屋的行为属于行政机关的职权认定问题，因此《第八次全国法院民事商事审判工作会议（民事部分）纪要》在“关于物权纠纷案件的审理”一章中的第 21 条规定：“对于未取得建设工程规划许可证或者未按照建设工程规划许可证规定内容建设的违法建筑的认定和处理，属于国家有关行政机关的职权范围，应避免通过民事审判变相为违法建筑确权。当事人请求确认违法建筑权利归属及内容的，人民法院不予受理；已经受理的，裁定驳回起诉。”本案中，首先，全某 4 人并非案涉所在地村集体经济组织成员。其次，案涉《集体土地所有权证》上登记的房屋已被拆除，而在该集体土地上全某等人修建的房屋并未取得相关建设审批手续，即案涉土地上的房屋权利性质未确定，而行政机关对于该房屋的处理结果会直接影响本案中当事人的民事权益。此类房屋现状与房产证上对房屋记载不一致的，涉及行政机关审查违法建筑的认定及处理，不属于法院的受理范围。

行政机关作出何种处理后，房屋相关的争议问题才属于人民法院民事案件受理的范围也是疑难问题。对此，我们认为，根据《城乡规划法》第 64 条规定，“未取得建设工程规划许可证或者未按照建设工程规划许可证的规定进行建设的，由县级以上地方人民政府城乡规划主管部门责令停止建设；尚可采取改正措施消除对规划实施的影响的，限期改正，处建设工程造价百分之五以上百分之十以下的罚款；无法采取改正措施消除影响的，限期拆除，不能拆除的，没收实物或者违法收入，可以并处建设工程造价百分之十以下的罚款”。也就是行政机关对于违法或违章建筑的处理有不同的处理方式，但实践中由于行政管理的多样性，法律法规并未强制性规定行政机关作出处罚决定后的履职期限，但即便如此也应当是通过行政复议或者行政诉讼解决，而非民事案件的受理范围。如果行政机关未及时履职，案涉房屋的状态就处于不确定状态，如该房屋因行政行为被拆除，则因物权被侵害产生的权利基础亦不存在，即不存在房屋权属认定的问题，相关因该房屋引发的其他侵权纠纷也不存在请求权基础；如该房屋没有被拆除，则当事人可以通过行政复议或者行政诉讼要求行政机关履行职责，亦不属于民事案件的受理范围。综上，对于农村集体土地上修建房屋引发的纠纷，人民法院作为民事案件处理的前提应当是行政机关已经就占地建房行为作出了处理决定并且该处理决定被依法确认有效，且该决定由有权机关按照法律规定的程序实施。

【规范指引】

《城乡规划法》第64–65条、第68条；《行政强制法》第44条；《第八次全国法院民事商事审判工作会议（民事部分）纪要》第21条。

问题2：农村拆迁房屋买卖中，出卖人或者部分继承人死亡时未进行分家析产，购房人诉请要求房屋过户的，如何处理？

【案例】刘某诉王某1、王某2、王某3、王某4房屋买卖合同纠纷案①

王某与配偶张某（已于2004年去世）育有四个子女，分别为王某1、王某2、王某3、王某4，王某父母均先于王某死亡。2011年，某区统征办与王某签订《某区拆迁补偿、住房安置过渡协议》，约定某区统征办对王某进行拆迁补偿安置。2012年6月，王某订立《遗嘱》将其因名下房屋拆迁分得的暂未办理产权的50平方米安置房一套留给王某4继承。2013年3月，王某因病

① 参见四川省成都市中级人民法院（2020）川01民终10666号民事判决书；四川省成都高新技术产业开发区人民法院（2020）川0191民初765号民事判决书。

入院，诊疗期间间断有胡言乱语、行为异常，2014 年，王某因病去世。2013 年 8 月，王某 4、王某与刘某签订《房屋买卖合同》，约定将补偿给王某、王某 4 的安置房以 18 万元出售给刘某。合同签订后，刘某支付了 17 万元购房款。2016 年 11 月，案涉房屋交清房差款后交付给刘某，由刘某占有使用至今。案涉房屋现尚未登记至王某、王某 4 名下。刘某诉请要求王某 1、王某 2、王某 3、王某 4 继续履行《房屋买卖合同》，协助办理案涉房屋不动产权登记手续并支付违约金 5 万元。本案中，两审法院认为因王某在合同履行过程中去世导致合同无法继续履行，根据《遗嘱》内容显示，王某将其分得的安置房留给儿子王某 4 继承，而王某 1、王某 2、王某 3 认为案涉房屋应由四子女共同继承，故本案应先评判《遗嘱》的效力，从而确定案涉《房屋买卖合同》项下权利义务的承继主体。结合在案证据，《遗嘱》合法有效，王某 4 为案涉房屋唯一继承人。案涉《房屋买卖合同》非王某作为出卖人处分权利，而是王某 4 基于《遗嘱》行使处分权，而刘某持有该《遗嘱》并提交的事实，能够证明刘某在签订《房屋买卖合同》时知晓案涉房屋由王某 4 个人继承的事实。案涉房屋系安置房屋，土地性质为国有土地，故《房屋买卖合同》合法有效，在王某去世后，王某 4 应继续履行案涉《房屋买卖合同》项下权利义务。判决王某 4 在刘某付清剩余购房款 1 万元之日起 10 日内协助刘某办理房屋的过户登记手续，驳回刘某的其他诉讼请求。

【分析】

本案中，关于案涉《房屋买卖合同》是否应当继续履行，刘某要求协助办理不动产权登记手续应否支持的问题，涉及两方面的问题：一是案涉《房屋买卖合同》中与刘某建立房屋买卖合同关系的相对方，进而该合同的效力如何认定；二是刘某要求王某 1、王某 2、王某 3、王某 4 协助办理案涉房屋产权过户手续的主张能否成立。而要处理这两个问题的关键在于，作为案涉《房屋买卖合同》载明的出卖人之一，且是案涉农村拆迁安置房的安置对象的王某去世后，与案涉《房屋买卖合同》相关的权利义务应当由各继承人承继，但是在各继承人尚未进行继承分割或未就分配方案达成一致意见时，是应让各继承人先行处理案涉房屋相关的继承问题明确权利义务主体之后，再行处理房屋买卖合同纠纷，还是在本案的房屋买卖合同纠纷中一并处理？司法实践中有以下两种处理意见：

第一种处理意见认为应先行处理分家析产和继承问题，在房屋买卖合同纠纷中，作为出卖人的房屋所有权人去世后存在多个继承人且各继承人尚未对房屋进行继承分割时，若各继承人就房屋分割不能达成一致意见，即房屋权属尚未明晰，无法确定房屋所有权人，亦无法确定房屋买卖合同的权利义务承继主体，故应先行处理分家析产和继承问题，待房屋买卖合同权利义务主体明确后再行处理房屋买卖合同纠纷。

第二种处理意见认为可以在房屋买卖合同纠纷中一并处理，民事诉讼应当按照便利当事人的原则进行，人民法院审理民事案件，应当保障和便利当事人行使诉讼权利，减轻当事人诉累。出卖人在合同履行过程中去世导致合同无法继续履行的，为便于房屋买卖合同纠纷案件的审理，就案涉房屋，若出卖人留有遗嘱应先行评判遗嘱的效力确定房屋的继承人，若无遗嘱或遗嘱无效应按照法定继承确定房屋的继承人，从而确定房屋买卖合同项下权利义务的继受主体；就出卖人除案涉房屋之外的其他财产应作为遗产，由各继承人另行分家析产和继承，不应在房屋买卖合同纠纷案件中合并处理。

我们倾向于认为，房屋买卖合同纠纷诉讼中出现出卖人去世或者是部分继承人去世且没有进行分家析产的情况时，如果是出卖方提起诉讼要求继续履行或解除合同等，依据《民事诉讼法解释》第 70 条，应将继承人列为当事人（共同原告）。如果是购房人诉请要求继续履行合同及房屋过户的，此种情况下，各继承人作为被告参与诉讼，若是能就案涉房屋买卖合同下的权利义务继承分割达成一致意见，则不存在分家析产和继承争议需要处理，各继承人在房屋买卖合同纠纷中可以按照达成的一致意见继受房屋买卖合同项下权利义务；若是不能就案涉房屋买卖合同下的权利义务继承分割达成一致意见，则可以从便利诉讼原则和诉源治理层面出发，在房屋买卖合同纠纷中一并处理就案涉房屋部分的分家析产和继承问题，就案涉房屋之外的财产不应在房屋买卖合同纠纷中处理。当然，若在房屋买卖合同纠纷案件审理过程中，各继承人已就案涉房屋的分家析产和继承问题另案提起诉讼，则房屋买卖合同纠纷应依据《民事诉讼法》第 153 条“有下列情形之一的，中止诉讼……（五）本案必须以另一案的审理结果为依据，而另一案尚未审结的”之规定，中止审理，待分家析产和继承纠纷案件生效后，恢复审理。

【规范指引】

《民事诉讼法》第 8 条、第 122 条、第 153 条；《民事诉讼法解释》第 208 条。

问题 3：农村房屋买卖合同无效应一并判互相负返还义务，对于返还的范围及诉请的相关费用如何处理？对双方的过错如何进行判定？

【案例】朱某诉刘某房屋买卖合同纠纷案[①]

2017 年 3 月 11 日，刘某与朱某签订《房屋转让合同》，约定朱某购买刘某位于北京市房山区某村的一处宅院，转让金额为 28 万元。其中第 1 条第 4 项约定“宅基地面积东西 14.8 米，南北 16.7 米”。第 6 条第 2 项约定“地上全部附着物（包括但不限于房屋、杂树、水井）连同宅基地所有权和使用权转让给乙方，乙方有权自行处置，甲方不再另行收取任何费用”。朱某购买该宅院后，对原来的北房进行了装修，将西侧围墙改成大门，另外两侧就是直接在上面加建房屋。2020 年 12 月 7 日，朱某与该村村民委员会签订了《琉璃河考古遗址公园董家林黄土坡两村腾退搬迁项目腾退补偿协议》，根据该协议，共补偿朱某 183 964.4 元。其中房屋重置成新价 127 060 元、装修即附属物价格 47 421 元、搬迁补助费 7048.4 元、电话移机费 235 元、空调移机费 1200 元、有线电视移机费 300 元、热水器 300 元、宽带 400 元。拆迁部门出具的估价结果明细表及测绘图载明北房面积 71.24 平方米，北房重置成新价 48 899 元，其他房屋为 104.97 平方米，其他房屋重置成新价为 78 161 元。装修设备及附属物为 47 421 元。明细中，机井 12 000 元、树 1160 元、院墙补偿款 627 元，无土地补偿。因房屋被拆迁等事由，朱某诉请确认合同无效并要求刘某返还购房款及资金占用利息。

【分析】

第一，合同无效后，买卖双方应当互负返还义务。在合同无效的情形下，原则上一律适用“返还原则”，仅在不能返还或者没有必要返还的情形下采取折价补偿原则。即当农村房屋买卖合同被确定无效后，出卖人和买受人均应互相返还因履行合同取得的财产。买受人应将购买的房屋及相应的附属设施等全部退还给出卖人，同时出卖人也应将取得的房款返还给买受人。当然，司法实践中针对个案也有确认合同无效，却不支持出让人要求返还房屋诉求的情形。判决理由大致可以归纳为以下几点：（1）确认合同效力案件与

① 参见北京市第二中级人民法院（2022）京 02 民终 7603 号民事判决书。

返还房屋、购房款、赔偿损失不是同一法律关系，出卖人未提出要求返还房屋、买受人没有提起反诉要求返还购房款或者涉案房屋等财产暂时不具备评估条件，当事人可通过另案解决；（2）出让人自愿退出宅基地，转为城镇户口，在起诉时已经不具备本集体经济组织成员资格，再判决返还房屋不符合现行法律、法规及其他政策性文件的规定；（3）该房屋系买受人的唯一住所，买受人对房屋进行相应的装饰装修、改建和扩建，且买受人已经在房屋内居住较长时间，形成较为稳定的社会关系和生活秩序，在房屋增值明显或拆迁之际，出卖人提起诉讼要求确认合同无效返还房屋有违诚信原则，判决不予返还。但实践中，对不涉及房屋本身可能属于违法建筑等情形的，当事人一方提出互相返还的诉讼请求的，判决中应当对相互返还的诉请作出判决。

第二，返还财产除购房款与房屋的相互返还，损失认定还应当考虑资金利息、房屋占用费用、合法的维修翻建装修支出、搬迁费用等。目前，农村房屋买卖合同被判无效后是否相互返还财产、财产返还的范围、财产价值的变动、损失或损害赔偿的计算都没有一个统一的标准。虽然在《2015年全国民事审判工作会议纪要》（征求意见稿）中对损害赔偿的范围有初步的认定，纪要载明在国家非试点地区，农民出售其宅基地上房屋给城市居民或其他集体经济组织成员，该房屋买卖合同一般应认定为无效。合同无效后，买受人可以请求返还购房款并支付相应利息。买受人已经对房屋进行改建或翻建，也可以一并请求赔偿翻建或改建成本。但损失的具体范围仍依赖于法官对相关法律、法规、规定及地方政府政策的理解与适用，根据个案行使自由裁量权。

如前所述，在认定合同无效的情形下，原则上一律适用“返还原则”，买方返还房屋、卖方退还购房款即为双方负的返还义务。针对损害赔偿部分，我国法律目前没有明确的规定。在农村房屋买卖合同中，损害赔偿的明确及在法院判决中予以体现有着重大的法律和现实意义。首先，损害赔偿独立于返还财产和折价补偿之外，可以弥补守约方的其他损失，以此来维护交易的诚信与稳定。其次，损害赔偿具有惩罚性，能够明确违约方因违约要遭受的实际损失，对当事人的行为具有指引作用。最后，明确损害赔偿范围也可以在一定程度上减少毁约行为的发生。

实践中，大部分法院的判决认为出让人在转让房屋时应知晓其所买卖的房屋及宅基地仅限于同一集体组织内部流转，对外转让属禁止流转范围；买卖多年后又反悔主张合同无效，违反诚信原则，违约方对合同无效应承担主要责任；购房人明知自己并非该集体组织成员，其对签订涉案协议所引起的后果应承担次要责任或基于上述理由认定农村房屋买卖的特殊性属于一般性常识，双方在签署农村房屋买卖合同时应对相应的法律、法规、房屋性质等均有较为明确的认知，在明知的情况下仍然签署合同双方均存在过错，认定双方承担同等过错。进而存在部分法院仅机械判令涉案双方互相返还房屋与原购房款，而未充分考虑损害赔偿的问题。经过对相关案例的梳理，合同无效后涉及赔偿损失的范围包括下列内容：（1）购房款利息。法院在认定合同无效后，一般会判决出卖人返还购房款及买受人支付购房款后遭受的资金占用利息损失。关于资金占用利息的处理，根据相关法律规定，在当事人没有约定的情况下，其标准应当按照全国银行间同业拆借中心公布的一年期贷款市场报价利率予以计算，最终按照双方各自的过错比例承担。（2）房屋的租金损失。即使出卖人是毁约方，但是房屋占用期间必然会产生占用费，该费用应当按照房屋所处的地理位置、当地房屋的租金市场标准、房屋的存续年限或专业鉴定机构的鉴定意见等结合双方过错予以分担。（3）房屋增值利益（一般表现为拆迁获益或市价增值）。在确认合同无效之后，房屋自始为出卖人所有，房屋权属未发生变动，买受人未取得房屋的所有权，也自然不享有宅基地使用权，所以房屋的自然增值或拆迁收益仍然归出卖人所有。但房屋增值利益一般在赔偿时，可以按照当地政府房屋征收的相关补偿标准或者参考专业评估机构出具的评估报告对房屋现值和原买卖价格的差异所造成的损失、宅基地区位补偿费、房屋装饰装修费、房屋重置成新价及附属设施等，再结合买受人对房屋修缮、维护所贡献的价值，根据各自过错的大小，在双方承担责任中予以实际体现。（4）装饰装修费用。基于对双方买卖行为的信任，买受人在双方合同履行完毕后，对房屋的装饰装修或改扩建是必然之举。因合同被法院宣告无效往往会给守约方造成信赖利益损失。大多数法院认为“买受人因合同无效而产生了较大的信赖利益损失，出让人因此获得巨额利益，若出让人从其先过错行为中获得利益，将严重违反诚信原则，故出让人对买受人的巨额信赖利益损失应承担主要责任”[①]。司法实践中，多数法院不会单独对信赖利益损失一项作出判决，而是综合计算在装饰装修等其他费用中。

第三，双方过错判定需结合合同签署时间、主动违约方主观意愿、房屋

① 参见北京市第三中级人民法院（2017）京 03 民终 12704 号民事判决书。

使用情况等判定。农村房屋买卖合同属于双务合同，合同无效，应当互相返还财产并应该同时履行。根据司法实践，在此类房屋交易过程中，绝大部分案件是双方的行为共同造成房屋买卖合同无效，且各方均有过错，因此双方均应分别承担相应民事责任。在确定各方过错比例时不仅要尊重历史，照顾现实，认识到农村私有房屋交易是在城乡人口流动加大、居住区域界限打破和城乡一体化的大背景下产生的，相关部门监管不力、农村集体经济组织相对涣散是造成这种现状的制度诱因，而土地市场价格的持续上扬、房屋拆迁补偿等利益驱动是引起此类案件的直接原因。审理此类案件应实事求是地看待上述背景，要考虑到目前城乡界限仍未完全打破，农村集体经济组织仍有一定的封闭性，农村土地属于集体所有，目前法律、政策限制集体土地流转是一种现实；同时要认识到此类案件产生的复杂性，并妥善解决相关的利益冲突和矛盾。也要注重判决的法律效果和社会效果，判决要以“有利于妥善解决现有纠纷、有利于规范当事人交易行为”为指导，起到制约农民审慎处分自己房屋的积极效果。还要综合权衡买卖双方的利益，首先，要全面考虑合同无效对双方当事人的利益影响，尤其是出卖人因土地升值或拆迁、补偿所获利益，以及买受人因房屋现值和原买卖价格的差异造成的损失。其次，对于买受人已经翻建、扩建房屋的情况，应对其添附价值进行补偿。再次，判决返还、腾退房屋同时应注意妥善安置房屋买受人，为其留出合理的腾退时间，避免单纯判决腾退房屋给当事人带来的消极影响。[①] 最终在出卖人与买受人之间寻求利益平衡，在社会交易习惯与法律规定间寻求价值的平衡。因此可基于以下依据确定双方过错程度大小：第一，出卖人是否自愿转让房屋，存在转让涉案宅基地使用权的意思表示。若系自愿全部概括转让，现在又提起确认合同无效之诉，则出卖人过错较大。第二，主动毁约方过错更大原则。主动毁约方往往是在出卖房屋后因房屋可得利益增加而毁约或购房时预估的目的不能实现为了及时止损，因而应承担更多的违约责任。第三，考虑交易时间的长短。距离诉讼时间越长，越应当维护交易的安全、稳定和守约方的信赖利益，主动毁约方过错更大。第四，考虑交易目的及房屋的实际用途。例如，买受人购房目的不是居住或以自住的意思表示掩盖经营性目的，变更房屋的使用性质，在经营失利的情况下，提起合同无效之诉，则买受人过错更大。具体而言，案件涉诉的缘由主要为农村房屋、土地出现增值，因征收

① 京高法发〔2004〕391号。

拆迁可获得高额补偿或政策、规划变更导致房屋、土地市值减少。在此前提下，双方过错比例的分摊就更应该还原合同签订时的真实情况。纵观大部分农村房屋买卖合同，合同中载明以下内容的十有八九：双方对房屋位置、现状、性质及暂时不能办理权属变更登记等事项均清楚；房屋日后无论增值或贬值所有一切都与卖方无关；房屋若以后拆迁或征用，所赔偿费用归买方所有，卖方不享有房屋的任何权利。由此可见买卖双方在订立合同之初皆为自愿，对买卖标的物的实际情况也是了然于胸。买卖双方为使自己的利益最大化，往往不惜违背诚信原则也要毁约，法院在认定合同无效时，就更应该确定各方的主观恶意，由恶意较大一方承担大部分的过错责任，但具体过错比例的分配仍依赖于法官的自由裁量权。

【规范指引】

《民法典》第 157 条、第 362–363 条；《土地管理法》第 2 条第 3 款、第 9 条第 2 款。

问题 4：房屋买卖合同无效后，添附部分如何认定？

【案例】施某某等人与杨某某宅基地使用权纠纷案[①]

施某某一家合法取得坐落于黄岩区新前街道西范村宅基地两间。1995 年 7 月 7 日，施某某与杨某某（新前街道前洋村村民）订立一份《房屋基地转让书》，《房屋基地转让书》签订后杨某某在支付施某某转让费 15 000 元，向政府部门缴纳土地配套费 11 000 元后，在该宅基地上建造了四层楼房并居住至今。施某某一家认为，农村宅基地所有权归集体所有，宅基地使用权只能在本集体经济组织成员间流转，因杨某某并非新前街道西范村村民，遂向人民法院起诉请求：（1）确认双方签订的《房屋基地转让书》无效；（2）杨某某返还宅基地使用权；（3）由杨某某赔偿占用上述宅基地期间的损失。杨某某提起反诉请求：施某某一家赔偿地上建筑物价值、购买宅基地价款及配套设施费和利息、土地使用权价值差额。

审理中，施某某一家申请对案涉宅基地使用权及地上建筑物（四层楼房）房地产市场价值进行评估，一审法院依法委托公信公司进行了评估。一审法

---

① 参见浙江省台州市黄岩区人民法院（2016）浙 1003 民初 2606 号民事判决书。

院认为，施某某将黄岩区新前街道西范村的宅基地使用权转让给集体经济组织之外的杨某某，违反国家法律规定，双方签订的《房屋基地转让书》应系无效。合同自始无效。对于无效合同，因该合同取得的财产，应当予以返还，故应由施某某一家返还被告宅基地转让款人民币 15 000 元和杨某某垫付的土地配套费 11 000 元，由杨某某返还原告涉诉宅基地。杨某某在涉诉宅基地上建造房屋并使用 20 年之久，且涉诉宅基地使用权价值大幅提升，杨某某要求原告赔偿地上建筑物损失和土地使用权价值差额损失合法合理，应予支持。

本案合同无效，双方均存在过错。施某某一家明知涉案宅基地依法不能转让给本集体经济组织以外成员仍进行转让，且在转让近 20 年后又要求确认转让合同无效，其行为存在较大过错；杨某某明知涉案土地系农村宅基地仍进行购买，亦存在过错，故一审法院酌情确定由施某某一家对杨某某的损失承担 90% 的赔偿责任。对施某某一家要求杨某某赔偿占用宅基地期间损失的诉求以及杨某某要求赔偿购买宅基地价款及配套设施费的利息，一审法院均未予支持。

【分析】

房屋买卖合同无效后，买卖双方过错程度的判定，有利于厘清各自承担的赔偿责任。司法实践中往往有三种情况：一是双方之间均有责任，损失互抵，互不承担赔偿责任。[①] 二是各自承担对方一半的损失。原因在于出卖人未尽到相应的审查义务，明知宅基地上的房屋不能向非集体经济组织成员转让，仍将房屋出售给本集体经济组织以外的成员，具有一定的过错。买受人应当知晓自身不具备购买该农村房屋买卖的资格仍然购买，也具有一定的过错。双方均应当承担对方损失 50% 的责任。三是出让人应当承担大部分的过错责任。主要原因在于出让人违反诚信原则，房屋转让之后受让人已经长期、稳定地使用或居住在该房屋，出让人在看到房屋涉及拆迁或者土地升值等情况下主动反悔，受利益驱使，要求确认转让合同无效，给受让人带来信赖利益损失，其行为有悖于诚信，应该对合同无效负主要责任。上述案例即这种情况，卖方在出卖房屋长达 20 年之久，要求确认房屋买卖合同无效的，应对合同无效承担主要责任，由出卖人对买受人的损失承担 90% 的赔偿责任。近年来，随着城市建设的发展，在征地拆迁补偿利益的驱使下，出卖人请求确认房屋买卖合同无效案件越来越多，在此种情况下，为弘扬诚实守信的社会

---

① 参见新疆维吾尔自治区乌鲁木齐市中级人民法院（2021）新 01 民终 2795 号民事判决书。

主义核心价值观，应让违背诚信原则的出卖人承担绝大部分过错。在具体的案件中对买卖双方过错划分时，要根据双方对合同签订时诚信原则的遵守及公平原则，并综合考虑以下因素来确定双方过错的大小：（1）主张合同无效的原因，如果出卖人是为了获取相关经济利益，主张合同无效，那么应该承担主要责任；如果是为了生活所迫或其他原因，应该结合具体案情综合考虑双方过错。（2）购买时间，若买受人已经实际占有使用房屋时间数年，那么认为买受人不存在投机行为，在签订买卖合同时并不知道该房屋日后会征用或拆迁而带来相关经济利益，出卖人主张无效的应该承担主要责任。（3）买受人的资格。若出卖人未尽到相关审查义务，在明知买受人并非本集体经济组织成员，不具备购买资格，还出售其农村房屋的，出卖人则应该承担主要责任。（4）签订房屋买卖合同的原因。主要是考虑买受人购房的原因，若买受人购房系用于生活居住，则买受人在合同无效中应该承担较小的过错；反之，若用于投资，则责任相对较大。总之，在买卖双方过错划分时，应当以维护社会秩序的稳定为出发点，遵守诚信原则，防止违反诚信原则的当事人从中过分获取利益。

具体到个案，房屋买卖合同无效后，除了买受人将房屋返还出卖人，出卖人返还买受人购房款外，有过错的一方应当赔偿对方由此所受到的损失，此时，需要确定出卖人和买受人各自的损失，并根据各自过错大小，来确定具体的赔偿数额。实践中常见以下利益的分割：

对添附部分的认定。首先是对添附部分是否合法进行判断。现实中随着买受方居住使用等，对宅基地上的房屋进行翻修、新增等都较为常见，合同无效后对于添附部分的认定、价值的计算都将极大地影响双方当事人的利益。（1）合法添附的范围。对房屋本身的装饰、翻新、在原建筑范围内进行装修的，均为合法添附，在进行价值分割的时候应该进行考量。针对买受方购买房屋后在原来房屋基础上进行的新建、翻新、装饰等添附部分的价值，因买受人是基于信赖合同有效而实施，按照“谁出资，补偿谁”的原则，在买卖合同无效后，应该由评估机构对添附部分的成本进行核算，再根据在合同无效中双方过错程度，由出卖方向买受方进行赔偿。[①]（2）添附系违章建筑。实践中存在较多的违章建筑的添附如何划分处理。实际上，在进行立案受理时应当加强对房屋权属证书与房屋实际状况是否一致的审查，如果房屋状况，

① 参见湖南省衡阳市石鼓区人民法院（2020）湘0407民初493号民事判决书。

包括面积、层高等与权属证书记载具有较大差距的，属于房屋状况不明，因处理该房屋可能造成对行政机关职权的不当干预，该类案件不应该纳入受理范围，即使已经受理的也应当驳回起诉。如果添附建筑与房屋主体有明显的区别，能够单独划分开的，可以对房屋证书上的部分进行处理的，对添附的违章建筑不予处理，也不纳入双方互相返还的范围。由双方自行通过行政机关对违章建筑进行处理。如果违章建筑已经纳入拆迁的范围，能够明确其赔偿的金额的，可以针对该金额进行处理。

拆迁利益的分配。农村房屋若涉及拆迁、征用，必然会涉及拆迁利益的分配。若简单地将房屋拆迁利益全部归属于出卖人，那么有类似情况的农村房屋买卖合同的出卖人将违背诚信原则，在出卖房屋后，面对拆迁利益的诱惑，向法院主张合同无效，自己享有拆迁利益，这样处理不利于诚实守信社会的建设。若将拆迁利益全部归买受人所有，没有法律依据，反而变相鼓励农村房屋买卖。针对拆迁利益，买受人如果双方能够达成一致，且不违背法律、行政法规的规定，那么应该以双方的分割意见为准；若买卖双方不能达成一致意见，法院应该根据买受双方过错，对该利益进行合理分配。

对合同存续期间购房资金占用与房屋使用的利益分配的权衡。根据《全国法院民商事审判工作会议纪要》(法〔2019〕254号)第34条规定："双务合同不成立、无效或者被撤销时，标的物返还和价款返还互为对待给付，双方应当同时返还。关于应否支付利息问题，只要一方对标的物有使用情形的，一般应当支付使用费，该费用可与占有价款一方应当支付的资金占用费相互抵销，故一方返还原物前，另一方仅须支付本金，而无须支付利息。"农村房屋买卖合同无效后，针对房屋占有使用费和购房款占用利息的问题，符合法定的抵销条件，实践中一般主张买卖双方损失相互抵销，互不承担赔偿责任。[①]上述案例中，杨某某要求赔偿购房资金利息，法院认为其享受了宅基地使用权和居住权，不予支持，也体现了买卖双方要求赔偿房屋占有使用费和购房款占用利息的诉请法院不会支持。

对房屋增值部分的分割。一般情况下，买卖双方的交易行为已完成多年，涉案房屋及宅基地使用权价值都逐年上升，针对房屋增值部分不能当然地认为属于出卖人所有，买受方基于信赖利益，应该得到相应的赔偿，由出

---

① 参见广东省广州市白云区人民法院（2020）粤0111民初9959号民事判决书。

卖人根据房屋及宅基地现在的评估价值减去购买时的价款按照其过错大小对买受人进行赔偿。本案中，杨某某对房屋及宅基地使用权增值部分享有权利，施某某一家即按照增值部分的差价对杨某某的损失承担90%的赔偿责任。

【规范指引】

《民法典》第157条。

问题5：房屋买卖合同无效后，拆迁利益分配方案如何认定？

【案例】马某某诉张某某农村房屋买卖合同纠纷案[①]

2010年3月5日，马某某与张某某在签订农村宅基地使用权买卖合同，合同约定：张某某将位于北京市大兴区某镇某村的宅基地使用权出售给马某某兴建住房，总房款为70万元；如遇拆迁，双方各占全部补偿的50%。马某某在案涉房屋五间老房的南侧投资新建两排正房。后，案涉房屋涉及拆迁，2015年7月9日，张某某及案外人张某1作为房屋的产权人与某公司签订住宅房屋拆迁安置补偿协议以及补充协议。根据协议：张某某享有的拆迁补偿款项150余万元以及总面积为198.49平方米的回迁房三套。2015年7月31日，马某某与张某某签订欠条一份，约定：张某某欠马某某120万元整，欠款原因：张某某在自家建房时，从马某某处借走现金120万元整，承诺拆迁款到位后马上返还马某某。关于此份欠条，张某某认为是为了解决合作建房，属于借贷关系，与本案无关；马某某主张此份欠条实际上是双方在拆迁之后达成的拆迁补偿方案，是双方关于拆迁利益划分协商的结果，120万元涵盖了其购房款在内的各项损失，与本案诉讼系同一法律关系。现马某某提起诉讼，要求判令双方在2010年3月5日签订的宅基地及房屋买卖合同无效；张某某返还购房款70万元；赔偿房屋增值损失20万元并补偿拆迁利益的70%，计77万元。

【分析】

农村宅基地使用权是本集体经济组织成员享有的权利，与该集体经济组

① 参见北京市大兴区人民法院（2015）大民初字第14150号民事判决书；北京市第二中级人民法院（2016）京02民终5597号民事判决书。

织成员的特定身份相联系，不得转让给非本集体经济组织成员，与非本集体经济组织成员签订的农村宅基地使用权买卖合同因违反土地管理法的强制性规定，应属无效。但是房屋买卖合同无效并不能当然地导致买卖双方签订的拆迁利益分配方案无效。通常会存在两种情况：第一，农村房屋买卖合同的双方在签订房屋买卖合的同时，可能会在合同中就日后涉及的拆迁利益的分配进行约定。该约定意味着双方在签订合同时已经预见到涉案房屋被征收、征用的可能，是双方对拆迁安置中所涉经济利益作出的自由处分。但是此种情况下能否主张农村房屋买卖合同无效，但是其中关于拆迁利益分配部分的约定因不违反法律强制性规定而有效，经查询相关案例，[①]实践中认为，该约定仍是基于房屋买卖行为所作之约定，而非双方基于合同关系终止后形成的单独结算，此种情况下对该拆迁利益分约定应属无效。第二，在房屋产权人（出卖人）签订房屋拆迁安置补偿协议后，与买受人就拆迁利益的分配达成一致的。该拆迁利益分配协议的达成系双方知晓房屋要拆迁后单独对拆迁利益的分配进行协商形成的结果，依法成立的合同，受法律保护，对当事人具有法律约束力。在该种情形下，对拆迁利益分配方案的效力的评判，应依据《民法典》第 143 条进行，买卖双方系完全民事行为能力人，该利益分配系双方真实的意思表示，不违反法律、行政法规的强制性规定，不违背公序良俗，那么即便是房屋买卖合同无效，也不影响双方之间对拆迁利益达成的分配方案的效力，双方应当遵守诚信原则，严格履行合同的约定，不得擅自解除或者进行变更。本案中，该份欠条虽然名为欠条，实际上是双方在拆迁之后达成的拆迁利益分配方案，是双方关于拆迁利益划分协商的结果，即便房屋买卖合同被认定为无效，双方当事人也应当按照约定履行自己的义务。

【规范指引】

《民法典》第 143 条。

---

① 参见上海市高级人民法院（2020）沪民申 1612 号民事裁定书。

问题 6：买受方身份具有瑕疵，瑕疵修复的，合同效力如何认定？

【案例】牟某某诉潘某某房屋买卖合同纠纷案[①]

牟某某系日照市东港区奎山街道村民。2002 年农历一月二十四，牟某某与潘某某签订《买卖房屋合同书》，约定牟某某将其位于的自建房屋一处（五间正房、院墙在内）卖予潘某某，价款 18 600 元，合同同时约定牟某某将该房屋房产证交予潘某某。上述协议签订后，双方就购房款和房屋均进行了交付。潘某某购买上述房屋后，一直由其居住使用至旧村改造，并于 2004 年 7 月 16 日，向村委会交纳费用 3000 元。上述房屋买卖合同订立后，双方未就涉案房屋办理房屋产权及土地使用权变更登记手续，涉案房屋项下土地使用权仍登记在牟某某名下。

2018 年 8 月 14 日，潘某某之妻陈某某与村委会就涉案房屋签订《拆迁补偿安置协议书》，约定村委会给予潘某某相应的拆迁安置补偿，并将涉案房屋拆除。

同时查明，潘某某及其妻陈某某户籍所在地均为日照市东港区，户口性质为农业，至今未取得集体经济组织成员资格。

涉案房屋项下土地在签订《买卖房屋合同书》时为农村集体建设用地。2017 年 12 月 26 日，山东省人民政府作出《关于日照经济技术开发区 2017 年第 8 批次建设用地的批复》（鲁政土字〔2017〕1133 号），批复同意日照市东港区奎山街道大岭二村、大岭一村部分农用地和未利用地转为建设用地并征收，同时征收部分集体建设用地。2018 年 1 月 5 日，日照市人民政府发布 2018 年第 2 号《日照市人民政府征收土地公告》，公告被征收土地的范围包括 4.4065 公顷土地，上述房屋项下的土地包含在上述被征收范围内，即陈某某与签订拆迁补偿安置协议及房屋拆除时，涉案土地已经被征收为国有。

【分析】

关于买受方身份瑕疵修复的，主要的情况包括：（1）其他村人员买房后因政策成为同一村的；（2）多次转手后，其中一方具有本集体经济组织成员身份的；（3）房屋土地性质转为城镇的；（4）购买人家人系集体经济组织成

---

① 参见山东省日照市中级人民法院（2019）鲁 11 民终 947 号民事判决书。

员，并取得村集体的同意。对于买受方合同订立时身份存在瑕疵，但是后续买受人身份瑕疵修复，不再违反法律强制性规定的，农村房屋买卖合同的效力认定，司法实践中处理观点主要有两种：（1）合同无效；（2）合同有效，生效时间为效力瑕疵修复之时。

观点一：合同无效。《第八次全国法院民事商事审判工作会议（民事部分）纪要》第 19 条第 2 款规定："在非试点地区，农民将其宅基地上的房屋出售给本集体经济组织以外的个人，该房屋买卖合同认定为无效……"本案中，牟某某与潘某某于 2002 年农历一月二十四订立的房屋买卖合同，虽系双方真实意思表示，且潘某某及其亲属在涉案房屋内居住达 16 年之久，但其户籍一直在日照市东港区，至今未能取得涉案房屋所在村的集体组织成员资格，即牟某某将涉案宅基地上的房屋出售给本集体经济组织成员以外的潘某某，双方签订的房屋买卖合同违反法律法规的强制性规定，损害社会公共利益，应认定无效，故牟某某主张涉案房屋买卖合同无效的诉讼请求，理由正当，一审法院予以支持。另外，无效的合同自始没有法律约束力，不能因为涉案房屋目前已经拆除灭失或者房屋所在村的村委会同意买卖等因素而改变，亦不能因买卖合同签订后，涉案房屋项下的土地性质发生变化而改变，故，对潘某某关于导致合同无效的事由已消失的辩解，法院不予采信。

观点二：合同有效。案所涉房屋系农村宅基地上的房屋，农村宅基地上房屋的转让必然涉及合同效力的问题。而根据我国法律规定，农村宅基地的所有权属于集体所有，宅基地使用权是农村集体经济组织成员享有的权利，与享有者特定的成员身份相联系，宅基地使用权人在对宅基地行使收益和处分权利时，应当受到严格的限制，非本集体经济组织成员无权取得或变相取得宅基地使用权，买受人为非本集体经济组织成员的宅基地房屋买卖合同损害了集体经济组织利益，应认定为无效，但我国法律并不禁止宅基地使用权在本集体经济组织成员内部进行流转。本案中，当事人的行为并未导致该村宅基地使用权流转至该村集体经济组织成员之外，亦未损害该村集体经济组织利益，无效事由已经不存在，故案涉房屋买合同应属有效。合同生效时间，依法应为合同效力瑕疵修复之日。

我们倾向观点二。当合同效力瑕疵被补足时，无效事由已经不存在，不宜以此前的无效事由而对当下的合同效力作出认定，为促进交易履行，应当依法认定合同效力瑕疵被补足后的合同有效。对于合同生效时间，因合同效力瑕疵被补足前，该合同处于无效状态，当效力瑕疵被补足后宜不应过多对其有效状态作出宽泛性延伸，故在效力瑕疵被补足前的合同应认定为无效，在效力瑕疵被补足后的合同应认定为有效，合同具体生效时间宜认定为合同效力瑕疵被补足时为宜。

【规范指引】

《土地管理法》第 2 条;《第八次全国法院民事商事审判工作会议（民事部分）纪要》第 19 条第 2 款。

附：房屋买卖合同纠纷请求权、抗辩（权）基础备考表

序号	案由	诉讼请求	请求权基础	抗辩（权）主张	抗辩权基础
1	商品房预约合同纠纷	确认合同解除	《民法典》第562-563条	解除权消灭	《民法典》第564条
		请求继续履行，即订立本约	《民法典》第577条	预约合同的违约责任不包括继续履行，非法定情形（供电合同、公共运输、国家订货任务）不应强制缔约	《民法典》第580条第1款；《民法典合同编通则解释》第8条
		买受人诉请开发商双倍返还定金	《民法典》第587条	因不可归责于双方的事由导致本约未能订立，不应适用定金罚则	《商品房买卖合同解释》第4条
		买受人诉请开发商返还已付定金	《商品房买卖合同解释》第4条	应适用定金罚则对定金予以没收	《民法典》第577条、第587条
		请求赔偿损失	《民法典合同编通则解释》第8条	损害赔偿应有固定范围	《民法典》第584条
2	商品房预售合同纠纷	确认合同有效	《民法典》第143条、第465条、第502条、第509条	行为或合同无效	《民法典》第144条、第146条、第153-154条
		确认买卖合同有效，继续履行合同	《民法典》第465条、第502条、第509条	具备法定或约定的解除条件，主张解除合同；或存在先后履行顺序，主张履行抗辩；或行使不安抗辩权，中止履行或解除合同	《民法典》第562-563条、第525-526条、第528条
		整改公区	《民法典》第271条、第273条	应由达法定比例的业主共同决定公区整改事项，或履行存在客观障碍、费用过高	《民法典》第278条、第580条

续表

序号	案由	诉讼请求	请求权基础	抗辩（权）主张	抗辩权基础
2	商品房预售合同纠纷	支付违约金（未达到约定或法定的交付条件）	《民法典》第179条、第585条；《建筑法》第61条；《消防法》第13条	房屋已经竣工验收，原告主张的仅系质量问题，主体结构不存在问题；或违约金过高请求调低	《民法典》第582条、第585条；《民法典合同编通则解释》第64条
		整改屋内设施	《民法典》第509条、第577条	商品房合同中未约定	《民法典》第509条
		赔偿损失	《民法典》第179条、第500条；《商品房买卖合同解释》第3条		
		赔偿损失及补偿款	《民法典》第509条、第577条、第583–584条		
		办理权属转移登记并支付违约金	《民法典》第509条、第577条、第585条；《商品房买卖合同解释》第14条		
		请求支付逾期交房违约金	《民法典》第179条、第585条；《建筑法》第61条；《消防法》第13条	请求调低逾期交房违约金	《民法典》第585条；《民法典合同编通则解释》第64条
		买受人履行不能，作为违约方请求解除商品房买卖合同	《民法典》第563–564条、第585条		
		请求按合同约定（约定违约金上限）支付逾期交房违约金	《民法典》第585条、第496–497条；《民法典合同编通则解释》第64条	不可抗力事由抗辩以及合同约定违约金上限	《民法典》第590条
		开发商交付房屋与样板间不一致，买受人主张解除合同，赔偿违约金或损失	《民法典》第509条第1款、第563条第1款第4项	样板房不属于合同约定	《商品房买卖合同解释》第3条

续表

序号	案由	诉讼请求	请求权基础	抗辩（权）主张	抗辩权基础
2	商品房预售合同纠纷	请求按约定支付确定数额的违约金	《民法典》第585条		
		解除合同（约定解除以及法定解除的竞合）	《民法典》第562-563条	不可抗力导致违约、除斥期间合同目的已经实现	《民法典》第180条、第563-564条
3	商品房销售合同纠纷	交付商品房并办理过户	《民法典》第509条	当事人之间不存在商品房买卖合同关系，而是保证合同关系	《民法典》第681条
		支付工程款及利息	《全国法院民商事审判工作会议纪要》第45条	双方存在真实的“以房抵债”意思表示，工程款已经通过以房抵债结清	《民法典》第557条
		交付“以房抵债”房屋	《民法典》第509条	“以房抵债”实质是为了担保双方借贷关系的履行	《民法典担保制度解释》第68条
		确认房屋买卖合同无效	《民法典担保制度解释》第68条	当事人双方达成了以物抵债协议	《全国法院民商事审判工作会议纪要》第44条
		交付房屋、办理房地权证书	《民法典》第509条	“一房多卖”情形下，房屋尚未办理产权登记的，遵循受领优先原则	《商品房买卖合同解释》第8条
		确认他人的房屋买卖合同无效，向自己交付房屋，并办理产权登记	《民法典》第154条、第509条	商品房预售登记备案不当然产生物权对抗效力	《商品房买卖合同解释》第8条
		支付逾期交房违约金	《民法典》第577条、第585条	主张逾期交房违约金已经过诉讼时效	《民法典》第188条
		合同约定逾期交房违约金低于实际损失，主张适当调整逾期交房违约金	《民法典》第585条	合同系双方真实意思表示，不应调整	《民法典》第509条
		解除房屋买卖合同	《民法典》第563条、第580条	不符合合同法定解除、约定解除情形	《民法典》第509条

续表

序号	案由	诉讼请求	请求权基础	抗辩（权）主张	抗辩权基础
3	商品房销售合同纠纷	房屋买卖合同无效	《民法典》第153条	房屋买卖合同有效	《民法典》第502条
		办理不动产权证	《民法典》第498条	办理权属证书期间的起算时间应为实际占有房屋之日	《商品房买卖合同解释》第8条
		主张逾期交房、逾期办证违约金	《民法典》第577条；《商品房买卖合同解释》第13条	违约金数额过高，请求调低	《民法典》第585条；《商品房买卖合同解释》第12条
		确认商品房销售合同无效	《民法典》第153条	非强制性规定或者该强制性规定不导致该合同无效	《民法典》第153条第1款、《民法典合同编通则解释》第16条
		确认享有房屋权利	《民法典》第234条	不动产物权经依法登记发生效力	《民法典》第208–209条
		主张无权处分，确认房屋买卖合同无效	《民法典》第597条第1款	经依法登记取得不动产物权，有权处分	《民法典》第209条
		排除对执行标的执行	《执行异议和复议规定》第28–29条	对执行标的不享有足以排除强制执行的民事权益	《民事诉讼法解释》第311条、《执行异议和复议规定》第28–29条
		违约方支付违约金	《民法典》第585条第1款	违约金过高	《民法典》第585条第2款；《商品房买卖合同解释》第12条
		解除按揭贷款合同与按揭贷款的处理	《商品房买卖合同解释》第20–21条	合同相对性原则	《民法典》第465条第2款
4	商品房委托代理销售合同纠纷	以包销人未取得房地产经营资格为由，主张确认包销合同无效	《民法典》第153条；《民法典合同编通则解释》第16条	非强制性规定或者该强制性规定不导致该报销合同无效	《民法典》第153条第1款
		以开发商擅自销售包销商品房为由，主张解除合同	《民法典》第563条	先履行抗辩权、同时履行抗辩、不安抗辩、违约行为显著轻微	《民法典》第525–527条；《全国法院民商事审判工作会议纪要》第47条
		以开发商将应由包销人销售的商品房擅自出售为由，主张违约责任，赔偿损失	《民法典》第581条、第583–584条	守约方减损义务	《民法典》第591条
				损失超出预见	《民法典》第584条
				双方违约	《民法典》第592条

续表

序号	案由	诉讼请求	具体类型	请求权基础	抗辩（权）主张	抗辩权基础
5	经济适用房转让买卖合同纠纷	确认经济适用房转让买卖合同不成立	缔约过失责任赔偿	《民法典》第500–501条	承诺已生效	《民法典》第483条
					当事人一方已履行主要义务	《民法典》第490条
		确认经济适用房转让买卖合同无效	无权、越权代理	《民法典》第171–172条	已经被代理人追认/构成表见代理	《民法典》第171–172条
			通谋虚伪	《民法典》第146条		
			恶意串通	《民法典》第154条		
			违反法律、行政法规强制性规定、违背公序良俗	《民法典》第153条；《城市房地产管理法》第40条	非效力性禁止性规定	《民法典》第153条；《民法典合同编通则解释》第16条
		撤销经济适用房转让买卖合同	显示公平，重大误解，欺诈、胁迫、乘人之危	《民法典》第147–151条	撤销权已经消灭	《民法典》第152条
			债的保全	《民法典》第538–540条		《民法典》第541条
		解除经济适用房转让买卖合同	合同约定解除	《民法典》第562条第1款	无约定解除权	合同约定
			法定解除	《民法典》第563条	不符合法定情形、已过行使期限	《民法典》第563–564条
		解除的后果	返还经济适用房	《民法典》第566条	赔偿损失	《民法典》第566条
6	农村房屋买卖合同纠纷	继续履行合同	请求合同继续履行	《民法典》第502条、第509条、第577条	无民事行为能力人行使的民事法律行为无效	《民法典》第144条
		确认合同无效	违反法律、行政法规强制性规定	《民法典》第153条；《土地管理法》第62条；《民法典合同编通则解释》第16条；《第八次全国法院民商事审判工作会议（民事部分）纪要》第20条	非强制性规定	《民法典》第153条；《土地管理法》第62条
		合同无效的后果	请求返还原物、折价补偿、赔偿损失	《民法典》第157条	原物已经灭失、对方存在过错	《民法典》第157条